정신의 도구

비고츠키 유아 교육

Authorized translation from the English language edition, entitled TOOLS OF THE MIND: THE VYGOTSKIAN APPROACH TO EARLY CHILDHOOD EDUCATION, 2nd Edition, ISBN: 0130278041 by BODROVA, ELENA; LEONG, DEBORAH, published by Pearson Education, Inc., publishing as Merrill,

정신의 도구

비고츠키 유아 교육

엘레나 보드로바 · 데보라 리옹 지음
박은혜 · 신은수 옮김

이화여자대학교출판문화원

정신의 도구(개정판)
비고츠키 유아 교육

편낸날 | 1판 1쇄 1998년 7월 15일
2판 1쇄 2010년 3월 24일
3쇄 2020년 4월 8일
지은이 | 엘레나 보드로바 · 데보라 리옹
옮긴이 | 박은혜 · 신은수
펴낸이 | 이승아
펴낸곳 | 이화여자대학교출판문화원
주소 | 서울시 서대문구 이화여대길 52(우03760)
등록 | 1954년 7월 6일 제9-61호
전화 | 02-3277-2965(편집), 02-362-6076(마케팅)
팩스 | 02-312-4312
전자우편 | press@ewha.ac.kr
홈페이지 | www.ewhapress.com
디자인 | 신성기획

ISBN 978-89-7300-866-7 93370
값 18,000원

| 차례 |

| 옮긴이의 말 |

비고츠키 이론을 유아 교육에 적용한 『정신의 도구: 비고츠키 유아 교육*Tools of the Mind: The Vygotskian Approach to Early Childhood Education*』이 출판된 지 10여년 만에 개정판이 나왔다. 개정판을 번역하면서 들었던 생각은 초판보다 내용이 훨씬 더 정교하고 풍부해졌다는 것이다. 기본적인 이론과 개념은 변함이 없지만 새롭게 연구된 결과들이 더해지면서 하나의 이론이 현장에 적용되는 과정을 보는 듯했다. 이전에는 모호했던 개념을 명확하게 설명한 부분도 있고, 영아 발달에 관한 내용에서 보듯이 최근 현장의 요구를 반영한 부분도 있다. 특히 특수 교육과 같이 일반 교육에서도 다루기 어려운 분야의 교수법을 설명하는 부분에서는 저자의 교육에 대한 통찰력을 읽을 수 있었다.

저자는 개정판이 현장 교사들과의 15년에 걸친 협력의 결과라고 밝히고 있다. 그러한 노력이 헛되지 않게 초판에 비해 그 사례들이 훨씬 더 설득력 있게 다가왔다.

그런데 우리나라에 비고츠키 이론이 처음 소개될 때는 상당한 환호를 받았으나 어찌된 일인지 현장에 적용하는 연구가 그다지 활발하게 진행되지는 않았다. 이는 아마도 비고츠키 이론에 대한 충분한 이해가 부족하기 때문일 것이다. 아무쪼록 새롭게 보완된 『정신의 도구』 개정판이 우리나라 유아 교육 분야에서 비고츠키 이론을 적용하고 확산하는 데 일조했으면 하는 바람이다.

끝으로, 초판 때와 마찬가지로 이 책이 나오기까지 애써 준 이화여자대학교출판문화원에 감사의 말을 전한다.

2010년 2월

옮긴이

| 서문 |

우리는 "좋은 이론보다 실제적인 것은 없다."라는 윌리엄 제임스William James와 쿠르트 레빈Kurt Lewin의 유명한 격언에 대부분 동의한다. 그렇지만 교사가 발달 및 교육 심리학자의 이론에서 유용한 점을 찾아 일상적인 교육에 활용하는 것은 매우 힘든 일이다. 이런 우울한 사태에 중요한 예외가 될 수 있는 것이 바로 비고츠키Lev S. Vygotsky 이론을 훌륭하게 소개한 엘레나 보드로바Elena Bodrova와 데보라 리옹Deborah J. Leong의 『정신의 도구*Tools of the Mind*』이다. 특히 유아 교육 전문가를 위해 쓰여진 이 책의 첫 장에서 보드로바와 리옹은 다음의 네 가지 주요 원리에 기초해 비고츠키 사상을 명백하게 제시하고 있다.

1. 유아는 '정신의 도구'가 되는 사회문화적 도구를 이용해 지식을 구성한다.
2. 발달은 사회문화적 맥락에서 연구되어야 한다.
3. 학습은 발달을 주도한다.
4. 언어는 유아의 정신 발달에 핵심적 역할을 한다.

이 사상들은 명확하고 알기 쉬운 방법으로 설명되어 있으며, 주요 발달주의 학자인 몬테소리Maria Montessori, 피아제Jean Piaget, 그리고 행동주의 학자의 사상과 적절하게 비교되어 있다. 또한 다양한 경험에 바탕을 둔 실제 사례를 통해 기본 개념을 쉽게 제시하고 있으며, 교사가 이러한 예를 수업 현장과 다양하게 연결시켜 실행할 수 있도록 했다.

보드로바와 리옹은 『정신의 도구』 개정판에서, 초판에 제시된 모든 내용을 그대로 유지하면서 현장 교사 및 예비 교사가 실제 적용할 수 있는 유용한 자료를 추가했다. 이 개정판은 비고츠키 이론을 읽기 쉽고 이해하기 쉽게 설명하고 있을 뿐 아니라 교사가 이론적 지식을 현장에서 즉시 사용할 수 있도록 도와 주는 실제적인 예로 가득 차 있다. 또한 특수교육을 필요로 하는 유아에 대한 시기적절한 논의를 하고 있으며, 이러한 논의는 현장의 교사에게 유용할 뿐만 아니라 특수 유아를 대상으로 비고츠키 이론을 적용해 교실 안에서 유아의 사회적 환경 조직과 특별한 근접 발달 지역ZPD 생성을 가능하게 하는 방식 간에 깊은 연관성이 있음을 분명히 제시하고 있다.

『정신의 도구』의 초판이 교사가 현장에서 필요한 도구를 제공한 중요한 이정표였다면 이 개정판은 더욱 유용한 지침서가 될 것이다.

마이클 콜Michael Cole
캘리포니아 주립대학교(샌디에이고 소재)
언어, 사고 및 정보에 대한 샌퍼드 버만 강좌 주임교수
정보, 심리 및 인간발달 학부 교수
인간 인지 비교 연구소 소장

| 머리말 |

우리는 개정판을 내면서 본래의 의도를 충실하게 살리되 현재 러시아에서 비고츠키의 사상을 계승한 학자들이 활발하게 연구하고 있는 비고츠키 이론의 현장 적용에 관한 새로운 정보와 자료를 추가했다. 초판이 나온 이후로 비고츠키에 대한 관심이 고조되었고, 비고츠키 사후 동료와 제자들이 그의 이론을 현장에 적용하려는 노력과 교실 개입에 대한 계발 등 비고츠키 사상을 입증하고 확장하는 연구를 통해 그의 사상을 발전시켜 나가고 있다.

제목인 『정신의 도구』는 이 책의 목적을 반영한다. 이는 교사로 하여금 어린이가 학습하는 데 필요한 정신의 도구로 그들을 무장시킬 수 있도록 하고 또한 책 자체가 교사를 위한 도구이기 때문이다. 정신의 도구라는 개념은 다른 학자들이 만든 개념이지만, 우리는 이를 배우고 수정해서 사용했다. 비고츠키와 그의 제자, 그리고 동료들은 우리에게 너무나도 훌륭한 정신의 도구를 제공해 주었고, 우리는 이제 그것을 이 책의 독자에게 전하기를 희망한다. 이 책과 아울러 〈비고츠키 발달이론: 입문 *Vygotsky's Developmental Theory: An Introduction*〉, 〈놀이: 비고츠키 접근법 *Play: A Vygotskian Approach*〉, 〈초등학생을 위한 자기 조절 학습: 비계 설정하기 *Scaffolding Self-Regulated Learning in the Primary Grades*〉, 〈유아기 문해력 발달 *Building Literacy Competencies in Early Childhood*〉 등과 같은 네 가지 비디오는 교사에게 비고츠키 이론에 관한 기초를 튼튼히 할 수 있도록 도움을 줄 것이다.

이 책은 전반적인 소개로부터 시작해 책이 전개되어 가면서 내용이 좀 더 구체적이고 주제에 접근하도록 구성되어 있다. 제1부(제1장에서 제3장)에서는 비고츠키 이론의 주요한 사상을 소개하면서 유아 교사나 심리학과 학생에게 좀 더 친숙한 다른 아동 발달 이론과 비교해 살펴보았다. 제2장은 새로 추가된 부분으로 특수 교육에 대한 비고츠키 접근법을 기술했다. 제2부(제4장에서 제7장)에서는 제1부에서 나온 개념을 다시 점검하면서 학습/교수 과정에서 적용할 수 있는 일반적인 전략을 알아보고, 비계 설정을 하기 위해 사용될 수 있는 특정 방법을 제시했다. 제3부(제8장에서 제14장)에서는 이러한 전략이 좀 더 구체적으로 적용된 사례를 살펴보았다. 개정판에서는 초판에서 소개된 각 연령별 발달 특징을 영아와 걸음마기, 유아기, 초등기로 구분해 자세히 알아보고, 각 연령별 발달을 촉진하는 학습/교수 특징을 상세히 기술하기 위해 독립된 장으로 분리해 설명했다. 또한 비고츠키 이론에 근거한 교실에서의 실제 적용 예를 더욱 상세히 기술했으며, 연령에 따라 분리해 제시했다. 마지막 장은 특별히 추가된 부분으로 역동적 평가에 대해 설명하고 있다.

이 책에서 제시되는 예와 활동은 미국 전역에 있는 유아원, 유치원, 초등 1, 2학년 교실에서 15년에 걸쳐 연구된 결과들이다. 이 연구에 참여한 기관은 헤드 스타트Head Start 프로그램을 비롯해 공립학교, 사립대학 부속기관, 보육기관, 주정부의 읽기 우선 프로그램 등에 이르기까지 다양하며, 위험 요소에 노출된 아이들을 위한 프로그램이 다수를 차지했다. 학급 구성은 전통적인 단일 연령의 학급도 있었고, 혼합 연령반(3세와 4세 혼합반, 유치원에서 초등 2학년까지 혼합반)도 있었다. 이 연구에 참여한 프로그램은 그 철학적 배경도 다양하며 전통적인 방법으로 읽기와 쓰기를 강조하는 학급과 총체적 언어 접근법을 택하는 학급도 있었다. 몇몇 학급에서는 이중 언어 교육이 이루어지고 있었다.

교사들과 함께 연구를 하면서 가장 신이 났던 것은 비고츠키 접근법을 위에 언급한 모든 학급에 적용할 수 있었다는 점이다. 이 책에서 다룬 많은 아이디어는 사회 · 경제적 배경이나 철학을 넘어서 적용 가능한 것들이다. 비고츠키는 학급에서 성인의 역할을 좀 더 다양하게 살펴볼 수 있도록 해 주었고 다양한 대안을 제시해 주었다. 이처럼 비고츠키는 성인이 유아의 학습이라는 긴 여정에서 단지 과제를 부여하거나 뒤를 좇아가는 사람이기보다는 파트너로서의 역할을 인식할 수 있도록 도와 준다. 연구 기간 동안 각 교실에서 교사와 어린이와 함께 일한 것은 너무나도 즐겁고 흐뭇한 일이었으며 교사로서의 보람을 다시 한 번 깨닫게 해 주었다.

이 책을 쓰면서 우리는 모든 유아기의 어린이를 대표할 수 있도록 다양한 연령의 어린이의 예를 포함시키려고 노력했다. 영어에는 어린이와 교사를 나타내는 중성의 명사가 없기 때문에 '그'와 '그녀'를 번갈아 사용했다.

| 감사의 말 |

이 책이 출간되기까지 우리를 도와 준 수많은 분께 감사드린다. 초판을 위해 수고해 주신 분과 더불어 우리 연구에 참여해 준 뉴저지, 콜로라도, 오리건, 와이오밍, 아이오와, 일리노이, 미주리, 캘리포니아, 애리조나 주의 비고츠키 프로그램을 운영하고 있는 교사와 행정가들에게 감사의 말을 전하고 싶다. 특별히 선더스Sharon Saunders, 메리트Loretta Merritt, 모라나Laura Morana, 멘데즈Rita Mendez, 불라드Gisela Ferrer Bullard, 밀러웨이Sally Millaway, 살퍼Steffen Salfer, 코Lena Ko, 마틴Sandy Martin, 포이에르슈타인Rebecca Fuerstein, 패그넌트Shawna Fagnant, 룬트Ann Lundt, 소애트Lynn Soat, 크리스토퍼슨JoAnn Christofferson, 애브러지스Laura Abruzzezze, 체임벌린Pat Chamberlain, 온데라Peggy Ondera, 넬슨Louise Nelson, 업튼Tammy Upton, 불터드Robin Bulterd에게 감사드린다.

비고츠키 접근법의 교육을 위해 파트너가 되어 준 헨센Ruth Hensen, 혼벡Amy Hornbeck, 에릭슨Danielle Erickson, 에드워즈Judy Edwards, 코Gwen Coe에게도 감사의 말을 전한다.

데이비슨Fran Davidson, 로스코스Kathleen Roskos, 프레드Ellen Frede, 그리핀Peg Griffin, 프라이스Gary Price, 라이츠Aaron Leitz, 블로흐Marianne (Mimi) Bloch는 이번 개정판에 새로 추가된 부분과 아이디어를 위해 도움을 주었다.

우리는 덴버의 메트로폴리탄주립대학 심리학과 동료에게 감사의 인사를 전하며, 특히 조던Stephen Jordan 총장과 위켈그렌Lyn Wickelgren, 서스맨Ellen Susman, 스벤드슨Carol Svendson, 콜Susan Call, 젤러Betsy Zeller의 아낌없는 지원에 감사드린다. 또한 미국 전역의 많은 학교와 센터에 비고츠키 아이디어를 적용할 수 있도록 도와 준 미드 콘티넨트 교육연구소McREL의 전현직 연구원인 워터스Tim Waters, 프로스트David Frost, 페인터Diane Paynter, 노퍼드Jennifer Norford, 퀵켄보스Salle Quackenboss의 지원에도 깊은 감사를 드린다.

또한 원고를 읽고 조언을 준 탈튼주립대학교의 램Holly Lamb, 노던 캐롤라이나대학교의 니마이어Judith Niemeyer 그리고 오하이오대학교(칠리코시 소재)의 즈멜힐리Devorah Zurmehly에게 감사의 인사를 전한다.

우리의 초판 책의 여러 부분에 소중한 피드백을 주고 개정판에 비고츠키 이후의 연구 부분을 정리하는 데 도움을 준 러시아 동료 유디나Elena Yudina, 클라리나Lubov Klarina, 진디스Boris Gindis, 주커맨Galina Zuckerman 그리고 룹트소프Vitall Rubtsov에게 깊은 감사를 드린다.

마지막으로, 우리 연구에 도움을 준 다이아몬드Adele Diamond, 굿손Barbara Goodson, 바네트Steve Barnett, 번스M. Susan Burns, 디킨슨David Dickinson, 모리슨Fred Morrison, 레이저Jean Layzer, 레이저Carolyn Layzer, 히슨Marylou Hyson, 존스Jacqueline Jones, 그린Ed Greene, 코플Carol Copple, 클레먼츠Douglas H. Clements, 사라마Julie Sarama, 버크Laura Berk, 콜Michael Cole, 시겔Irv Sigel, 캐즈든Courtney Cazden, 로니건Chris Lonigan에게 감사드린다.

제1부

비고츠키 이론적 틀: 문화적 · 역사적 발달 이론

제1부에서는 비고츠키Lev S. Vygotsky가 제안한 문화적 · 역사적 발달 이론의 주요 원리를 소개함과 동시에 러시아와 미국의 학자들이 이 원리를 어떻게 적용했는가를 살펴보고자 한다. 또한 비고츠키의 관점과 다른 아동 발달 이론과의 차이를 비교해 볼 것이다. 제1부는 다음의 세 장으로 구성되어 있다.

제1장

비고츠키 이론에 대한 소개

네 살 된 순메이는 요한과 함께 극놀이 영역에서 우주선 놀이를 할 때 무엇을 할 것인지에 대해 그림을 그리고 있다. 순메이는 자신과 요한이 헬멧을 쓰고 있는 모습을 그린 후 그 옆에 암석들도 그려 넣는다. 교사가 무엇을 하고 있는 모습을 그렸는지 묻자 순메이는 "우주 공간을 거닐며 달의 암석을 보고 있어요. 우리는 우주선을 타고 있는 과학자에요."라고 대답한다. 그 후 순메이는 요한과 함께 극놀이 영역에서 달의 암석을 가지고 놀이를 시작하고 우주선을 수리하면서 한 시간 이상 놀이를 계속한다.

일곱 살 된 후안은 자신이 읽은 책의 내용을 자기 나름대로의 이야기로 다시 쓰고 있다. 교사는 후안에게 철자와 대문자가 잘못된 것을 다시 살펴보면서 편집하라고 한다. 그러자 후안은 '편집자의 눈'이라는 특별한 안경을 착용한 후 작가에서 편집자로 자기의 역할을 바꾼다. 특별한 안경을 착용하자 후안은 자신의 글에 많은 실수가 있다는 것을 발견한다.

6학년인 마우라가 문제를 해결할 때는 사려 깊고 능숙하다. 마우라가 어떤 질문에 대답하는 것을 보면 그녀의 답은 의도적인 것처럼 보인다. 마우라는 복잡한 문제에 부딪힐 때면 문제를 풀기 전에 심사숙고하고 해결 방식에 대해 계획한 후 일을 마무리한다.

위의 세 어린이가 가지고 있는 공통점은 무엇일까? 각각의 어린이는 문제를 해결하고 기억하는 데 도움을 주는 '정신의 도구'를 사용하고 있다는 것이다. 어린이는 문제를 해결하며 기억할 수 있도록 도와 주는 정신의 도구를 사용한다. 정신의 도구는 어린이들이 점차적으로 높은 수준의 정신적인 능력을 획득해 가는 방법을 설명하기 위해 러시아 심리학자인 비고츠키Lev S. Vygotsky, 1896-1934가 만들어 낸 개념이다.

정신의 도구

도구tool란 우리가 문제를 해결하는 데 도움을 주는 그 무엇이며 행동을 수행할 수 있도록 하는 방편이다. 지렛대는 너무 무거워서 손으로는 움직일 수 없는 바위를 들어올리는 데 도움을 준다. 톱은 손으로 꺾을 수 없는 바위를 들어올리는 데 도움을 준다. 톱은 손으로 꺾을 수 없는 나무를 자를 수 있게 한다. 이 같은 물리적 도구는 인간의 능력을 확대하며 인간이 타고난 능력을 넘어서서 여러 가지 일을 할 수 있게 해 준다.

인간은 신체적 능력을 확장시키기 위해 망치와 지게차forklift 같은 물리적 도구를 발명해 낸 것처럼 정신적인 능력을 확장시키기 위한 정신의 도구도 창조해 냈다. 인간은 이 같은 정신의 도구mental tools; tools of the mind를 사용해 무엇인가에 주의를 기울이고, 기억하며, 좀 더 잘 생각하게 된다. 예를 들어, 기억 전략과 같은 정신의 도구는 인간이 기억할 수 있는 정보의 양을 두 갑절 또는 세 갑절로 늘려 준다. 그러나 정신의 도구는 인간이 가지고 태어난 선천적 능력을 확장시키는 것 이상의 일을 한다. 정신의 도구는 우리가 주의를 기울이고, 기억하며, 생각하는 바로 그 방식 자체를 바꾸어 준다고 비고츠키는 믿었다.

비고츠키 학자들은 정신의 발달에 정신의 도구가 중요한 역할을 한다고 믿었기 때문에 유아가 이 같은 정신의 도구를 획득하는지를 연구해 왔다. 비고츠키 학자들은 유아가 이 같은 도구를 갖도록 하는 것이 교사의 역할이라고 생각한다. 이것은 매우 간단하게 들리지만 그 과정은 단순히 직접적인 지시에 의해 가르치는 것 이상을 포함한다. 이 과정은 유아로 하여금 정신의 도구를 독자적으로 그리고 창의적으로 활용할 수 있게 하는 것이어야 한다. 유아는 성장하고 발달해 가면서 적극적인 도구의 사용자 및 제작자가 된다. 궁극적으로 유아는 정신의 도구를 적절하게 사용하며 필요할 때 새로운 도구를 발명할 수 있게 될 것이다(Paris & Winograd, 1990). 교사의 역할은 유아가 스스로 할 수 있는 길을 제공하는 데 있으며, 그것이 모든 교육자의 목표이다.

정신의 도구의 중요성

정신의 도구가 부족할 때 유아는 어떻게 학습해야 할지를 알지 못하고 정신을 집중할 수 없다. 앞으로 알게 되겠지만 유아는 연령에 따라 서로 다른 정신의 도구를 사용할 능력을 갖게 된다. 이러한 '도구를 넣는 함'은 단 한 번에 채워지는 것이 아니라 서서히 채워지게 된다. 아래에서 정신의 도구를 갖지 못한 몇몇 유아의 예를 들어보자.

네 살 된 아만다는 이야기 나누기 시간에 다른 친구와 함께 교사 앞에 모여 앉아 있다. 교사가 "노란 옷을 입은 사람은 손 들어보세요." 한다. 아만다는 자기가 입은 옷을 들여다보다가 옷에 커다란 갈색 고양이 한 마리가 그려져 있는 것을 보았다. 아만다는 그것을 보느라 '노란 옷'이란 말은 다 잊어버린 채 손을 들라는 말만 기억하고 손을 들고 있다.

다섯 살 된 제인은 다른 유아가 이야기를 할 때는 손을 들고 교사가 이름을 부를 때까지 기다려야 한다는 것을 알고 있다. 그러나 제인은 차례가 되지 않았음에도 불구하고 이야기하는 것을 참을 수 없어 답을 말해 버린다. 제인에게 물으면 규칙이 무엇인지를 대답할 수 있다. 사실, 제인은 자기는 순서를 지키지 않고 대답을 하면서도 다른 또래 친구에게는 언제나 규칙을 지켜야 한다고 말한다.

2학년짜리 벤은 소집단 활동으로 저널을 쓰고 있다. 벤은 교실 뒤에 있는 연필깎이가 있는 곳으로 가다가 책들이 있는 모퉁이를 지날 때 한 권의 책을 바라보게 되었고, 곧 다른 책에 시선이 갔다. 책을 쳐다보고 서 있는 사이 새로운 활동 시간이 되었고, 벤은 아직도 깎아야 할 연필을 손에 쥐고 있음을 깨닫는다. 물론 글쓰기를 마칠 시간도 없는 것이다.

여덟 살 된 토니는 이야기로 된 산수 문제를 풀고 있다. "나무에 새들이 앉아 있습니다. 세 마리는 날아갔고 일곱 마리는 아직 남아 있습니다. 맨 처음에 나무에 앉아 있던 새들은 모두 몇 마리일까요?" 토니는 계속해서 7에서 3을 뺀다. '날아갔다'는 말 때문에 더하기 대신 빼기를 하는 것이다. 토니는 자기 생각을 조절하거나 점검하지 못하고 있음을 알 수 있다. 교사가 방금 머릿속으로 대강 판단을 해 보는 것이 도움이 된다는 설명을 했음에도 불구하고 토니는 그 같은 전략을 이 산수 문제에 적용하지 못하고 있는 것이다.

유아는 생각하고, 주의를 기울이며, 기억할 수 **있다**. 문제는 유아의 사고력, 주의력 및 기억력이 매우 반응적이라는 것이다. 즉 사물이나 활동이 주의를 먼저 끌어야 한다. 유아가 텔레비전, 특히 광고를 보고 얼마나 많은 것을 배우는지 생각해 보자. 텔레비전은 반응적인 사고력, 기억력 및 주의력을 아주 간단하게 이용한다. 텔레비전은 소리도 크고, 움직임도 많으며, 몇 초 안에 장면을 바꾸고 색채도 요란하다. 이 같은 형식은 세사미 스트리트Sesame Street 같은 프로그램에서 기초 학습 능력을 '가르치는 데' 사용된다. 하지만 교사는 빠른 속도로 감각을 자극하는 이 같은 프로그램이 학급에서 다른 방식으로 유아를 가르치기 어렵게 만든다고 불평한다. 실로 많은 유치원 교사가 유아를 가르치기 위해서는 "빅 버드Big Bird[1]처럼 노래하고 춤추며 연기를 해야 한다."고 불평한다. 유아가 정신의 도구를 습득하지 않는다면 이 같은 주의 집중 방법만이 정보나 지식을 얻는 유일한 방법일 것이다. 왜냐하면 유아 혼자서는 스스로 주의를 기울이고 기억하며 문제를 해결할 수 없기 때문이다. 아주 간단한 정보를 배우는 데도 많은 직접 체험을 필요로 한 탓이다.

유아가 정신의 도구를 가지게 되면 학습은 자발적인 활동이 되기 때문에 자신의 학습에 대해 더욱 책임을 지게 된다. 교사는 더 이상 학습 과정의 모든 측면에 전적인 책임을 떠맡을 필요가 없다. 정신의 도구는 교사에게서 이와 같은 불필요한 짐을 덜어 주며, 더욱 중요한 것은 이 같은 정신의 도구가 읽기에서 수학, 또는 조작놀이에서 극화놀이에 이르기까지 교육과정 전반에 적용된다는 것이다.

비고츠키 접근법이 갖는 가장 큰 강점 중의 하나는 정신의 도구를 가르치는 방법이 시행되고 검증되어 왔다는 것이다. 비고츠키는 어린이가 이 같은 정신의 도구를 스스로 학습할 것으로 기대하고 나름대로 애쓰도록 마냥 놔두는 대신 정신의 도구 습득을 촉진하는 방법을 연구했다. 이러한 방법을 사용하는 러시아와 미국의 교사들은 실제로 유아가 생각하고 학습하는 방식이 바뀌고 있음을 보고하고 있다(Cole, 1989; Davydov, 1991; Palincsar, Brown, & Campione, 1993).

정신의 도구의 부재는 유아가 도달할 수 있는 추상적 사고의 수준에 영향을 주기 때문에 장기적으로 학습에 문제를 초래하게 된다. 과학과 수학에서 요구하는 추상적 개념을 이해하기 위해 유아는 정신의 도구를 가지고 있어야만 한다. 그렇지 않고서는, 수많은 과학적 사실을 외울 수

1 빅 버드: 미국 유아용 프로그램인 세사미 스트리트에 등장하는 노란 깃털이 달린 커다란 새의 이름 — 옮긴이 주.

는 있지만 추상적인 문제나 본래의 학습 상황에서 제시된 것과 조금이라도 다른 문제가 제시되면 이를 해결할 수 없다. 비고츠키 학자들은 유아가 한 가지 상황에서 다른 상황으로 전이하는 능력이 부족한 이유를 정신의 도구가 없기 때문이라고 생각한다. 추상적인 문제가 초등학교 고학년을 담임하는 교사가 관심을 가져야 하는 관심 사안이지만 유아기에 학습된 정신의 도구가 나중에 획득되는 능력에 직접적인 영향력을 미친다는 것을 기억해야 한다.

논리적이고 추상적인 사고는 학교 공부뿐만 아니라 생활의 여러 분야에서 올바른 결정을 내리는 데 필요하다. 자가용 구입 방법, 가정에서의 재무 관리, 선거에 임하는 방법, 육아 방법 등 모든 삶의 방법은 성숙한 사고 능력을 요구한다.

비고츠키 접근법의 역사

비고츠키의 생애

러시아의 심리학자 비고츠키Lev S. Vygotsky는 1986년에 태어나 1934년에 세상을 떠났으며 180편이 넘는 논문, 저서 및 연구물을 출판했다. 그는 어렸을 적부터 결핵으로 고생했으며 이것 때문에 결국 37세의 젊은 나이에 세상을 떠났다. 전 생애에 걸쳐 비고츠키에게는 여러 가지 어려움이 있었다. 현재 벨로루시 공화국인 고멜Gomel시 근처의 오르쉐Orshe라는 작은 도시에서 태어난 그는 유태인이었기 때문에 교육받는데도 어려움을 겪어야 했다. 러시아혁명 전 유태인이 대학에 갈 수 있는 숫자는 극히 제한되어 있었으나 비고츠기는 대학에 들어갔고, 아주

그림 1.1 레프 비고츠키

우수한 학생이 되었다.

심리학자인 비고츠키는 자신의 이론을 그 당시 정치적 독단주의에 맞추어 수정하도록 강력한 압력을 받았으나 그 같은 압력에 굴복하지 않았다. 하지만 사후 몇 년이 지나 비고츠키의 아이디어는 정부로부터 거부당하고 말살되었다. 이 같은 정치적 상황은 그의 제자들의 연구에도 크게 영향을 미쳤다. 그러나 제자들은 위험을 무릅쓰고 용감하게 비고츠키의 아이디어를 확장시키며 정교화하는 작업을 계속했다. 우리는 비고츠키의 사상을 계승한 이들 학자에게 감사하지 않을 수 없다. 1950년대 후반과 1960년대 초 지적 해빙기를 맞아 이들은 비고츠키 사상을 새롭게 소생시켰으며 교육학의 여러 영역에 적용했다.

비고츠키의 관심은 인지 발달 및 언어 발달에서부터 문학 비평과 특수교육에 이르기까지 다양했다. 그는 고등학교에서 문학을 가르쳤으며 나중에는 사범대학에서 강의를 담당했다. 심리학에 깊은 관심을 가지기 시작했고, 레닌그라드(상트 페테르부르크)에서 의식意識에 대한 논문을 발표했는데 이것이 그를 유명하게 만들었다. 가족을 모스크바로 이주시킨 후 루리아Alexander Luria와 레온테프Alexei Leont'ev와 협동 연구를 시작했는데, 이를 통해 얻은 풍부한 이론과 연구 결과가 오늘날 비고츠키식 접근법으로 알려지게 된 것이다.

만약 비고츠키와 그의 동료 연구자에 대해 좀 더 깊게 알고자 한다면 반 더 비어와 발시너(Van der Veer & Valsiner, 1991), 그리고 코줄린(Kozulin, 1990)이 비고츠키의 생애 및 사상에 대해 상세히 설명했으므로 이들의 글을 읽기 바란다. 덧붙여서, 루리아의 전기(1979)도 읽어볼 만하다. 마지막으로 비고츠키의 딸인 기타 비고드스카야Gita Vygosdskaya가 쓴 회고록을 통해서도 그의 생애를 엿볼 수 있다(Vygosdskaya, 1995, 1999).

비고츠키의 발달 이론은 동시대 사람들의 이론과는 판이하게 다르고 특이했으며, 흔히 **문화적 · 역사적 이론**으로 불리기도 한다. 비고츠키는 극히 짧은 생을 살았기 때문에 그의 이론 가운데 해답을 얻지 못한 문제도 많이 있고 그의 이론을 뒷받침할 만한 자료도 충분하지 않다. 그러나 해를 거듭해 가면서 러시아와 서방 세계의 학자들에 의해 여러 가지 개념이 정리되고 연구되어 왔다. 현재 그의 이론은 심리학자들의 발달에 대해 생각하는 방식과 교육자들이 유아를 교육하는 방식을 바꾸어 놓고 있다.

엄밀히 말해, 비고츠키 이론은 학습과 교수를 이해하는 하나의 도구이다. 비고츠키의 이론은 유아 교육 전문가에게 유아의 성장과 발달에 대한 새로운 관점과 유용한 통찰력을 제공해 준다. 비고츠키 이론이 교육에 관한 일련의 전제들을 정의하거나 교실 상황에 적합한 방법론을 조목조목 제공해 주는 것은 아니다. 그러나 비고츠키의 아이디어는 경험적 연구 결과를 통해 교사가 유아를 전혀 다른 방식으로 보고, 그 결과 유아와 상호 작용하는 방식이나 가르치는 방식을 바꾸도록 할 수 있다.

비고츠키의 동시대인들

비고츠키는 서방의 주요 심리학자들 가운데 피아제(구성주의) 왓슨John B. Watson(행동주의), 프로이트Sigmund Freud(정신분석학) 및 쾰러Wolfgang Kohler와 코프카Kurt Koffka(형태심리학)의 이론을 연구하고 자신의 입장을 밝혔다. 비고츠키는 그의 논문과 연구를 통해 자신의 입장을 밝혔다. 비고츠키는 그의 논문과 연구를 통해 유아의 언어 발달에 대한 피아제의 초기 연구에 대한 대안을 제시했다. 비고츠키는 동물과 인간 행동의 유사점과 차이점을 논의하면서 쾰러 형제의 영장류의 도구 사용에 관한 연구를 참고했다. 비고츠키는 몬테소리Maria Montessori의 연구에 대해서도 논평한 바 있다. 비고츠키의 이론 체계와 다른 발달 심리학자 간의 유사점과 차이점에 대해서는 제3장을 참고하기 바란다.

러시아의 동료 및 제자

비고츠키는 여러 가지 초기 실험 과정에서 루리아Alexander Luria, 1902-1977와 레온테프Alexei Leont'ev, 1903-1979와 공동 연구를 했으며, 이들이 이론의 틀을 마련하는 데 공헌했다. 비고츠키 사후 루리아, 레온테프 및 또 다른 비고츠키 후계자들은 그들의 연구를 중단시키려는 정치적 압력에 직면했다. 그 때문에 이들은 연구를 계속하면서도 정치적인 변화가 생길 때까지 자신들의 연구와 비고츠키와의 연관 관계를 공공연히 밝힐 수가 없었다. 이들은 비고츠키의 주요 원리를 정교화했고, 그 원리를 심리학의 여러 영역에 적용했다.

비고츠키의 동료 중 가장 연구를 많이 한 루리아는 비교문화심리학, 신경심리학 및 언어심리학과 같은 다양한 분야의 연구를 개척했다. 그는 뇌 손상과 그것을 되살리는 방법을 연구함으로써 신경심리학 연구에 비고츠키의 원리를 적용했다. 한 나라의 문화와 다른 나라의 문화를 비교하는 비교문화심리학을 통해 루리아(Luria, 1973)는 문화의 영향이 어떻게 인지를 형성케 하는지도 연구했다. 루리아의 언어심리학 연구는 혼자말이 운동 기능을 조절하는 데 큰 역할을 한다는 사실을 입증했으며, 언어와 인지 사이의 연관을 발달적 관점과 임상적 관점에서 검토했다. 보카테(Vocate, 1987)는 루리아와 그의 연구를 잘 요약하고 있다.

레온테프(Leont'ev, 1978)는 의도적인 기억deliberate memory과 주의 집중을 연구했고, 사회적 맥락이나 환경과 유아 자신의 행동을 통한 발달적 성취를 연관시킨 활동 이론을 발전시켰다. 레온테프의 이론은 특히 현재 러시아에서 진행 중인 대부분의 놀이와 학습 분야 연구의 기초가 되었다. 이 같은 연구들이 무엇이며 유아기 발달에 어떻게 적용되는지는 제10장과 12장에서 자세히 다룰 것이다.

갈페린Piotr Gal'perin, 1902–1988, 엘코닌Danill Elkonin, 1904–1985, 그리고 자포르제츠Alexander Zaporozhets, 1905–1981는 비고츠키의 제자로 교수–학습 과정의 구조와 발달에 초점을 맞추어 연구했다. 자포르제츠는 유아교육연구소를 창설해 유아 교육에 비고츠키 이론을 적용했다.

오늘날 교육학과 발달 심리학 분야에서 비고츠키의 전통은 다비도프Vasili Davydov, 리시나Maya Lisina, 벵거Leonid Venger, 룹트소프Vitali Rubtsov, 주커만Galina Zuckerman, 크라브트소바Elena Kravtsova와 같은 제 3,4세대 비고츠키 연구 러시아 학자들에 의해 계속 이어지고 있다

(Karpov, 2005). 비고츠키의 원래 아이디어를 확장한 이들의 연구는 이 책에 제시된 많은 혁신적인 교수 방법에 반영되어 있다.

최근의 연구와 적용

서구 심리학자들이 비고츠키에 대해 관심을 갖게 된 것은 1960년대 후반에 비고츠키의 저서인 『사고와 언어*Thought and Language*』(Vygotsky, 1962)가 영어로 번역되면서부터였다. 스칸디나비아, 독일 및 네덜란드의 심리학자들은 비고츠키 이론의 틀 안에서 광범위한 철학적 문제들을 언급했다. 미국 교육학자와 심리학자들에게 비고츠키에 대한 관심을 처음으로 갖게 한 것은 콜과 스크라이브너(Michael Cole & Sylvia Scribner, 1973), 브루너(Jerome Bruner, 1985), 그리고 브론펜브레너(Uri Bronfenbrenner, 1977)였다. 1970년대에서 1990년대에 이르기까지 베르티쉬(Wertsch, 1991), 로고프(Rogoff, 1991), 타르프와 갤리모어(Tharp & Gallimore, 1988), 캐즈든(Cazden, 1993), 캠피언과 브라운(Campion & Brown, 1990), 그리고 존스타이너, 파노프스키와 블랙웰(John-Steiner, Panofsky, & Blackwell, 1990)과 같은 연구자들이 비고츠키 이론의 사회 인지적 측면에 대한 관심을 촉진했다.

초기에 미국에서는 비고츠키 이론의 다양한 측면에 관심을 가졌으나 최근에는 전문적으로 적용될 수 있는 방법을 연구하고 있다. 예를 들어, 연구자들은 놀이에 대한 비고츠키식 접근과 다른 접근 사이의 차이를 비교하는 데 초점을 맞추거나(Berk, 1994; Berk & Winsler, 1995), 협력적 문제 해결(Newman, Grifffin, & Cole, 1989)을 연구했다. 미국과 러시아 외의 여러 나라에서 수많은 교육 프로그램에 비고츠키 이론의 틀을 활용해 왔는데, 이 교육 프로그램들은 대부분 초등이나 중 · 고등학생에게 적용되는 것이었다(Campione & Brown, 1990; Cole, 1989; Feuerstein & Feuerstein, 1991; Moll, 2001; Newman, Griffin, & Cole, 1989). 반면에 비고츠키 이론을 유아 교육에 적용한 것은 비교적 적었다. 레지오 에밀리아 프로그램Reggio Emilia program과 본 저자의 저서 『정신의 도구 *Tools of the Mind*』(Bodrova & Leong, 2001), 『초기 문해 프로그램의 비계 설정*Scaffolding Early Literacy Programs*』(Bodrova, Leong, Paynter, & Hensen, 2001; Bodrava, Leong, Paynter, & Hughes, 2001) 등에 비고츠키 이론이 적용되었다. 지난 15년 동안 유아 교육에서 비고츠키 사상에 대한 관심이 고조되었고, 이를 적용한 많은 연구물이 출판되었다.

우리는 이 책에서 비고츠키가 자신의 연구, 그의 동료들의 연구, 그리고 러시아, 미국 및 유럽에서의 최근 연구를 종합해 비고츠키 이론의 틀이 유아 교육 현장에서 어떻게 적용되는지를 설명하고자 한다. 비고츠키의 사상은 유아의 발달 과정 고찰과 발달의 촉진을 돕는 획기적인 방안 모색에 도움을 주는 일반적인 접근법이라고 할 수 있다.

비고츠키 이론의 틀: 심리학과 교육의 원리

비고츠키 이론의 틀에 바탕을 이루고 있는 기본 원리를 다음과 같이 요약할 수 있다.

1. 유아는 지식을 구성한다.
2. 발달은 사회적 맥락과 분리될 수 없다.
3. 학습은 발달을 주도한다.
4. 언어는 정신 발달에 핵심적 역할을 한다.

지식의 구성

비고츠키는 피아제Jean Piaget와 마찬가지로 유아가 자신에게 주어지는 것을 수동적으로 재생산하지 않으며 스스로 지식을 구성해 간다고 믿었다. 하지만 피아제의 관점에서 인지적 구성은 기본적으로 물리적 대상과의 상호 작용을 통해 생겨나는 것이다(Ginsberg & Opper, 1988). 사람은 환경을 계획하거나 인지적인 불일치를 만들어 내는 데 간접적인 역할을 할 뿐이다. 반면에 비고츠키의 관점에서 인지적 구성은 항시 **사회적으로 매개되며** 현재와 과거의 사회적 상호 작용에 영향을 받게 된다(Karpov, 2005). 교사가 유아에게 보여 주는 것들은 그 유아가 무엇을 '구성할 것인가'에 영향을 준다. 만일 어느 교사가 블록을 가리키면서 "이 블록들은 크기가 다르다."라고 말한다면 유아는 교사가 블록의 색깔을 지적할 때와는 다른 개념을 형성할 것이다. 교사의 생각은 유아가 무엇을 그리고 어떻게 학습하는가를 중재하거나 그에 영향을 준다.

비고츠키는 물리적 조작과 사회적 상호 작용 모두 발달에 필요하다고 믿었다. 유아는 블록을 만져보고, 물리적으로 비교해 보며, 이리저리 놓아보고, 또다시 쌓아보고 해야 비로소 '크다/작다'의 개념을 갖게 되며, 그 같은 개념을 자신의 인지적 저장소에 포함시키게 된다. 물리적 조작과 직접 경험 없이는 유아가 자신만의 지식을 구성할 수 없다. 유아가 또한 교사의 생각만 따라 한다면 물체가 약간만 달라져도 그 개념을 적용할 수 없고 교사가 없는 데서는 그 개념을 활용할 수도 없을 것이다. 이와 반대로, 교사가 없다면 그 유아의 학습은 전혀 달라지게 될 것이다. 사회적 상호 작용을 통해 유아는 물체의 특성 가운데 가장 중요한 것이 무엇이며, 주시해야 할 것은 어떤 것인지, 그리고 무엇에 행동을 가할 것인지를 배운다. 교사는 공유된 활동을 함께 하면서 유아의 학습에 직접적인 영향을 행사한다.

비고츠키 접근법은 지식의 구성을 강조하기 때문에 유아가 실제로 무엇을 이해하는지를 밝히는 일을 중요시한다. 교사는 유아와의 민감하고 사려 깊은 상호 작용을 통해 유아가 가지고 있는 개념이 정확하게 어떤 것인지를 밝혀 낸다. 비고츠키 접근법에서는 학습을 지식의 **내면화** appropriation로 생각하는데, 이것은 유아가 학습 과정에서 취하게 되는 능동적인 역할을 강조하는 것이다.

사회적 맥락의 중요성

비고츠키는 사회적 맥락이 태도나 신념보다 학습에 더 많은 영향을 미친다고 생각했다. 즉 사회적 상황은 우리가 무엇을 또 어떻게 생각하는지에 상당한 영향을 미친다. 사회적 맥락은 인지 과정을 형성하며 발달 과정의 일부이기도 하다. 사회적 맥락이란 총체적인 사회적 환경, 즉 문화에 의해 직·간접적으로 영향을 받아서 유아의 환경 속에 존재하는 모든 것을 말한다(Bronfenbrener, 1977). 사회적 맥락은 다음과 같은 세 가지 수준에서 고려되어야 한다.

1. 직접적인 상호 작용의 수준: 유아가 특정한 어떤 순간에 상호 작용하고 있는 사람(들)을 의미한다.
2. 구조적 수준: 가정이나 학교처럼 유아에게 영향을 주는 사회적 구조를 포함한다.
3. 전반적 문화나 사회적 수준: 크게 보아 그 사회의 특성을 말하는 것으로 그 문화가 가지고 있는 언어, 수 체계 및 과학과 기술의 활용 등을 포함한다.

이 모든 맥락은 한 인간이 어떻게 사고하는가에 영향을 준다. 예를 들어 사물의 이름을 학습하는 것을 강조하는 엄마 밑에서 자라는 아이는 퉁명스럽게 명령만 하고, 아이와 이야기도 하지 않는 엄마 밑에서 자라는 아이와는 다른 방식으로 사고할 것이 분명하다. 첫 번째로 태어난 맏이는 어휘 수도 많을 뿐만 아니라 전혀 다른 범주로 사고하며 언어도 다르게 사용한다(Luria, 1979; Rogoff, Malkin, & Gilbride, 1984).

사회 구조 역시 한 유아의 인지 과정에 영향을 준다. 러시아의 연구자들은 고아원에서 양육된 유아는 가정에서 양육된 유아와 똑같은 수준의 계획 능력이나 자기 조절 능력을 갖지 못한다는 사실을 밝혀냈다(Sloutsky, 1991). 미국의 학자들은 가정 밖의 사회 구조 중 하나인 학교가 지능IQ을 뒷받침하는 인지 과정에 직접적인 영향을 미친다는 연구 결과를 발표했다(Ceci, 1991).

사회의 일반적 특성 또한 우리가 생각하는 방식에 영향을 미친다. 주판을 사용하는 아시아 지역의 유아는 주판을 사용하지 않는 문화의 유아와는 전혀 다른 수 개념을 가지고 있다(D'Ailly, Hsiao, 1992). 이 같은 예는 사회적 맥락이 인지에 미치는 막대한 영향력을 잘 설명해 주는 것들이다.

인지의 특성: 내용과 과정

발달은 문화적으로 생성된 지식의 습득을 필요로 한다는 것이 많은 이론가의 생각이다. 비고츠키는 이 같은 생각을 더 넓혀 지식의 내용과 형태를 포함시켰다. 사실 지식의 내용과 형태는 정신의 과정이 갖는 핵심적 성격이다. 예를 들어, 파푸아뉴기니의 유아가 알고 있는 동물의 종류는 미국 유아가 알고 있는 것과 다를 뿐 아니라 이들이 동물을 기억하는데 사용하는 전략 또한 다르다. 학교에 다니며 동물을 분류하는 과학적 범주를 배운 어린이는 학교에 다니지 않는 어린이와는 다른 방식으로 동물을 범주화한다. 루리아(Luria, 1976, 1979)는 그의 연구에서 중앙아시아에서 가축의 무리를 이끌며 살고 있는 사람들 가운데 글을 모르는 성인은 상황에 기초한 범주를 사용한다는 것을 알아내었다. 이들은 망치, 톱, 통나무, 도끼를 같은 범주로 분류했는데, 그 이유는 이것들 모두가 작업에 필요한 물건이기 때문이다. 그러나 얼마간이나마 학교 교육을 받은 사람일수록 이 물건을 두 가지 범주로 분류했는데, 망치 · 톱 · 도끼는 도구로, 그리고 통나무는 작업을 해야 할 대상으로 분류했다.

문화가 인지에 영향을 준다는 생각은 매우 중요한데, 왜냐하면 유아를 둘러싼 총체적인 사회 환경은 그 유아가 무엇을 아는가를 결정할 뿐만 아니라 그 유아가 어떻게 사고하는가를 결정하기 때문이다. 우리의 문화적 경험은 문제 해결에 사용하는 논리의 종류와 방법에 영향을 준다. 비고츠키는 서구 세계의 많은 이론가와는 달리, 보편적이거나 문화와는 관계없는 논리적 과정이 존재한다고 믿지 않았다. 유아는 저절로 생각하는 사람이 되거나 문제 해결자가 되는 것이 아니다. 한 유아는 특별한 종류의 생각하는 사람, 기억하는 사람, 의사 소통하는 사람이 되는데 그것은 사회적 맥락이 반영된 결과이다.

사회적 맥락이란 하나의 역사적 개념이다. 비고츠키에게 인간의 마음 또는 정신은 인간의 역사나 **계통 발생**, 그리고 한 사람의 개인적 역사나 **개체 발생**의 산물이다. 현대 인간의 정신은 인류의 역사와 더불어 생겨났다. 개개인의 정신 또한 독특한 개인적 경험의 산물이다. 따라서 비고츠키의 발달 접근법을 문화적 · 역사적 이론Cultural-Historical Theory이라고도 부른다.

인간은 도구를 만들고 협력을 위한 사회 체계를 발전시키기 전에는 다른 동물과 비슷한 방식으로 진화했다. 인간이 언어를 사용하고 도구를 개발하면서 **문화적 진화**는 지속적인 발달을 가능하게 하는 메커니즘이 되었다. 한 세대는 문화를 통해 지식과 기술을 다음 세대에 전수한다. 각 세대마다 새로운 것들을 추가하고, 이에 따라 누적된 경험과 문화 정보가 다음 세대에 계속 전달된다. 비고츠키는 유아가 지식과 이해를 창조해 내는 것이 아니라 문화 속에 축적된 풍부한 지식의 체계를 자기 것으로 내면화한다고 보았다. 발달해 가는 유아는 이 같은 정보를 획득하며 획득한 정보를 사고에 활용한다. 따라서 선조들의 문화사는 우리의 지식에만 영향을 주는 것이 아니라 사고 과정에도 영향을 미친다.

비고츠키는 한 개인의 정신은 그 개인의 역사에 의해서도 형성된다고 믿었다. 물론 정신 과정에는 모든 인간이 가지고 있는 공통적인 측면이 있지만 한 개인의 정신은 특정한 사회적 맥락 안에서 다른 사람과 상호작용한 결과로 나타나는 것이다. 한 유아의 정신이 기능하는 방식에는 유아 스스로 학습하려는 노력과 그 유아가 속해 있는 사회가 부모나 교사 또는 또래를 통해 가르치려는 노력이 모두 함께 영향을 준다.

정신 과정의 발달

사회적 맥락은 발달에 핵심적 역할을 하는데, 이는 사회적 맥락이 정신 과정의 획득에 결정적인 역할을 하기 때문이다. 고등 정신 과정이 다른 사람과 공유할 수 있다는 것을 알게 한 것은 비고츠키의 독특한 공헌이다. 정신 과정은 개인의 내부에만 존재하는 것이 아니라 여러 사람과의 상호 교환 과정에서 발생할 수 있다. 유아는 정신의 과정을 다른 사람과 **공유**하고 이를 상호 작용에 활용함으로써 정신 과정을 배우거나 획득한다. 이와같이 타인과 더불어 공유한 경험을 가진 뒤에야 유아는 비로소 그 정신 과정을 내면화하고 활용할 수 있게 된다.

사회적으로 공유된 인지라는 아이디어는 서구 심리학계에서 일반적으로 받아들여진 인지에 대한 생각과는 매우 다르다. 서구의 전통은 인지를 개인에게만 국한된 내면의 정신 과정으로 본다. 하지만 비고츠키 이론을 연구한 학자들은 인지란 서로 공유하는 과정이며, 이 같은 정신 과정의 획득에는 사회적 맥락이 매우 중요하다는 사실을 깨닫게 되었다 (Karasavvidis, 2002; Rogoff, Topping, Baker-Sennett, & Lacasa, 2002; Salomon, 1993).

공유된 정신 과정이라는 아이디어를 이해하기 위해 기억의 발달 과정에 대한 비고츠키와 서구 심리학자의 설명을 비교해 보자. 서구 심리학자는, 아리엘이라는 아이가 어떤 물건을 기억할 수 있다면 그 능력은 아리엘이 가지고 있는 일련의 기억 전략과 정보가 기억 속에 기호화되었기 때문이라고 본다. 말하자면 기억이란 개인의 내면에 있는 그 무엇인 것이다. 만일 아리엘이 네 살이라면 기억 전략도 미성숙해서 아마도 어떤 것은 기억할 수 없을 것이다. 그렇다면 아리엘은 어떻게 성숙한 전략을 획득하게 되는가? 가장 중요한 것은 나이인데, 아리엘은 나이가 들면서 정신이 성숙하게 됨에 따라 성숙한 기억 전략을 갖게 된다.

비고츠키는 기억을 단지 개인의 내면적인 과정으로만 보지 않고, 두 사람 사이에 공유될 수 있는 것으로 믿었다. 아리엘과 교사는 기억을 공유할 수 있으며 이 두 사람의 상호 작용은 기억의 전체적인 과정을 포함한다. 예를 들어, 아리엘이 어떤 게임의 규칙을 잊어버렸다고 가정해 보자. 그 게임을 하는 방법에 대한 정보는 아리엘의 기억 속 어딘가에 저장되어 있으나 아리엘 혼자서는 그 정보를 끌어낼 수가 없다. 반면 교사는 정보를 회상하는 몇 가지 전략을 알고 있지만 아리엘이 하려고 하는 게임의 규칙은 알지 못한다. 아리엘이 그 게임의 규칙을 기억해 내기 위해서는 아리엘이나 교사 혼자서는 해낼 수 없다. 이는 이 두 사람의 사회적 교류, 대화, 그리고 상호 작용을 통해서만이 가능하다. 교사가 "주사위로 무엇을 하지?"라고 물으면 아리엘은 "주사위를 던져서 얼마만큼 판에서 옮겨갈지 알게 되지요."라고 대답한다. 이제 게임의 규칙에 대한 기억은 아리엘과 교사의 상호 교류 속에 존재한다. 지금은 아리엘과 교사가 규칙을 공유하고 있지만 아리엘이 성장해 가면서 전략을 자기 것으로 만들 것이다. 얼마 가지 않아 아리엘은 게임의 규칙에 대해 스스로 질문하게 되겠지만 아직까지는 혼자서 그 질문을 할 수 없는 것이다.

1학년인 안드레는 책에서 어려운 문장을 읽으려고 노력하는 중이다. 읽을 수는 있으나 이해할 수는 없는 단어가 나오자 안드레의 어머니는 안드레가 그 단어의 뜻을 이해하는 데 도움을 줄 두 종류의 읽기 전략을 사용한다. 하나는 문맥상에서 뜻을 추측하는 것이고, 다른 하나는 사전을 찾아보는 것이다. 안드레는 둘 중 하나를 선택해 단어의 뜻을 확인하고 문장을 이해한다. 며칠 후 다시 비슷한 상황에 처하자 안드레는 어머니가 가르쳐 주었던 방법을 생각해 내어 스스로 적용시켜 본다.

또 다른 예에서 2학년인 스테판은 서양식 장기를 두고 있다. 스테판의 아버지는 장기판을 보고 몇 가지 수순을 제안했다. 스테판은 그 중의 하나를 택해 말을 움직이고 성공적으로 졸卒을 잡았다. 장기말을 움직이는 문제는 스테판과 그 아버지 두 사람이 참여해 공유된 방식으로 해결되었다.

나타샤와 요셉은 함께 프로젝트 작업을 하고 있다. 둘 다 교사가 무엇을 하라고 했는지 기억이 나질 않았다. 나타샤가 "우리가 도서관에 가야 한다고 말씀하신 것 같아."라고 한다. 그러자 요셉이 "맞아. 그런데 그전에 우리는 주제를 선택해야 해."라고 맞장구쳤다. 그들은 프로젝트를 완성하기 위해 밟아야 하는 단계를 함께 재구성해 내었다.

이와같이 비고츠키가 볼 때 모든 정신 과정이 처음에는 서로 공유된 공간 속에 존재하다가 나중에 가서는 개인 수준으로 옮겨진다. 사회적 맥락은 실로 발달과 학습 과정의 일부분이며 공유된 활동은 유아에게 정신 과정의 내면화를 촉진시키는 수단이다. 비고츠키는 성장과 성숙의 역할을 부정하지는 않았지만, 공유된 경험이 인지 발달에 더 중요하다는 사실을 강조했다.

학습과 발달의 관계

학습과 발달은 서로 복잡하게 관련되어 있는 과정이다. 학습과 발달을 하나로 보는 행동주의자들(예컨대 Horowitz, 1994)과는 달리, 비고츠키는 사실이나 기능의 축적만으로는 설명될 수 없는 사고의 질적인 변화가 있다고 주장했다. 그는 유아의 사고는 점차적으로 구조화되고 복잡해진다고 믿었다.

비고츠키는 특정한 인지 발달을 위해 성숙이 전제되는 경우가 있지만 성숙이 전적으로 발달을 결정하는 것은 아니라고 믿었다. 성숙은 어린아이가 어떤 특정한 것을 할 수 있을지의 여부에 영향을 미친다. 예를 들어, 유아는 언어를 완전하게 습득하지 않고서는 논리적 사고를 배울 수 없다. 하지만 성숙을 주된 발달 과정으로 강조하는 이론가는 유아가 새로운 정보를 학습할 수 있기 **전에** 특정한 발달 수준에 도달해 있어야 한다고 믿는다(Thomas, 2000). 예컨대, 피아제(Piaget, 1977)의 연구에 따르면, 유아가 논리적으로 사고하려면 구체적 조작기에 도달해야 한다. 이 같은 관점에서 보면 사고의 내면적인 재조직은 새로운 것을 학습하는 능력에 선행한다. 그러므로 더 높은 수준의 정보가 주어진다 하더라도 그 수준의 발달이 이루어지기 전까지는 그 정보를 학습할 수 없다.

비고츠키 이론적 틀에서 보면, 발달이 학습에 영향을 주기도 하지만 **학습이 발달에 영향을 주기도 한다**. 발달과 학습 사이에는 복잡하고도 일직선이 아닌 관계가 존재한다. 비고츠키는 새로운 정보를 학습하려고 하는 유아의 능력을 제한하는 발달적인 선행 조건이 존재한다는 것을 의심하지는 않았지만, 학습이 발달을 촉진시키며 발달을 일으키는 원인으로도 작용한다고 믿었다. 예를 들어, 세 살 된 시실리는 사물을 분류하고는 있지만 적절하게 범주화할 수 없다. 교사는 시실리에게 글자와 그림이 적혀 있는 두 개의 상자를 준다. 상자 하나에는 **큰** 글자로 큰 곰이라고 쓰여 있으며 큰 곰 한 마리가 그려져 있다. 또 다른 상자에는 **작은** 글씨로 작은 곰이라고 쓰여 있고 작은 곰 한 마리가 그려져 있다. 교사는 범주화를 제대로 할 수 있게 하는 상자 두 개를 시실리에게 줌으로써 학습을 돕는 것이다. 마침내 시실리는 상자가 없어도 다른 사물을 범주화할 수 있게 된다. '**크다**'와 '**작다**'의 개념에 대한 학습은 분류에 대한 사고의 발달을 촉진시킨다.

비고츠키의 주장에 따르면, 성인은 유아의 발달 수준을 고려함과 동시에 유아를 발달로 이끄는 수준에서 정보와 지식을 제공해야 한다. 유아에게 발달 또는 질적 변화가 일어나기 전에 상당한 양의 학습을 해야 하는 영역이 있다. 그러나 어떤 영역에서는 한 단계의 학습이 두 단계의 발달을 촉진시킬 수 있다. 만일 학습에 앞서 발달이 먼저 일어나야 한다고 주장한다면, 이는 가르치는 일을 유아가 이미 알고 있는 것만을 제시하는 것으로 제한하게 된다. 경험 있는 교사라면 유아가 이미 할 수 있는 것을 배울 때 쉽게 지루해 한다는 것을 잘 알고 있다. 그러나 유아의 발달 수준을 전적으로 무시하면 이들이 학습할 준비가 되어 있는 순간을 놓칠 수 있으며 너무 어려운 문제를 가르치려 할 수도 있다. 이 같은 잘못은 유아가 숫자도 제대로 세기 전에 덧셈을 가르치는 예를 보면 알 수 있다.

발달과 학습 간의 관계에 대한 비고츠키의 생각은 가르치는 일이 왜 그렇게 어려운 일인지를 설명하는 데 크게 도움이 된다. 유아마다 모두 개인차가 있기 때문에 그 누구도 각 유아의 발달적 변화를 가져올 수 있는 확실한 처방을 내릴 수 없다. 어떤 교사에게, "이렇게 여섯 번씩 하면 모든 유아가 어떤 특정한 기능을 발달시킬 수 있다."고 제안할 수가 없는 것이다. 학습과 발달 사이의 정확한 관계가 유아마다 다를 수 있고 영역이 다르면 또 달라질 수 있다. 교사는 각 유아의 교수 · 학습 과정을 조절할 수 있는 방법을 항시 가지고 있어야 한다. 이것이야말로 모든 교육자에게 큰 도전이 아닐 수 없다.

발달에 미치는 언어의 역할

우리는 흔히 언어의 주요 효과가 한 사람이 가지고 있는 지식의 내용에 미친다고 생각한다. 우리가 알고 있는 개념과 상징은 우리가 무엇에 대해 생각하고 아는 것에 영향을 준다. 그러나 비고츠키는 언어가 인지에 좀 더 큰 역할을 한다고 믿었다. 언어는 사고를 위한 실제적 메커니즘이며 정신의 도구이다. 언어는 사고를 더욱 추상적이고, 융통성 있고, 즉각적인 자극으로부터 독립적인 것으로 만든다. 과거에 대한 기억과 미래에 대한 기대는 언어를 통해 새로운 상황에 영향을 주고, 따라서 그 결과에 영향을 미친다. 유아가 사고하기 위해 상징과 개념을 사용하기 시작하면, 어떤 물체에 대해 생각할 때 그 물체를 눈앞에 가져다 놓을 필요가 없게 된다. 언어는 유아로 하여금 상상하고, 조작하며, 새로운 생각을 만들어 내고, 그런 생각을 다른 사람과 나누는 것을 가능하게 한다. 언어는 우리가 사회적 지식을 교환하는 방법 중의 하나이다. 그러므로 언어는 인지 발달의 도구이면서 인지 과정 그 자체의 일부분이 되는 두 가지 역할을 하게 된다.

학습은 공유된 상황에서 이루어지기 때문에 언어는 다른 정신의 도구를 자기 것으로 만드는 데 중요한 도구가 된다. 어떤 활동을 공유하기 위해 우리는 그 활동에 대해 말을 해야 한다. 말을 하지 않으면 우리는 상대방의 의미를 알 수 없게 된다. 조슈아와 교사는 산수 교육 용구인 퀴즈네어 막대Cuisenaire rods를 가지고 공부하고 있다. 조슈아가 1을 나타내는 막대 다섯 개와 5를 나타내는 막대 하나를 꺼냈다고 가정해 보자. 이 두 사람이 막대 간의 관계에 대해 아무런 말도 하지 않고 있다면 교사는 조슈아가 작은 막대와 큰 막대 사이의 관계를 이해했는지를 알 수 없다. 어쩌면 조슈아는 작은 막대의 색깔에 집중하고 있어서 작은 막대 다섯 개가 다섯을 나타내는 큰 막대 한 개와 마찬가지 길이가 된다는 것을 눈치채지 못했을 수도 있다. 말을 함으로써 교사는 적절한 속성과 적절하지 않은 속성을 구별할 수 있고 조슈아는 그 활동을 어떻게 이해했는지를 교사에게 알릴 수 있다. 언어를 통해서만이 조슈아와 교사는 이 활동을 함께 나눌 수 있는 것이다.

언어는 인지 과정을 구성하는 데 필요한 공유된 경험을 촉진시킨다. 여섯 살 난 루시와 교사는 나비가 고치를 뚫고 나와 날개를 펼치는 것을 보고 있다. 루시는 "저거 보세요. 나비가 처음엔 예쁘지 않아요."라고 말한다. 교사는 "언제가 되면 예뻐질까? 방금 빠져 나온 나비를 보렴. 왜 방금 나온 나비의 날개는 날아다니는 나비의 날개하고 색깔이 다를까?"라는 질문을 하고 루시와 교사는 그들이 보고 있는 나비에 대해 토론한다. 이 같은 대화를 수없이 많이 함으로써 루시는 나비와 유충에 관해 학습할 뿐 아니라 과학적 발견에 포함된 인지 과정을 획득하게 되는 것이다.

추가 참고 문헌

Karpov, Y. V. (2005). *The neo-Vygotskian approach to child development.* New York: Combridge University Press.

Kozulin, A. (1990). *Vygotsky's psychology: A biography of ideas.* Cambridge: Cambridge University Press.

Luria, A. R. (1979). *The making of mind: A personal account of Soviet psychology.* Cambridge, MA: Harvard University Press.

Van der Veer, R. & Valsiner, J. (1991). *Understanding Vygotsky: A quest for synthesis.* Cambridge: Blackwell.

제2장

정신의 도구와 고등 정신 기능의 획득

비고츠키는 교수와 학습 그리고 발달의 목적으로 지식의 획득과 전달뿐만 아니라 도구의 획득을 들었다. 교사는 유아를 가르쳐서 도구를 획득하게 하며, 유아는 자신의 행동을 지배하고 독립성을 갖추고 좀 더 높은 수준의 발달을 이루기 위해 이 도구를 사용하게 된다. 도구를 사용한다는 것은 유아가 도구의 사용법을 학습해 혼자서도 그 도구를 이용할 수 있다는 것을 의미한다. 비고츠키는 높은 발달 수준에 도달하기 위해 정신의 도구와 고등 정신 기능이 필요하다고 생각했다.

도구의 목적

비고츠키는 인간이 하등 동물과 다른 점은 도구를 소유하고 있는 것이라고 믿었다. 인간은 도구를 사용하고, 새로운 도구를 만들며, 도구 사용 방법을 다른 사람에게 가르친다. 인간은 이러한 도구가 없다면 할 수 없었던 일을 하면서 자신의 능력을 더욱 확대시킨다. 예컨대 인간은 손이나 이빨로도 어느 정도까지는 천을 자를 수 있지만, 가위나 칼을 갖고 있다면 더욱 쉽고 정확하게 자를 수 있다. 물리적 도구는 인간의 생존을 보장하고 변화하는 환경을 지배할 수 있게 해 준다.

이처럼 인간은 원숭이를 포함한 다른 동물과는 달리 물리적 도구와 정신의 도구를 발명했으며, 인간의 문화사는 정신의 도구의 발달사라고 생각할 수 있다.

> 인류 초기 역사에서 글쓰기와 기억의 보조 도구로 나뭇가지와 매듭 등을 사용한 것은, 인류의 초창기부터 인간은 자연이 준 정신적 기능의 한계를 넘어 문화적으로 정교하게 구성된 행동으로 발달하고 있었음을 보여 주는 증거이다(Vygotsky, 1978, p. 39).

정신의 도구는 숫자를 나타내기 위해 동굴 벽에 새겨 놓은 상징에서부터 현대의 과학과 수학에서 사용되는 복잡한 범주와 개념으로 발전해 왔다. 암기와 문제 해결 과정에서 사용되는 정신의 도구는 대대로 전수되어 왔다.

정신 능력의 확대

비코츠키는 정신의 도구의 개념을 확대해 정신의 발달을 새롭고 독특한 방식으로 보았다. 그는 정신의 도구와 정신의 관계를 기계적 도구와 신체의 관계로 보았다. 정신의 도구는 인간의 능력을 확대시켜서 인간이 환경에 적응할 수 있도록 만드는데, 이는 기계적 도구와 유사한 기능을 갖는다.

> 눈금이 새겨진 막대와 매듭, 글자의 시작과 기억 회상을 도와 주는 단순한 도구 등은 인류가 역사적 발전의 아주 초창기부터 자연이 준 심리적인 기능을 훨씬 넘어서 문화적으로 정교하게 구성된 행동을 발전시켰음을 보여 주는 것이다(Vygotsky, 1978, p. 39).

기계적 도구와 마찬가지로 정신의 도구도 사용되고 발명될 수 있으며 다른 사람에게 가르칠 수 있다. 그러나 정신의 도구는 기계적 도구와 달리 두 가지 형태를 갖는다. 발달 단계(계통 발생론과 개체 발생론)에서 초기에는 정신의 도구가 표면적이고 구체적이며 물리적으로 표현되지만, 좀 더 발달되면 이 도구가 내면화되거나 외부의 도움 없이 정신 안에 존재한다. 예를 들어보자. 만일 가게에서 사과를 사야 할 일이 있을 때 이를 기억하려고 손가락에 고무줄을 감아놓는 것은 정신의 도구가 외적으로 표현된 것이다. 그러나 가게에서 사야 하는 것을 야채, 과일과 같은 음식군이나 요리에 따라 범주화하는 것은 내면화된 정신의 도구를 사용하는 것이다.

행동 지배하기

정신의 도구와 기계적 도구의 또 다른 차이는 그 목적에 있다. 정신의 도구는 인간이 환경뿐만 아니라 자신의 행동도 지배하게 만든다. 정신의 도구가 없으면 인간의 능력은 동물처럼 환경에 반응하는 정도로 제한될 것이다. 정신의 도구는 인간으로 하여금 미리 계획을 세우고, 문제에 대해 다양한 해결책을 마련하고, 공동의 목표를 달성하기 위해 다른 사람과 협동할 수 있게 해 준다.

예를 들어, 먼 거리를 항해하는 방법을 기억하는 인간의 능력은 빛과 같은 외부 자극에 대해 프로그램화되어 자동적으로 반응을 보이는 새나 동물의 능력과 비교해 볼 때 매우 제한적이다. 그러나 인간은 이런 행동이 가능하도록 정신의 도구를 사용한다. 길에 표시하기 위해 돌무더기를 남기고, 나무에 흔적을 만들고, 길을 따라 이정표를 만든다. 지도와 컴퍼스는 장거리 항해와 관련해 진보된 정신적 과정을 반영해 주는 물리적 도구이다.

정신의 도구는 유아가 자신의 신체적, 인지적, 정서적 행동을 지배하도록 돕는다. 예를 들어 유아는 정신의 도구를 사용해서 음악이나 언어적 지시에 대해 일정한 형태로 자신의 신체를 반응케 한다. 정신의 도구 없이 계획 세우기, 문제 해결하기, 기억하기란 불가능하다. 정신의 도구는 또한 유아가 자신의 감정을 통제하도록 돕는다. 유아는 화가 났을 때 다른 사람을 때리기보다는 자신의 감정을 통제하는 사고 방법이나 전략을 배운다. '10까지 세기'와 '다른 것을 생각하기'는 분노를 억제하는 도구의 예이다.

언어와 같은 정신의 도구가 유아로 하여금 어떻게 자신의 행동을 통제하게 하는지에 대해 생각해 보자. 걸음마기 유아는 다이얼이나 손잡이가 있는 물체를 보면 만져보고 싶어 어쩔 줄 모른다. 그들은 충동을 억제할 수 없기 때문이다. 비고츠키에 의하면 자기 통제가 부족한 유아는 자신의 행동을 지배하지 못한다. 그러나 유아가 이런 능력을 습득하게 되면 자신의 행동을 억제하기 위해 그 능력을 사용할 것이다. 두 살 반 된 토머스는 스테레오를 만지면 안 된다는 것을 알기 때문에 그 가까이 가게 되자 스스로 "안 돼."라고 말한다. 6개월 전의 토머스라면 자신을 통제하는 도구를 가지고 있지 않았기 때문에 아마도 스테레오를 만지려고 달려갔을 것이다. 6개월 전에는 엄마가 스테레오 앞에 서서 못하게 해야만 그를 막을 수 있었다. 그 당신의 토머스의 행동은 기계의 버튼과 손잡이에 대한 반응에 불과했다. 비고츠키는 토머스가 "안 돼, 건드려서는 안 돼."라고 스스로에게 말함으로써 자신의 행동을 중단할 수 있을 때 비로소 정신의 도구가 학습된 것이며, 자기 행동에 대한 지배력을 갖게 되는 것이라고 믿는다. 토머스의 말은 자신의 의지로 행동을 지배하도록 하는 정신의 도구인 것이다.

독립성 획득

비고츠키는 유아가 정신의 도구를 획득하게 되면, 독립적으로 도구를 사용할 것이라고 믿었다. 유아는 처음에 다른 사람과 도구를 함께 사용하는 **개인 간**interpersonal의 과정을 거친다. 비고츠키의 이론에서 '**공유된**', '**분배된**', '**개인 간**'이라는 용어들은 모두 둘 이상의 사람 사이에서 존재하는 정신 과정을 나타내는 말이다. 유아가 이런 정신의 도구를 자신의 사고 과정에 통합시키게 되면 그 도구는 변형이 되어 **개인내적**intrapersonal이고 **개별적**individual인 것이 된다. 이렇게 되면 유아는 더 이상 그 도구를 공유할 필요가 없다. 왜냐하면 그는 도구를 독립적으로 사용할 수 있기 때문이다. 이처럼 독립성의 획득이란 도구를 공유하는 것에서 개인적 소유로 바꾸는 것과 연관된다.

나디아는 오전의 집단활동 시간에 집중하는 데 어려움을 가지고 있었다. 나디아는 다른 친구들 위에 눕고, 손가락으로 찌르고, 끝없이 떠들면서 교사가 하는 일을 방해했다. 교사는 나디아의 행동에 대해 직접적으로 지적하지 않고 "나디아가 바로 앉아 있구나.", "선생님을 보세요."라고만 수없이 말해 왔다. 어느 시점이 되어 교사는 드디어 나디아가 스스로 집중할 수 있는 도구를 아직 소유하지 못하고 있다는 것을 깨달았다. 교사는 나디아를 맨 앞자리에 앉히고 어깨에 손을 얹고는 책을 가리키며 "나디아, 잘 들어야 해."라고 말한다. 이 시점에서 주의 집중은 아직도 나디아와 교사 간에 공유된 상태로 존재한다. 여러 번의 집단 활동 시간이 지난 후에 나디아는 스스로 집중하기 시작하고, 이제 나디아의 주의 집중은 개별적인 것이 되어 혼자서도 할 수 있게 되는 것이다.

고등 수준의 발달에 도달하기

고등 수준의 발달은 복잡한 인지적 조작을 수행하고 자기 조절을 할 수 있는 능력을 갖는 것과 관련이 있다. 유아는 성숙이나 물체와의 경험만으로는 이 수준에 도달할 수 없다. 이러한 고등 수준의 인지 발달의 출현은 형식적 · 비형식적 교육을 통해 정신의 도구를 자기 것으로 만드는 데 달려 있다.

언어: 보편적 도구

언어는 모든 인간 문화에서 보편적으로 볼 수 있는 도구이다. 언어는 각 문화의 모든 구성원이 창조하고 공유하기 때문에 문화적인 도구이며 각 구성원이 사고하기 위해 사용하기 때문에 정신의 도구이다.

언어는 다른 도구의 획득을 촉진하고 여러 정신적 기능을 위해 사용되기 때문에 기초적인 도구이다. 도구는 공유된 경험을 통해 **적합화**되거나 학습되는데, 이는 부분적으로는 인간이 서로 대화를 나누기 때문이다. 두 살 된 프랭크와 교사가 함께 퍼즐을 맞추고 있는 장면을 생각해 보자. 그들은 퍼즐을 맞출 때 신체적인 상호 작용을 통해 경험을 공유한다. 그러나 프랭크가 그 경험을 통해 얻을 수 있는 학습은 프랭크 자신과 교사가 공유하는 언어에 의존한다. "파란 조각을 찾아보겠니? 이것 다음에는 파란 조각이 필요해." "이거요?" "그래, 그거야. 여기 이곳에 맞는구나. 그것이 꼭 맞을 때까지 돌려 보아라." 이런 식의 대화는 프랭크의 학습을 좀 더 높은 수준으로 이끌어 주고, 프랭크가 다른 퍼즐을 맞출 때 필요한 전략을 가르쳐 준다. 언어가 없다면 프랭크는 아마도 퍼즐을 맞출 때 사용할 수 있는 전략이 있다는 것조차 알지 못할 것이다.

언어는 주의 집중, 암기, 감정 조절, 문제 해결 등 여러 가지 정신 기능을 익히기 위한 전략을 개발하는 데 이용될 수 있다. "단지 크기가 문제구나."라고 혼자서 말하는 것은 자신의 관심을 대상의 크기에 집중하도록 하고 다른 속성을 무시하도록 하는 데 도움이 된다. 언어는 우리가 기억하는 내용과 방식에 커다란 영향을 미친다. 언어가 너무나 많은 정신 기능에 적용되기 때문에 제6장 전체를 비고츠키 이론에서 보는 언어의 다양한 측면에 대한 논의에 할애할 예정이다.

고등 정신 기능의 개념

비고츠키는 정신의 과정을 하등 정신 기능과 고등 정신 기능으로 나누었다. 그러나 비고츠키는 다른 학자와는 달리 하등 정신과 고등 정신의 기능을 각각의 독립된 것으로 생각하기보다는 이 두 정신이 어떻게 상호 작용하는지에 더 관심을 가졌다.

하등 정신 기능의 특성

하등 정신 기능은 고등 동물과 인간 모두가 갖고 있는 것으로 주로 성숙에 의해 이루어진다. 하등 정신 기능의 예로는 감각, 반응적 주의 집중, 자발적 기억, 감각 운동 지능 등이 있다. 감각은 정신이 기능하는 과정에서 오감五感을 사용하는 것이다. 예를 들어 많은 동물은 색맹에 가까운 해양포유류에서 인간보다 더 많은 색을 구별해 내는 새나 물고기에 이르기까지 다양한 색을 구별하는 능력을 가지고 있다. 반응적 주의

표 2.1 하등 정신 기능과 고등 정신 기능

하등 정신 기능	고등 정신 기능
인간과 고등 동물 모두에 해당	인간에만 해당
감각 반응적 주의 집중 자발적 혹은 연상적 기억 감각 운동 지능	매개된 지각 의도적인 주의 집중 의도적인 기억 논리적 사고

집중은 자기 집 차고로 들어오는 개가 자동차 소리에 갑자기 주의를 집중하는 경우처럼 강한 환경적 자극에 의해 지배되는 주의 집중이다. 자발적 기억 혹은 연상 기억은 특정 회사의 로고와 광고 음악이 연결되거나 개에게 먹이를 줄 때 종소리가 들리면 침을 흘리는 경우처럼 반복해서 함께 제시된 두 개의 자극을 하나로 기억하는 능력이다. 감각 운동 지능이란 신체나 동작에 의한 조작이나 시행 착오를 통해 문제를 해결하는 능력을 말한다. 〈표 2.1〉은 하등 정신 기능과 고등 정신 기능의 예이다.

고등 정신 기능의 특성

인간만이 갖고 있는 **고등 정신 기능**은 학습과 교수를 통해 획득되는 인지적 과정이다. 하등 정신 기능과 고등 정신 기능의 가장 큰 차이는 후자의 경우 정신의 도구를 사용한다는 것이다.

> 기초 기능elementary function의 주요 특징은 전적으로 환경에서 오는 자극에 의해 결정된다는 것이다. 고등 기능의 주요 특징은 자기 발생적 자극이라는 것이다. 즉, 인위적 자극의 사용과 생성이 행동의 즉각적인 원인이 된다(Vygotsky, 1978, p. 39).

고등 정신 기능은 '**숙고되고**', '**매개되고**', '**내면화된**' 행동이다. 인간이 고등 정신 기능을 획득하게 될 때 인간의 사고는 다른 고등 동물의 사고와는 질적으로 달라지며 문명이 발달함에 따라 더욱 발달한다. 고등 정신 기능은 매개된 지각, 의도적인 주의 집중, 의도적인 기억, 논리적 사고를 포함한다. 우리는 비슷한 색깔을 구별할 때, 매개된 지각을 사용한다. 의도적인 주의 집중은 자극의 두드러진 정도에 상관없이 어떠한 자극에 대해서도 집중하는 능력을 말한다. 의도적인 기억이란 무엇인가를 기억할 때 암기 전략을 사용하는 것이다. 논리적 사고는 논리나 다른 전략을 사용해서 정신적으로 문제를 해결하는 능력을 말한다. 이런 모든 고등 정신 기능은 하등 정신 기능의 토대 위에 문화마다 각각 다른 방식으로 세워진다. 비고츠키가 고등 정신 기능으로 설명한 많은 정신 과정이 오늘날의 인지 이론에서는 **초인지**超認知, metacognitive로 표현된다.

고등 정신 기능은 개인이 통제하고, 개인의 사고와 선택에 따라 달리 사용된다는 점에서 **의도적**deliberate이다. 행동은 지시될 수 있으며, 관념, 지각, 상상 등과 같은 환경의 특정한 측면에 맞추어질 수도 있다. 생각이 깊지 않은 유아는 커다란 소리나 가장 화려한 색깔의 그림에 반응한다. 그러나 유아가 고등 정신 기능을 획득하게 되면 문제 해결에 가장 적절한 환경에 맞추어 행동하는데, 이러한 측면이 지각적으로 반드시 명백하거나 눈에 띄는 것은 아니다(〈표 2.2〉 참조).

매개mediation는 사고 과정에서 특정한 표시나 상징을 사용하는 것으로 행위나 환경 안에 있는 사물을 나타내기 위해 대용물을 사용하는 것을 포함한다(〈표 2.3〉 참조). 비고츠키는 매개체가 고등 정신 기능의 가장 핵심적인 특성이라고 보았다. "모든 고등 정신 기능은 매개된 과정이다. 고등 정신 기능 구조의 중심과 기초는 정신의 가정을 지시하고 숙달하는 수단으로 사인을 사용하는 것이다"(Vygotsky, 1987, p. 126). 그

표 2.2 비의도적 행동과 의도적 행동의 예

비의도적 행동	의도적 행동
체계적인 방법을 사용하지 않고 다른 그림 때문에 주의가 분산되어 그림 속에 숨겨진 모양을 발견하지 못한다.	주의를 분산시키는 그림은 무시하고 체계적이고 의도적인 방법으로 숨겨진 모양을 찾는다.
다른 유아들이 말하고 있을 때 교사의 말에 귀를 기울이지 못한다.	교사의 말에 귀를 기울이며 다른 소음을 차단한다.
지으려고 하는 빌딩의 구조와 관계없이 가장 가까이에 있는 블록으로 짓기 시작한다.	블록으로 쌓기 전에 머릿속으로 미리 계획을 세우기 때문에 계획한 구조에 가장 적합한 블록을 선택한다.

표 2.3 매개되지 않은 행동과 매개된 행동의 예

매개되지 않은 행동	매개된 행동
방금 본 복잡한 춤의 순서를 기억하려고 노력한다.	"오른쪽으로 두 번 가고, 왼쪽으로 세 번 가고, 발로 차고"와 같이 혼자서 순서를 중얼거린다.
물건의 숫자를 눈으로 어림잡아 세어본다.	물건의 숫자를 세어본다.
교사의 질문에 불쑥 말한다.	질문에 답한 준비가 되었다는 표시로 손을 든다.

표시나 상징은 보편적인 것일 수도 있고 가정이나 학급과 같은 소집단에서만 사용하거나 한 개인에게만 적용되는 특수한 것일 수도 있다. 예를 들어 정지 표시나 붉은 신호등은 전진 동작을 멈추라는 보편적인 표시이며 세계 어디에서든지 이해된다. 반면에 교사가 유아의 이름에 빨간 스티커를 붙였을 경우 이것은 특정 학급에 따라 그 의미가 달라진다. 어떤 학급에서는 이름에 빨간 스티커가 붙은 유아는 블록 영역에서 활동하고, 초록 스티커가 붙은 유아는 조형 영역에서 활동하라는 의미일 수 있다. 또 다른 학급에서 빨간 스티커는 잘못된 행동에 대한 경고의 의

미로 해석될 수도 있다. 신호는 그것을 사용하는 개인에게만 의미가 있고, 사용하지 않는 사람에게는 의미가 없다. 예를 들어, 달력 위에 표시된 특정 날짜는 표시를 해놓은 사람에게는 결혼기념일, 치과 진료 예약일 등 매우 중요한 신호이지만 타인에게는 아무런 의미가 없는 것이다.

내면화된 행동은 개인의 정신 속에 존재하고 관찰될 수 없다. 내면화는 유아의 행동이 외적 표현과 동일한 구조, 초점 및 기능을 유지하면서 정신 내부로 변화해 들어가는 것을 말한다(Vygotsky & Luria, 1993). 더하기를 할 때 손가락을 사용하는 것은 외적인 행동이다. 머릿속에서 더하는 것도 물론 기본적으로는 이와 같은 행동이기는 하지만 그것은 내면화된 행동이다.

유아가 하는 대부분의 행동은 외적이며 관찰할 수 있다. 내면화 과정의 초기 단계에서 어린 유아가 자기 혼자 중얼거리거나 노래를 부르며 암기하려고 애쓰는 모습은 고등 정신 기능이 시작되고 있음을 보여 주는 예이다. 의도적 기억을 할 수 있는 좀 더 나이 든 유아가 사용하는 전략은 눈에 보이지 않는다.

고등 정신 기능의 발달

비고츠키는 고등 정신 기능이 특정한 방식으로 발달한다고 믿었다.

1. 고등 정신 기능은 하등 정신 기능에 의존한다.
2. 고등 정신 기능은 문화적 맥락에 의해 결정된다.
3. 고등 정신 기능은 공유된 기능에서 개별화된 기능으로 발달한다.
4. 고등 정신 기능은 도구의 내면화를 포함한다.

하등 정신 기능에 기초하기

고등 정신 기능은 특정 수준에서 발달해 온 하등 정신 기능의 기초 위에 세워진다. 두 살 난 엘레나는 자발적 기억조차 충분히 발달되지 않아서 "거미가 줄을 타고 올라갑니다."라는 노래의 가사를 모두 기억할 수 없다. 엘레나가 의도적인 기억 능력이 부족한 것은 기본적으로 전략이 부족하기 때문이라기보다는 그 기초가 되는 하등 정신 기능이 미숙하기 때문이다.

고등 정신 기능이 발달하면 하등 정신 기능에서 근본적인 재조직이 이루어진다(Vygotsky, 1994). 그 때부터 유아는 고등 정신 기능을 좀 더 자주 사용하게 되며, 하등 정신 기능의 사용은 점점 줄어든다. 유아가 언어를 습득하면 이미지나 감각보다는 단어로 기억을 하고 성인이 되면 거의 모든 것을 단어로 입력하는 것을 예로 들 수 있다.

문화적 맥락의 영향

문화는 인간이 고등 정신 기능의 본질과 정신의 기능을 획득하는 방식에 영향을 준다. 이에 대한 고전적인 예는 1930년대 루리아가 수행한 분류에 관한 연구를 들 수 있다. 연구 결과에 따르면, 형식적 학교 교육을 받지 못한 사람이 사용하는 분류 체계는 형식적 학교 교육을 받은 사람이 사용하는 분류 체계와 전혀 다르다. 학교 교육을 받지 못한 사람은 대상물을 접하게 된 장소나 경험에 근거한 분류 체계를 사용한다. 사과 · 수박 · 배 · 접시 가운데 어울리지 않는 것이 무엇이냐는 질문을 했을 때, 그들은 모두가 어울린다고 답했다. 그러나 형식적 학교 교육을 받은 사람은 과일과 과일이 아닌 것이라는 좀 더 추상적인 분류 체계를 갖고 있기 때문에 접시가 어울리지 않는다는 답을 할 가능성이 높다. 루리아의 발견은 최근의 비교 문화 연구에서 확인되고 있다(Ceci, 1991).

고등 정신 기능의 획득도 문화적 맥락에 따라 좌우된다. 수의 사용과 같은 추상적인 사고도 문화적 배경에 따라 다른 방식으로 학습된다. 유아가 덧셈을 할 때 아프리카 문화에서는 특별한 리듬으로 손가락을 사용하고, 아시아의 일부 지역에서는 주판을 사용하며, 북미 어느 지역에서는 퀴즈네어 막대를 사용해 계산한다. 세 문화의 유아는 동일한 정신적 기술을 각기 다른 방식으로 학습하고 있는 것이다. 각 문화의 유아는 동일한 정신 기능을 가지고 있지만 그 발달에 이르는 과정은 모두 다르다.

공유된 기능으로부터 개별화된 기능으로의 변화

고등 정신 기능은 처음에는 두 사람 사이의 공유된 활동 속에서 존재하고 나중에 개별적으로 내면화된다. 비고츠키는 이런 공유에서 개별적으로의 변화를 **문화적 발달의 보편적 법칙**the general law of cultural development이라고 했다. 고등 정신의 발달 과정에서 "사회적 관계, 사람들의 실질적인 관계, 그 관계와 고등 정신 기능을 지지"해야 한다고 강조했다(Vogitsky, 1997, p. 106).

복잡한 문장을 이해하는 것은 고등 정신 기능을 사용해야 하는 과정이다. 초등학교에서 질문이나 추론과 같은 전략을 학습할 때 처음에는 교사와 전체 학급이 상호 작용하는 단계가 있다. 이 때 특정한 전략을 찾고 이를 적절한 맥락에 적용하는 시범을 보이는 것은 전적으로 교사이다. 시간이 지나면서 학생들이 그 역할의 일부를 하게 되는데 첫 번째 학생이 질문하고, 두 번째 학생이 답을 하고, 세 번째 학생이 그 답의 정답 여부를 확인하는 과정을 거친다. 마지막으로 각 학생이 이 모든 과정을 혼자서 할 수 있게 되면 모든 학생이 독해讀解 전략을 완전히 학습한 것이다. 이 시점에서 예전에는 공유된 지식이 개인적인 것이 된다. 앞의 비고츠키가 했던 주장을 적용해 보면, 독해라는 맥락에서 교사와 학생과의 관계는 각 학생이 독립적으로 적용할 수 있게 된 특정한 전략 간의 관계로 전환된 것이다. 이 과정에 대해서는 제7장에서 자세하게 설명한다.

고등 정신 기능을 갖기 위해서 유아는 먼저 그 문화의 기초적인 정신의 도구를 학습해야만 한다. 유아는 하등 정신 기능을 고등 정신 기능으로 수정하고 재구성하기 위해 정신의 도구를 사용한다. 따라서 언어와 같은 정신의 도구는 유아의 하등 정신 기능을 재조직하는 기능을 한다.

정신 기능 발달의 개인차

하등 정신 기능

비고츠키는 하등 정신 기능은 문화와는 무관하거나 독립적이며 생물학적인 유산의 일부라고 보았다. 모든 사람은 그들이 파푸아뉴기니에 살든 미국에 살든 관계없이 감각 운동적 문제를 해결할 수 있다. 하등 정신 기능은 주로 성숙과 성장에 의존할 뿐이며 어떤 특별한 교육을 필요로 하지 않는다. 그러나 모든 사람이 똑같은 수준의 하등 정신 기능을 갖는 것은 아니다. 그것은 선천적인 문제일 수 있다. 학습 능력이 부족한 아동은 보통 하등 정신 기능의 특정한 부분이 부족하다. 사물을 조작하고 환경을 탐색하는 기회를 주는 감각 운동적 자극은 하등 정신 기능에 영향을 준다. 하등 정신 기능이 발달하고 있는 생후 1년 동안에 심각한 경험의 실조失調를 겪으면 개인차에 상당한 영향을 미치게 된다.

고등 정신 기능

고등 정신 기능의 개인차는 위에 기술한 요소 이외에도 다른 요소의 영향을 받는데, 그 중의 하나가 언어 환경의 질이다. 언어를 듣고 사용할 기회가 장차 유아의 고등 정신 기능 발달에 직접적으로 영향을 미친다.

또 다른 요소는 사회적 맥락으로 어떤 사회적 맥락은 고등 정신 기능의 발달에 좀 더 영향을 미친다. 비고츠키는 그 가운데에서 학교 교육을 가장 유익한 것으로 보았는데, 고등 정신 기능의 어떤 측면은 학교에 가야만 배울 수 있다. 예컨대 포유 동물, 육식 동물 등과 같은 분류 범주는 학교 교육을 받은 행동의 예이다. 한편 유아의 비형식적 경험이 학교에서 배운 경험과 아주 다를 경우가 있는데, 유아가 경험하는 주된 문화가 그 사회의 주류 문화와 다를 때는 특히 그러하다. 대부분의 백인 중류층 유아가 경험하는 비형식적인 사회적 맥락은 미국 학교에서 볼 수 있는 것과 아주 유사하다. 따라서 이들이 학교에서 고등 정신 기능을 개발하는 과정은 자신의 이전 경험 위에 세워진다. 그러나 다른 문화적 배경을 가진 유아는 학교와 자신의 사회적 맥락 사이에 차이점을 갖고 있다. 이 차이의 정도에 따라 그 유아가 학교에서 제시하는 고등 정신 기능을 획득하기 전에 얼마나 많은 정신적인 재구성을 해야 하는지가 정해질 것이다. 이것은 부모와 교육자가 반드시 이해해야 할 중요한 측면이다.

고등 정신 기능과 하위 정신 기능 발달의 결함 보완하기: 특수 교육에 대한 비고츠키의 관점

비정상적인 심리학과 특수 교육에서 비고츠키 이론은 단순히 학습과 발달에 대한 그의 생각을 적용하는 것 이상이다. 사실, 비고츠키는 장애를 가진 성인과 아동의 발달을 연구하면서 자신의 주요 이론적 원리를 형성하고 개선할 수 있었다. 장애에 대한 그의 관점은 사회적 요소가 인간의 정신에 결정적인 영향을 미친다는 그의 이론과 일관성을 가진다. 즉 비고츠키에게 장애는 사회문화적이고 발달적인 현상이지 생물학적인 것이 아니다.

장애의 사회적 · 문화적 속성

비고츠키는 그 당시 특수 교육에서 진단과 개입의 초점이 장애 자체에 두어지는 것에 강력히 반대했다. 그는 이러한 관점이 인간을 단순히 부분의 합 — 그는 이것을 '산수'라고 불렀다 — 으로 보는 것이라고 주장했다. 이 관점에서 보면 시각 혹은 청각 장애를 가진 아동은 정상적으로 발달하는 아동에게서 단순히 그 장애에 해당하는 부분만을 뺀 것과 동일한 것으로 취급된다. 그러나 비고츠키의 관점에서 보면 감각, 인지, 언어적 손상이 있는 유아는 건강한 또래와는 완전히 다른 발달 단계를 거친다. 이러한 발달의 복잡하고 체계적인 속성을 강조하기 위해 비고츠키는 '역개체발생disontogenesis' 혹은 '왜곡된 발달distorted'이라는 용어를 사용했다.

이러한 발달의 경로를 결정하는 중요한 요소는 근본적인 장애(즉 시각 손상 혹은 제한된 움직임)와 그 아이가 발달하는 사회적 맥락이다.

사회적 맥락은 그 아이가 '장애아'라고 불리는 정도를 결정하게 될 것이다. 비고츠키에 따르면 "미국 농부의 딸, 우크라이나 지방의 유지의 아들, 독일의 공작부인, 러시아 농부, 혹은 스웨덴의 노동자에게 시각 장애는 전혀 다른 심리적 요인"을 나타내는 것이다(Vygotsky, 1993, p. 82). 이 원리를 비교하는 또 다른 원리는 가까이에 있는 사물에 초점을 맞추는 동안 눈의 움직임을 조절하는 데 문제가 있는 유아를 비교하는 것이다. 서구 산업화 사회에 살고 있는 유아에게 이것은 글씨를 읽을 때 문제를 가져오게 된다. 그러나 반대로 유목인 사회에 살고 있는 유아는 문제가 전혀 없는데 왜냐하면 매일 해야 하는 과제가 대부분 멀리에 있는 큰 사물을 보는 것과 관련되기 때문이다. 궁극적으로 같은 종류의 '결점'이라 할지라도 중요한 과제를 수행하기 위해 글을 읽어야 하는 사회에 속한 경우가 아니라면 아무 문제 없이 지나갈 것이다. 그러나 다른 경우의 어린이는 읽기 장애를 가지게 될 것이고 학업에 실패할 수도 있으며 이는 후일 사회적·정서적 문제를 일으킬 가능성도 있다.

근본적인 장애와 사회적 맥락이 상호 작용한 결과 이차적인 장애가 발생하는 것이다. 유아가 가진 근본적인 장애가 하등 정신 기능에 영향을 주는 반면에 이차 장애는 고등 정신 기능을 왜곡시킨다. 이차 장애는 일차 장애가 사회적 상호 작용을 하는 데 결정적으로 필요한 문화적 도구를 습득하는 것을 막기 때문에 발생한다. 이번에는 다시 제한된 사회적 상호 작용이 더 많은 문화적 도구를 습득하는 것을 방해하고 이는 궁극적으로 유아의 정신 기능을 체계적으로 왜곡시키는 결과를 가져온다. 반대로, 만일 사회적 맥락이 이 유아에게 다른 대안적인 문화적 도구를 학습할 기회를 준다면, 그 유아는 다양한 범위의 사회적 상호 작용에 참여할 수 있게 되고, 결과적으로 고등 정신 기능을 발달시킬 수 있게 되는 것이다.

비고츠키는 그의 저서에서 청각장애와 시각장애(일차 장애)를 가졌으나 수화나 점자처럼 대안의 도구를 익혔는가의 여부에 따라 이차 장애를 가지게 되었거나 그렇지 않은 유아의 예를 자주 인용했다. 오늘날에는 수많은 보조 장비의 발달로 인해 다양한 일차 장애를 가진 어린이들이 문화적 도구를 학습할 수 있게 되었다.

교정의 수단으로 매개체 활용하기

장애를 중재하는 비고츠키의 접근법은 당시뿐만 아니라 오늘날의 교육자와도 상당히 다르다. 산수적인 접근법arithmetic approach을 지지하는 사람들은 중재란 일차 장애로 영향을 받은 그 기능을 보완하는 수준에서 가능한 것이다. 이 분절된 기능을 수정하는 방법은 그 부족한 부분을 이겨내는 훈련(즉 시각 장애를 가진 사람에게는 분절된 소리를 음소로, 그 다음에는 단어로 합칠 수 있도록 수 없이 반복되는 연습을 하도록 함)을 하거나 작동하지 않는 부분을 대치할 수 있는 다른 방법(즉 맹인에게 더 정확하게 듣거나 민감한 촉각을 가지도록 훈련하는 것)을 훈련하도록 하는 것이다.

그러나 비고츠키는 일차적 장애가 중재의 주된 초점이 되어서는 안 된다고 생각했다. 그는 일반 상식과 반대로, 일차 장애는 그것이 하등 정신 기능에 영향을 주기 때문에 교정하기가 가장 어려운 것이라고 주장했다. 앞 장에서 논의한 것처럼 하등 정신 기능은 생물학적으로 결정되는 것이다(오늘날의 용어로 하면 내장된 것, hardwired). 바로 이러한 생물학적 속성 때문에 보청기를 달아서 소리를 듣게 하는 것과 같은 의학적 치료 없이는 교정이 불가능하다. 그러나 고등 정신 기능은 문화적 · 사회적으로 결정되는 것이기 때문에 특별하게 교육을 계획된 교육을 통해 개선할 수 있다. 비고츠키는 치료를 할 때 하등 정신 기능보다는 고등 정신 기능에 초점을 맞추어야 하며 "고등 지식에서 발달적 제한은 기본 과정에서 가능한 감각기관 훈련을 훨씬 넘어선다. 사고thought는 시각적 결손을 보완해 줄 수 있는 가장 높은 형태의 기능이다" 라고 주장한다(Vygotsky, 1993, p. 204).

비고츠키와 그의 제자들에게, 고등 정신 기능이 하등 정신 기능의 결핍을 보완해 줄 수 있는 방법은 언어와 같은 정신의 도구를 사용하는 것이다. 신체 운동에서 언어의 자기 조절적인 역할에 초점을 둔 일련의 연구를 통해 비고츠키의 동료인 루리아는 굉장히 충동적인 어린이에게 자신의 행동을 언어화하도록 가르친 후에 상당한 변화가 있다는 것을 관찰했다(Luria, 1979). 연구 초기 단계에서, 이 어린이는 초록불이 들어오면 고무 전구를 누르고 빨간 불이 들어오면 누르지 말라는 연구자의 지시를 따르는 데 큰 어려움을 겪었다. 불이 들어오는 것을 볼 때마다 색깔에 관계없이 누르거나 아니면 아예 누르지를 않았다. 그런데 초록불이 들어오면 '눌러'라고 말하고 빨간 불이 들어오면 '아니야', '누르지 마'라고 말하도록 배운 후에는 자신의 반응을 통제할 수 있게 되고 지시에 따라 반응하지 시작했다. 본질적으로 루리아는 내적으로 통제하는 기능이 부족한 것을 유아가 자신의 자기 조절적 언어로 바꾸어 설치하도록 만든 것이다. 이 언어는 외부 자극에 대한 유아의 반응을 교정한 것이고 결과적으로 이 새롭고 좀 더 자기 조절을 할 수 있는 행동은 단순한 교정remediation의 결과가 아니라 다시 조정re-mediation한 결과인 것이다(Cole, 1989).

비고츠키 이론을 특수 교육에 적용하기

비고츠키의 생각은 러시아의 특수 교육에 상당한 영향을 미쳤으며 서구에서도 점차 인기를 얻어가고 있다(Gindis, 2003). 우리는 현재 개발되고 있는 특정한 중재 전략이나 프로그램에 대해 설명할 수는 없지만 특수 교육에 적용되는 비고츠키 이론의 두 가지 주요한 원리를 요약해 설명하고자 한다.

하등 정신 기능과 고등 정신 기능의 장애를 구별하여 진단하기

중증 시각장애나 청각장애의 경우 어느 하등 정신 기능에 문제가 있는지 분명하게 알 수 있다. 그러나 대부분의 유아교실에서는 일차 장애와 그에 따른 사회적 상호 작용 및 정신의 도구의 결핍이 상호 작용하는 상황에 놓인다. 종종 신경이나 감각에 문제가 있는 유아가 보여 주는 증상과 그러한 문제는 없지만 문화적 결핍이나 교육적 유기로 인해 나타나는 증상이 유사하다. 이러한 경우를 구분하여 진단하는 것이 이어지는 교수 중재를 계획하는 데 결정적이다. 장애아와 함께 하면서 비고츠키는 그러한 차별화된 진단을 할 수 있는 새로운 평가 도구를 개발했다. 근접 발달 지역(제4장 참조)이라는 개념에 기초하여, 이 도구는 특정한 분야나 기술을 습득한 현재의 수준뿐만 아니라 성인의 도움에 대한 반응성이나 일반적인 교육에 대한 적응 정도에 대한 정보를 제공한다(Gindis, 2003). 최근 이론에서는 이 평가를 역동적 평가라고 부른다(제14장 참조). 유아의 낮은 성취도가 전적으로 혹은 부분적으로 특정한 정신의 도구를 습득하는 데 실패했기 때문이라고 여겨지는 경우를 위해 특별한 종류의 역동적 평가 도구가 개발되었다. 그러한 경우는 — 당시에는 비고츠키 자신이 연구했고 지금은 포이에르슈타인과 그의 동료들이 연구하고 있다(Feuerstein, Rand, & Hoffman, 1979; Kozulin, 1999) — 가난한 가정에서 자라거나, 전쟁으로 추방당한 아이를 포함한다. 다른 경우로는 시설에서 자랐거나 국제적으로 입양한 아이들을 포함한다(Gindis, 2005).

고등 정신 기능의 발달을 촉진함으로써 이차 장애 예방하기

비고츠키에 따르면, 특수 교육의 주된 노력은 특수한 요구를 가진 유아에게 대안을 마련해 주는 데에 초점을 맞추어야 한다. 이러한 대안은 다른 종류의 장애를 가진 유아의 요구에 맞춘 특별한 정신의 도구를 소개하고 그것을 습득할 수 있는 전략을 찾는 것이다. 이러한 접근법의 예는 러시아의 교정교육학연구소Institute of Corrective Pedagogy의 작업에서 찾아볼 수 있는데 이 연구소는 비고츠키가 설립한 이상심리학 연구실에서 출발한 것이다. 이 연구소의 연구자들이 개발한 교정교육학의 방법은 두 세 살 된 귀머거리 어린이에게 어릴 때부터 좀 더 넓은 범위의 사회적 상호 작용에 참여할 수 있도록 음성 언어를 대치할 수 있는 도구를 제공하기 위해 읽기를 가르치는 혁신적인 접근법을 포함한다(Kukushkina, 2002).

비고츠키의 아이디어가 특수 교육에 적용된 가장 인상적인 예는 맹인과 귀머거리로 태어난 어린이를 교육하는 독특한 시스템을 만든 것이다. 루리아의 학생이었던 메쉬체르야코프Alexander Meschcheryakov가 개발한 이 방법은 복잡한 고등 정신 기능을 발달시키기 위해 촉각이나 근육 기억과 같이 유아가 가지고 있는 정상적인 하등 정신 기능을 활용하는 것이다(Meshcheryakov, 1979). 메쉬체르야코프가 세운 학교에서는 그곳에 입학한 맹인과 귀머거리 유아가 일련의 공유된 활동에 참여하도록 돕는데, 이 활동은 반복적으로 이루어지는 일상 생활을 스스로 할 수 있도록 초점을 맞춘 것이다. 점차적으로 이러한 반복적인 생활을 하기 위해 유아가 사용한 움직임(예를 들어 바지를 끌어올리거나 접시를 잡는 행동)은 성인이나 다른 어린이와 의사 소통하기 위해 필요한 상징적인 몸짓으로 발전한다. 예를 들어 접시를 드는 것은 '먹는다'는 것으로 일반화되고 바지를 끌어올리는 동작은 '밖으로 나가자'는 의미를 가지게 된다. 일단 간단한 동작으로 단어를 대신할 '상징적 대체물'을 개발하고 나면 손과 손가락의 움직임의 조합에 기초한 특별한 언어(지문, dactylic)를 배우게 된다. 이 언어는 유아가 점차적으로 추상적인 개념을 습득할 수 있게 해 준다. 메쉬체르야코프가 세운 학교를 졸업하고 맹인과 귀머거리 유아의 발달을 연구하는 한 학자는 "몸짓 대체어는 유아가 세상을 바라보는 일종의 프리즘의 역할을 한다."고 말한다(Sirotkin, 1979, p. 58). 이 시점에서 유아는 비고츠키가 특수 교육에서 강조했던 문화적 발달을 위해 대안이지만 본질적으로는 동일한 통로를 사용하여 고등 정신 기능을 발달시켰다.

추가 참고 문헌

Gindis, B. (2003). Remediation through education: Socio/cultural theory and children with special needs. In A. Kozulin, B. Gindis, V. S. Ageyev, & S. M. Miller (Eds.), *Vygotsky's educational theory in cultural context* (pp. 200–222). New York: Cambridge University Press.

Luria, A. R. (1979). *The making of mind: A personal account of Soviet psychology.* Cambridge, MA: Harvard University Press.

Vygotsky, L. S. (1981). The instrumental method in psychology. In J. V. Wertsch (Ed.), *The concept of activity in Soviet psychology* (pp. 134–143). Armonk, NY: M. E. Sharpe.

제3장

발달과 학습에 대한 비고츠키 이론과 다른 이론의 비교

이 장에서는 먼저 비고츠키 이론을 다른 발달 이론과 비교한 다음, 비고츠키 접근에 대한 일반적인 비판을 소개할 것이다. 이 같은 비교는 제1장에서 설명한 비고츠키의 문화적 · 역사적 이론의 주요 원리에 초점을 맞추어 이루어진다. 특정한 개념 간의 상세한 비교는 차후에 하기로 하겠다.

비고츠키는 구성주의자(피아제), 행동주의자(왓슨), 형태심리학자(코프카), 정신분석학자(프로이트) 및 교육학자(몬테소리)의 저서를 읽었고 또 논평을 했다. 그리고 비고츠키의 이론은 그의 사후에 발전된 정보처리 이론이 갖는 문제점도 보강해 준다.

피아제의 구성주의적 접근

비고츠키는 『아동의 언어와 사고*The Language and Thought of the Child*』(1926) 같은 피아제의 초기 저작물에 대해 잘 알고 있었다. 비고츠키는 그의 저서 『언어와 사고*Thought and Language*』(1962)에서 이미 언어와 사고 사이의 관계에 대한 피아제의 관점을 비판하면서 자신의 입장을 밝혔다. 피아제는 비고츠키의 비판을 수용하고 자신의 후기 관점의 일부를 수정했으나 이 같은 수정은 비고츠키의 사후에 이루어졌다. 일부 비고츠키 제자들(예컨대 레온테프)의 연구는 비고츠키 자신의 연구보다 피아제와 더 많은 공통점을 지닌다. 이 같은 유사점은 많은 심리학자들로 하여금 비고츠키의 이론이 피아제의 구성주의 전통의 일부분이라는 오해를 낳게 만들었다.

유사점

피아제와 비고츠키 두 사람은 모두 사고 과정의 발달에 대한 통찰력 때문에 세상에 잘 알려지게 되었다. 피아제는 사고를 유아 발달의 핵심으로 간주했다(Beilin, 1994; DeVries, 1997). 비고츠키의 연구물은 대부분 사고 발달과 관련된 것이다. 비고츠키는 정서와 같이 다른 발달 영역에 대해서도 연구하려 했으나 일찍 세상을 떠나는 바람에 이 영역의 연구를 완성시키지 못했다.

피아제와 비고츠키는 유아의 발달은 단순한 기술과 아이디어의 확대로는 볼 수 없는 일련의 질적 변화라는 데 동의한다. 피아제는 이 같은 변화가 뚜렷이 구별되는 단계로 나타난다고 보았지만(Ginsberg & Opper, 1988), 비고츠키는 피아제에 비해 덜 개념화된 단계를 제시했다. 비고츠키는 한 단계에서 다음 단계로 옮겨가는 전환기에서 일어나는 정신의 재구조화에 역점을 두었으며, 피아제처럼 각 단계가 갖는 특징에 대해서는 크게 강조하지 않았다.

피아제와 비고츠키 두 사람 모두 유아가 지식을 획득하는 과정에서 적극적인 역할을 한다는 사실을 믿었다. 이 같은 믿음은 이 두 사람을 행동주의자와 구별지어 준다. 행동주의자는 학습이란 주로 외적(환경적) 변인에 의해 결정된다고 본다. 피아제와 비고츠키는 유아를 지식이 채워지기를 기다리는 항아리와 같은 수동적 존재로 보는 대신, 이들이 학습하기 위해 들이는 적극적이고 인지적인 노력을 강조한다(Cole & Wertsch, 2002).

피아제와 비고츠키의 이론은 지식이 구성되는 과정에 대해 설명하고 있다. 피아제는 유아의 사고는 성인의 사고와는 다르며, 이들이 가지고 있는 지식이 단지 성인이 가지고 있는 지식을 불완전하게 복사한 것이 아니라는 것을 믿었다. 비고츠키와 피아제는 유아가 그들 나름대로 지식을 구성하며 연령과 경험이 더해지면서 그들의 이해력이 재구조화된다는 데에 동의한다.

피아제는 그의 후기 연구물에서 사회적 전달이 발달에 영향을 준다는 사실을 인정했는데(Beilin, 1994), 여기서 사회적 전달이란 축적된 문화의 지혜를 한 세대에서 다음 세대로 전달하는 것을 의미한다. 비고츠키 역시 지식의 전달에 미치는 문화의 중요성을 믿었다. 그러나 피아제가 사회적 전달은 기본적으로 지식의 내용에 영향을 준다고 보는 반면, 비고츠키는 사회적 전달이 그것보다는 훨씬 더 큰 역할을 한다고 믿었다는 점에서 차이를 보인다. 비고츠키는 사회적 전달이 지식의 내용뿐만 아니라 사고 과정의 본질에도 영향을 미친다고 생각했다.

마지막으로, 두 사람은 성숙한 사고의 요소에 대해 비슷한 생각을 가지고 있다. 피아제는 형식적 조작기의 사고 형태를 추상적이고 논리적이며 반성적이면서 가설 연역적인 것으로 기술했는데, 비고츠키가 말하는 고등 정신 기능은 논리적 · 추상적 사고 및 자기 반성을 의미한다.

이렇듯 피아제와 비고츠키가 추상적이고 논리적인 사고를 강조했다 하여 어떤 심리학자들은 이 두 사람이 서구 세계에서 역점을 두는 정신 과정에 더 높은 가치를 부여함으로써 유럽인 중심의 사고를 벗어나지 못했다고 비판하기도 했다(Ginsberg & Opper, 1988; Matusov & Hayes, 2000; Wertsh & Tulviste, 1994). 비고츠키가 논리적 사고에 좀 더 중점을 두기는 했지만 비고츠키에 따르면 논리적 사고란 이를 경험할 수 있는 기회가 주어진다면 누구나 개발하는 것이 가능하다. 따라서 비고츠키의 관점에서는 어느 특정한 사회의 구성원에게서 논리적 사고가 결여되어 있다면 이는 그 문화에서는 논리적 사고가 '유용'하지 않기 때문이다.

차이점

피아제에게 인지 발달은 유아의 문화적 맥락과는 관계없이 보편적인 성격을 지니는 것이다. 그러므로 모든 어린이는 열네 살 무렵에 이르러 형식적 조작 단계에 도달한다. 비고츠키의 관점에서 문화적 맥락은 인지 과정의 유형을 결정한다. 형식적 조작을 요하는 사고를 많이 사용하지 않는 문화에 살고 있는 유아는 형식적 사고를 발달시키지 않는다. 형식적 사고가 발달되지 않는 여러 사회를 비교 문화적으로 연구한 자료에서 비고츠키의 이런 아이디어가 잘 입증된 바 있다(Bruner, 1973; Jahoda, 1980; Laboratory of Comparative Human Cognition, 1983; Scribner, 1977). 피아제의 제자들(Perret-Clermont, Perret, & Bell, 1991) 역시 문화적 맥락의 공헌을 강조한다.

피아제가 성숙된 형태의 사고 발달을 위해 유아와 물리적 사물과의 상호 작용을 강조한 반면(Beilin, 1994), 비고츠키는 사람과의 상호 작용이 유아의 형식적 사고를 결정한다고 보았다. 피아제의 이론에서 사람은 덜 중요하며, 사물과 그 사물에 가하는 유아의 행동이 가장 중요한 인지 발달의 요인이 된다. 또래는 인지적인 불일치를 만들어 내기는 하지만 학습 과정에서 필수적인 부분은 아니다. 비고츠키 이론에서도 유아가 사물에 가하는 행동이 발달에 유익한 것으로 보기는 하지만 , 이것이 사회적 맥락 속에 포함되고 다른 사람과의 의사 소통에 따라 매개된다는 가정 하에서이다.

피아제의 이론에서 언어는 지적 발달의 원천이라기보다는 지적 발달의 부산물에 불과하다(Beilin, 1994). 언어는 행동을 표상화하고, 공간과 시간으로부터 사고를 해방시키며, 행동을 조직함으로써 '범위나 속도의 측면에서 사고의 위력'을 증대시킬 수 있다(Piaget & Inhelder,

1969). 하지만, 한 유아가 하는 말은 현재 그 유아의 인지 발달 단계를 반영해 주는 것에 불과하며, 인지 발달 단계의 발전에는 영향을 미치지 못한다. 이에 반해, 비고츠키 이론에서는 언어가 인지 발달에 중대한 역할을 하며 한 유아의 정신 기능의 핵심을 이룬다.

피아제가 유아를 세상에 대해 스스로 학습해 가는 '독립적 발견자'로 보는 반면(DeVries, 2000; Wadsworth, 2004) 비고츠키는 인간 사회에서 자라는 유아가 완전히 독립적인 발견자와 같은 존재란 될 수 없다고 본다. 대신에 비고츠키는 한 유아의 학습은 문화적 맥락에서 일어나며, 발견되는 대상과 그것을 발견하는 수단은 모두 인류 역사와 문화의 산물이라고 생각한다.

유아가 혼자서 알아낸 것만이 그들의 현재 인지적 위상을 반영해 준다는 것이 피아제의 주장이다. 따라서 유아가 지식을 습득하는 방법과, 성인에 의해 전달된 지식을 적용하는 방법을 아는 것은 이들의 발달 수준을 결정하는 데 아무런 도움이 되지 못한다. 이에 반해, 비고츠키는 문화적 지식을 내면화하는 것은 유아의 인지 발달에 중대한 역할을 한다고 믿었다. 그러므로 한 유아가 다른 사람과 공유된 활동을 수행하는 것은 독립적인 수행만큼이나 그 유아의 지적 위상을 결정짓는 데 가치 있는 자료가 된다(Obukhova, 1996).

피아제와 비고츠키는 학습이 발달에 미치는 효과에 대해 다른 관점을 가지고 있다. 피아제의 관점에서는 유아의 현재 발달 수준이 그 아이의 학습 능력을 결정해 주며, 발달 수준은 학습 그 자체에 의해 바뀔 수 없다. 따라서 모든 교육은 한 유아가 갖고 있는 인지 능력에 맞추어야 한다. 비고츠키의 관점에서는 학습과 발달의 관계가 훨씬 복잡하다. 지식의 종류나 내용, 그리고 유아의 연령에 따라서 한 걸음의 학습이 두 걸음의 발달을 의미할 수 있다. 경우에 따라서 학습과 발달이 좀 더 고른 속도로 나아갈 수도 있다. 하지만 교육은 언제나 유아의 현재 능력보다는 새롭게 생기는 능력에 맞추어 가야 한다.

행동주의 이론

1920년대와 1930년대 비고츠키가 러시아에서 가장 왕성한 저작 활동을 하고 있을 당시 가장 영향력 있는 심리학 이론 중의 하나는 행동주의였다. 비고츠키는 웟슨John B. Watson으로 대표되는 초기 행동주의의 시대에 살았으며(Watson, 1970), 후기 행동주의에 대해서는 잘 알지 못했다. 비고츠키가 비록 행동주의를 강력하게 비판하기는 했어도 행동주의가 그에게 미친 영향은 확연했다.

유사점

행동주의자들과 마찬가지로 비고츠키도 심리학에 객관적인 방법을 활용하는 것을 선호했다. 그의 접근법은 순전히 머릿속에서만 생각하는 사색적인 것이 아니라 관찰, 측정 및 실험에 기초한 것이었다. 따라서 비고츠키는 행동주의자들과 마찬가지로 실험 연구에 회상introspection의 수법을 사용하는 것을 비판했다.

비고츠키는 인간 정신이 갖는 독특한 특성을 강조하면서도 인간과 동물이 공통적인 행동을 지니고 있다는 점을 인정했다. 비고츠키는 행동주의자처럼 동물과 인간이 똑같은 진화의 연속선상에 있는 것으로 보았으며, 동물과 인간이 전혀 다르게 진화해 온 것으로 여기지 않았다.

행동주의자와 비고츠키가 가지고 있는 또 한 가지 공통점은 학습에 대한 관심이다. 서로가 접근의 방향은 달랐어도 행동주의자와 비고츠키 모두 학습에 초점을 맞추어 연구했다.

차이점

초기 행동주의자와 달리, 비고츠키는 겉으로 드러난 표면적 행동만이 측정 가능하다는 사실에 만족할 수 없었다. 그에게 사고란 다른 사람이 측정하고 관찰할 수 있는 행동에만 국한되는 것은 아니었다. 그는 좀 더 광범위한 범주에 기초한 추론을 활용해 겉으로 드러나는 행동을 설명하려 했다. 후기 행동주의 이론 역시 겉으로 드러나는 행동을 통해 추측하되 직접적으로 관찰 가능하지 않은 행동을 인정한다(Horowitz, 1994).

비고츠키 이론이 행동주의와 다른 점은 동물과 인간에게 특정한 행동을 일으키는 '자극'의 성격에 대한 비고츠키의 설명에서 찾아볼 수 있다. 행동주의에 따르면, 자극과 행동 사이의 관계는 동물을 포함한 모든 유기체에서 동일하다. 비고츠키에게 인간과 동물의 근본적인 차이는 인간은 스스로 만든 자극에 반응할 수 있다는 사실이다. 이같이 특수하게 만들어진 자극 또는 도구에 반응함으로써 인간은 실제로 자신의 행동에 대해 통제력을 갖게 된다(그림 3.1).

거기에 더해, 비고츠키는 언어가 다른 표면적인 행동과 전혀 다르다는 웟슨의 관점에 반대했다. 웟슨에게는 사고란 '침묵의 언어'일 뿐이었다. 이에 반해 비고츠키는 언어가 정신 발달의 과정에서 중대한 역할을 하며, 사고는 형태나 기능면에서 언어와 크게 다르다고 보았다(제6장 참조).

학습과 발달 사이의 관계에 대한 관점도 다르다. 행동주의자는 이 두 가지를 구별하지 않으며 발달을 별개의 개념으로 취급하지 않는다. 비

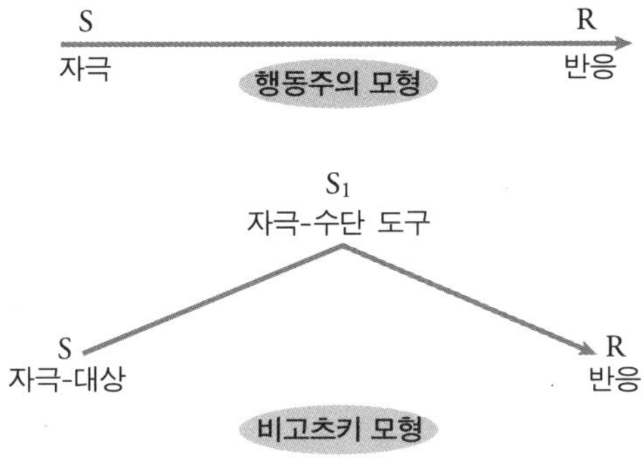

그림 3.1 행동에 대한 행동주의 관점과 비고츠키 관점의 비교

고츠키는 행동주의자에게는 학습이 곧 발달이라고 결론지었다. 행동주의자는 발달해 가는 유아는 항시 같은 유아이지만 학습의 결과로 더 많이 알게 되고 더 숙련된 기능을 가지게 된다고 주장한다. 행동주의 관점에서 볼 때 정신 구조의 질적 변화는 일어나지 않으며 학습은 단지 누적적일 뿐이다(Thomas, 2001). 이에 반해, 비고츠키는 유아가 알고 있는 수많은 것 가운데 성장으로 설명될 수 없는 질적 변화가 일어난다고 보았다. 어떤 학습은 사고의 구조를 재조직하게 하며 질적으로 변하게 한다. 예를 들어, 유아가 언어를 획득하면 단어로 생각하기 시작하며 그것으로 인해 감각 운동기의 사고와 문제 해결 능력을 변화시킨다.

마지막으로, 비고츠키와 행동주의는 지식의 구성이란 문제에 대해서도 관점을 달리한다. 행동주의자는 유아를 비교적 수동적 존재로 보고 지식이란 강화를 통해 얻어진 산물이라고 보는 반면(Thomas, 2002), 비고츠키는 유아는 스스로 지식을 구성하며 지식을 획득하는 데 매우 적극적이라고 본다. 따라서 유아는 이러한 정신 구조와 이해력에 바탕을 두고 행동한다. 행동주의에서는 물리적 대상이나 타인을 포함하는 환경이 유아의 사고와 행동을 통제하며, 강화를 통해 적절한 사고와 행동을 선택하고 증가시킨다. 이와는 반대로, 비고츠키는 지식과 정신의 도구가 유아 자신의 사고와 행동을 통제하는 수단을 제공해 준다고 주장한다.

정보 처리 이론

정보 처리 이론information processing theory은 비고츠키 사후 오랜 뒤에 생겨난 이론(Atkinson & Shiffrin, 1968)이지만 비고츠키가 생각해 낸 아이디어 가운데 정보 처리 이론에서 보고된 연구 결과와 일치하는 것이 많이 있다.

유사점

비고츠키 이론과 정보 처리 이론은 모두 성숙된 사고와 문제 해결 능력에서 초인지超認知의 중요성을 강조한다. 이 두 이론에서 초인지는 자기 조절, 자기 반성, 그리고 평가 및 감독과 같은 개념을 포함한다. 또한 이 두 이론은 유아가 학습을 할 때 스스로 노력을 기울여야 한다는 것을 강조함으로써 정신 과정은 수동적인 것이 아니라고 주장한다.

두 이론 모두 정신의 과정을 스스로 조절하는 자기 조절 능력이 효과적인 문제 해결의 핵심이라고 본다. 정보 처리 이론에서는 어떤 것에 대한 첫 번째 반응을 멈추고 다른 전략으로 대응하는 능력을 **실행 기능**executive function 혹은 **제어**inhibitory control라고 부른다. 두 이론 모두 이것이 효과적인 문제 해결에 기초라는 것에 동의한다. 최근의 두뇌 연구(Blair, 2002)도 핵심적인 과정으로 자기 조절을 강조한다.

또한 정보 처리 이론가와 비고츠키는 유아가 학습하기 위해서는 반드시 정신적인 노력을 해야 한다는 데 동의한다. 이 과정은 매우 적극적인 과정이다. 게다가 새로운 학습이란 것은 기존의 정신 구조에 단순히 첨가되는 것이 아니라 현재 가지고 있는 지식을 바꾸는 것이다. 비고츠키는 이해력이란 단순히 기존의 의미를 복사하는 것이 아니라 유아가 새로운 의미를 구축하기 위해 교사나 교재의 저자와 의사 소통하는 것이라고 말한다.

마지막으로, 정보 처리 이론이나 비고츠키 이론에서는 인지 과정과 언어의 의미(의미론)를 강조한다. 두 이론 모두에서 주의 집중과 기억, 그리고 초인지가 학습 과정에서 핵심적 위치를 차지한다(Cole & Wertsch, 2002; Frawley, 1997).

차이점

정보 처리 이론은 실은 발달 이론이 아니다. 정보 처리 이론이 연령에 따른 정보 처리 과정의 차이를 말해 주기는 하지만 유아가 나이를 더해 가면서 정보 처리를 더 잘하게 되는 이유를 설명하지는 않기 때문이다. 비고츠키는 기본적으로 이 같은 과정이 발달되는 이유와 그 과정이 유아에게 어떻게 가르쳐지는지에 관심이 있었다.

정보 처리 이론은 근본적으로 컴퓨터와 인간의 정신을 유사하게 보기 때문에 사회적 맥락과 그 같은 사회적 맥락이 사고 과정을 형성하는 방식은 고려하지 않는다. 정보 처리 이론의 관점에서 볼 때 문화는 컴퓨터의 입력에 해당하는 지식이나 사실에는 영향을 미치지만 정보를 처리하는 방법에는 영향을 주지 않는다. 비고츠키의 관점에서는 문화가 사고의 내용뿐만 아니라 인간이 정보를 처리하는 방식에도 영향을 준다. 말하자면, 문화는 주의 집중과 기억, 그리고 초인지의 성격에도 영향을 미치는 것이다. 발시너(Valsiner, 1988) 같은 비고츠키 학자들에 의하면 정보 처리 이론에서 기억의 보편적 현상으로 설명되는 최초 효과primacy effect와 최신 효과recency effect는 학교 교육의 형태에 따라 다르게 영향을 받는다. 즉 유아가 듣는 것 중 마지막 것만 기억(최신 효과)하는지, 아니면 첫 번 것과 마지막 것을 기억(최초 효과와 최신 효과)하는지는 유아가 속한 문화에 달려 있다(Owtrosky-Solis, Ramires, & Ardila, 2004).

마지막으로, 정보 처리 이론에서는 학습의 감성적 측면과 동기적 측면이 무시되지만 비고츠키 이론에서 감정과 동기는 학습 과정에서 매우 중요한 요소이다. 유아의 학습 능률은 감성적으로 학습 활동에 열중하고 있다고 느낄 때 가장 높다. 레온테프(Leont'ev, 1978)는 유아에게 동기를 부여하고 유익한 것이 무엇인지를 밝혀내려는 광범위한 연구를 수행했다(그의 연구는 제5장에서 요약된다). 게다가 비고츠키 학자들은 인지와 사회정서적 자기 조절 능력이 연결되어 있으며 한 쪽의 발달이 다른 한 쪽의 발달에 영향을 미친다고 믿는다.

몬테소리 접근

몬테소리와 비고츠키는 동시대 인물이다. 몬테소리는 그녀의 저서에서 비고츠키에 대해 언급한 적은 없지만 비고츠키는 그녀의 교육 방법을 알고 있었다(Bodrova, 2003). 몬테소리는 관찰법 및 인류학과 의학을 통해 자신의 이론을 전개해 나갔다는 점에서 비고츠키와는 다른 연구의 패러다임을 가지고 있었다(Montessori, 1912, 1962). 비고츠키는 심리학적 실험을 통해 자신의 이론을 전개했다.

유사점

몬테소리와 비고츠키 모두 발달에서 교육과 학습의 중요성을 강조했다. 그러나 발달에 대한 두 사람의 정의는 서로 달랐다. 몬테소리는 발달이 선천적 능력의 자연적인 전개라고 믿었고 비고츠키는 발달의 본질은 유아가 교육 과정에서 습득하는 문화적 도구로 결정된다고 주장했다. 두 사람 모두 구성주의자와 같이 유아가 현상에 대한 이해를 스스로 발달시키면서 배운다고 믿었다. 몬테소리는 이를 자동화라고 칭하고 교사는 발견과 학습을 위한 유아의 탐색을 지원한다고 보았다. 비고츠키는 학습은 공동 구성co-construction을 통해 발생한다고 보았다. 유아가 학습을 하기 위해서는 다른 사람의 마음이 필요하다.

차이점

몬테소리와 비고츠키는 두 가지 사항에 대해 다른 관점을 가지고 있었다. 첫째는 발달에서 언어가 차지하는 역할이고 두 번째는 놀이의 역할이다. 몬테소리는 피아제와 비슷하게 언어란 지식의 부산물이며, 유아가 이미 인지했거나 스스로 완성하는 것이라고 표현했다(Montessori, 1912). 예를 들어, 다른 색깔을 묘사하기 위해 배우는 단어는 유아의 눈에는 이미 차이점을 구분할 수 있게 훈련된 결과이다. 비고츠키는 언어란 발달을 촉진하고 유아의 개념 형성에 도움을 준다고 주장했다. 주황과 빨강이라는 색깔 단어를 아는 것은 유아가 두 색깔 간에 차이점이 있다는 것을 이해하는 데 도움을 준다. 몬테소리와 비고츠키는 문자 언어의 중요성과 역할에 대해서도 서로 다른 견해를 가지고 있었다. 몬테소리는 유아가 쓰기를 배우는 이유는 초등학교에서 필요하고 운동 신경을 조절하는 능력을 습득하기 위해서라고 생각했다. 비고츠키는 쓰기란 그것을 습득했을 때 유아의 정신 과정에 영향을 주는 문화적 도구라고 했다. 쓰기는 발달을 한층 촉진시켜 준다.

몬테소리와 비고츠키는 발달과 관련된 놀이의 중요성에 대해서도 다른 견해를 가지고 있었다. 몬테소리는 놀이가 꼭 필요한 것은 아니며, 유아는 더 생산적인 활동을 위해서는 놀이를 중지할 수 있다고 주장했다. 비고츠키는 놀이는 유치원의 중심 활동이며, 놀이 없이는 창의성, 자기 조절 능력, 다음 단계 발달을 위해 필요한 기술 등이 발달하지 않는다고 주장했다.

비고츠키 접근법에 대한 비판

비고츠키는 그가 생각해 낸 많은 아이디어가 연구되기도 전에, 그리고 그가 품었던 많은 의문에 대답하기도 전에 세상을 떠났기 때문에 그의 글들은 일관성 있고 체계적인 이론으로 정립되지 못했다. 따라서 정서와 학습 간의 관계와 같은 몇몇 발달 영역에 대한 아이디어는 제대로 설명되지도, 과학적으로 입증되지도 않은 것들이다.

비고츠키에 대한 한 가지 공통된 비판점은 언어가 인지 발달에 미치는 영향을 지나치게 강조했다는 것이다. 그 결과 다른 형태의 상징적 표상화가 고등 정신 기능에 어떻게 공헌하는지에 대해서는 제대로 탐색되지 않았다. 하지만 자포로제츠와 벵거가 완성한 후기 연구들은 비언어적 문화 도구가 얼마나 유아의 지각과 사고의 발달을 촉진시키는지를 보여주었다(Venger, 1959/1977 ; Zaporozhets, 1977).

또 다른 비판은 비고츠키뿐만 아니라 그의 동료들 역시 아동 발달에서 사회적인 요소를 강조하다보니 유전이나 성숙과 같은 생물학적인 요인을 전적으로 무시했다는 것이다. 행동유전학과 다른 발달학자들의 최근 연구를 요약하여, 카르포프Y. V. Karpov는 이러한 결과들을 문화 · 역사적인 관점에서 해석하여 통합한다면 "아동이 성인이나 또래와 공동으로 활동할 때 중재가 발달에 결정적으로 역할을 한다는 강조점을 잃지 않고도" 비고츠키의 이론을 풍부하게 할 것이라고 제안했다(Karpov, 2005, p. 239).

비고츠키는 또한 공유된 활동에서 타인의 역할을 지나치게 강조한 반면 능동적인 활동 참여자가 되기 위해 유아가 무엇을 해야 하는가에 대한 설명을 충분히 하지 않았다는 비판을 받았다. 이 같은 비판에 착안해 레온테프(Leont'ev, 1978)는 공유된 활동에서 유아의 능동적 참여에 역점을 둔 '활동 이론'을 발전시켰다.

다음 장에서 보게 되는 것처럼 비고츠키의 이론은 유아의 발달에 대해 서구 심리학에서 생각하는 것과는 아주 다른 관점을 취한다. 그의 이론은 교수/학습의 과정을 좀 더 정확하게 이해하는 데 도움이 될 것이다.

추가 참고 문헌

Bodrova, E. (2003). Vygotsky and Montessori: One dream, two visions. *Montessori Life*, 15(1) 30-33.

Tryphon, A. & Vonèche, J. J. (Eds.).(1996). *Piaget-Vygotsky: The social genesis of thought.* Hove UK: Psychology Press.

제2부

발달과 학습/교수를 촉진하는 전략

제2부에서는 교사가 교실에서 사용할 수 있는 몇 가지 전략을 소개하고자 한다. 이 전략은 러시아에서 사용되어 왔고, 미국에서 예비 실험을 마친 것들이다. 교사는 이러한 방법을 활용해 유아의 학습을 위해 제공하는 지지 체제를 개선할 수 있을 것이다. 그런데 이 같은 방법을 제대로 활용하려면 유아의 근접 발달 지역을 염두에 두고, 유아의 연령에 맞는 주요 활동과 발달적 성취가 무엇인지를 알아야 한다. 거기에다 비고츠키 식 수업 방법은 교사로 하여금 교수/학습 과정을 전혀 다른 관점에서 보게 한다. 수업의 실제에서는 다양한 전략이 서로 얽혀지게 마련이지만 각각을 좀 더 자세히 이해하기 위해 각 방법마다 별도로 논의할 것이다. 특히 매개체, 언어의 활용, 그리고 공유된 활동이라는 세 가지 전략을 지금부터 설명하도록 하겠다. 제2부는 다음의 4장으로 구성되어 있다.

제4장 근접 발달 지역

제5장 매개체의 활용

제6장 언어의 활용

제7장 공유된 활동의 활용

제4장

근접 발달 지역

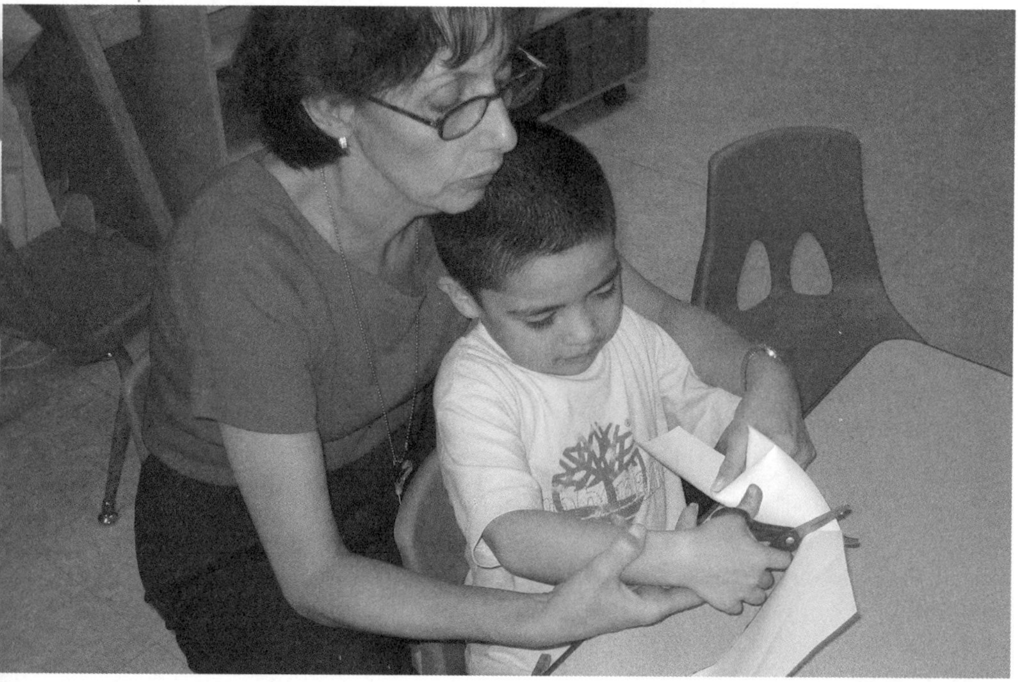

문화적 도구를 획득하고 좀 더 높은 정신적 발달을 이루려면 그 도구가 유아의 근접 발달 지역Zone of Proximal Development: ZPD 내에 놓여 있는가의 여부가 관건이 된다. 비고츠키는 근접 발달 지역을 발달과 학습을 위한 전략으로 간주했다.

근접 발달 지역의 정의

근접 발달 지역zone of proximal development 혹은 ZPD는 비고츠키의 개념 중 가장 잘 알려진 것 중의 하나로 학습과 발달 사이의 관계를 개념짓는 방법이다. 비고츠키는 발달을 어느 한 지점이 아니라 행동의 연속 혹은 성숙의 정도로 보았기 때문에 **지역**zone이라는 용어를 사용했다. 비고츠키는 이 지역을 "혼자서 문제를 해결할 수 있는 실제 발달 수준과 성인이나 능력 있는 또래의 도움을 받아 문제를 해결할 수 있는 잠재적 수준 사이의 거리"라고 정의한다(Vygotsky, 1978, p. 86).

그는 지역을 근접한 것으로 설명함으로써 가까운 미래에 개발될 행동들로 제한했다. 즉 근접이라는 것은 유아에게 궁극적으로 나타날 수 있는 모든 행동을 의미하는 것이 아니라 주어진 시간 내에 가장 가까운 때에 나타날 행동을 의미하는 것이다(Vygotsky, 1987, p. 211).

독립적으로 수행할 수 있는 수준과 도움을 받아야 수행할 수 있는 수준

비고츠키는 행동의 발달은 근접 발달 지역의 경계가 되는 두 수준 사이에서 나타난다고 보았다. 그 중 하한계는 유아가 독립적으로 수행하는 것이 가능한 수준, 즉 유아가 혼자서 알고 행동할 수 있는 수준이고, 상한계는 유아가 도움을 얻었을 때 도달할 수 있는 **도움을 받아야 수행할 수 있는** 수준이다. 최대한으로 도움을 받아 수행하는 수준과 독립적으로 수행하는 수준 사이에는 부분적으로 도움을 받아 수행할 수 있는 수준이 있다(그림 4.1 참조).

근접 발달 지역 안에 있는 기술과 행동은 역동적이고 끊임없이 변화한다. 유아가 오늘은 도움을 받아야 할 수 있는 일도 내일이 되면 독립적으로 할 수 있다. 오늘은 최대한의 도움을 필요로 하는 기능이 내일은 최소한의 도움으로 할 수 있는 것이 되기도 한다. 이처럼 도움을 필요로 하는 성취 수준은 유아가 발달해 감에 따라 변해 간다.

지금까지 교육 분야와 심리학 분야는 이미 발달이 이루어졌거나 유아가 독립적으로 성취할 수 있는 것에만 관심을 두어 왔다. 예컨대 만일 다섯 살 난 수전이 2+2라는 덧셈 문제를 혼자서 풀 수 있다면 수전이 덧셈을 할 수 있다고 우리는 말한다. 만일 또 다른 예로 n자를 쓰려고 하는 유아가 교사에게서 'n은 둥근 혹을 하나 가지고 있다'라는 말로 도움을 받아야 한다면 우리는 그 유아가 아직 n자를 알지 못한다고 말한다. 유아가 혼자서 'n'자를 쓸 수 있을 때에만 'n'자를 안다고 여기는 것이다. 이에 대해 비고츠키는 유아가 독립적으로 수행할 수 있는 수준이 발달의 중요한 지표이기는 하지만 이것만 가지고는 발달을 완전히 설명하기에 불충분하다고 생각했다.

그림 4.1 근접 발달 지역

도움을 받아서 수행할 수 있는 수준이란 성인이나 또래 등 다른 사람의 도움을 받거나 상호 작용해 수행된 행위를 포함한다. 이러한 상호 작용에는 암시와 단서 제공하기, 질문의 내용을 다시 설명해 주기, 유아에게 교사가 설명한 내용을 다시 말하도록 하기, 유아가 이해한 것 묻기, 과제 설명하기 등이 포함된다. 상호 작용은 간접적인 도움의 형태를 취할 수도 있는데, 특정한 기능을 연습할 수 있는 환경을 구성하는 것이 그 예이다. 예를 들어 교사는 유아의 분류 활동을 돕기 위해 이름을 써붙인 분류 상자를 제공할 수 있다. 도움을 필요로 하는 수행에는 실제 혹은 상상 속의 사람과 상호 작용을 하거나 이야기하는 것도 포함되는데 또래에게 무엇인가를 설명하는 것이 그 예이다. 결론적으로 유아가 도움을 받아 수행할 수 있는 수준이란 상호 작용의 결과로 유아의 정신적 활동에 향상이 있는 경우는 모두 포함된다고 볼 수 있다. 정신 발달의 높은 단계로 이끄는 특정한 종류의 사회적 상호 작용에 대해서는 제5, 6, 7장에서 다룬다.

근접 발달 지역의 역동성

근접 발달 지역ZPD은 고정된 것이 아니라 유아가 좀 더 높은 수준의 사고와 지식을 달성함에 따라 계속 변한다(그림 4.2 참조). 따라서 발달은 끊임없이 변화하는 지역이 계속해서 연결되는 것이다. 그러한 변화와 더불어 유아는 훨씬 더 복잡한 개념과 기능을 학습할 수 있게 되고, 어제는 도움을 받아야만 할 수 있던 일들이 오늘은 독립적으로 수행할 수 있는 행동이 된다. 유아가 좀 더 어려운 과제를 하게 될 때 새로운 수준에서 지원이 필요하다. 이것은 유아가 지식, 기술, 전략, 훈육, 혹은 행위의 습득을 위해 노력하는 동안 계속해서 반복된다.

근접 발달 지역은 유아에 따라 다양하다. 어떤 유아는 학습에서 아주 작은 향상을 얻기 위해서도 가능한 모든 도움을 필요로 하는 반면, 어떤 유아는 아주 작은 도움에도 커다란 도약을 하게 된다.

동시에 근접 발달 지역의 크기는 같은 유아라 하더라도 학습 영역에 따라, 그리고 시기에 따라 다르다. 예를 들어 어휘력이 높은 유아는 책을 읽을 때는 문제가 없지만, 나눗셈을 할 때는 큰 어려움을 가질 수도 있다. 따라서 비고츠키 학자들은 유아가 학습 영역에 따라 더 많은 도움이 필요한 영역이 있다고 말한다. 유아는 또한 학습 시기에 따라 주어지는 도움에 다른 반응을 보인다. 만일 메리가 숫자를 세기 시작한 지 겨우 몇 주밖에 되지 않았다면 3개월 뒤에 필요로 하는 도움과는 다르게 더

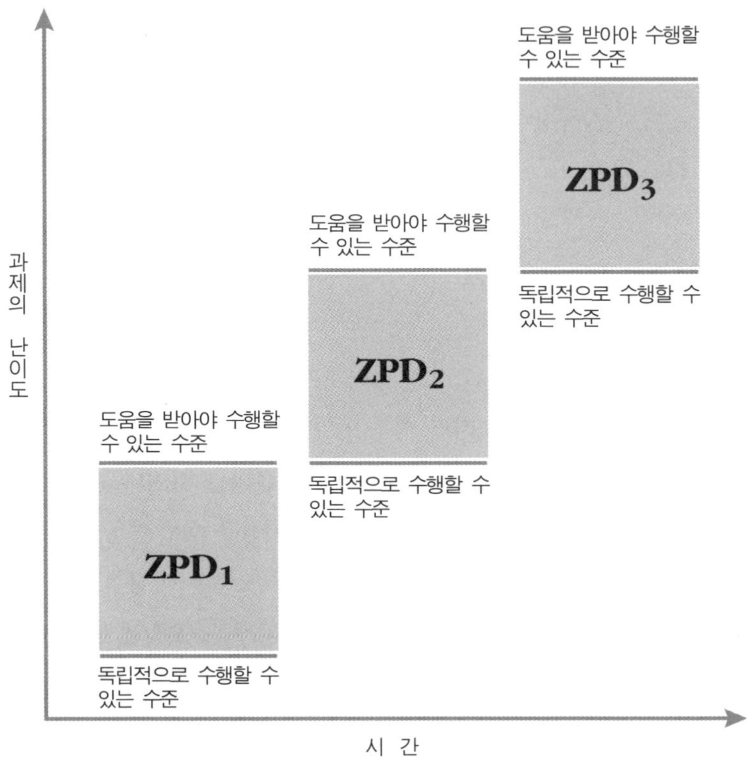

그림 4.2 근접 발달 지역의 역동적인 특성

많은 도움을 요구할 것이다. 3개월 뒤에는 근접 발달 지역이 더욱 확대되고 메리가 도움을 받아 할 수 있는 수행의 양은 더욱 커질 것이다.

근접 발달 지역의 개념을 발달 연구에 활용하기

비고츠키의 연구는 '현재의 유아'보다는 '미래의 유아'에 초점을 둔다. 레온테프는 "미국의 학자들은 항상 현재의 유아가 어떻게 현재와 같이 되었는가를 발견하려고 노력해 왔지만 러시아의 연구자들은 유아의 현재보다는 이들이 아직 이루지는 못했지만 앞으로 어떻게 이룰 수 있는지를 발견하려고 노력한다." 고 말했다(Bronfenbrenner, 1977, p. 528). 이런 이유로 비고츠키의 패러다임에서 강조하는 점은 상한계의 근접 발달 지역이거나 유아가 조만간 할 수 있는 것에 있었다. 그러나 아직 존재하지 않은 것들을 어떻게 연구할 수 있을까? 만일 우리가 어떤 개념이나 기능이 나타날 때까지 기다린다면, 우리는 미래의 유아가 아니라 현재의 유아를 연구하는 것이다. 우리에게 필요한 것은 현재의 상태와 미래의 상태 사이에서 일어나는 과정을 연구하는 방법이다.

비고츠키 접근법 중에서 혁신적인 연구 방법의 하나는 미국 심리학에서 좀 더 잘 알려진 **이중 자극**double stimulation 혹은 **소유전적**microgenetic 연구 방법이다(Valsiner, 1989). 이 방법을 사용하는 연구자는 유아에게 새로운 개념이나 기능이 생겨나기 시작할 때 연구한다(Vygotsky, 1999). 연구자들은 유아가 학습하는 내용뿐만 아니라 방법을 알아내기 위해 암시, 단서, 기타 도움을 변인으로 설정한다. 연구자들은 유아에게 새로운 학습 과제를 주고 유아가 상황 요소들(암시, 조언, 자료, 상호 작용 등) 가운데 어떤 것을 사용하는지를 모니터한다. 이처럼 연구자는 상한계의 근접 발달 지역에서 도움을 제공한 후에 근접 발달 지역 내에서의 유아의 변화를 모니터한다(Gal'perin, 1969). 소유전적 연구의 결과는 표준화된 전통적인 방법을 사용하여 검증된다. 소유전적 연구 방법은 역동적 평가라는 아이디어로 적용되었는데 이 아이디어는 심리학 연구실뿐 아니라 교실에서도 인기를 얻었다(제14장 참조).

비고츠키는 유아의 발달 수준을 결정하기 위해 전체 근접 발달 지역이 사용되어야 한다고 했는데, 이는 근접 발달 지역 전체를 보아야 (1) 발현 직전의 기능과 (2) 특정한 시기의 유아 발달의 한계를 알 수 있기 때문이다.

도움을 받아야 수행할 수 있는 수준은 이제 막 나타나려고 하는 행동을 의미한다. 만일 우리가 유아의 현재 수준, 유아가 알고 있는 것, 그리고 유아가 할 수 있는 것이 무엇인지를 알기 위해 유아가 독립적으로 수행할 수 있는 수준만을 본다면, 아직 나타나지 않은 발현 직전의 기능은 알 수 없을 것이다. 독립적으로 수행하고 있는 두 명의 유아가 겉으로 나타내는 행동은 동일하더라도 각자의 근접 발달 지역이 다르기 때문에 이 둘은 전혀 다른 발달 특성을 보인다. 예를 들어 테레사와 린다는 모두 평균대를 따라 걸을 수 없다. 둘은 평균대 끝에 서서 그 끝을 응시하고 교사는 이들을 도우려고 손을 내민다. 비록 교사가 제공한 도움은 같은 것이지만 린다는 쉽게 평균대 위를 걷는 반면, 테레사는 교사의 손을 꼭 잡고서 평균대 위에 서 있는다. 이 예에서 보듯이 독립적으로 수행하는 수준만 보고서는 유아의 발달 수준에 대해 오해를 할 수 있다.

두 유아가 교사의 도움에 반응하는 방식을 보았을 때 우리는 그들이 매우 다른 수준에 있다고 말할 수 있다. 근접 발달 지역도 **한계점**maximum이 없지는 않다. 주어진 시간에 유아에게 어떤 것이든 가르칠 수는 없다. 유아가 지원을 받아 수행하는 것은 유아가 현재 할 수 있는 최대한의 수준이다. 유아가 자신의 근접 발달 지역을 넘어선 기능이나 행위를 배울 수는 없다. 위의 예에서 교사가 그 날 어떤 도움을 준다 하더라도 테레사와 린다가 평균대 위에서 물구나무서기를 배울 수는 없는 것이다.

하나의 기능이 근접 발달 지역 밖에 있을 때 유아는 일반적으로 그 기술을 무시하거나, 사용을 거부하거나, 혹은 잘못된 방법으로 사용한다. 교사는 유아의 반응을 관찰함으로써 제공된 도움이 근접 발달 지역 내에 있는지 알 수 있을 것이다. 교사는 조언, 단서, 암시, 교재, 활동, 동료끼리의 협동 활동 중 유아의 학습에 기대된 효과를 가져오는 것이 무엇인지를 주의 깊게 살펴보아야 한다. 교사는 상한계의 근접 발달 지역을 시도하는 것을 두려워하지 말고 유아가 보이는 반응을 주의 깊게 잘 살펴보고 대처해야 한다.

학습/교수를 위한 시사점

학습/교수란 용어는 러시아어로 obucheniye인데, 이 단어는 유아가 학습하는 과정과 교사가 가르치는 과정 두 가지 모두의 의미를 포함한다. 이는 학습 과정에 학습자와 교사의 기여를 모두 인정하며 양자가 이 과정에서 능동적이라는 것을 의미한다. 반대로 서양의 교육 개념에서는 학습은 단지 학생이 하는 것을 뜻하며, 교수 · 훈련 · 교육과 같은 용어는 주로 교사의 역할을 설명한다. 이처럼 **학습/교수**라는 용어는 **학습**이나 **교수** 중 어느 하나만 사용한 것보다 비고츠키의 의미를 좀 더 정확히 보여 준다.

근접 발달 지역은 학습/교수에 다음의 세 가지 중요한 시사점을 준다.

1. 과제 수행 시 유아를 돕는 방법
2. 유아를 평가하는 방법
3. 발달에 적합한 내용을 결정하는 방법

수행 과정 도와 주기

근접 발달 지역에서 도움을 받아 수행한다는 것을 우리는 보통 한 사람이 다른 사람보다 더 많은 지식을 가지고 있는 전문가-초보자의 형태로 생각한다. 이런 형태의 상호 작용은 지시적인 교수 방법에서 가장 흔하게 나타나는데, 이 때 전문가의 역할은 도움을 제공하고 상호 작용을 이끌어 초보자가 필요한 행위를 습득할 수 있도록 하는 것이다. 이러한 전문가와 초보자의 상호 작용은 유아가 부모나 형제와 상호 작용할 때처럼 비형식적일 수 있다(Rogoff, 1990).

그러나 근접 발달 지역의 개념은 전문가와 초보자의 상호 작용보다 훨씬 폭이 넓어서 사회적으로 공유되는 모든 활동에까지 확대된다. 또한 유아에게 주어지는 도움이 언제나 성인에게서만 오는 것은 아니다. 비고츠키는 유아가 성인의 도움뿐만 아니라, 동등한 지위의 또래나 짝, 혹은 발달 수준이 다른 유아와의 상호 작용을 통해서도 근접 발달 지역의 상한계에서 수행을 할 수 있다고 믿었다(Newman & Holzman, 1993). 예컨대 세 살 난 베니는 이야기를 들으면서 조용히 앉아 있지를 못한다. 교사는 베니가 집중할 수 있도록 도와 주기 위해 다양한 방법을 시도한다. 베니의 이름을 부르기도 하고, 베니의 어깨 위에 손을 놓아보기도 하며, 말없이 신호를 보내기도 한다. 이러한 노력에도 불구하고 베니는 계속 몸을 움직이고 교실을 두리번거린다. 어느 날 베니는 친구들과 학교놀이를 한다. 토니는 의자에 앉아서 선생님처럼 책을 '읽고' 베니와 다른 어린이들은 학생인 '것처럼' 행동하고 듣는다. 베니는 4~5분 동안 앉아서 주의를 집중한다. 베니는 교사가 기대하는 행동인 주의 집중을 하고 있는 것이다. 이것을 보면 짧은 시간 동안 집중하는 능력은 베니의 근접 발달 지역 내에 있지만, 베니는 특정한 도움의 형태, 즉 또래놀이 형태를 필요로 한다는 것을 알 수 있다. 베니가 근접 발달 지역의 상한계에서 수행하기 위해서는 교사보다는 또래의 도움이 더 유용하다. 제10장에서는 왜 놀이가 유아들이 근접 발달 지역을 이동시키는 데 유용한지를 설명할 것이다.

유아의 능력 평가하기

근접 발달 지역의 개념은 유아가 알고 있고, 수행할 수 있는 것을 평가하는 데 몇 가지 시사점을 준다. 첫째, 평가는 유아가 혼자서 할 수 있는 것뿐만 아니라 다양한 도움을 받았을 때 수행할 수 있는 것까지 포함한다. 교사는 유아의 수행을 가장 효과적으로 도와 줄 수 있는 내용뿐만 아니라 유아가 이를 활용하는 방법에도 주목해야 한다. 이런 평가 방법을 흔히 '역동적 평가dynamic assessment'라고 부르는데, 교실 평가를 개선하고 확장시키는 데 매우 유용한 개념이다(Cronbach, 1990; MacAfee & Leong, 1994; Spector, 1992).

평가에서 근접 발달 지역의 개념을 도입하면 유아의 능력을 좀 더 정확하고 융통성 있게 평가할 수 있게 된다. 교사는 평가를 하면서 질문 내용을 다시 설명하고, 질문 형태를 바꾸기도 하며, 유아가 아는 것을 모두 보여 주도록 격려한다. 이처럼 평가에서 근접 발달 지역의 개념을 사용하면 유아를 최대한 이해할 수 있게 된다.

발달에 적합한 실제 정의하기

발달에 적합한 실제Developementally Appropriate Practice: DAP는 비록 정확하게 그 용어를 사용하고 있지는 않지만 ZDP의 개념을 포함하고 있다. DAP 의미의 오해 때문에 NAEYC에서는 『발달에 적합한 실제의 기초: 3–6세 유아 교사를 위한 개론*Basics of Deveolmentally Appropriate Practice: An Introduction for Teachers of Chldren 3-6*』을 출판해 접근법의 방침을 설명하고 있다(Copple & Bredekamp, 2005). 이 책에서는 교사는 "신체적, 정서적, 사회적, 인지적 발달과 특성을 고려해 유아가 현재 있는 위치에서 교육을 시작할 것을 제안하면서도 동시에 "유아에게 도전적이고 성취 가능한 목표"(p. 7)를 세울 것을 권고하고 있다. 가르침에는 유아가 근접 발달 지역의 하한계에서 유아가 수행할 수 있는 수준과 그 수준을 넘어서 독자적으로 유아가 수행할 수 있는 목표를 파악하고 인지하는 것이 필요하다.

DAP가 근접 발달 지역의 개념을 도입하면 유아가 도움을 받아 배울 수 있는 내용까지로 확대된다. 비고츠키가 보는 가장 효과적인 수업은 높은 수준의 근접 발달 지역의 상한선을 목표로 하는 것이다. 교사는 유아가 혼자서는 할 수 없지만 도움을 받으면 할 수 있는 활동을 제공하고 학습/교수에서 대화의 수준을 유아의 현재 수준보다 조금 높은 수준으로 제공한다. 성인이 유아의 실제 언어 능력에 맞추어 말을 해야 한다고 주장한다면 걸음마기 유아와 대화할 때는 유아어幼兒語와 불완전한 문장만을 사용할 수밖에 없다. 그러나 실제로 부모와 교사가 이야기하는 것을 보면 이들은 모두 직관적으로 유아가 한 말에 더 많은 정보를 더하고 그들이 현재 할 수 있는 것보다 훨씬 복잡한 문법을 사용한다. 그 결과 유아는 좀 더 복잡한 문법을 배우고 어휘를 확장하게 되는 것이다.

성인이 직관적으로 수행에 도움을 주는 또 다른 예로서 어린 유아 사이에서 자연스럽게 나타나는 갈등 문제를 다룰 때를 생각해 볼 수 있다. 두 살 반 된 어린이들이 다툴 때, 교사는 비록 그들이 아직 타인의 관점을 이해한다고 생각하지는 않지만 이들에게 상대방의 기분이 어떨지를 생각해 보게 한다. 교사는 유아가 네다섯 살이 되어 감정 이입 능력이 자연스럽게 나타날 때까지 기다리지 않는다.

비고츠키는 유아가 독립적으로 수행할 수 있는 활동을 연습해야 하고, 그와 동시에 상한계의 근접 발달 지역에 노출되어야 한다는 점을 강조한다. 비고츠키의 관점에서 보면 이 두 수준은 모두 발달에 적합하다. 교사는 유아의 근접 발달 지역 내에서 제공하는 도움에 대해 유아가 보이는 반응에 민감해야 한다. 만일 유아가 교사의 도움을 받아들이면 교사는 근접 발달 지역의 범위 안에 들어가는 도움을 제공한 것이다. 만일 유아가 교사의 도움을 무시하면서도 기대하는 기능을 수행할 수 없다면 교사는 이를 다시 생각해 볼 필요가 있다. 아마도 그 기능은 유아의 근접 발달 지역 밖에 있거나 제공된 도움의 형태가 유용하지 않아서 수정될 필요가 있을지도 모른다. 근접 발달 지역의 개념은 교사가 유아에게 어떤 도움을 제공하고, 유아가 이에 어떻게 반응하는지를 좀 더 민감하게 볼 수 있도록 도와 준다.

근접 발달 지역의 개념을 수업에 활용하기

수많은 연구자가 근접 발달 지역의 개념을 인정해 왔고, 근접 발달 지역의 진행을 좀 더 구체적으로 밝히기 위해 노력해 왔다. 그러나 비고츠키는 유아가 그 지역의 상한선에 도달하는 정확한 방식에 관해서는 밝히지 않았다. 근접 발달 지역을 논의해 온 많은 심리학자 중에서 좀 더 상세하게 유아를 가르치는 실제적인 일에 도움이 되는 연구를 한 사람은 자포로제츠(Zaporozhets, 1978, 1986), 우드, 브루너와 로스(Wood, Bruner, & Ross, 1976), 뉴먼, 그리핀과 콜(Newman, Griffin, & Cole, 1989), 타르프와 갤리모어(Tharp & Gallimore, 1988), 캐즈든(Cazden, 1981), 로고프(Rogoff, 1986) 등이다. 이 연구자들은 근접 발달 지역 안에 포함되는 내용에 대해 조금씩 다른 방식으로 설명해 왔다. 이들의 연구는 우리가 근접 발달 지역의 개념과 근접 발달 지역이 작용하는 방식을 이해하는 데 도움을 주었고, 근접 발달 지역을 이용해 수업을 개선하고자 하는 교사에게 길잡이가 되어 왔다.

증폭

자포로제츠(Zaporozhets, 1978, 1986)는 유아의 현재 근접 발달 지역을 최대한 이용하는 방법을 설명하기 위해 **증폭**amplification이라는 용어를 사용했다. 증폭은 유아의 발달을 가속화하거나 속도를 올리는 것과는 반대되는 개념이다. "어린 유아가 자신의 잠재력에 도달하거나 조화로운 방식으로 발달하기 위한 최적의 교육적 기회는 걸음마기 유아를 유아기의 어린이로, 유아기의 어린이를 초등학생으로 만드는 것과 같이 아동기를 최대한 단축시키는 가속화된 조기 교육을 통해 만들어지는 것이 아니다"(Zaporozhets, 1978, p. 88). 자포로제츠는 가속은 최적화된 발달로 이끌지 못한다고 주장한다: 가속은 어린이가 아직 준비되지 않은 기술을 가르치는 것이라고 보았는데, 이는 그 기술이 유아의 근접 발달 지역보다 훨씬 바깥에 있기 때문이다. 유아에게 근접 발달 지역 밖에 있는 기술이나 내용을 가르칠 수 있지만 그것은 고립된 정보로 존재하기 때문에 유아의 세계관에 통합되지 못한다. 결과적으로 다음 단계의 발달적 성취에 긍정적인 영향을 주지 못한다.

증폭이라는 개념은 유아의 발달을 촉진하는 것과는 반대되는 개념이다. 자로포제츠는 촉진이란 유아가 학습할 준비가 되어 있지 않은 기능을 가르치는 것이기 때문에 최적의 발달로 이끌지 않는다고 했다. 이는 유아가 배워야 하는 그 기능들이 유아의 근접 발달 지역 밖에 있기 때문이다. 물론 유아에게 근접 발달 지역 밖에 있는 것을 가르칠 수는 있지만, 이 기능과 지식은 유아의 세계로 통합되지 않는 고립된 정보로서 존재할 뿐이다. 결국 촉진은 다음 단계의 성취에 긍정적인 영향을 주지 못한다. 예를 들어 세 살 된 어린 유아도 많은 훈련을 받으면 컴퓨터 자판기에서 문자의 위치를 알아낼 수 있다. 그러나 이 학습은 유아의 근접 발달 지역 밖에 있기 때문에 쓰기와 읽기의 발달로 이어지지 않는다. 또 하나의 예로 유아가 덧셈을 이해하기 전에 구구단을 암기하는 것을 들 수 있다. 유아가 구구단을 외울 수는 있지만 이것을 문제 해결을 위해 의미 있게 사용할 수는 없을 것이다.

반면 증폭은 유아가 가진 장점에 기초해 발달을 증진시키지만 근접 발달 지역 밖으로 나가지는 않는다. 증폭은 유아의 근접 발달 지역 내에서 정신의 도구를 사용하고 성인의 도움을 받아 수행함으로써 곧 새롭게 나타날 행동을 지원한다. 예를 들어 취학 전 유아는 사물을 조작함으로써 많은 것을 학습한다. 구체적 사물의 조작은 숫자나 분류 같은 개념을 가르치는 데 사용될 수 있으며, 이런 개념은 다음 단계에서 이론적 추론의 일부를 형성한다. 유아는 거리와 속도의 관계와 같은 물리적 관계를 이해하기 위해 구체적인 사물을 조작해 볼 수 있다. 유아는 훗날 그들이 아홉 내지 열 살이 되어 거리와 속도에 관해 좀 더 추상적인 방식으로 추론하기 시작할 때 이 지식을 사용할 수 있을 것이다. 따라서 취학 전 유아에게 속도와 거리에 관한 추상적인 공식을 가르치는 것은 적절치 못하다.

비계 설정

우드, 브루너와 로스(Wood, Bruner, & Ross, 1976)는 초보자가 더 높은 수준에서 수행할 수 있도록 근접 발달 지역 내에서 **비계 설정** scaffolding을 해야 한다고 주장한다. 하나의 과제를 수행할 때 비계 설정을 한다고 해서 과제 자체가 변하지는 않는다. 그러나 학습자가 과제를 처음 대할 때 도움을 받게 되면 과제를 수행하기가 한결 쉬워진다. 비계 설정을 해 주는 사람은 점차로 학습자가 그 과제 수행에 대해 더 많은 책임을 지게 됨에 따라 도움의 수준을 줄여 나간다(Wood, Bruner, & Ross, 1976). 예를 들어 유아가 10을 세고자 한다면, 최초에 유아에게 요구된 과제는 3이나 5나 7을 세는 것이 아니라 10을 세는 것이다. 교사는 상한계의 비계 설정을 위해 유아의 손가락을 잡고 유아와 함께 대상물을 가리키며 큰 소리로 수를 센다. 이 시점에서 수 세기의 책임을 진 사람은 교사이고 유아는 단지 그의 행동을 따르기만 한다. 교사는 점차로 도움을 줄여 가는데, 이는 마치 건물 벽이 완성되었을 때 비계를 철거하는 것과 같다. 다음 단계로 대상물을 가리키는 것은 함께 하지만 교사는 가만히 있고 유아가 수를 센다. 마지막으로 교사가 대상물을 가리키는 일을 중단하고 유아가 혼자서 가리키는 일과 숫자 세기를 하도록 한다.

우드, 브루너와 로스(Wood, Bruner, & Ross, 1976)에 따르면, 성인이 비계 설정을 하는 방법은 다양하다. 때때로 성인은 유아가 잊고 지나간 부분에 직접적으로 주의를 환기시킬 수 있다. 성인은 또한 어떤 일을 하든 올바른 방법을 실제로 시범 보이기도 한다. 그러나 비계 설정이 효과적이 되려면 학습자의 흥미를 고려해야 한다.

> 유아가 문제를 쉽게 다룰 수 있도록 문제 해결에 요구되는 단계의 수를 줄이거나 단순화하라. 목표를 추구할 때 유아의 흥미를 유지하라. 유아의 현재 수행 수준과 이상적인 수행 수준의 차이를 보여 주는 중요한 특성을 지적하라. 포기하지 않게 하라. 유아가 하는 것의 가장 이상적인 상태를 보여 주어라(Wood, Bruner, & Ross, 1976, p. 60).

브루너는 주로 언어 습득 분야에서 비계 설정을 연구했다. 그는 유아가 언어를 학습할 때, 부모가 유아에게 성인의 언어를 사용한다는 점을 주목했다. 부모는 모든 문장을 유아어로 바꾸어서 말하지 않고 문맥에 따라 도움의 양을 조절한다. 즉 부모는 중요한 낱말을 되풀이해 말하고, 몸동작을 사용하고, 문법적 형태보다 의미에 초점을 두어 유아의 말에 반응한다. 부모는 마치 유아가 모든 것을 다 이해하는 성인인 것처럼 그들과 대화한다. 부모는 자녀가 대화의 내용을 다 이해하는 것처럼 행동하며 유아의 실제 언어 수준이 아닌 근접 발달 지역 내의 수준에 반응한다. 이는 가베이C. Garvey의 표현을 빌자면 '미래 유아'와의 대화라고 볼 수 있다(Garvey, 1986). 유아가 동물원에서 호랑이를 가리키며 "어흥"이라고 하면 부모는 "그래, 그것은 호랑이란다. 호랑이 새끼 보이니? 새끼가 세 마리 있네."라고 반응한다. 부모는 마치 유아가 "저기 호랑이 좀 보세요."라고 말하기라도 한 것처럼 반응하는 것이다. 유아는 근접 발달 지역 내에 있는 더 성숙한 언어 형태에 반복해서 노출되고 난 후에 문법을 획득하기 시작한다. 브루너는 이러한 형태의 도움을 **언어 획득 지원 체제**Language Acquisition Support System 또는 LASS라고 명명했다.

학습 과정 초기에는 성인이 적극적으로 개입하고 많은 양의 비계 설정을 하며 더 많은 지시를 한다. 학습이 진행되면서 유아가 학습 결과에 대해 좀 더 큰 역할을 하게 됨에 따라 수행에 대한 책임은 유아에게로 이동하게 된다. 이 때 성인이나 교사가 할 일은 최종 목표로 정한 행동을 유아가 독립적으로 수행하도록 비계 설정해 오던 것을 제때에 제거하는 일이다. 처음에는 방관자였던 유아가 브루너가 말하는 '양도 원칙hand over principle'에 의해 성인이나 숙련자가 유아에게 과제를 넘겨 주면서 학습의 참여자가 된다(Bruner, 1983). 요컨대 비계 설정의 개념은 근접 발달 지역 내에서 다음과 같은 사항이 일어나고 있다는 것을 분명히 해 준다.

1. 과제를 좀 더 쉽게 만드는 것이 아니라 도움의 양을 변화시키는 것이다.
2. 수행에 대한 책임은 학습이 진행됨에 따라 유아에게 양도된다.
3. 제공되는 도움은 일시적이며 유아가 독립적으로 수행할 수 있도록 점차적으로 도움을 없앤다.

구성 지역으로서 근접 발달 지역

캘리포니아의 초등학교 어린이들에 대해 연구한 콜Michael Cole과 그의 동료들은 근접 발달 지역을 '구성 지역construction zone'이라고 불렀다(Newman, Griffin, & Cole, 1989). 그들은 공동 구성co-construction이 교사가 단지 유아에게 말로 지시하는 것 이상임을 강조한다. 사고 과정에서 교사는 유아만큼이나 능동적이어야 한다. 유아가 개념을 구성하는 동안 교사는 질문과 증명과 행동을 통해 유아가 이해하도록 해 주어야 한다. 즉 교사는 유아가 무엇을 어떻게 이해하는지를 이해하는 것이다. 그들은 유아가 개념을 내면화하기 전까지는 최종 목표나 성취 수준을 이해하지 못한다는 사실을 강조한다. 그들의 연구는 공동 구성에서 교사와 유아 모두가 중요하다는 것을 강조한다.

수행과 능력

근접 발달 지역 내에서 일어나는 학습 중에는 유아가 근접 발달 지역의 상한계에 있는 과제를 수행하지만 이를 능숙하게 해내지 못하는 수준이 포함된다. 이것이 캐즈든(Cazden, 1981)이 말하는 "수행은 능력 이전에 나타난다."라는 것이다. 유아에게 과제를 가르치기 전에 그 과제에 대한 모든 지식을 제공하거나 이해시킬 필요는 없다. 왜냐하면 유아는 과제를 여러 번 수행해 본 후에야 이를 능숙하게 사용하고 이해하기 때문이다. 린다는 퀴즈네어 막대를 사용해 덧셈하는 방법을 배우고 있다. 린다는 '1'을 나타내는 막대와 '5'를 나타내는 막대를 사용해 10을 만들 수 있지만 그 과정을 설명할 수는 없다. 린다는 교사의 설명을 따라하는 경우에도 그 과정을 거의 이해하지 못하고 낱말들만 반복하고 있다는 느낌을 준다. 린다는 몇 번 더 같은 과제를 해 본 후에야 교사의 설명을 이해하기 시작했다. 어떤 행동이 유아의 근접 발달 지역 내에 있는 한 그것을 완전히 이해하지 못한 것은 문제가 되지 않는다. 다른 사람과의 계속된 대화와 상호 작용을 통해 이해하게 될 것이기 때문이다.

상황의 구조화

로고프는 어머니와 걸음마기 자녀 간의 상호 작용, 멕시코의 직조 교사와 견습공 간의 상호 작용 등과 같이 비형식적 상황에서 숙련자의 도움을 받아 과제를 수행하는 것에 대한 연구를 했다(Rogoff, 1986, 1990; Rogoff & Wertsch, 1984). 로고프는 성인이나 숙련자가 유아나 초보자에게 도움을 줄 때 과제를 다양한 수준이나 하위 목표로 등급을 나누거나 구성하는 것을 관찰했다. 이런 하위 목표는 그 행위에 참여한 사람들이 상호 작용을 통해 근접 발달 지역을 탐색해 가면서 좀 더 세부적으로 나뉜다. 숙련자는 학습자가 나타나기도 전에 미리 장난감, 장비, 재료 혹은 도구 등을 선정해 놓음으로써 그 과제를 이미 한정하고 구조화한다. 점차로 과제를 해가면서 숙련자가 초보자의 근접 발달 지역을 알게 되면 그 과제를 조정해서 초보자가 좀 더 다루기 쉬운 과제로 더 작게 나눈다. 숙련자는 상호 작용을 풍부하게 하는 이외에도 지시를 반복하거나 여러 가지 행동을 시범 보이기도 한다. 이같이 상황을 구조화하는 것은 학습자가 근접 발달 지역 내의 상한 수준에서 과제를 수행하도록 학습자를 돕는다. 로고프는 학습자의 수행을 돕기 위해서 숙련자가 시도해야 하는 변형의 중요성을 강조한다. 로고프는 성인이 상황을 구조화하거나 도움을 줄 때는 학습자가 유도하는 대로 따라야 하며, 자료의 내용이나 교수 방법에 근거해서 독단적으로 해서는 안 된다는 것을 강조한다. 학급과는 또 다른 도제 상황이라 할지라도 숙련자는 학습의 목적을 세분하고 학습자의 수행 수준이 향상됨에 따라 재정의하고 재조직해야 한다.

근접 발달 지역 내 비계 설정의 역동성

다르프와 갤리모어(Tharp & Gallimore, 1988)는 하와이의 카메하메하 초등 교육 프로그램Kamehameha Elementary Education Program: KEEP을 개발하고 초등학교 어린이들을 연구했다. 이들은 대부분의 비고츠키 학자가 사용하는 개념을 넘어서서 4단계의 근접 발달 지역을 제안했다. 그들의 접근에서 가장 눈에 띄는 것은 선형적이 아닌 순환적인 과정으로서의 근접 발달 지역의 개념이다. 이 개념은 앞에서 언급한 내용과 유사하지만 다만 일단 하나의 개념이나 기능이 적정화되면 유아가 새로운 비계 설정을 필요로 하는 조건이 생기게 된다는 개념이 덧붙여진다. 유아가 새로운 상황이나 다른 맥락에 처하게 되면 지금까지 배운 기능을 그 상황에 전이시킬 수 있도록 도움을 필요로 한다.

근접 발달 지역의 개념은 교육에 중요한 시사점을 준다. 근접 발달 지역은 교수/학습 과정에서 유아를 지원하고, 평가하고, 발달에 적합한 실제를 정의하는 방법에 관해 대안적인 관점을 제공한다. 다음 장에서는 이러한 아이디어를 교실 상황에 적용하는 방법에 대해 알아볼 것이다.

추가 참고 문헌

Chaiklin, S. (2003). The zone of proximal development in Vygotsky's analysis of learning and instruction. In A. Kozulin, B. Gindis, V. Ageyev, & S. Miller (Eds.), *Vygotsky's educational theory in cultural context.* New York: Cambridge University Press.

Rogoff, B. & Wertsch, J.(Eds.).(1984). *Children's learning in the "zone of proximal development."* San Francisco: Jossey-Bass.

Wells, G. (1999). The zone of proximal development and its implications for learning and teaching. In *Dialogic inquiry: Towards a sociocultural practice and theory of education.* New York: Cambridge University Press.

제5장

매개체의 활용

교사는 유아의 발달을 촉진할 수 있으며, 유아가 도움을 받아 과제를 수행하는 수준에서 독립적으로 하는 수준으로 옮겨가도록 도울 수 있다. 비고츠키의 이론적 틀에 의하면 이렇게 할 수 있는 한 가지 방법은 유아가 도구로 활용할 수 있는 매개체를 만들어 내는 것이다. 매개체는 유아가 스스로 과제를 완성하는 책임을 떠맡는 것을 도와 준다. 유아가 매체체를 활용할 때, 처음에는 성인의 도움을 받다가 일단 익숙해지면 교사가 옆에 없어도 혼자서 사용하게 된다. 다음에서 매개체의 개념을 설명하고, 유치원 교실에서 어떤 방식으로 활용될 수 있는지를 설명하고자 한다.

정신의 도구로서 매개체

비고츠키의 연구에서, **매개체**mediator란 환경적 자극과 그 자극에 대한 반응 사이의 매개 수단으로 존재하는 그 무엇을 말한다(제3장의 그림 3.1 참조). 매개체는 구체적 반응을 자극함으로써 형성된다. 예를 들어, 지도에 특정 장소를 표시하는 화살표를 그려놓으면 다음 번 지도를 볼 때 그 장소를 빠르게 찾을 수 있게 된다. 화살표 매개체는 전체 지도를 살펴보는 시간 낭비를 줄이고 특정 지점에 주목할 수 있게 자극한다. 매개체는 인지력, 주의력, 기억력과 같은 수많은 정신적 작용과 구체적인 사회적 행동을 돕는다.

성인은 다양한 과제에 적합한 복잡하고 추상적인 매개체를 창조하고 사용할 수 있는 능력이 있다. 성인이 사용하는 매개체에는 말, 상징, 그림, 계획서, 그리고 지도 같은 것들이 있다. 이러한 매개체는 해야 할 일을 적어 놓은 목록과 같이, 다른 사람 눈에 보이는 것일 수도 있고, 내면적인 것일 수도 있다. 성인은 의식적으로 생각하지 않더라도 자연적이고 통합적이며 자동적인 방식으로 이들 매개체를 활용한다. 때로 성인도 자동적인 매개체의 활용이 잘 안 되거나 어렵게 되는 상황에 부딪칠 수 있다. 이러한 상황에서 성인은 내면적인 매개체 대신에 외적으로 드러나는 매개체를 활용한다. 예를 들어, 과거에 사용해 본 적이 없는 난로를 사용하고자 하는 사람이 있다고 가정해 보자. 그는 제어판 위에 있는 다이얼(외적 매개체)을 보고 어느 것이 어느 쪽 불을 붙이는 것인지 알아낸다. 늘 쓰던 난로를 사용할 때는 어느 쪽 다이얼이 어느 쪽 불을 붙이는 것인지를 관계짓는 내적인 패턴을 가지고 있다. 또 한 가지 예로 새로운 변속기가 부착된 자동차를 운전하는 사람이 있다고 해보자. 그는 기어를 제대로 넣기 위해 기어에 그려져 있는 변속 도형을 확인해 보아야 할 것이다.

성인이나 나이가 많은 아동과 달리 어린 유아는 외적인 매개체만을 사용하는데 이는 매개체의 사용이 아직 사고 속으로 통합되지 않았기 때문이다. 이러한 외적이고 표면적인 매개체는 다른 사람이나 유아의 눈에 보이고 만질 수 있는 것이어야 한다. 소피아는 'make'라는 단어를 쓰려고 한다. 소피아는 천천히 단어를 말해 보고 'mm'을 분리해 발음해 본 후 알파벳 차트에서 같은 발음으로 시작하는 글자를 찾아본다. 소피아는 'moon'이 'make'와 같은 발음으로 시작된다고 판단하고 'moon' 그림 옆에 적혀진 글자 'M'을 써본다. 토니는 덧셈을 배우고 있는데 손가락을 활용해 셈한다. 이 때 토니의 손가락은 매개체로 작용해 덧셈을 정확히 할 수 있게 도와 준다. 이 두 가지 경우, 유아는 행동을 촉진시키기 위해 매개체를 활용하는 것이다. 외적 매개체는 유아가 사용법을 배우는 첫 번째 정신의 도구 가운데 하나이다.

매개체의 기능

모든 정신의 도구와 마찬가지로, 매개체는 두 가지 기능을 가진다. 매개체의 첫 번째 직접적인 기능은 유아가 문제를 해결할 수 있도록 도와주고 이전에는 성인의 직접적 지시가 필요했던 상황에서 유아가 독자적으로 과제를 수행하는 것이 가능하도록 도와 주는 것이다. 마르티네즈 선생님은 쌓기 영역에 참여할 유아의 수를 제한하려고 한다. 이 때 오로지 네 명만 쌓기 영역에 들어갈 수 있다는 것을 유아 스스로 기억하도록 놔두는 방법은 효과적이지 않다. 왜냐하면 수를 의미 있게 세거나 숫자를 활용해 자신의 행동을 조절할 수 없는 유아도 있기 때문이다. 이는 곧 마르티네즈 선생님이 '경찰center police'의 역할을 해야 한다는 것을 말한다. 유아에게 쌓기놀이 영역에 들어갈 수 있는 유아의 수를 감시하는 책임감을 갖게 하기 위해 마르티네즈 선생님은 각 영역의 입구에 상자와 깡통을 놓아둔다. 상자에는 넉 장의 의자 그림이 있고 깡통에는 영역의 그림이 있다. 마이클은 쌓기 영역에 들어가면서 의자 그림을 떼어서 깡통에 넣는다. 요한, 모건, 에리카도 똑같이 한다. 의자 그림이 모두 보이지 않으면 다른 유아는 더 이상 쌓기 영역에 들어갈 수 없다. 마르티네즈 선생님이 제공한 의자가 그려진 그림은 유아가 쌓기 영역에 들어갈 수 있는 수를 기억하도록 돕는 외적 매개체이다.

매개체의 두 번째 기능은 하등 정신 기능에서 고등 정신 기능으로 전환을 촉진함으로써 장기적으로 유아의 정신을 재구성하는 것을 돕는 기능이다(제2장 참조). 유아의 정신 기능을 위한 매개체 사용의 효과에 대해 비고츠키(Vygotsky, 1978)는 다음과 같이 언급했다.

> 이전에 충동적으로 문제를 해결했던 유아가 이제는 자극과 그에 상응하는 보조적 상징 간에 내적으로 형성된 연결(매개체)을 통해 그 문제를 푼다. 이 상징의 체계가 전체 정신의 과정을 재구성한다(p. 35).

'전체 정신적인 과정의 재구성'은 기억의 예를 들어 설명할 수 있다. 네 살 된 트레버에게 가장 좋아하는 책이 무엇이냐고 묻자, 그 책의 내용을 한 가지 기억해 내더니 전혀 다른 책에 있는 줄거리를 말하기 시작한다. 이야기를 회상하면서 트레버는 '충동적으로' 행동하는데 이는 의도적인 기억이 아닌 연상 기억(제2장 참조)을 사용하고 있다는 것을 의미한다. 4년 후에 트레비는 자신의 기억을 제어하는 능력이 향상되었고 이제는 이야기를 회상할 때 선택할 수 있는 여러 개의 매개체를 가지게 되었다. 트레비는 색깔 스티커를 가지고 이야기의 시작, 중간, 끝을 표시할 수도 있고 가장 중요한 내용을 그림으로 그릴 수도 있으며 이야기의 줄거리를 쓸 수도 있다. 이는 트레비의 기억력이 향상되었을 뿐만 아니라 매개체 사용법을 습득한 결과로 전체적인 구조가 변화했기 때문이다.

매개체의 발달 경로

비고츠키의 이론적 틀에서 보면 유아가 자신의 활동에 매개체를 추가하게 되면 매개체는 정신의 도구가 된다. 다른 문화적 도구와 마찬가지로 매개체는 맨 처음에는 공유된 활동 속에서 존재하고 그 후에는 유아 자신의 것이 된다. 비고츠키(Vygotsky, 1994)는 매개체 사용을 위한 유아의 학습을 네 단계로 설명했다. 이러한 단계는 특별한 매개체(알파벳 차트 사용법 또는 손가락을 이용한 수 세기) 학습뿐만 아니라 정신의 도구를 습득한 결과로 생기게 되는 학습 과정의 형성에도 적용될 수 있다.

첫 단계에서는 하등 정신 기능이 유아의 행동을 지배하며 성인이 제공한 어떤 매개체도 유아의 행동에 영향을 미치지 못한다. 두 번째 단계에서 유아는 성인의 도움을 받거나 이전에 사용했던 경험이 있는 매개체를 사용할 수 있다. 세 번째 단계에서는 유아가 독자적이며 의도적으로 매개체를 사용하기 시작한다. 그러나 이전 단계와 비슷하게 매개체는 유아에게 외적이며 사용하는 데에도 한계가 있다. 마지막으로 네 번째 단계에서는 도구가 내면화된다. 이 시점에서 외적 도구는 더 이상 필요하지 않고, 더욱 정교한 정신의 도구로 매개된 새로운 행동이 질적으로 높은 수준에 도달한다.

주의 집중, 기억, 그리고 여러 정신 기능 발달에 관한 연구에서 레온테프(Leont'ev, 1981, 1994)는 이러한 단계의 존재를 실험을 통해 증명했고 매개체의 사용에 질적인 변화가 발생하는 연령 범위를 설명했다. 그의 연구 가운데 '금지된 색'이라는 게임을 하는 것이 있다. 이 실험은 피실험자는 특정 색의 이름(예컨대 검정색과 흰색)을 사용하지 않고 같은 색을 두 번 말하지 않으면서 질문에 대답하는 것이다. 실험자는 피실험자에게 혼란을 주기 위해 "눈snow은 무슨 색인가요?", "석탄은 무슨 색인가요? 와 같이 금지된 색이 언급된 질문을 하여 '속이려는' 시도를 했다. 연구 결과 피실험자의 나이에 따라 정답을 말하는 비율이 증가되었다. 유치원생은 쉽게 속아서 오답을 말했으나 고등학생과 성인은 모든 질문에 집중해 이전에 말했던 색을 기억해 내었다.

이 실험의 또 다른 형태로 피실험자에게 색 카드(매개체)를 주고 게임할 때 사용하도록 했다. 네 살 난 유아는 카드를 외적 매개체로 사용하려는 시도를 하지 않았고 행동의 변화도 없었다. 여섯 살과 일곱 살 난 유아는 카드 색과 자신이 말했던 색 사이의 연결을 시도했으나 카드를 규칙적인 방법의 도구로 사용하지는 못했다. 반면에 여덟에서 열 살 난 아동은 대답을 한 후에 허용된 색만 눈에 보이도록 카드를 규칙적으로 재정리하면서 많은 점수를 얻었다. 흥미롭게도 나이 든 아동과 성인은 카드의 도움이 필요하지 않아 보였다. 레온테프는 기억을 위한 내적 전략이 시각적 암시 없이도 높은 점수를 낼 수 있을 만큼 충분히 훌륭하다고 가정했다.

레온테프는 이러한 실험의 결과를 '발달 평행 사변형'(그림 5.1)이라고 명명하고 다음과 같은 그래프로 설명했다. 그래프에서 보면 매개되지 않은 정신적 행동과 매개된 정신적 행동의 선이 두 개의 집합점을 가지고 있다. 하나는 매개체를 아직 사용하지 않은 어린 유치원생이고, 다른 하나는 외적 매개체의 사용을 포기한 대신 내적 전략을 사용한 성인이다.

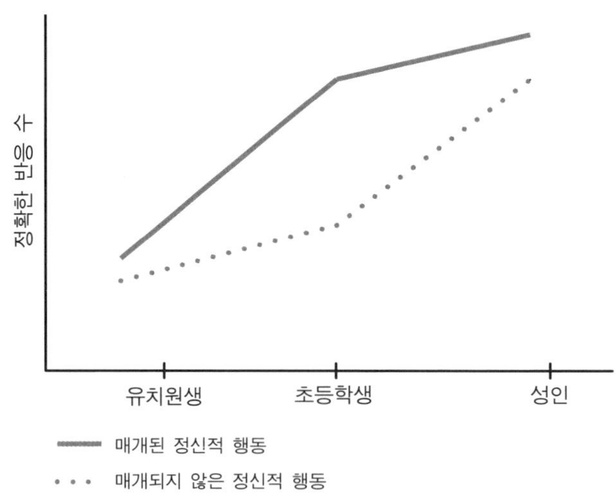

그림 5.1 발달 평행 사변형

사회 · 정서적 행동의 매개

비고츠키는 사람들이 감정을 조절하는 데도 매개체를 사용한다고 주장한다. 그는 인간이 최선의 선택을 위해 영원히 고뇌하기보다는 벗어던지려는 속성을 가지고 있음을 예로 든다(Vygotsky, 1997). 예를 들어 인간은 주사위로 의사 결정 과정을 대신하기도 하고, 어떤 상황에 대한 논쟁을 해결하기 위해 동전을 던지거나 제비뽑기와 같은 외적 매개체를 사용하기도 한다. 이는 감정을 조절하기도 하고 사회적 상호 작용을 조절하는 것이다. 유아는 리듬이나 손놀이(감자 하나, 감자 둘; 가위 바위 보)를 활용해 누가 먼저 할 것인지 또는 한 장난감을 얼마나 오래 갖고 놀 것인지의 문제를 해결한다.

사람들은 어떤 상황에서 느끼는 분노를 피하고 감정을 조절하는 일반적인 방법으로 10까지 세기를 활용한다. 수를 세는 행동은 외적 매개체가 된다. 유아는 누구를 때리는 대신 "막대기와 돌멩이는 내 뼈를 부러뜨릴 수 있지만 말은 나를 다치게 할 수 없다."와 같은 가사의 노래를 부른다. 노래를 부르는 동안 싸움하고 싶은 충동이 억제된다.

몇 가지 외적 매개체는 이 세상의 수많은 놀이터에서 한 세대의 유아로부터 다음 세대의 유아에게로 전수된다. 더 나이가 많은 유아가 옆에 없다면 나이가 어린 유아가 이런 것에 대해 알 리가 없다. 주변에 나이든 유아가 없는 경우에는 교사가 외적 매개체를 제공해 주지 않으면 안 되는 경우도 있다. 예를 들어, 교사는 다툼을 해결하기 위해 리듬을 이용하는 방법이나 돌림판을 돌리는 방법을 알려 줄 수 있다. 또는 화가 난 감정을 이겨내기 위해 10까지 세거나 깊은 숨을 열 번 들이쉬는 시범을 보여 줄 수 있다.

인지 발달을 돕는 외적 매개

인지 발달을 촉진하고 돕기 위해 매개를 한다는 아이디어는 러시아와 미국의 여러 교실에서 적용되어 왔다. 유아 교육에서 매개체는 지각, 주의 집중, 기억, 사고 및 자기 조절의 영역에서 근접 발달 지역 내에 있는 유아를 돕고자 할 때 가장 유용하게 사용될 수 있다.

지 각

비고츠키 추종자 중의 한 사람인 자포로제츠에 따르면, 유아는 외적 매개체를 통해 지각적 범주를 학습한다(Zaporoshets, 1977). 일상적인 사물은 유아로 하여금 색채나 크기, 심지어 소리의 차이까지도 지각하게 하는 감각적 기준이 된다. 예를 들어, 유아는 오렌지와 사과를 비교하면서 주황과 빨강색의 차이를 배운다. 두 살 난 유아에게 아무런 맥락적 단서가 없는 색깔 카드를 주고 어느 것이 빨강색이고 어느 것이 주황색인가를 물으면 대답하기 어려워 할 것이다. 그러나 일상적 사물을 맥락적 단서로 사용한다면 걸음마기 유아도 훨씬 높은 수준에서 답할 수 있다. 유아에게 위와 똑같은 문제를 주고 "이게 토마토 색깔이니? 아니면 오렌지 색깔이니?"라고 묻는다면 좀 더 정확한 대답을 할 것이다. 자포로제츠는 지각적 특성이 구별되는 일상적 사물을 많이 대하게 하는 것이 유아의 지각적 범주 발달에 도움을 준다고 주장한다.

주의 집중

유아는 매개체를 사용해서 사물이나 사건 또는 행동에 주의를 집중할 수 있다. 비고츠키 학자들은 특히 의도적인 주의 집중에 관심을 보이는데 의도적인 주의 집중이란 유아가 의식적으로 정신을 집중하는 것을 말한다. 이러한 고등 정신 기능은 색채가 화려한 물건이나 시끄러운 소리, 혹은 지각적으로 뚜렷이 구별되는 사건에 눈을 돌리게 되는 자발적인 주의 집중과는 다르다. 무엇을 의도적으로 주시하려는 능력은 학습 과정에서 매우 필요한 기술이다. 왜냐하면 가장 학습자의 주의를 끄는 것이 학습하려고 하는 내용의 가장 중요한 특성이 아닐 수도 있기 때문이다. 유아는 문제를 해결하거나 어떤 과제를 학습할 때 주변의 현혹되는 정보를 무시하고 중요한 특성에 집중할 줄 알아야 한다. 책을 읽을 때는 'b'라는 철자가 빨강색으로 쓰여 있는 것이 중요한 것이 아니라 글자의 방향, 즉 'b'라는 글자가 세로 선을 중심으로 오른쪽에 둥근 부분이 있다는 것을 아는 것이 더 중요하다.

주의 집중에 도움이 되는 실질적 매개체는 유아의 연령과 과제의 속성에 따라 다르다. 1학년 학생이 읽기를 배울 때 자신의 손가락을 매개체로 사용해 단어를 가리키며 읽는 것을 생각해 보자. 그가 손가락으로 글자를 짚으며 읽는 것은 읽고 있는 페이지 안에 있는 다른 단어에 정신을 빼앗기지 않고 한 번에 한 단어에만 집중하는 데 도움이 된다. 시험 준비를 하는 고등학생은 교과서의 중요 내용에 밑줄을 그어 놓아 나중에 복습할 때 가장 중요한 정보만 훑어봄으로써 시간을 낭비하지 않을 수 있다. 밑줄 그은 단어들은 학생의 집중을 매개하게 된다.

비고츠키 학자들은 유아의 경우 외적 매개체의 도움이 없다면 의도적으로 주의를 기울일 수 있는 능력이 없다고 주장한다. 레온테프(Leont'ev, 1981; 1994)가 '금지된 색' 실험을 통해 발견했듯이 유아는 스스로 외적 매개체를 사용하는 방법을 알아내지 못하지만 맥락에 근거해 성인과 공유된 활동을 통해 그 사용법을 숙달할 수 있다.

기억

매개를 통해 도움을 받을 수 있는 또 하나의 정신 기능은 의도적인 기억이다. 사람은 계속 증가해가는 정보를 기억하기 위해 도움이 필요하다. 기억을 끌어내기 위해 외적 매개체를 사용한다는 아이디어는 결코 새로운 것이 아니다. 실상 성인은 늘 그런 매개체를 사용한다. 성인은 달력을 사용하고, 해야 할 일의 목록을 작성하고, 시간 관리를 해 주는 전자 제품을 이용한다. 많은 시간 관리 기법은 외적 매개체를 적절하게 이용해 일에 몰두할 수 있도록 도와 주는 것이다.

교사와 부모는 유아가 아주 비상한 기억력을 가지고 있다는 말을 한다. 그러나 유아에게 기억을 강요하면 이러한 기억력이 사라진다는 것도 알고 있다. 일주일에 150개의 포켓몬 등장 인물을 외우는 데 문제가 없는 유치원생이 26개의 알파벳을 외우는 데 여러 달이 소요될 수도 있다. 비고츠키 학자들은 끊임없는 반복을 통한 **연상** 기억associative memory과 **의도적**인 기억deliberate memory은 구별되어야 한다고 주장한다(제2장 참조). 의도적인 기억은 유아가 정신의 도구를 지속적으로 사용하고 습득한 결과로 나타나는 고등 정신 기능이다.

기억에 관한 레온테프(Leont'ev, 1981)의 연구에 따르면 기억의 발달적 궤도는 주의 집중과 같은 평행 사변형을 따른다(그림 5.1 참조). 서로 아무런 관련이 없는 단어의 목록을 기억해 보라는 과제를 제시했을 때 성인과 마찬가지로 유치원생은 매개체의 사용 여부가 단어를 기억하는 데 별 차이를 가져오지 않았다. 그러나 초등학생의 경우 외운 단어를 상기시켜 줄 그림을 매개체로 사용하면 훨씬 더 잘 기억해 냈다. 최근 연구에 따르면 유치원생과 초등학교 저학년생은 기억력 증가를 위해 외적 매개체 사용을 훈련할 수 있다고 한다(Fletcher & Bray, 1997 참조). 그러나 그보다 어린 연령의 유아는 스스로 매개체를 생성하거나 성인의 도움 없이 매개체를 체계적으로 사용하기는 어렵다고 보고되었다.

사 고

비고츠키 학자들에 따르면, 외적 매개체는 유아의 감각 운동적 사고 sensorimotor thinking를 시각표상적 사고visual-representational thinking로 전환하는 데 도움을 준다(Poddyakov, 1977). 또한 논리적 사고가 필요한 상황에서 문제를 해결하는 능력을 촉진시킨다(Pick, 1980; Venger, 1988). 매개체는 유아로 하여금 자기의 생각을 모니터하고 반성적으로 사고하게 할 뿐만 아니라 초인지 능력을 자극한다.

유아가 사용하는 매개체는 그림그리기나 쌓기놀이와 같은 고유한 유치원 활동의 맥락에서 발생한다:

> 유아기 어린이의 매개체 발달은 그림그리기, 만들기 등과 같은 활동의 생산적인 형태와 연결된다(Zaporozhets, 1978, p. 149).

비고츠키 학자들에 따르면 유아가 블록과 같은 사물이나 그림과 같은 매개적 표상을 사용해 실생활과 연계를 짓기 때문에 이러한 활동이 가치가 있다고 본다. 쌓기놀이와 그림그리기는 유아가 추상적인 방법으로 실생활에서의 관계를 이해하는 데 도움을 주는 매개체가 된다. 예를 들어, 블록으로 창고 두 개를 만들면서 하나는 큰 차용 다른 하나는 작은 차용으로 만든다면 이는 크기에 대한 아이디어를 발달시키는 데 도움을 준다.

나이가 든 유아에게 이러한 모델링은 추상적 개념 사이의 관계를 포함해 좀 더 복잡한 관계를 표현하는 데 사용된다. 이러한 관계에는 사회적 역할, 음악적 패턴, 소리와 글자의 대응, 이야기의 요소(이야기 문법), 집합의 합집합과 교집합, 3차원의 물체를 2차원으로 투영, 속도와 거리, 돈의 가치 등이 포함된다(Venger, 1986, 1988). 특정 외적 매개체(벤 다이어 그림 또는 그래프)를 가르치는 경우에는 더 많은 성인의 도움과 모니터가 필요하다.

학급에서 매개체 사용하기

교실에서 유아에게 가르칠 수 있는 매개체는 주로 외적인 것이다. 유아가 문자 언어를 익히고 고등 정신 기능이 발달하게 되면 표나 다이어 그램과 같은 외적 매개체도 지속적으로 사용하면서 동시에 기억법과 같은 내적 매개체를 점점 더 사용하기 시작한다.

비계 설정으로서 매개체

매개체는 유아로 하여금 최대한의 도움을 받아 과제를 수행하는 수준에서 독립적으로 수행하는 수준으로 옮겨가도록 비계를 설정한다(제4장 참조). 유아가 근접 발달 지역을 통과해 감에 따라, 처음에는 도움을 받아 할 수 있던 것을 곧 혼자서 할 수 있게 된다. 어떻게 이 같은 변화가 가능한가? 첫째 성인이 새로운 매개체를 제공하고 유아가 공유된 활동 속에서 이 매개체를 사용할 수 있도록 도와 준다. 마침내 유아는 매개체를 사용하고 새로운 상황에 스스로 적용하게 된다. 유아가 매개체를 내면화함에 따라 실지로 수행 능력을 향상시킬 수 있으며, 성인에게 속해 있던 능력이 자기 것이 되는 것이다.

다른 비계 설정이 그러하듯이, 대부분의 매개체도 임시적으로 필요한 것이며 학습에 유용하지 않으면 더 이상 사용되지 않는다. 유아는 대개 새로운 기술이나 개념을 숙달하게 되면 매개체의 사용을 중단한다. 고등학생은 수세기를 할 때 더 이상 손가락을 사용하지 않는다. 매개체는 진화하거나 새롭고 향상된 다른 매개체에 흡수된다. 예를 들어, 하루 일과표를 확인하기 위해 유치원생은 그림을 사용하지만 초등학교 2학년은 시계나 문자를 활용한다.

교사는 사용해야 할 매개체의 유형에 대한 계획도 세워야 하지만 동시에 유아가 독자성을 가지고 행동과 정신의 도구를 내면화해 감에 따라 이를 제거할 방법에 대해서도 계획을 수립해야 한다. 매개체를 제거하는 일은 미리 정확하게 결정하기 어렵다. 때로는 유아가 외적 매개체를 잊어버려서 잠시나마 그것을 다시 활용할 필요가 있을 때도 있고, 때로는 단 몇 번의 성공으로도 충분해 유아로부터 표면적 매개체를 재빨리 떼어 낼 수도 있다.

외적 매개체는 유아가 적절한 내적 표상화 및 전략을 개발하고 나면 그 가치가 사라진다. 실상 이러한 매개체는 유아의 과제 수행에 혼란을 주기 때문에 학습에 방해가 될 수 있다. 예를 들어, 유치원생이 활자화된 자신의 이름을 인지하게 되면 의자나 장에 붙인 그림이나 상징은 제거하고 인쇄된 이름표만 남겨둬야 한다. 이 단계에서 활자화된 이름을 사용함으로써 유아는 인쇄 매체에 더 주의를 집중할 수 있게 된다.

매개체가 아닌 것

만일 교사에게 매개체를 이용하는 유아와 이용하지 않는 유아를 구별해 보라고 하면 대부분의 교사는 쉽게 구별해 낸다. 교사는 책을 읽을 때 밑줄을 긋거나 방학까지 남은 날짜를 세기 위해 달력을 이용하는 유아를 보며 매개체를 이용하는 것을 쉽게 알아낼 수 있다. 그러나 유아에게 새로운 매개체를 소개하고자 할 때 어떤 것이 매개체이고 어떤 것이 매개체가 아닌지 혼동하는 경우가 종종 있다. 다음은 교사가 가장 흔하게 혼동하는 사례이다.

1. **매개체는 강화가 아니다**. 비고츠키 학자들은 유아가 좋은 행동을 했을 때 스티커를 주는 것과 자기 조절을 위한 매개체를 구별한다. 유아가 한 행동과 관련해 스티커를 주는 것은 교사가 조절하는 것이며, 스티커는 '**사후에**' 주어지는 것이다. 이것은 '교사 조절teacher-regulation'이다. 자기 조절을 위한 매개체는 행동을 하기 **전**에 유아가 스스로 행동을 자극하기 위해 매개체를 사용하는 것을 말한다. 즉 행동 이전에 나타나서 유아 스스로 조절할 수 있게 한다.
2. **매개체는 차별 자극이 아니다**. 행동 수정 전략의 부분으로 사용되는 '단서 주기cueing'와 같은 자극은 **교사가 사용하는 것**으로 유아가 한 행동의 적절성에 따라 그 행동이 강화되어야 하는지를 알려 주는 것이다. 예를 들어 교사가 다음 활동을 위해 정리 정돈을 할 때 종을 흔드는 것이 이에 해당된다고 할 수 있다. 다시 말하지만 이것은 '교사 조절'이지 자기 조절은 아니다. 교사는 행동을 시작하기 위한 매개체(종)의 사용 책임을 유아에게 주지 않았다. 비고츠키 학자들은 매개체가 되기 위해서는 어떠한 자극 없이 유아가 스스로 매개체를 사용해야만 한다고 주장한다. 예를 들어, 두 유아가 컴퓨터 사용 시간을 두고 다툼을 할 때 교사가 타이머를 이용했다면 이것은 '교사 조절'이 된다. 그러나 유아가 컴퓨터 시간을 조절하기 위해 자기 스스로 타이머를 사

용했다면 이는 유아의 매개체가 된다.

학급에서 외적 매개체 사용의 예

교사는 종종 가장 좋은 외적 매개체가 무엇이냐는 질문을 한다. 이에 대한 정답은 없으며 다만 잘 드러나고 배경과 섞이지만 않는 것이면 어떤 것도 무방하다고 본다. 색깔이 있는 펜이나 연필, 핀으로 꽂아 놓은 노트와 해야 할 일들을 적은 메뉴 등은 유아에게 지시 사항을 기억하게 해 주며 읽기나 쓰기의 과정을 뚜렷하게 드러내 준다. 사회적 행동이나 주의력, 혹은 방 안을 돌아다녀야 하는 활동을 기억하는 데는 반지, 목걸이, 팔지, 빨래집게, 천으로 만든 동물 등을 사용하는 것이 좋다. 집단 활동 시간에 다른 유아에게 기대는 신체적 행동을 통제하는 데는 의자나 카펫처럼 신체적이나 운동 기능적으로 경계를 제공할 수 있는 매개체가 유용하다. 숙제를 할 때 과제에 집중하는 것에 문제가 있는 초등학생을 돕기 위해 어떤 교사는 자신의 사진을 외적 매개체로 활용하기도 했다. 이 학생은 선생님의 사진을 자기 책상 위에 놓았을 때 숙제를 훨씬 빨리 끝낼 수 있었다.

매개체는 맨 처음에는 공유된 활동 속에서 존재한다. 이것은 유아가 학습을 처음 시작할 때 성인이 매개체를 제공해 준다는 의미이다. 성인은 처음에는 여러 가지의 다른 매개체를 제공해야 할 것이다. 한 가지의 매개체를 가지고 모든 유아에게 사용할 수 있다고 가정해서는 안 된다. 라니는 집단 활동 시간에 매우 주의가 산만하기 때문에 이야기를 끝까지 들을 수 있으려면 최대한의 매개체를 필요로 한다. 라니는 자기 이름이 쓰여진 자리에 앉아 무릎 위에 천으로 만든 동물 장난감을 놓고, 옆의 친구와 손을 잡고, 교사가 마주 보이는 위치에 있을 때 주의 집중을 가장 잘한다(무려 네 개의 매개체가 있어야 이야기를 끝까지 들을 수 있다). 네 개의 매개체를 가지고 성공적으로 일주일을 지낸 후, 교사는 매개체를 하나씩 제거하기 시작한다. 처음에는 무릎에 동물 인형을 놓고 교사가 마주 보이는 곳에서 자신의 카펫 위에 혼자 앉아서 지내다가 그 다음 주에는 카펫 위에 혼자 앉는다. 그 다음 주에는 카펫 위해 붙여져 있던 이름표를 떼어 팔에 붙이고는 카펫 위에 혼자 앉는다. 마지막으로 5주째 되었을 때 이름표도 필요없게 된다. 교사는 비계 설정한 것을 어떻게 제거할 것인가에 대해 조심스레 계획을 세운 것이다.

초등학교 1, 2학년을 가르치는 교사를 보면 학생이 해야 할 일을 기억하는 데 도움이 되는 매개체 없이 말로만 여러 가지 지시를 하는 것이 상례이다. 열린 교육을 하고 있는 어떤 교사가 교실에 세 군데의 코너를 만들어 놓고 수업 시간 중에 아동에게 이 코너들을 모두 찾아가야 한다고 말했다. 대부분의 아동이 그것을 기억하는 데 아무런 문제가 없으나 아이다, 조지프, 그리고 디오나는 늘 첫 번째 코너를 지나친다. 교사가 어떤 방법을 사용해도 이 세 아동은 첫 번째 코너에서 해야 할 일의 일부만 하고 교실 안을 돌아다닌다. 교사는 다른 아동을 학습 코너로 보낸 뒤 이 세 명의 아동에게 외적 매개체로 1, 2, 3이라는 숫자가 쓰여진 티켓을 주었다. 반드시 거쳐 가야 하는 세 개의 코너와 관련해 무엇인가 상기할 수 있는 것을 티켓에 써내도록 했다. 아이다는 각각의 숫자 옆에 무엇인가 낙서를 했고, 조지프는 글자를 썼으며, 디오나는 그림을 그렸다. 교사는 옷핀으로 아동의 옷에 그것들을 꽂아 주었다. "한 코너에서 할 일을 마치고 나면 티켓 위에 붙어 있는 것을 떼어내는 거야. 그리고 나면, 다음에 어느 코너에 가야 할지를 그 티켓이 기억할 수 있게 해 줄 거야."라고 말했다. 첫 일주일이 지날 쯤 아이다와 조지프만 티켓을 매개체로 사용할 필요가 있었다. 3주 후에는 이 세 명의 아이가 모두 일과를 기억하기 시작했다.

벤 다이어그램Venn diagram과 같은 매개체는 두 범주의 물체가 가지는 유사점과 차이점을 설명하는 데 유용하다. 완전히 겹쳐지는 두 개의 원은 두 범주가 똑같다는 것을 의미한다. 동떨어진 두 개의 원은 두 범주가 서로 공통된 성질을 전혀 가지고 있지 않다는 것을 의미한다. 두 개의 원이 부분적으로 겹칠 때는 몇 가지 성질은 공유하지만 몇 가지는 그렇지 않다는 것을 보여 준다. 이 같은 시각적 매개체를 활용하면 유아는 단순히 사물을 분류하라고 하는 것보다 훨씬 추상적인 수준에서 분류가 가능하다. 이 같은 매개체는 처음에는 실물을 분류하는 데 사용될 수 있고, 나중에는 두 가지 이야기를 비교하면서 공통점과 차이점을 찾아내는 활동에도 활용될 수 있다(그림 5.2 참조).

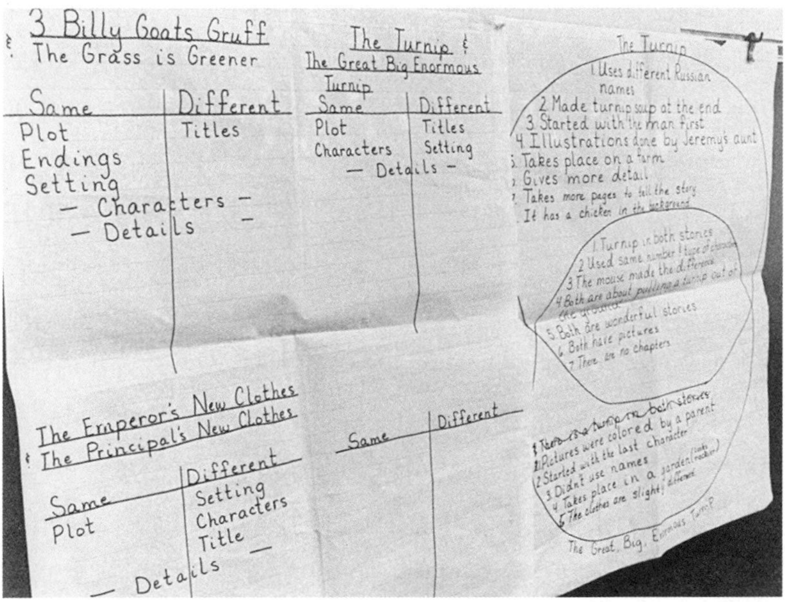

그림 5.2 이야기 분석을 위한 벤 다이어그램을 매개체로 사용하기

그림 5.3 외적 매개체로 사용한 단어 지도

서로 다른 개념이나 아이디어 또는 단어 사이의 관계를 유아에게 보여주기 위해 단어 지도word map나 개념도concept webs를 활용하는 교사도 있다(그림 5.3 참조). 이러한 조직망을 작성할 때는 주요 범주를 하위 범주에 비해 큰 글자로 쓴다. 유아가 아이디어를 내면서 조직망을 발전시켜 나가는 것은 관계에 대한 이해력을 높이고 더 분명하게 만들 수 있다.

정리 정돈 시간이나 다른 활동으로 옮겨갈 때처럼 짧은 시간 내에 끝내는 활동을 알리기 위해서는 동요나 동시 혹은 타이머와 같은 외적 매개체를 활용하는 것이 좋다. 동요나 동시의 길이는 그것을 마칠 때쯤에 유아가 활동을 다 끝내고 다음 활동을 위한 준비가 될 정도의 길이로 선택한다. 타이머를 사용하는 경우에는, 시간적 여유가 어느 정도 있는지를 눈으로 확인할 수 있는 것이 좋으므로 디지털 타이머 대신 다이얼이 있는 아날로그 타이머나 모래시계가 적당하다. 유아에게 3분 내로 다음 활동을 준비한다는 것은 매우 추상적으로 느껴지는 개념이다. 그 유아

Name Gregory Date 3/6-3/10

Study Buddy: Maxine

1 Listening Center ☒ Millions of cats	1 Stories and Charts ☑ Little Boy Blue
2 Investigations ☒ rocks	2 Penmanship Center ☑ XxYyZz
1 Word Puzzles ☒ Sentences	1 Make a Book ☒ Hot Soup
2 Literacy Games ☑ Beginning Sounds	2 Sound Center ☒ WV

My Learning Goal is: More words in make a book.

그림 5.4 어린이의 메뉴 혹은 학습 계획표의 예

가 현재 무엇을 하고 있는가에 따라 3분이라는 것이 평생 같을 수도 있고 순간 같을 수도 있다. 따라서 유아는 활동을 끝내는 시간을 알려 줄 수 있는 외적 매개체가 필요하다. 예를 들어 유아가 가사의 끝을 잘 알고 있는 노래를 부르면 이는 유아에게 노래를 하나 부를 만큼의 시간이 있음을 알려 주는 것이 된다. 그렇게 되면 유아는 말로만 얼마만큼 시간이 남아 있다고 하는 것보다 훨씬 쉽고 빠르게 움직일 수 있다.

더 나이가 많은 유아는 자기 나름대로 매개체를 찾아낼 수 있으며 자신의 행동을 조절하기 위해 목록이나 메뉴를 사용할 수 있다. 혼합 연령 집단(K-2)을 담임한 어느 교사는 읽기, 국어 및 산수 교과에 메뉴를 활용했다. 메뉴에는 아동이 문해 시간에 선택할 수 있는 활동이 나열되어 있다. 예를 들어 아동은 책을 읽고 난 후 자신의 말로 이야기를 쓸 수 있으며 헝겊 판을 사용해 연극을 하거나 축소된 세트를 만들 수도 있다. 메뉴는 읽기 시간에 해야 할 일이 무엇인지를 깨닫게 한다.

학년 초에는 교사와 아동이 함께 계획을 한다. 학년 말이 되면 아동 스스로 써넣는 계획이 점점 더 많아진다. 교사는 매주 아동에게 자신의 정신 과정에 대해 생각해 보도록 하는 '반성적'인 질문을 하고, 이러한 질문은 자기 조절적인 행동을 더 많이 끌어내는 데 도움이 된다. 한 번은 교사가 휴식 후 늦게 교실에 들어왔는데 유치원생을 포함한 전 학급생이 교사 없이도 학습에 임하고 있는 것을 보고 크게 놀라고 말았다. 모든 아동이 자기의 메뉴를 끄집어내어 열심히 공부하고 있었던 것이다. 몇몇 아동이 짝을 지어 공부하는 경우를 제외하고 교실은 너무나도 조용했다. 메뉴 아이디어는 프로젝트에도 적용 가능할 뿐 아니라 초등학교 교실의 여러 영역에서 유용하게 활용될 수 있다.

외적 매개체 사용 지침

비고츠키가 발달에 영향을 미치는 외적 매개체에 대한 아이디어를 처음 소개했고 비형식적 상황에서의 예시를 소개하기는 했지만, 이를 교실에 확장하고 적용한 사람은 그의 제자들이다. 특히 자포로제츠

(Zaporozhets, 1977), 벵거(Venger, 1977, 1986), 엘코닌(Elkonin, 1977), 갈페린(Gal'perin, 1969), 그리고 이들의 동료와 제자들은 학습에서 외적 매개체를 사용하는 아이디어를 확장시켰다. 다음의 제안은 그들의 연구에서 따온 것이다.

이 제안들이 좀 더 효과적이기 위해서는 외적 매개체가 제 때에 적용될 수 있도록 해야 한다.

1. **매개체는 유아에게 특별한 의미를 지녀야 하며 그 의미를 불러일으킬 수 있어야 한다**. 유아는 매개체를 보고 만질 수 있어야 하며 매개체를 통해 특별한 생각이나 행동을 끌어낼 수 있어야 한다. 예를 들어, 유아가 "노란 스티커를 보는 날은 플루트 레슨을 받으러 가야 한다.", "'모두 제자리' 노래의 마지막 부분을 들으면 치우기를 끝내고 카펫 위에 앉아야 한다." 혹은 "일과표에서 스낵 그림을 떼어내면 다음에 할 일은 옷을 입고 밖으로 나가는 것이다."라고 말할 수 있어야 한다. 매개체는 유아에게 의미가 있는 것이어야지 성인에게만 의미 있는 것은 소용이 없다. 물론 성인의 도움으로 유아가 매개체를 선택해도 무방하다. 매개체를 제대로 활용하기 위해서는 연습이 필요하며, 충분한 연습을 통해 비로소 매개체가 의도된 의미를 갖게 된다. 일단 그 매개체가 의미를 갖게 되면 유아는 매개체를 작동시키기 위해 특정한 행동을 취하게 된다. 네모난 카펫 위로 가서 앉는다든지, 평화의 팔찌를 부착한다든지, 혹은 티켓을 가진다든지 하는 것이 그 예가 될 수 있다. 매개 행위는 활동의 일부로 생겨나는 행동과 통합되어야 한다.
2. **매개체는 유아가 어떤 과제를 수행하기 전이나 수행하는 동안에 사용하는 물건에 부착시켜야 한다**. 학교에서 집으로 긴 장화를 가지

고 가는 것을 기억하도록 하는 것이 교사의 목표라면 수업이 끝나고 집에 가기 바로 전에 유아가 볼 수 있는 그 무엇인가에 매개체를 부착시켜야 한다. 말하자면 아침 나절에 유아가 사용하는 물건에 매개체를 부착시켜서는 소용이 없다는 뜻이다. 만일 점심 후에 기억해야 할 일이 있다면 도시락에 매개체를 부착하는 것이 효과적이다. 장난감을 치울 시간이라면 그 시간에만 들을 수 있는 음악을 사용한다. 만일 철자쓰기를 할 때 도움이 되도록 하기 위해서는 각자의 책상 위에 붙여 주는 것이 효과적이다. 칠판 위에 붙여져 있는 철자표는 너무 멀리 있어서 대부분의 아동에게 의미 있는 매개체가 되지 못한다.

3. **매개체는 유아의 눈에 띄게 해야 한다**. 매개체가 너무 자주 혹은 너무 오래 쓰이면 그 특징을 상실해 적절한 행동을 유발하지 못한다. 매개체가 가장 눈에 띌 수 있는 특정한 시간대를 선택해야 한다. 만사 제쳐놓고 아침부터 메개체를 부착한 후 이를 달고 온종일 있게 해서는 안 된다. 특정한 기술의 부족으로 문제가 되는 이야기 나누기와 같은 시간에만 잠깐 동안 매개체를 부착한다. "네모난 카펫 위에 앉는 것은 이야기 나누기 시간에 다른 사람에 기대어 앉지 말아야 한다는 것을 기억나게 하기 위해서야. 만약 네 발이 네모 밖으로 나가면 다른 사람을 방해하는 거야."라고 매개체의 목적을 분명히 설명해 준다. 유아가 여러 번 자신의 행동을 조절하는 데 성공하면 그 매개체를 제거한다.

4. **매개를 위해서는 언어와 행동적인 단서를 함께 제공해야 한다**. 매개체와 더불어 습관이 될 수 있는 일련의 행동과 이를 통제하기 위한 혼자말을 함께 사용할 수도 있다. 예를 들어, 하루가 시작될 때 교실 문 바로 옆에 전구를 그린 그림을 붙여 놓을 수 있다. 여기서 전구는 교실에 들어서기 전에 잠깐 멈추고 혼자말로 "내가 오늘 무얼 기억하고 있어야 할까? 선생님의 말씀을 열심히 듣고 집중할 것을 기억하고

있어야지."라고 말하게 하는 상징이다. 자신의 관자놀이를 가리키고 있는 아이가 그려진 그림은 기억을 쉽게 하도록 하는 매개체이다. 한 교사가 유아로 하여금 다음날 집에서 책을 가져오는 것을 기억하도록 하기 위해 그 그림을 사용했다. 교사는 그림을 보여 주면서 "우리가 기억해야 할 것을 세 번 말하면서 생각주머니 속에 집어넣자."라고 말한다. 그리고 나서 교사와 유아는 손으로 관자놀이를 가리키면서 "함께 읽을 책 가지고 오기"라고 말한다. 그림은 유아가 무엇인가를 자신에게 기억하게 하는 전략을 생각나게 해 줄 것이다.

5. **유아의 근접 발달 지역 내에 있는 매개체를 선정한다**. 매개체가 제 구실을 하려면 유아의 근접 발달 지역 내에 있는 것이어야 하며 유아가 자신의 행동을 이끌도록 해야 한다. 숫자를 셀 줄 모르는 유아에게 오직 네 명의 유아만이 그 영역에서 활동할 수 있다는 것을 상기시키는 숫자 4는 아무 의미가 없다. 어린 유아의 경우 하나의 매개체는 하나의 행동하고만 연관되어야 한다. 유아가 나이를 조금 더 먹어야 하나의 매개체로 여러 가지 할 일을 상기시킬 수 있는 능력이 생긴다.

6. **유아가 하기를 바라는 행동을 가르칠 때 항시 매개체를 사용한다**. 유아가 하지 않았으면 좋겠다고 생각되는 행동보다는 했으면 하고 바라는 행동을 가르치도록 한다. 행동을 금하기보다는 다른 행동으로 대치하는 것이 훨씬 쉽다. 아동에게 요약하는 방법을 가르칠 때 문장에서 전체 문장을 베끼지 말라고 지속적으로 이야기하는 것보다 가장 중요한 아이디어에 밑줄 그으라고 하는 것이 더 효과적이다.

7. **새로운 매개체를 제공할 때 유아가 독자적으로 활용할 수 있는 방법을 계획한다**. 유아가 교사의 지시 없이 자신의 행동을 스스로 조절하기 위해 매개체를 사용하는 것은 매우 중요한 일이다. 이것은 자연적으로 발생하지 않기 때문에 교사는 유아가 매개체를 스스로 사용할

수 있도록 많은 노력을 기울여야 한다. 시간이 한참 지난 후에도 유아에게 특정 행동을 계속해서 상기시켜야 한다면 그 매개체는 소용이 없는 것이다. 위에서 언급된 1에서 6까지의 내용을 참고해 다른 매개체를 찾을 필요가 있다.

추가 참고 문헌

Bodrova, E. & Leong, D. J. (2003). Learning and development of preschool children from the Vygotskian perspective. In A. Kozulin, B. Gindis, V. Ageyev, & S. Miller (Eds.), *Vygotsky's educational theory in cultural context* (pp. 156-176). New York: Cambridge University Press.

Karpov, Y. V. (2005). *The neo-Vygotskian approach to child development.* New York: Cambridge University Press.

Kozulin, A. (1990). *Vygotsky's psychology: A biography of ideas.* Cambridge: Harvard University Press.

Stetsenko, A. (2004). Section introduction: Scientific legacy. In R. W. Rieber & D. K. Robinson(Eds.), *The essential Vygotsky* (pp. 501-512). New York: Kluwer.

Van der Veer, R., & Valsiner, J. (1991). *Understanding Vygotsky, a quest for synthesis.* Cambridge: Blackwell.

Venger, L. A. (1977). The emergence of perceptual actions. In M. Cole (Ed.), *Soviet developmental psychology: An anthology.* White Plains, NY: Sharpe. (Original work published in 1969)

Venger, L. A. (1988). The origin and development of cognitive abilities in preschool children. *International Journal of Behavioral Development, 11*(2), 147-153.

제6장

언어의 활용

세 살짜리 조는 교사와 함께 피자를 만드는 중인데 반죽을 할 줄 모른다. 그래서 교사는 조에게 "밀대를 네 앞쪽으로 가지고 왔다가 다시 너에게서 멀어지도록 하렴." 하고 말한다. 교사는 밀대가 앞뒤로 움직인다는 것을 조가 느낄 수 있도록 도와 준다. 이 같은 지시에 따라 조는 바로 반죽을 할 수 있게 되었다. 교사는 다른 유아를 도우려고 걸어가면서 조가 흥얼거리는 소리를 들을 수 있었다. 조는 밀대를 굴리며 반죽을 하면서 계속 "앞으로……뒤로……앞으로……뒤로"라며 흥얼거린다.

다섯 살 된 마우라가 자기 앞에 있는 물건을 세더니 "모두 여덟 개가 있네."라고 말한다. 교사는 하나를 더하며 "선생님이 하나를 더했는데 지금은 모두 몇 개지?"라고 묻는다. 마우라는 세기 시작한다. "하나, 둘, 셋, 넷, 다섯, 여섯, 일곱, 여덟, 아홉, 모두 아홉 개가 있어요." 교사는 또 하나를 더하고 마우라는 하나부터 다시 세기 시작한다.

여섯 살 된 제이슨은 한 번은 점프를 하고, 두 번은 깡총뛰기를 하는 동작을 연습하고 있다. 제이슨은 동작을 하면서 "점프, 깡총, 깡총."이라고 큰소리로 말한다. 교사는 제이슨에게 그렇게 큰 소리로 말하면 다른 아이들이 혼동되니까 소리를 내지 말라고 이야기한다. 제이슨은 말하는 것을 중단하고 나서는 동작을 할 수 없었다. 다른 아이들이 모두 끝나고 나서 교사가 말을 할 수 있도록 허용한 후에야 동작을 해낼 수 있었다.

위의 모든 상황에서 유아는 행동하고 생각하기 위해 언어를 사용했다. 언어는 정신 발달에 중심 역할을 하는데 이것은 비고츠키 패러다임의 네 가지 주요 원리 중 하나이다. 언어는 논리적 사고와 새로운 행동을 배우게 하는 중요한 문화적 도구이며, 우리가 알고 있는 내용 이상으로 영향을 미친다. 언어는 사고와 새로운 지식의 획득에도 영향을 준다. 이 장에서는 언어의 발달과 교사가 유아의 발달과 학습을 돕기 위해 언어를 사용하는 방법에 대해 설명하고자 한다.

문화적 도구로서 언어

언어는 수많은 문제 상황을 해결하는 데 적용되는 보편적인 문화적 도구이다. 비고츠키 등 여러 학자는 언어가 인간과 동물을 구별해 주며, 인간을 좀 더 효율적이고 효과적인 문제 해결자로 만들어 준다고 주장한다. 모든 문화권의 사람은 언어를 발달시켜 왔다. 인간은 언어를 소유하고 있기 때문에 수많은 복잡한 문제를 해결할 수 있다. 인간과 동물의 문제 해결 능력을 비교하는 연구에서 연구자들은 걸음마기 유아와 침팬지가 감각 조작 문제sensorimotor problem 해결에서는 유사하다는 사실을 발견했다(Kozulin, 1990). 그러나 일단 걸음마기 유아가 언어를 획득하고 나면, 그들의 문제 해결 능력은 급격히 향상되고 결국 침팬지는 걸음마기 유아와 같은 수준으로 문제를 해결할 수 없게 된다.

우리는 말하기, 쓰기, 그리기, 생각하기 등에서 언어를 사용한다. 이들 언어는 표현 방식은 다양하지만 모두 공통된 특성을 갖고 있다. 외적 언어는 다른 사람과의 의사 소통을 가능하게 하며, 내적 언어는 자신의 행동과 사고를 조절하기 위해 자기 자신과의 의사 소통을 가능하게 한다. 인간은 다른 사람과의 의사 소통을 위해 글을 쓰기도 하고, 사고를 구체화하고 그 과정을 명백히 하기 위한 수단으로 글을 쓰기도 한다. 인간의 생각을 그림이나 다른 도식적인 방법으로 나타내는 것은 글쓰기와 유사한 기능을 가진다. 사고는 인간이 마음속에 가지고 있는 여러 가지 관점과 생각, 그리고 개념을 표현하는 내적인 대화 형태이다.

문화적 도구로서 언어는 문화의 범주와 개념 및 사고 양식의 정수이다. 서구의 인류학자나 언어심리학자들(Sapir, 1921; Wells, 1981; Whorf, 1956)처럼 비고츠키 학파는 언어가 특정한 문화에서 가장 효율적인 방식으로 기능하도록 사고를 형성한다고 믿는다. 에스키모인은 눈에 관한 어휘를 많이 가지고 있고, 과테말라 인디언은 섬유 직물에 관한 어휘를 많이 가지고 있다. 아시아 문화에는 가족 관계와 혈연 관계를 정의하는 어휘가 많다. 이처럼 언어는 물리적이고 사회적인 환경이 가진 특정한 요소의 중요성을 반영한다.

언어는 내용, 기능, 전략, 그리고 과정과 같이 새로운 정보의 획득을 가능하게 한다. 모든 학습이 언어를 사용해야 하는 것은 아니지만 복잡한 생각과 과정은 언어의 도움을 받아야 적절하게 나타낼 수 있다. 숫자의 개념도 언어의 도움을 받아야만 내면화된다. 사회적 갈등을 해결하기 위한 전략 또한 언어를 통해 가르칠 수 있다.

언어는 보편적인 문화 도구이기 때문에 언어 발달의 지체는 심각한 결과를 가져온다. 언어 지체는 발달의 다른 부분, 즉 신체적 · 사회적 · 인지적 영역의 발달에 영향을 미친다. 루리아는 다른 사람과의 상호 작용이 없어서 심각한 언어 지체를 갖고 있는 두 쌍둥이의 경우를 예로 들었다(Luria, 1979). 이 다섯 살 된 쌍둥이는 사회적 기술과 문제 해결 기술에서도 크게 지체되어 있었는데, 일단 언어 능력이 향상되자 다른 영역도 곧 향상되었다. 특수 교육에 대한 연구 역시 언어 지체와 학습 장애가 관련되어 있음을 보여 준다.

언어의 기능

비고츠키 패러다임에서 언어는 두 가지 다른 기능을 갖는다(Zivin, 1979). **공적인 언어**public speech는 다른 사람에게로 향하는 언어를 나타내며, 사회적 의사 전달의 기능을 가지고 있다. 공적인 언어는 강의처럼 형식적일 수도 있고 저녁 식사 시간의 대화처럼 비형식적일 수도 있다. **혼자말**private speech은 알아들을 수는 있지만 다른 사람을 위한 의도가 없이, 자기 자신에게 지향된 언어를 뜻한다. 이런 형태의 말은 자기 조절 기능을 가지고 있다.

공적인 언어와 혼자말은 서로 다른 시기에 생겨난다. 영아기 어린이의 언어는 주로 공적인 기능을 가지며 사회적 환경과 학습에 적응하기 위해 중요하다. 유아가 성장해 감에 따라 언어는 새로운 기능을 갖게 되는데 단지 의사 소통뿐만 아니라 자신의 행동을 지배하고 새로운 지식을 획득하기 위해 사용된다. 유아가 배우는 모든 개념이 혼자말을 통해 학습되는 것은 아니지만 많은 부분이 혼자말을 필요로 한다. 어린 유아는 혼자말을 통해 대상물과 사고의 다양한 결합을 시도함으로써 개념 간의 관계를 형성한다. 유아는 아무 말도 하지 않고서 말 없이 개념 간의 관계를 생각할 수 없기 때문이다.

언어의 발달 경로

비고츠키는 언어의 근원은 사회적인 것이라고 믿었으며, 이는 아주 어린 영아에게도 해당된다(Vygotsky, 1987). 수용 언어와 표현 언어 모두 유아와 이들을 돌보는 사람 사이에서 일어나는 사회적 변화에 기초한다. 실제로 옹알이는 마치 아기가 의사를 전달하고 있는 것처럼, 사회적으로 해석된다. 부모는 아기가 비록 옹알거리는 소리로 반응을 보여도 아기와 대화를 하려고 노력한다. 슈퍼마켓에서 6개월 된 아기를 데리고 가는 부모를 뒤따라가면 다음과 같은 대화를 들을 수 있다. "쌀로 만든 것을 살까? 아니면 귀리로 만든 것을 살까?" "아바바~." "응, 그래, 귀리로 만든 것을 사자!" "아바~."

옹알이와 몸짓을 사회적으로 해석하는 것은 인간만의 독특한 특성이다. 심지어 농아인 부모조차 유아가 하는 동작에 의미가 담겨 있다고 생각한다. 침팬지에게 수화手話를 가르친 결과를 보면 새끼 침팬지가 임의로 동작을 했을 때 어미 침팬지가 이를 결코 의사 전달의 일부로 여기지 않는다는 것을 알 수 있다(Kozulin, 1990).

언어가 사회적이라고 해석하는 것은 언어가 유아 정신 발달의 현재 수준을 보여 주며, 유아의 셰마schemas와 내직 표싱에 기초를 둔 깃이라는 피아제의 견해와는 다르다(Piaget, 1926). 피아제는 사회적 상호 작용에서 언어를 사용하는 것은 이러한 내적 표상이 발달된 이후에 나타난다고 보았다. 피아제의 초기 연구에서 보면 언어는 매우 자기중심적이거나 심지어 자폐적인 것에서 시작하는데 이는 유아기 어린이의 일반적인 자기중심성을 보여 주는 것이다. 인지적 과정의 발달에서 사회적 상호 작용의 역할에 대한 피아제의 후기 관점은 비고츠키의 견해를 받아들이는 것으로 수정되었다. 또한 언어 발달에 대한 오늘날의 이론은 사회적 맥락의 영향을 인정한다(John-Steiner, Panofsky, & Smith, 1994).

언어와 사고의 출현

비고츠키는 영아기와 걸음마 시기에는 언어를 사용하지 않아도 사고가 발달하며, 언어가 단지 의사 소통을 위해서만 사용되는 시기가 있다고 믿는다. 피아제(Piaget, 1926, 1951)나 브루너(Bruner, 1968)와 같은 심리학자도 사고나 문제 해결에 언어가 필수적으로 사용되지 않는 단계가 있다는 데 동의한다. 유아는 개념이나 어휘보다는 감각 동작적 행동이나 이미지의 조작을 통해 문제를 해결한다(Bruner, 1968). 이 단계에서 언어는 다른 사람에게 자신의 욕구와 필요를 알리기 위해 사용된다. 예를 들어, **바바**가 말이 젖병을 의미할 수 있다. 이 때 **바바**는 좀 더 나이가 많은 유아가 사용하는 것처럼 보통 명사로서 모든 젖병을 의미하는 것이 아니라 고유 명사로서 자기가 원하는 단 하나의 젖병을 의미한다. 비고츠키는 이 단계를 설명하기 위해 **전언어적 사고**preverbal thought와 **전인지적 언어**preintellectual speech라는 용어를 사용했다(Vygotsky, 1987).

두세 살 무렵에는 사고와 언어가 합쳐지는데 비고츠키는 이 순간부터 어떤 언어나 사고도 그 전과 결코 똑같지 않다고 생각한다. 사고와 언어가 합쳐지면 사고는 언어적 기초를 획득하고, 언어는 사고할 때 사용되기 때문에 인지적이 된다. 이 때 언어는 의사 소통 이외의 목적을 위해 사용된다. 비고츠키와 루리아(Vygotsky & Luria, 1994)는 유아가 문제 해결을 위해 언어를 사용하는지를 연구한 후에 다음과 같은 결론을 이끌어 냈다.

1. 유아의 말은 문제 해결에 없어서는 안 되는 내적으로 필수적인 부분이며 그 역할은 목적 달성을 위한 행동만큼이나 중요하다. 연구자의 견해로는 유아가 단지 자신이 하는 것에 관해서만 말하는 것이 아니라, 이 경우에 유아의 말과 행동은 주어진 문제의 해결을 지향하는 **하나의 복잡한 심리적 기능**이다.

2. 상황이 요구하는 행동이 복잡해지고 간접적일수록 문제 해결을 위한 조작에서 언어의 중요성은 더욱 커진다. 때때로 언어는 너무나 중요해서 언어가 없으면 유아는 주어진 과제를 해결할 수 없게 된다(Vygotsky & Luria, 1994, p. 109).

이를 더 쉽게 말하면 유아는 말을 하면서 생각할 수 있게 된다는 것이다. 이것은 우리가 생각한 후에 말한다는 것과는 매우 다른 개념이다. 비고츠키는 사고와 언어는 동시에 일어난다고 믿었다. 어떤 경우에 말은 우리가 단지 막연하게 생각만 하는 것을 구체적인 아이디어로 만들어 낸다. 다른 사람과 이야기하면서 자신의 생각을 더 잘 이해했던 경험이 있는가? 우리는 때로 "내 이야기 좀 들어 봐, 이것이 말이 되는지." 라고 말하기까지 한다.

유아가 말하면서 생각할 수 있을 때, 구어口語는 실제로 마음속에 있는 것을 이해하고, 명료화하고, 초점을 맞추는 도구가 된다. 교사가 다음 활동에 대해 말한 여러 가지 지시를 듣고 나서 후안은 슈에게 돌아서서 "선생님이 저 빨간 책부터 하라고 말씀하셨어." 라고 말한다. 후안은 교사의 지시를 확인하고 주의를 집중하는 것이다. 말하는 동안 생각하는 것은 공유된 활동의 힘을 두 배로 만든다. 유아가 서로에게 이야기를 하면서 작업을 할 때, 그들의 언어는 학습을 도우며, 언어적 상호 작용은 또한 각 유아가 말하는 동안 사고하도록 돕는다.

혼자말

말과 사고가 합쳐지면 특별한 종류의 언어가 나타나는데 비고츠키는 이것을 **혼자말**이라고 불렀다. 혼자말은 들을 수는 있지만 다른 사람이 아닌 자기 자신을 향하는 것을 말한다. 혼자말은 자기 조절의 요소와 정보의 요소를 가지고 있다. 이것은 성인이 여러 단계를 거쳐야 하는 매우 어려운 과제를 처리할 때 하는 것과 비슷하다. 예를 들면 "우선 빨간 막대를 빨간 구멍에 끼워 넣자. 그러면 녹색 막대는 녹색 점으로 표시된 지점에 맞겠지……" 라고 중얼거리면서 일하는 것을 들 수 있다. 어린 유아는 성인보다 더 자주 혼자말을 한다. 수전은 컴퓨터 화면상의 미로를 통해 트럭을 옮기려고 마우스를 조작하면서 "이것을 여기로 옮기고…… 그 다음에는 여기로…… 아이고 야단났네!…… 그러면 이번에는 위로……" 라고 말을 하면서 한다. 두 살 난 해럴드도 적목을 분류하면서 "주황, 노랑, 주황, 노랑……" 이라고 중얼거린다.

혼자말은 다른 사람과의 의사 소통을 목적으로 하는 공적인 언어와 달리 종종 생략되고 집약된다. 혼자말을 할 때는 다른 사람이 이해했는지에 대해 개의치 않기 때문에 자기중심적인 것처럼 들린다. 비고츠키는 이 자기중심성이 언어의 결함이 아니라 이 연령에서 볼 수 있는 언어의 또 다른 기능이라고 지적한다(Vygotsky, 1987). 혼자말은 유아 자신이 이해할 수 있으면 되기 때문에 완전히 외부로 드러날 필요는 없다. 유아는 내부에 혼자말을 들어 주는 직관적인 감각을 가지고 있다.

피아제(Piaget, 1926)는 혼자말을 자기중심적인 언어라고 부르며, 여러 명의 유아가 함께 놀면서 **집단 독백**collective monologues을 하는 동안에 나타나는 언어에 초점을 맞추었다. 피아제에게 자기중심적 언어는 사고의 전조작적 수준을 반영하는데, 이 때의 유아는 단 하나의 관점만을 가지고 있어서 다른 관점을 동시에 고려할 수 없다. 집단 독백에서 각 유아는 자기를 향한 대화를 동시에 하며 다른 유아가 자신의 말을 이해하는지의 여부는 관심이 없다. 유아가 성장하면서 이런 형태의 말은 점차 사라지고 구체적 조작기에 도달하면서 정상적인 사회적 언어로 대치

된다. 피아제는 자기중심적 언어와 자기 통제 사이에는 아무런 관계가 없다고 본다(Zivin, 1979).

비고츠키는 일련의 실험을 통해 집단 독백이 전적으로 자기중심적인 것이 아니라 사회적인 성격도 가지고 있다는 것을 보여 주었다(Vygotsky, 1987). 유아는 혼자 있을 때보다 집단으로 있을 때 혼자말을 하는 비율이 더 커진다. 만일 혼자말이 전적으로 자기중심적이라면 그 비율은 주변에 있는 유아의 숫자에 관계없이 똑같을 것이다. 비고츠키는 집단 독백과 자기중심적 언어라고 불리는 것이 발현하고 있는 혼자말의 형태라고 주장한다. 초기의 혼자말은 외적으로 표현되며 자기 지향적이지만 의사 전달을 위한 사회적 언어와 유사한 것처럼 보일 수 있다. 비고츠키는 피아제가 주장한 것처럼 혼자말이 나이가 들어가면서 사라지는 것이 아니라 좀 더 들을 수 없게 되고 점차 정신 속으로 들어가서 언어적 사고가 된다고 생각했다. 어렸을 때에는 의사 소통을 하려고 사용한 언어와 혼자말을 위해 사용한 언어가 쉽게 구별되지 않고 같은 상황에서 동시에 나타나기도 한다. 그러나 좀 더 나이가 든 유아와 성인에게는 공적인 언어와 혼자말이 명백히 구별된다.

비고츠키의 동료인 루리아는 실제로 혼자말이 유아로 하여금 자신의 행동을 더욱 신중하게 하는 데 도움을 준다고 했다(Luria, 1969). 루리아는 일련의 실험을 통해 세 살에서 세 살 반 사이의 유아에게 "두 번을 꽉 짜라."와 같은 일반적인 지시를 했을 때 유아가 횟수에 상관없이 여러 번 짜는 것을 발견했다. 그러나 유아에게 "꽉 짜기, 꽉 짜기"라고 두 번 말하도록 가르치고, 이 혼자말이 행동을 직접 지시하게 했을 때 유아는 자신의 행동을 통제하는 것이 가능했다.

다른 예를 들어보자. 스미스 씨는 손을 들고 "내가 손을 내리면 점프하는 거다."라고 말한다. 유아는 그가 미처 준비하기도 전에 뛰기 시작한다. 그러나 스미스 씨가 "우리 모두 함께 '하나, 둘, 셋, 뛰어'라고 하면 뛰는 거야."라고 한다면 그 결과는 아주 달라질 것이다. 모든 아이는 네 단어를 함께 외치고, 단지 '**뛰어**'라는 말에서만 뛰게 된다. 이 네 단어를 리듬을 넣어서 말하면 유아가 잘못된 순서에서 뛰어오르는 것을 막아 준다.

교사는 또한 짜증을 잘 내는 유아를 돕기 위해 혼자말을 사용할 수 있다. 네 살 된 에릭은 거의 매일 점심 식사 때 줄을 서면서 짜증을 부리는데 그 이유는 차례를 기다리지 못하기 때문이다. 교사는 에릭이 식당에 오면 일어날 일들을 따라 하게 한다. **"줄을 선다. 자기 차례가 올 때까지 내 앞에 몇 명이 있는지 수를 센다. 그 다음 숟가락, 포크, 음식을 받고 자리에 앉는다."** 교사는 이 말을 에릭에게 가르쳐 주고, 세 가지 기억해야 할 동작을 위해 손가락을 꼽으면서 에릭이 할 일을 되풀이하도록 일러 준다. 점심 시간이 되어 에릭이 줄을 섰을 때 교사와 에릭은 엄지손가락으로 하나를 표시하고, 교사는 에릭이 "줄을 선다."라고 말하는 것을 듣는다. 교사가 둘이라는 표시를 하자, 에릭이 "수를 센다."라고 말한다. 이 때 교사는 에릭과 함께 수를 세며 "두 사람…… 한 사람……. 자 이제 네 차례야."라고 말해 준다. 교사와 에릭은 다시 셋을 표시하고 에릭은 "포크와 숟가락과 음식을 받고 앉는다."라고 말한다. 일주일 후 에릭은 손가락 표시 이외에는 어떠한 지시도 필요없었고 식당에서 짜증도 부리지 않게 되었다. 3주 후 교사는 더 이상 에릭에게 아무런 지시도 하지 않게 되었다. 에릭은 자신에게 지시하기 위해 이따금 손가락을 꼽았지만 얼마 가지 않아 그것마저도 하지 않게 되었다.

내적 언어와 언어적 사고

말이 일단 두 개의 구별되는 특성으로 분리되면 혼자말은 '안으로 숨어들어' 내적 언어inner speech가 되고 그런 다음에는 언어적 사고verbal thinking가 된다. 내적 언어와 언어적 사고라는 두 가지 개념은 서로 다른 내적 정신 과정을 의미한다. **내적 언어**는 전적으로 내적이며 들을 수도 없고 자기 지향적이지만 외적 언어의 특성도 일부 갖는다. 사람들이 내적 언어로 자신에게 이야기할 때 그 말을 듣기는 하지만 소리내어 말하지는 않는다. 예를 들면 중요한 전화 통화를 하기 전에 말할 내용을 미리 연습하는 것을 들 수 있다. 연습하는 말에는 실제로 통화할 때 해야 하는 내용이 모두 담겨 있지만, 실제 대화를 요약한 것이다. 성인의 내적 언어는 유아의 혼자말과 유사하다. 왜냐하면 내적 언어는 정제된 것이며 비문법적이고 자신에게만 논리적이기 때문이다.

한편 **언어적 사고**는 내적 언어를 좀 더 정제한 것으로, 비고츠키는 '**접혀진**folded' 것이라고 표현했다. 사고가 접혀져 있으면 생각하고 있는 모든 것을 의식하고 있어야 할 필요가 없어지고 동시에 다양한 것을 생각할 수 있다(Vygotsky, 1987). 비록 최종 결과를 알고 있다 하더라도, 생각을 '펼치거나' 의식 수준으로 끌어내기 위해서는 정신적 노력이 필요할 때가 있다. 그러나 언어적 사고 속에 있는 전략이나 개념, 그리고 아이디어를 작동시키기 위해서는 의식적인 노력을 할 필요가 없다. 왜냐하면 이들은 너무나 잘 학습이 되어 **자동화**되어 있기 때문이다(Gal'perin, 1969). 성인은 2 + 2는 4라고 즉시 대답하며, 덧셈이라는 정신적 조작을 할 필요가 없다. 운전을 잘하는 사람이 초보자에게 수동 변속 차량을 가르칠 때, 클러치와 가속 페달을 사용하는 순서를 설명하기 위해서는 가르치는 사람 스스로도 운전석에 앉아 이 과정을 천천히 해

보아야 한다. 그 이유는 그에게 변속은 이미 자동적으로 몸에 배었기 때문이다.

일단 어떤 일이 자동화되어도, 그 일은 아직 펼쳐질 수 있고 재검토될 수 있다. 이미 언어적 사고가 발달한 유아와 성인도 이전 수준으로 되돌아가서 혼자말과 공적인 언어를 사용해 볼 필요가 있다(Tharp & Gallimore, 1988). 만일 유아가 어떤 것을 이해하기 어려울 때, 다른 사람에게 그것을 설명하도록 하면 언어적 사고를 재검토할 수 있어서 특히 도움이 된다. 우리 자신도 다른 사람에게 비고츠키에 관해 이야기하면 복잡한 개념이 명확하게 이해된다는 것을 경험으로 알고 있다. 서로 이야기하게 되면 실제로 자신의 생각을 더 잘 이해하게 되는 것이다.

언어적 사고에서는 우리가 잘못 이해한 부분을 잘 인식하지 못하는 경우가 많다. 단어의 뜻을 이해했다고 생각했지만, 막상 자신의 용어로 다른 사람에게 설명하려고 할 때 어려웠던 경험이 있는가? 대부분의 경우 성인은 소리내어 말하지 않아도 자신이 이해를 못하고 있다는 사실을 알 수 있다. 그러나 유아는 고등 정신 기능이 부족하기 때문에, 자신이 알지 못하거나 이해하지 못하고 있다는 사실을 감지하기가 어렵다. 고등 정신 기능이 없으면 다른 사람의 도움 없이 자신이 이해한 것을 모니터할 수 없다. 이런 이유로 교사는 유아의 사고를 '접혀진 상태'에서 끌어낼 필요가 있으며, 이를 통해 유아 자신의 사고를 재검토하는 데 필요한 도움을 주게 된다. 어린이의 언어적 사고를 펼치도록 도와 주는 방법에는 자신의 생각을 설명하기, 친구에게 말하면서 생각하기, 자신이 이해한 것을 글로 쓰거나 그림으로 나타내기 등이 있다.

의미의 발달

비고츠키는 유아가 언어의 의미를 어떻게 학습하는가에 관심을 가졌다. 그는 유아가 공유된 활동을 통해 의미를 구성한다고 믿었다. 여기서 의미란 성인의 의도와 그 의도에 대한 유아의 생각이 일치하는 것을 말한다. 의미는 처음에는 두 사람 간에 공유된 상태로 존재하기 때문에, 상황이 주는 실마리와 유아의 의도를 해석하기 위한 성인의 전략이 의미 파악을 가능하게 한다. 걸음마기 유아에게 두세 개의 그림 중에서 새를 고르라고 하면, 그림이 몇 개 되지 않기 때문에 새를 찾아내고, 이러한 상황적인 단서를 통해 유아는 새가 무엇인지에 대해 단서를 갖게 된다. 그러나 그 상황에서 새를 찾는다고 해서 유아가 생각한 새가 교사와 똑같은 의미를 가지고 있다고 볼 수는 없다. 예를 들어 유아는 다음 페이지에서 뛰는 개구리를 새라고 할 수도 있는 것이다.

친숙한 상황에서 친숙한 성인과 의사 소통을 하면서 단어를 사용하는 한 유아가 알고 있는 단어로도 대화를 유지하기에는 충분하다. 그러나 유아가 그 의미를 다른 사람이나 다른 상황에 적용하려고 할 때에는 유아의 의미와 성인이 이해한 것 사이에 차이가 드러나게 된다. 다섯 살 된 타마라는 보통 때에는 **이모**라는 용어를 대상에 맞게 바르게 사용한다. 그러나 촌수로는 조카이면서도 자기보다 나이가 많은 친척을 만나면 혼동을 일으킨다. 조카가 타마라에게 '이모'라고 부르면 울음을 터뜨리며, "나는 이모가 아니라 아이란 말이야."라고 말한다.

유아와 성인이 같은 말을 사용하는 것 같지만 유아가 사용하는 의미가 성인이 사용하는 의미와 다른 경우가 종종 있다. 어린 유아일수록 그 의미의 차는 더 크다. 유아는 다른 상황에서, 다른 사람과, 다른 과제를 해나가면서 먼저 가지고 있던 개인적인 의미를 계속해서 재구성해 간다.

결국 그 의미는 문화적으로 채택된 관습적인 의미와 유사한 것이 된다. 일반적으로 나이가 들면서 일상적 개념에 대한 유아의 의미는 점차 성인의 의미와 유사해진다. 예를 들어 네 살짜리 후안에게 낮과 밤의 개념을 물어보면 "낮은 내가 노는 시간이고 밤은 자는 시간"이라고 말한다. 그러나 커가면서 낮과 밤에 대한 개념은 개인적인 의미를 벗어나며 결국은 낮과 밤에 대한 일반적인 정의와 유사해진다.

쓰기와 읽기의 발달

쓰기에 대한 비고츠키 접근법의 핵심은 인간이 자신의 사고 능력을 확장하기 위해 쓰기를 도구로 채택한다는 것이다.

> 문자 언어의 발달은 문화적 발달과 분명히 맥을 같이한다. 이는 인간이 문화를 발달시키는 과정에서 생성하고 개발하는 외적 체계 수단의 습득과 연결되어 있기 때문이다(Vygotsky, 1997, p. 133).

비고츠키는 고등 정신 기능의 발달에서 읽기와 쓰기가 특별한 역할을 한다고 보았다. 글은 단지 종이 위에 쓰여진 말 이상의 좀 더 높은 수준의 사고를 나타내며, 다음과 같은 이유로 인해 발달에 큰 영향을 미친다.

1. 사고를 좀 더 명확하게 한다.
2. 사고와 상징을 좀 더 의도적으로 사용하게 한다.
3. 유아에게 언어의 요소를 인식시킨다.

쓰기를 통해 사고를 증진시키는 방법

글은 사고를 더욱 명확하게 한다. 글도 말처럼 한 번에 단지 한 개의 생각만을 표현할 수 있기 때문에 내적 사고를 순서대로 나타나게 만든다. 순서대로 하게 되면 동시에 여러 가지를 생각할 수 없다. 글과 말은 내적 언어를 밖으로 표현한다는 공통점이 있지만 글은 말과 달라서 생각을 문자로 볼 수 있게 해 준다는 차이점이 있다. 말을 하면 우리의 생각은 그것을 말하는 동안만 존재한다. 그러나 글로 쓰면, 우리의 생각은 기록되고 재검토되고 반성적으로 사고할 수 있게 된다. 자신의 생각을 다시 읽어 보면 잘못 이해한 부분이 명백하게 드러난다. 글의 또 다른 특성은 말보다 정련되고 맥락으로부터 자유롭다는 것이다. 글을 해석할 때는 상황적 단서가 제공되지 않기 때문에 더 많은 정보가 있어야 한다. 글을 쓰는 사람이 독자와 공유된 지식을 갖고 있다고 가정할 수도 없고, 말을 할 때처럼 몸짓과 어조로 의미 전달을 도울 수도 없다. 유아가 글쓰기를 배운다는 것은 독자의 입장이 되어 보고, 자신의 생각을 처음 대하는 것처럼 보는 것을 배운다는 의미이다. 이것은 유아로 하여금 자신의 생각에서 부족한 것을 발견하고 다른 사람에게 자기 생각을 전달할 때 혼동되는 점이 있는지를 찾아내도록 하는 좀 더 큰 능력을 길러 준다. 글로 쓰고 나면 우리의 생각은 전보다 더 명확해지고 정련된다. 우리는 자신의 아이디어가 가지고 있는 결점을 분명하고 객관적으로 보게 된다. 따라서 비고츠키는 쓰기가 말하기와는 다른 방법으로 사고를 발달시킨다고 보았다.

그의 관점을 옹호하는 사람은 유아에게 새로운 생각을 구성하게 하고 명료화시키기 위해 글을 쓰는 것을 격려한다. 이들은 유아가 새로운 내용이나 기능을 학습할 때 쓰기를 반드시 포함시킨다. 쓰기는 일반적인 문제 해결뿐만 아니라 수학 문제를 풀 때도 권장된다. 유아는 애벌레를 관찰하고 나서 그림을 그리거나 자기가 본 것에 대해 이야기할 뿐만 아니라 이에 대해 쓰기도 한다. 종이에 쓰여진 자신의 생각을 다른 사람과 함께 혹은 혼자서 다시 찾아서 읽음으로써 유아는 그 생각들을 더 깊이 이해하게 된다.

글은 또한 생각과 상징의 사용을 좀 더 의도적이게 만든다. 유아는 자신이 사용하는 상징을 선택하고 문장 구조에 따라 그것들을 기록해야 하기 때문에 쓰기는 말하기보다 훨씬 의도성이 개입된 과정이다(Vygotsky, 1987). 비고츠키의 견해로는 우리가 말할 때 사용하는 상징의 선택은 무의식적이며 듣는 사람에 대한 효과를 거의 고려하지 않는다. 글이 가지고 있는 탈맥락화의 특성은 저자가 사용하는 상징을 조심스럽게 선택해야 한다는 것을 의미한다. 말을 할 때는 어조, 몸짓, 공통으로 가지고 있는 상황에 대한 지식이 서로가 가지고 있는 이해의 차이를 메워 줄 수 있다. 상대방이 이해하지 못하는 것이 있으면, 알아들을 때까지 계속해서 정보를 더해 갈 수 있다. 그러나 글에서는 단지 지면에 나타난 것만으로 의사 소통을 하기 때문에 사용되는 어휘는 더욱 신중하게 선택되어야 한다. 그러므로 지면으로 전달할 때에는 다른 사람에게 말할 때보다 상당히 다른 방식으로 전달할 가능성이 높다.

마지막으로, 글은 유아에게 언어의 요소를 인식하게 한다. 어떤 글이든 소리와 상징의 관계, 서로 다른 낱말 간의 관계, 문단의 의미 간의 관계를 지배하는 규칙이 있다. 유아는 초언어적 인식 능력을 획득하면서 언어 구조에 관한 기본적인 생각을 형성하지만, 읽기와 쓰기를 배우면서 이러한 기본적인 생각을 구체화시킨다. 예를 들어, 메일리는 단어가 문장을 구성한다는 것을 막연하게 이해하고 있었지만 지면에서 문장을 보고 '단어'의 개념을 좀 더 명확히 알게 되었다.

비고츠키의 관점에서 보면, 그림그리기는 유아에게 다른 사람이나 자기 자신과 의사 소통을 가능하게 한다는 점에서 말이나 글과 동일한 기능을 한다(Stetsenko, 1995). 유아가 첫 번째 단어를 말하는 것을 배우는 것과 그림그리기를 배우는 것 사이에는 많은 유사점이 있다. 성인이 영아가 소리내는 것에 의미를 부여하는 것과 걸음아기 유아의 그림에 의미를 붙이는 것이 유사하다. 조슈아는 마커를 가지고 반복적인 동작을 하여 종이에 일련의 나선형 그림을 그려놓는다: "조슈아, 자동차가 빙글빙글 도는 것을 그린 거니?"라고 엄마가 묻는다. 조슈아는 고개를 끄덕거리고 부릉, 부릉하는 자동차 소리를 내며 더 많은 나선형을 그린다.

그림그리기는 어린이가 숙달해야 하는 가장 중요하고 복잡한 정신의 도구, 즉 글을 익히는 데 중요한 역할을 한다. 비고츠키는 어린아이의 그림그리기는 글씨 쓰기의 직접적인 선행 조건이며, "독특한 시각적 언어이고, 시각적 이야기이며, 표상이라기보다는 언어에 더 가깝다."고 생각했다(Vygotsky, 1997, p. 138). 비고츠키는 글자를 아는 것은 쓰기를 시작하게 만드는 것이 아니라 독특한 형태의 '그림글씨'를 쓰는 것에서 말을 글로 기록하는 관습적인 방식을 익히는 것으로 옮겨가는 마지막 요소라고 보았다.

이러한 초기 표상 기술은 실제로 쓰기 못지않게 사고를 증진시키는 도구가 된다(Luria, 1979, 1983). 이러한 아이디어는 러시아와 이탈리아의 유아 교육 프로그램에서 검증되었다. 비고츠키 학자인 벵거Leonid Venger는 모스크바에서 표상 기술의 발달을 강조하는 실험적인 교육 과정을 개발했고, 또 다른 유아 교육자인 말라구치Loris Malaguzzi는 북 이탈리아의 레지오 에밀리아에서 비고츠키의 사상을 유아 교육에 성공적으로 적용했다(Edwards, Gandini, & Forman, 1994).

피아제(Piaget, 1926)와 마찬가지로 벵거(Venger, 1986, 1996)도 그

림이 유아의 생각을 나타낸다고 주장한다. 비고츠키의 정신의 도구라는 아이디어에 기초하여, 벵거(Venger, 1986, 1996)는 초기 그림은 어린 유아가 사물을 핵심적인 부분과 핵심적이지 않은 부분으로 분석하도록 돕는 비언어적 도구의 역할을 한다고 보았다. 벵거는 유아가 그림을 그릴 때 자세한 부분을 생략하기 때문에 그림이 원시적이거나 부족한 것으로 보이지만, 이는 유아가 본질적인 부분만을 가지고 일종의 **모형** model을 만들기 때문이라고 주장했다(Venger, 1986, 1988, 1996). 유아가 대상에 대해 좀 더 알게 되면 유아의 그림은 바뀔 것이고, 이는 유아가 새롭게 알게 된 것을 반영하는 것이다.

벵거에 따르면, 그림은 쓰기와 동일한 방식으로 사용될 수 있다. 유아는 어떤 것을 기억하기 위해 그림을 사용할 수 있다. 성인이 보기에는 긁적거려 놓은 것 같아도 두 살 된 제레미는 냉장고에 붙여놓은 그림이 '엄마가 사탕을 산다'라는 의미임을 사흘 뒤에도 말해 줄 수 있다. 네 살 된 카니샤에게 소꿉놀이 영역에서 무엇을 하려고 하는지를 물어보는 것은 자신의 계획을 기억하도록 도와 준다. 그림은 쓰기와 같이 자신의 사고에 대한 인식을 증가시킬 수 있다. 그림은 쓰기와 같이 유아가 자신의 생각에 대해 더 잘 인식할 수 있도록 해 준다. 유아에게 모형을 더 상세하게 그리거나 다시 그리도록 하는 것은 그 동안 생각을 다시 하게 하므로 유아의 이해를 증진시킨다(Brofman, 1993). 레지오 에밀리아의 교사들도 유아의 공간, 시간, 측정에 대한 이해를 심화시키기 위해 비슷한 방법을 사용했다(Edwards, Gandini, & Forman, 1994). 이 프로그램을 방문한 미국의 교육자들은 유아가 그린 그림의 질이 높을 뿐만 아니라 주제에 대한 이해도에 깊은 인상을 받았다.

벵거는 또한 그림을 그리는 것은 유아에게 원근법이나 2차원의 공간을 표현하는 방법과 같은 문화적 도구를 가르쳐 준다고 본다. 가깝거나 먼 대상물 혹은 3차원의 대상물을 그리는 방법은 문화에 따라 각각 다르다. 예를 들어 서양 미술에서는 멀리 떨어진 대상물을 가까이에 있는 것보다 더 작게 그린다. 그러나 몽골 미술에서는 가까운 대상이나 먼 대상이나 모두 같은 크기로 그리되 멀리 있는 것은 그림의 좀 더 윗부분에 위치하게 그린다. 유아는 직접 그림을 그리거나 감상해 봄으로써 이런 방법을 알게 되고 여덟 살이 되면 자신의 그림에 적용하기 시작한다.

그리기와 마찬가지로 긁적거리기나 완성되지 않은 초기의 쓰기도 완전한 쓰기와 유사한 이익을 가져다 준다. 루리아(Luria, 1979, 1983)는 세 살짜리 유아도 성인이 사용하는 것과 같은 방식으로 글을 사용한다는 것을 발견했다. 루리아가 관찰한 세 살 된 유아는 무언가를 기억하고 사물에 이름을 붙이기 위해 긁적거리기를 했다. 물론 이러한 긁적거리기에는 실제 문자가 하나도 포함되지 않았으며 자신 이외에는 그 어느 누구도 이해할 수 없었지만 유아는 이것에 의미를 부여하고 며칠이 지난 후에도 그 의미를 기억할 수 있었다. 유아는 이렇게 실제로 쓰기를 배우기 오래 전부터 글쓰기의 목적을 이해하기 시작한다고 루리아는 지적한다. 이 분야에 대한 루리아의 생각은 쓰기를 통해 읽기를 가르치는 방법뿐만 아니라(예컨대 Clay, 1991; Ferreiro & Teberosky, 1982), 총체적 언어 접근법(예컨대 Schikedanz & Casbergue, 2003; Schikedanz, 1982; Teale & Sulzby, 1986)의 발달에도 지대한 영향을 미쳤다.

교실에서의 언어 사용

비고츠키 이론은 교사가 교실에서 수업을 할 때 유아의 언어 사용을 강화할 수 있는 몇 가지 방법의 시사점을 준다.

혼자말의 발달 지원하기

사고의 도구로 혼자말을 사용하는 것을 시범 보인다.

문제를 풀면서, 교사가 생각하고 있는 것을 말한다. 카플란 선생님이 크기가 다른 두 개의 물건을 주고 "이 물건 중에서 어느 것이 더 크다고 생각하니?"라고 묻자 유아들은 크다는 말의 의미를 몰라 서로 쳐다보기만 하고 아무도 대답을 하지 않는다. 그 때 카플란 선생님은 "흠, 이 문제를 어떻게 풀어야 하지? 아! 이것들을 함께 놓아보면 어떨까?"라고 말한다. 사물을 서로 맞대어 놓고는 다시 "만일 이것들을 겹쳐 보면, 이것이 더 크다는 것을 알 수 있구나. 너희들은 어떠니?"라고 말한다. 교사가 전략을 사용하면서 여러 가지의 선택 사항을 제공하는 것은 유아로 하여금 '숨겨진hidden' 사고 전략을 적합화하도록 돕는다.

유아가 생각하는 동안 말을 하도록 격려한다.

어린이가 새로운 정보를 처리하거나 오래된 정보를 공고히 하기를 원한다면 말을 하게 하라. 슐레진저 선생님은 유치원 학급의 유아에게 배를 만드는 새로운 활동에 대해 설명한 후, 배를 어떻게 만들 것인지를 선생님에게 말하기 전에 "먼저 머리로 생각하라."고 지시한다. 이러한 지시는 말하기 전에 생각할 수 있는 능력을 가진 좀 더 나이가 든 학생에게는 적절한 것이다. 그러나 이 연령의 유아는 교사가 자신의 이야기를 들어 줄 준비가 되어 있을 때는 이미 자기가 무엇을 생각했는지를 잊어버릴 수도 있다. 이 시기의 유아에게는 친구끼리 서로 배 만드는 것에 대해 생각나는 것을 말하게 하는 편이 더 낫다. 어떤 유아는 과제를 완성하는 동안, 혼자말을 하기 전에, 친구에게 자신의 생각을 계속해서 이야기할 필요가 있다. 이 전략은 자신의 생각을 볼 수 있도록 지원해 주는 것이다. 일곱 살 된 욜린다는 매일 하는 언어 대화 활동을 할 때마다 실수를 하지만 그 실수를 찾아내지 못한다. 욜린다는 몇 번을 읽어도 "갔었었다he wented"라는 말이 왜 이상한지 알 수가 없다. 문법을 검토하기 위해 만들어 놓은 친구grammer buddy에게 읽어 주고 나서야 실수를 알아차린다.

혼자말의 사용을 격려한다.

유아가 학습을 도와 주기 위해 혼자말의 사용을 격려한다. 유아는 혼자말을 사용할 때 다른 사람에게 방해되지 않는 장소에 앉는다. 혼자말은 때로 과제와 직접적으로 관련되지 않을 수도 있다. 그러나 만일 유아가 혼자말을 함으로써 과제를 수행할 수 있게 된다면 계속하도록 허용해야 한다. 예를 들어 조시는 자기 책상에서 혼자 말하고 콧노래를 부르면서 과제를 계속하고 있다. 이런 형태의 독백은 그것이 유아에게 의미가 있는 한 계속 허용되어야 한다. 만일 콧노래가 과제의 완성에 도움이 안 된다면 유아가 과제에 적절한 혼자말을 사용하도록 도와 줄 필요가 있다. 혼자말은 축약된 형태로 존재하므로 유아는 교사의 지시가 아무리 길어도 한두 단어로 바꾸어 말할 수 있다.

혼자말을 촉진하는 매개체를 사용한다.

어떤 유아에게는 외적 매개체를 사용함으로써 혼자말의 사용을 격려할 수 있다. 유아가 어떤 일을 할 때 자신이 하는 일에 대해 계속 말하도록 지도한다. 만일 유아가 그 말을 축약해 사용하면서 과제를 할 수 있다면 계속해서 그 말을 사용하게 한다. 알렉세이는 책상 위에 1, 2, 3이라고 쓰여진 카드를 보면서 다음에 진행할 학습 영역을 기억할 수 있다. 카드 위에 쓰여진 글을 보며 알렉세이는 "먼저 읽기 영역으로 가고, 다음에는 듣기 영역으로, 그리고 그 다음에는 물놀이 영역으로 가야지."라고 혼자서 중얼거린다. 어떤 교사는 머릿속에 '기억 은행'이라는 것을 만들어 이용한다. 유아가 어떤 것을 기억할 필요가 있을 때, 교사는 (자신의 이마를 가리키며) "우리는 이것을 기억 은행에 넣어야 하거든. 그러니까 세 번 말하고 집어넣는 거야. 준비되었니? '내일 학교에 책을 가져올 것'(이마를 손가락으로 가리킨다), '내일 학교에 책을 가져올 것'(이마를 손가락으로 가리킨다), '내일 학교에 책을 가져올 것'(이마를 손가락으로 가리킨다)"이라고 유아와 함께 말을 했다. 그 교사는 이와 같은 방법을 사용했을 때 거의 모든 유아가 책을 가져오는 것을 보았다.

의미의 발달 지원하기

교사의 행동과 유아의 행동을 분명하게 말로 나타낸다.

교사가 어떤 행동을 할 때마다 그 행동에 대해 이름을 붙인다. 아동이 행동을 하는 경우도 마찬가지이다. 교사가 언어와 행동을 연결할 때마다 유아로 하여금 자신의 학습을 촉진하는 데 언어를 사용하는 것을 도와 주게 된다. '이것' 혹은 '저것'과 같이 모호한 용어를 사용하는 것을 지양하라. "파란색 블록을 가져다 주겠니?" 혹은 "저기 작고 털이 복슬복슬한 다람쥐 인형 보이니?"와 같이 아주 구체적으로 이야기하라. 교사는 유아가 자신의 행동에 이름을 붙이도록 도와 주어야 한다. "주의를 기울이지 않고 있구나," 혹은 "다른 생각을 하고 있네."라고 말하는 것을 두려워하지 말아야 한다. 만일 유아가 '주의를 기울이는 것'의 의미를 잘 모른다면, 좀 더 자세하게 설명하거나 연습을 시켜야 한다. "주의를 집중하면 마음에 불빛 같은 것이 비추어서 한 가지만 빛나게 해 줄 거야." 혹은 "주의를 집중하며 몸이 가만히 있고 꼼지락거리지 않아, 눈은 책에 고정하고 책에 대해 생각하는 거야" 라고 말해 줄 수 있다.

새로운 개념은 행동과 함께 묶어서 소개한다.

새로운 개념을 소개할 때는 그 개념이 사용되는 상황을 만들어 주고 사물의 움직임이나 사물을 다루는 행위를 보여 주는 것이 도움이 된다. 새로운 개념을 소개할 때 교사는 될 수 있는 한 많은 단서를 제공할 필요가 있다. 예를 들어 브래디 선생님은 자를 소개하면서 "하나의 사물이 얼마나 긴지를 알아보기 위해 자를 사용할 때는, 여기 끝에다 자를 대고 숫자를 읽는 거야."라고 말하고 자의 사용 방법을 시범 보인다.

유아가 새로운 개념이나 전략을 이해했는지를 알아보기 위해 다양한 상황과 과제를 사용한다.

교사가 유아에게 새로운 개념이나 전략을 가르칠 때, 그것은 항상 구체적인 사회적 상황과 관련되어 있다. 유아가 그 개념을 다시 사용할 때에도 이미 수많은 상황적 단서가 있기 때문에 과연 유아가 그 개념을 확실히 이해했는지 알기 어렵다. 유아의 이해 정도를 알아보기 위해서는 새로운 개념이 노출될 수 있도록 상황을 변화시켜야만 한다. 이를 위해서는 유아가 또래와 상호 작용(실제 혹은 가상으로)하게 하거나 과제를 바꾸는 것도 하나의 방법이 될 수 있다(곰 대신 과자 세기).

유아 자신의 공적 언어와 혼자말을 사용한다.

유아가 무엇을 생각하고 어떻게 문제를 해결했는지에 대해 이야기하는 것에 익숙해지도록 만든다. 유아에게 자신의 생각을 교사에게 다시 한 번 반복해 말하거나 그들이 이해한 방법을 교사에게 보여 주도록 한다. "나는 네가 그것에 대해 어떻게 생각하는지를 알고 싶구나."라고 말할 수도 있다. 유아가 소집단으로 모여 앉아 자신의 생각을 말하게 하고 나서 교사는 그들이 서로에게 하는 말을 듣는다. 교사가 유아의 이야기를 들어 주면 유아에게 이야기를 하고 싶은 동기를 부여해 줄 뿐만 아니라 그들이 이해하고 있는 것에 대해 놀라운 통찰력을 가지게 된다.

쓰기 언어 발달 지원하기

다양한 맥락에서 글을 쓰도록 격려한다.

쓰기를 저널이나 작가 워크숍에만 한정하지 않도록 한다. 초등학교 교실에서는 수학, 과학, 읽기, 그리고 미술 시간에 쓰기를 사용한다. 유아가 쓰는 글이 단지 한 단어나 한 글자에 불과하더라도 그들이 배운 것을 쓰도록 격려할 필요가 있다. 이런 반영적 활동은 교사에게는 유아가 아는 것을 이해하도록 도움을 주고 유아에게는 자신의 생각을 볼 수 있게 해 준다.

그림그리기와 긁적거리기를 포함하여 모든 종류의 쓰기를 격려한다.

유아가 비록 실제 문자를 사용하지는 않아도 글을 쓰도록 격려한다. 유아에게 그림을 그리거나 글씨를 쓰도록 한 다음 유아가 무엇을 의미하는지 교사의 공책에 적어 놓을 수도 있고 유아가 부르는 대로 그 밑에다 적어 줄 수도 있다. 아이디어를 나타내기 위해 스티커를 사용할 수도 있다(더 많은 아이디어는 제11장과 제13장에 제시됨). 며칠이 지난 후 유아에게 그림에 뭐라고 쓰여 있는지를 말해 보도록 한다. 만일 내용을 기억하고 있다면, 그림의 다른 부분을 지적하면서 더 많은 것을 기억해 내도록 격려한다.

유아가 쓴 것을 다시 찾아보고 그들의 생각을 다시 검토하게 한다.

유아가 쓴 것이 비록 긁적거리기나 받아써 준 것에 불과하다 하더라도 다시 검토해 보는 활동을 한다. 하나의 주제에 대해 좀 더 생각하거나 학습을 하고 난 후에 자신의 글이나 그림에 덧붙일 수 있는 것이 있는지 말하게 한다. 표상된 아이디어를 재처리하기 위해 또래를 이용할 수도 있다. 유아가 쓴 것을 가지고서 '저자와의 만남'과 같은 활동을 통해 동료와 협동하게 한다. 이 때 교사는 논의해야 할 이야기에 대해 무엇을 말하고 질문할 것인지를 유아에게 가르쳐 준다. 교사는 논의를 하면서 나타나는 유아의 반응을 적고, 이것을 그 이야기에 대해 재론할 때에 다시 사용할 수 있다. 돋보기를 가지고 사물을 보게 한 후 대상물을 다시 그리도록 요구하는 것도 같은 맥락에 속한다.

추가 참고 문헌

Berk, L. E., & Winsler, A. (1995). *Scaffolding children's learning: Vygotsky and early childhood education.* NAEYC Research and Practice Series, 7. Washington DC: National Association for the Education of Young Children.

Bodrova, E. & Leong, D. (2005). Vygotskian perspectives on teaching and learning early literacy. In D. Dickinson & S. Neuman (Eds.), *Handbook of early literacy research* (Vol.2). New York: Guilford Publications.

Luria, A. R. (1976). *Cognitive development: Its cultural and social foundations* (M. Lopez-Morillas & L. Solotaroff, Trans.). Cambridge, MA: Harvard University Press.

Luria, A. R. (1979). *The making of mind: A personal account of Soviet psychology* (M. Cole & S. Cole, Trans.). Cambridge, MA: Harvard

University Press.

Vygotsky, L. S. (1962). *Thought and language* (E. Hanfmann & G. Vakar, Trans.). Cambridge, MA: MIT Press. (Original work published in 1934)

Vygotsky, L. S., & Luria, A. R. (1994). Tool and symbol in child development. In R. van der Veer & J. Valsiner (Eds.), *The Vygotsky reader* (T. Prout & R. van der Veer, Trans.). Oxford: Blackwell. (Original work published in 1984)

제7장

공유된 활동의 활용

조와 아를렌은 물놀이 영역에서 여러 가지 크기의 물통에 물을 채우며 놀고 있다. 교사가 이 두 유아에게 "여기 있는 작은 물통이 몇 개 있어야 이 커다란 물통을 채울 수 있을까?"라고 물어본다. 조는 "세 개요."라고 하고, 아를렌은 "아니야, 하나만 있으면 돼."라고 소리친다. 교사는 "어디 보자. 이 블록이 작은 물통 하나를 나타낸다고 하고, 조는 큰 물통에 있는 물을 작은 물통에 붓고 아를렌은 작은 물통 하나가 채워질 때마다 바구니에 블록을 하나씩 넣도록 하자."라고 말한다. 교사는 이 두 유아가 커다한 물통을 비워서 작은 물통을 채우고 그에 따라 바구니에 블록을 넣는 것을 바라본다. 유아들은 아를렌이 블록을 옮겨 놓을 때마다 큰 소리로 숫자를 센다. 작은 물통의 물이 넘치자 교사는 "작은 물통에 물을 부을 때는 넘치지 않게 해야지. 그렇지 않으면 정확하게 잴 수가 없단다."라고 말한다. 유아들은 큰 물통을 채워서 다시 시작한다. 이번에는 아주 조금씩 물을 붓는다.

아를렌은 네 개의 블록을 가리키며 "세 통에 담을 수 있어."라고 하고, 교사는 바구니를 앞으로 끌어당기며 "정말 블록이 세 개 있는지 확인해 보자."라고 말한다. 아를렌은 바구니 속의 블록을 꺼내어 교사의 손 위에 올려놓는다. 아를렌은 바구니 속의 블록을 꺼내어 교사의 손 위에 올려놓는다. 그리고는 "어, 네 개가 있네."라고 말한다. 교사는 "그래, 어떤 때는 블록을 손으로 가리키거나 하나씩 집어 올리면서 세는 것이 도움이 될 때가 있단다."라고 말한다. 아를렌은 조에게 "이제는 내가 부을 테니까 네가 블록을 바구니에 넣어." 한다. 한 바퀴가 돌아간 후 조는 바구니 속에 있는 블록을 보고 하나씩 꺼내어 아를렌에게 주면서 숫자를 센다. 조는 "이번에도 넷이네." 한다. 교사는 "그래, 누가 물을 붓든 관계없이 작은 물통 네 개에 담을 수 있구나. 자, 이제 작은 물통과 큰 물통의 차이에 대해 우리가 살펴본 것을 그림으로 그려보자."라고 말한다. 유아들이 그림을 그린 후, 교사는 그 그림을 벽에 붙여 놓는다. 그리고 나서 교사는 다른 유아들이 이 그림을 '읽고' 조와 아를렌이 발견한 내용을 실험해 보도록 한다.

학습은 바로 이와 같은 매일매일의 교환에서 일어난다. 이러한 학습이 언제 일어났는지 쉽사리 깨달을 수는 있어도 그 같은 학습이 일어나게끔 하기 위해 무엇을 어떻게 해야 좋을지를 알기는 쉽지 않다. 학습/교수의 대화를 증진시키기 위해 교사는 무엇을 해야 할까? 바로 이 문제에 대해 러시아와 미국의 연구자들이 연구를 해 왔다. 이 장에서는 이들의 연구를 현장에 적용해 보고 얻은 제안점을 소개하고자 한다.

공유된 활동을 하는 동안의 상호 작용

제1장에서 우리는 정신 기능은 개인 혼자만의 것이 아니라 타인과 공유될 수 있다는 비고츠키의 아이디어, 즉 정신 기능은 서로 함께 공유하는 활동 속에서 존재한다는 생각에 대해 설명한 바 있다. 정신 기능은 그것이 적합화 혹은 내면화되기 이전에 두 사람 사이에 존재하거나 분배된다.

한 가지 활동을 두 사람이 공유할 수 있는 방법에는 여러 가지가 있다. 한 명의 유아가 다른 유아의 도움을 받아서 문제 해결에 필요한 개념이나 전략을 사용할 수도 있고, 두 명의 유아가 하나의 문제를 해결할 수도 있다. 한 명의 유아는 질문을 하고 다른 유아는 대답을 할 수도 있다. 앞의 예에서 조와 아를렌은 교사와 더불어 3인조로 전략을 공유했다.

도움assistance이란 말은 근접 발달 지역ZPD(제4장 참조) 개념을 정의하는 데 핵심이 되는 부분이다. 따라서 공유된 활동은 유아가 근접 발달 지역의 상한계에서 필요로 하는 도움을 제공해 주는 수단이다. 학습을 촉진하기 위해 교사는 여러 가지 다른 형태의 도움을 만들어 내고, 그 결과 서로 다른 형태의 공유된 활동을 창안해 내야만 한다.

공유된 활동을 설명하기 위해 대부분 성인 대 유아의 상호 작용을 예로 들기 때문에 공유된 활동에 대해 오해하는 것이 몇 가지 있다. 첫 번째 오해는, 공유된 활동은 성인과 유아의 상호 작용에 국한된다는 것이다. 그러나 공유된 활동과 이것이 유아의 발달에서 차지하는 역할에 대한 비고츠키의 아이디어는 성인 지시적인 학습을 훨씬 넘어선다(Tharp & Gallimore, 1988). 사회적 맥락에는 다소 지식이 많은 사람과 적은 사람 간의 상호 작용을 비롯해서 동일 수준의 참여자 및 상상적 참여자와의 상호 작용도 포함된다(Newman, Griffin, & Cole, 1989; Salomon, 1993). 이처럼 각기 다른 종류의 공유된 활동은 발달의 각기 다른 측면을 지지해 준다. 이 장에서 우리는 공유된 활동이 그 유형에 따라 학습에 어떻게 기여하게 되는지를 살펴볼 것이다.

두 번째의 오해는 성인이 유아에게 지시하고 유아는 상대적으로 수동적이라고 생각하는 것이다. 학습자가 능동적이 아니라면 어떤 종류의 학습도 일어나지 않는다. 지식의 수준 차이에 상관없이 학습 과정에 참여한 모든 참여자는 정신적으로 몰입해야 하며, 그렇지 않다면 활동은 공유될 수 없다.

마지막 오해는 공유된 활동은 함께 놀이하는 것만으로도 충분하다는 생각이다. 그러나 공유된 활동은 나란히 앉아 놀이를 한다는 것만으로는 충분하지 않고 매개체가 반드시 있어야만 한다. 공유된 활동에 참여하는 사람은 말을 하거나, 그림을 그리거나, 글을 쓰거나 혹은 다른 방법을 사용해 서로 의사 소통을 해야 한다. 풍성한 말, 글 또는 다른 종류의 상호 작용이 없다면, 공유된 활동은 근접 발달 지역에서 가장 높은 수준의 도움을 줄 수 없다. 이처럼 언어와 상호 작용은 공유된 경험을 만들어 낸다.

공유된 활동을 통한 학습 촉진 방법

공유된 활동은 학습을 위해 의미 있는 사회적 맥락을 제공해 준다. 유아가 처음으로 어떤 기능skill을 학습할 때 사회적 맥락은 학습을 의미 있게 하는 유일한 것일 수도 있다. 유아가 배우려고 노력하는 것은 단지 교사와의 상호 작용이 매우 즐겁기 때문일 수도 있다. 사회적 상호 작용은 동기라는 측면에서뿐만 아니라 신체적인 의미에서도 도움을 제공한다. 글을 처음 읽기 시작하는 유아는 교사가 시키면 단 두 쪽 분량의 글도 읽지 않으려 하지만 동생한테는 책 한 권을 몽땅 읽어 줄 수도 있다. 이렇듯 그 누군가에게 읽어 주는 활동은 읽기를 과제로 할 때와는 다른 방식으로 읽기 능력 향상에 도움을 준다. 다른 사람에게 책 읽어 주기는 유아에게 훨씬 강력한 동기를 부여하고 실제로 연습할 수 있는 기회와 읽기 능력을 획득하는 데 알맞은 사회적 맥락을 제공해 준다.

말하기와 의사 소통을 통해 한 사람의 생각 속에 있는 결함이 분명히 드러나고 고쳐질 수 있다. 개념이 일단 내면화되면 그 같은 개념은 접혀진 상태로 존재하므로 실수가 쉽사리 드러나지 않는다. 유아는 해답을 알아낼 수 있으나 어떻게 그 해답을 알게 되었는지에 대해서는 단지 어렴풋하게 이해할 뿐이다. 누군가에게 말하고, 글을 쓰며, 그림을 그리면서 자신의 생각이 체계적이고 선명해진다. 예컨대, 수업 시간에 버터 만들기를 하고 난 후, 스티브는 자기가 해보았음에도 불구하고 그 순서를 확실하게 설명하지 못한다. 하지만 스티브는 타이와 소꿉놀이를 하면서 수업 시간에 배운 것과 똑같은 순서로 버터 만들기를 한다. 병을 먼저 흔들어야 하는지, 아니면 요리책을 들여다보아야 하는지에 대해 옥신각신하는 동안 이 두 유아는 버터를 만드는 순서를 분명히 알게 된다.

유치원 건너편 빈 땅에 새로운 건물 하나가 올라가는 것을 계속해서 관찰해 온 유아들은 새로 들어온 아이에게 그 동안 무슨 일이 벌어졌는지를 설명하려고 한다. 설명을 하면서 유아들은 그 동안 일어났던 사건의 전말을 명료하게 이해하게 된다. 유아가 산수 문제를 풀고 나서 그 답을 교사에게 설명하게 하면, 설명을 하는 동안 자신이 저지른 계산상의 실수를 스스로 깨닫게 된다.

공유된 활동은 참여자로 하여금 자신의 생각을 명료화하고 정련화하도록 하며 언어를 사용하지 않을 수 없게 만든다. 다른 사람과 의사 소통을 하려면 자신의 생각을 분명하고 뚜렷하게 해야 한다. 생각을 말로 바꾸어 상대방이 자신의 생각을 알아들었다고 확신할 때까지 말을 계속해야 하는 것이다. 다른 사람을 이해시키기 위해서는 아이디어나 과제의 여러 가지 다른 측면을 고려하고 상대방의 입장을 생각하지 않을 수 없다. 그 결과 사물이나 아이디어의 여러 가지 측면이나 속성이 점점 드러나게 된다.

공유된 활동, 타인 조절 및 자기 조절

또래와의 공유된 활동이나 각기 독자적으로 수행하는 활동에서는 조절하고 조절당하는 상황이 훨씬 동등하게 일어난다. 예를 들어, 유아는 극화놀이를 준비하는 과정에서 각자 맡은 역할과 진행될 놀이 상황을 둘러싸고 말싸움도 하고 서로 토론도 한다. 때로는 다른 유아가 제안하는 역할이나 시나리오에 그대로 응하다가도 처음 원했던 역할이나 시나리오를 하겠다고 고집을 피울 수도 있다.

타인 조절의 중요성

비고츠키 학자들은 **타인 조절**other-regulation이라는 용어를 한 사람이 다른 사람을 조절하거나 혹은 다른 사람에 의해 조절되는 상황을 설명하기 위해 사용한다. 이것은 자신을 조절하는 자기 조절과는 구분된다.

공유된 활동에 대한 후기 비고츠키 연구의 대부분은 성인과 유아 혹은 전문가와 초보의 상호 작용이라는 맥락 속에서 이루어졌다. 그렇다면 유아가 자기 조절을 하기에 앞서 성인에 의한 '타인 조절'에 모든 관심이 집중된 것이 당연한 일이다. 이러한 접근법은 베르티쉬James Wertsch가 사용한 방법인데(Wertsch, 1979, 1985), 그는 유아가 자기 지시적인 행동을 학습하는 여러 단계를 찾아냈다. 이 과정에서 첫 번째 단계는 성인이 과제를 조직하고, 유아가 겉으로 드러난 분명한 단계를 밟아가도록 이끌며, 자세한 피드백을 제공한다. 나중 단계에서는 유아가 혼자서 자신의 행동을 계획하고, 모니터하고, 평가할 수 있는 단계가 될 때까지 성인의 도움을 줄여 간다(Wertsch, 1985). 유아가 자신의 행동을 조절하는 방법은 초기 단계에 존재하는 조절의 공유된 속성을 반영한다: 예를 들어, 유아가 혼자말을 할 때 보면, 어떤 과제에 대해 성인과 의사 소통할 때 사용했던 것과 똑같은 언어를 계속해서 사용하는 것을 볼 수 있다.

그러나 전문가와 초보의 상호 작용이 아닌 상황에서 일어나는 공유된 활동의 경우 타인 조절이 유아가 단순히 성인의 조절을 받아들이기만 하는 것은 아님을 알 수 있다. 타인 조절의 또 다른 요소 가운데 하나는 유아가 다른 사람의 행동을 조절하는 것이다. 다른 사람을 조절하거나 조절을 받는 것은 두 가지 모두 유아의 자기 조절 발달에 똑같이 중요하다. 타인 조절의 이 두 번째 측면은 사람이 자신의 실수보다 다른 사람의 실수를 더 잘 찾아낸다는 사실을 알게 해 준다. 비고츠키 학자들은 이것이 자신을 바라보는 능력을 발달시키는 첫 번째 단계라고 보았으며 타인 조절이 자기 조절에 앞선다고 주장한다(Leont'ev, 1978; Vygotsky, 1983). 이러한 이유로 타인 조절을 학습 과정으로 사용할 수 있다.

모든 고등 정신 능력의 경우와 마찬가지로, 비고츠키 학자에게는, 자기 조절의 근원은 유아가 다른 사람과 상호 작용하는 것에서 찾을 수 있다. 유아가 새로운 행동을 배울 때는 자신의 행동을 조절하기 이전에 다른 사람의 행동을 조절하는 것을 먼저 배운다. 이런 일들은 유아원 교실에서 많이 찾아볼 수 있다. 서너 살 무렵의 유아는 규칙을 지켜야 한다는 강박 관념에 사로잡혀 있으며, 다른 유아가 규칙을 지키지 않을 때 선생님에게 그것을 고자질하느라고 많은 시간을 보낸다. 이 같은 고자질은 결국 다른 사람을 조절하려는 욕구의 한 증상이다. 고자질을 하는 유아는 자기는 규칙을 지키지 않으면서 다른 누군가가 어길 때는 영락없이 먼저 소리를 지르는 것이 상례이다. 이 유아는 규칙을 재확인하기를 원하는 것이다. 유아에게 규칙과 그 규칙을 행사하는 사람은 동일하다. 즉 "선생님이 하나만 가지라고 말했기 때문에 하나만 가졌다." 고 말하고, "선생님이 조용히 하라고 말했기 때문에 난 조용히 있는 것이다." 라고 생각한다. 다른 사람을 조절하기 위해 규칙을 사용하면서 유아가 배우는 것은 규칙이란 추상적이고 그 규칙을 행사하는 사람과는 별개로 존재한다는 것이다. 유아가 일단 규칙을 알게 되면 그 규칙을 다른 상황에도 적용하고 그 규칙을 내면화하거나 규범을 발달시키기 시작한다. 과자를 줄 때마다 매번 "한 개만 가져야 한다."는 것을 상기시키는 대신, 그 유아는 "과자나 다른 음식이 놓여 있을 때는 한 번에 하나씩만 갖는다."는 규칙을 가지게 된다. 마찬가지로 조용히 하는 것에 대한 규칙을 내면화하면 "실내에 있을 때는 조용한 목소리로 이야기해야 한다."가 될 것이다.

타인 조절이 자기 조절을 진행 및 준비시킨다는 생각은 사회적 상호작용뿐만 아니라 인지 발달 과정에도 적용된다. 주커만과 같은 비고츠키 학자들(Rubtsov, 1981; Zuckerman, 2003)은 타인 조절은 성인과 또 다른 유아에게서 발견되는 반성적 사고를 이끌어 낸다고 주장했다. 피아제와 정보 처리 이론가를 포함한 많은 이론가는 자기 조절은 가장 높은 수준의 문제 해결 과정이라고 주장했다(Flavell, 1979; Piaget, 1977). 성인은 문제를 해결할 수 있을 뿐만 아니라 그 해결책을 다시 생각해 볼 수 있다. 이 관점에서 보면 유치원과 초등학교 아동은 자신의 사고에 대해 반성적 사고를 할 수 없거나 최소한만 가능하다. 반대로 주커만은 타인 조절은 반성적 사고와 같은 기능을 하는데 이는 행동에 대한 평가와 고려가 가능하기 때문이라고 했다. 그러나 반성적 사고는 유아 밖에 존재하고 다른 유아 또는 또래 전체에 의해 행해진다. 같은 반 친구의 행동에 대해 타인 조절을 하는 유아는 '자기 비평self-critique'을 할 수 있고 자신의 행동에 같은 반성적 절차를 적용할 수 있다. 게다가, 이전에 타인 조절의 한계를 경험한 유아는 또래가 사용한 전략을 내면화할 것이다. 유아가 타인 조절에 참여하도록 하는 것은 그의 사고 과정을 발달시키는 데 매우 도움이 된다. 이에 대해서는 제12장과 제13장에서 논의할 것이다.

자기 조절 능력을 향상시키기 위해 타인 조절 이용하기

유아가 학습하는 것 중에는 사회적 상호 작용이나 교실에서의 행동 및 놀이 외에도 규칙에 기반을 둔 것이 많이 있다. 또한 덧셈, 철자법, 읽기 등 학교에서 가르치는 것들의 대부분이 규칙을 사용한다. 학교에서는 개념과 전략은 물론 규칙이나 규범도 배운다.

유아는 타인 조절을 먼저 배우기 때문에 자기가 규칙을 지키려 할 때보다 옆에 있는 친구의 틀린 점을 볼 때 훨씬 더 쉽게 규칙을 배우게 된다. 유아는 자신이 규칙에 맞게 행동하고 있는지 판단을 잘 못하지만 다른 유아가 규칙에 맞지 않게 행동하면 참지 못한다. 성인이 다른 사람의 글을 읽을 때는 틀린 글자나 논리적으로 맞지 않은 문장 등을 고쳐 주기 쉽지만, 자기가 쓴 글을 읽을 때는 글 속에 어떤 문제가 있는지를 꼬집어내기 어려운 것과 마찬가지이다.

교사는 유아로 하여금 다른 유아를 조절하는 위치에 있게 함으로써 타인 조절을 활용해서 자기 조절의 발달을 촉진시킬 수 있다. 다음에서 몇 가지 예를 들어보자.

1. **교사가 쓴 글에서 틀린 점을 찾아내는 활동을 계획해 본다.** 특히 초등학교 1, 2학년에서는 문법이나 철자, 또는 띄어쓰기가 한두 개 맞지 않는 문장을 주어 틀린 점을 찾아 내게 하는 교수 방법을 권장할 만하다. 또 교사가 칠판에 판서할 때 고의로 틀리게 써서 아동으로 하여금 바로잡게 하는 것도 가능하다. 선생님이 틀리게 쓸 수는 없다고 생각하기 때문에 처음에는 틀린 점을 보지 못할 수도 있다.
2. **문제 유아의 문제 행동을 활용해서 다른 유아를 조절하는 활동을 계획한다.** 문제 유아에게 학습시키고자 하는 행동을 조절하는 책임을

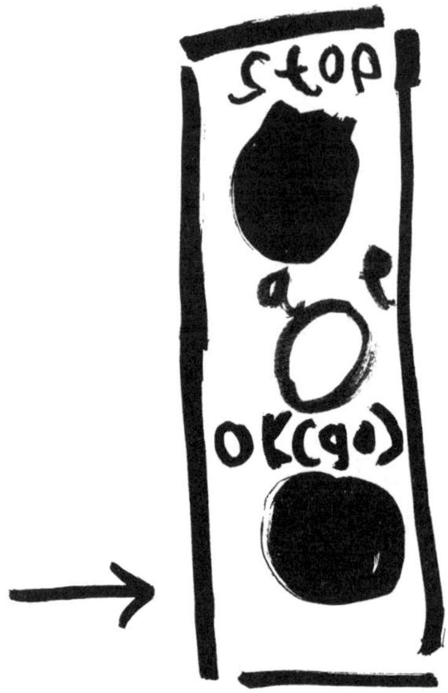

그림 7.1 제이슨의 소리 측정기

맡기도록 한다. 티모시 교사의 학급에서는 제이슨의 목소리가 너무 커서 다른 유아들도 큰 소리로 말하고 결국 모든 유아가 귀를 막아야만 할 정도로 반 전체가 시끄러워진다. 교사가 단순히 "목소리 좀 낮추렴." 하고 말하는 것은 전혀 효과가 없었다. 교사는 비디오 녹음 촬영을 시도해 제이슨의 목소리가 다른 아이들에 비해 어느 정도로 시끄러운지를 보도록 했으나 이 방법 역시 별 효과가 없었다. 그리하여 교사는 마침내 '소리 측정기noise meter'를 설치하고 제이슨이 누구든지 일정 수준 이상으로 크게 말하면 지적하도록 했다(그림 7.1). 제이슨은 누구든지 목소리를 약간만 높이면 교사까지 포함해서 사정없이 잡아내었다. 사흘이 지난 후 교사가 제이슨에게 목소리를 낮추라고 말하면, 제이슨은 정확하게 목소리를 낮추었다. 비고츠키 이론에 의하면 제이슨은 어느 정도의 목소리 크기가 학급 내에서 적당한지에 대한 규칙을 이제 내면화하기 시작했다고 볼 수 있다. 전에는 교사가 제이슨에게 "목소리 좀 낮춰."라고 말하면 그것은 그저 '해보는 소리'로밖에 들리지 않았었다. 제이슨은 다른 유아를 조절하는 책임을 맡아본 후에야 목소리를 낮춘다는 것이 특별한 의미를 갖는다는 것을 이해하기 시작한 것이다.

3. **타인 조절과 자기 조절을 외적 매개체와 짝지어 준다.** 유아가 다른 유아나 자신을 조절하기 위해 활용하기를 바라는 행동을 매개체를 사용해서 촉발한다. 위의 예에서 교사는 소리 측정기를 사용해 목소리를 어느 정도로 낮추어 말해야 할지를 기억하도록 도와 주었다. 제이슨에게 다른 사람의 목소리를 "너무 커", "괜찮다"라고 판단하게 함으로써 제이슨이 교실에서 말해도 되는 적절한 소리와 부적절한 소리를 구분하도록 도와 주었다.

공유된 활동과 교사의 역할

공유된 활동에서 교사의 역할은 두 가지인데, 하나는 직접적인 참여자가 되는 것이고, 또 하나는 유아가 다른 사람과 공유된 활동을 할 수 있도록 기회를 만들고 계획하는 것이다. 교사는 수업의 내용이나 상황, 혹은 목적에 따라 이 두 가지 역할을 모두 할 수도 있다. 때로는 성인이 직접 가르쳐야 하는 상황도 있지만 또래와의 작업이 더 유익할 때도 있다. 교사가 활동에 직접적으로 개입해야 할지의 여부는 학습 단계, 유아의 특성, 유아의 연령, 집단의 특성 및 역동성과 같은 여러 가지 요인에 달려 있다. 예를 들어, 다섯 살 반에서 또래 간의 토의를 하는 활동은 유아로 하여금 좀 더 알고 싶은 마음을 가지도록 하고, 자신들이 대답할 수 있는 내용에 대한 질문을 만들며 교사만이 답할 수 있는 질문을 할 수 있는 상황으로 이끌어 간다(Palincsar, Brown, & Campione, 1993). 이러한 상황에서 교사는 계획을 수립하는 역할과 참여자로서 역할을 모두 하게 된다. 또 어떤 경우에는 직접적인 교사의 질문이 똑같은 관심과 학습을 촉진할 수도 있으므로 교사의 직접적인 참여가 최선의 동기를 유발할 수도 있다. 훌륭한 교사는 다양한 수업 기법을 활용하며 학습이 진행됨에 따라 언제나 수업의 형태와 양을 변화시킬 줄 안다.

파트너로서 교사

교사가 공유된 활동에 참여하는 한 가지 방법은 비고츠키 학자들이 **교육적 대화**educational dialogue라고 부르는 것에 몰두하는 것이다(Newman, Griffin, & Cole, 1989). 여기서 **대화**라는 말은 모든 참여자들이 주고받는 것을 의미한다. 그러므로 학습자에게 일방적으로 전달하는 강의는 교육적 대화라고 볼 수 없다. 유아는 교육적 대화를 통해 교사가 말하는 내용이나 가르치는 개념에 대한 이해 정도를 나타낸다. 이 같은 대화는 말뿐만 아니라 그림으로 또는 글로 나타내는 것도 포함될 수 있다.

교육적 대화는 **소크라테스 식 대화법**Socratic dialogue과 유사한 것으로 교사가 일정한 목표를 가지고 그 목표를 달성하기 위해 질문을 활용해서 학습자를 그 방향으로 이끌어 가는 것을 말한다(Saran & Neisser, 2004). 그러므로 교육적 대화는 자유 토론이 아니고 교사가 안내하는 발견의 여행인 것이다. 의미를 발견하는 것은 유아이며 교사는 잘못된 생각을 바로잡으며 생각이 막다른 골목으로 가지 않게 해 줌으로써 목표

지점까지 이끌어 간다.

교육적 대화에 몰입하게 하기 위해 교사는 미리 어떤 개념이나 목표를 갖고 있어야 하며, 학습자에게서 발생할 수 있는 모든 오류를 미리 예측할 수 있어야 한다. 교사가 안내를 해야 하지만 학습하는 내용을 이해할 수 있도록 구성해 나가는 것은 학습자이다. 이것은 운전을 하고 새로운 장소를 찾아가는 것에 비유될 수 있다. 운전자는 자기의 속도대로 운전을 하며 어느 쪽으로 가야 할지 결정을 내려야 하겠지만 도로 표지판은 길을 찾아가는 데 유용한 정보를 제공해 준다. 학습이라는 도로에 교사는 가장 유용하고 중요한 곳에 신호 표지판을 붙여서 반드시 좌회전이나 우회전할 지점에서 그것을 놓치지 않게 해 주는 사람인 것이다.

교사는 질문을 던짐으로써 학습의 논리나 다음 번 문제 해결에 사용할 수 있는 전략을 시범 보인다. 다른 말로 하자면, 교사는 또 다른 상황에서 사용할 수 있는 틀을 만들어 보이는 것이다. 한 교사가 유아와 함께 새로 나온 과학책을 보고 있다. 유아 중 한 명이 "이 책에는 곰에 대한 이야기도 있나요?"라고 묻는다. 교사는 "글쎄, 어딜 봐야 할까?"라고 말한다. 또 다른 유아가 옆에서 "그림을 보면 되잖아."라고 말한다. 교사는 "그림을 보면 좋겠지. 그러면 곰에 관한 이야기가 들어 있는지 알 수 있을 거야. 그런데 더 빨리 알아내는 방법이 있단다. 책의 맨 뒷부분에 있는 색인에서 **곰**이란 말을 찾아보는 거야. 색인은 이 책에 나와 있는 주제를 모두 다 말해 주는 건데 가나다 순으로 정리되어 있어. 곰을 찾으려면 어떻게 할까?" 몇 명의 유아가 "곰은 ㄱ부분에 있어요."라고 말한다. "그래, ㄱ부분이 색인에 어디 있을까?" 한 유아가 "ㄱ자로 시작하는 말들이 여기 있어요."라고 손으로 가리킨다. 교사는 다른 유아 쪽으로 책의 방향을 돌리며 "**곰**이란 말을 찾아보겠니?"라고 말한다. 그 아이가 곰이란 단어를 찾자 교사는 그 옆에 있는 쪽수를 손으로 짚으며 "곰은 78

쪽에 있구나."라고 말한다. 만일 교사가 유아의 질문에 대해 간단하게 "응."이라고 대답하거나 아무런 설명 없이 78쪽을 폈다면 유아는 책 속에 있는 정보를 찾아내는 전략을 알지 못했을 것이다.

교사가 학습의 목적을 미리 마음속에 갖고 있어도 교육적 대화에서 활용될 실제적인 질문과 단계는 유아나 학급 전체에 맞도록 늘 새롭게 선택되어야 한다. 대화에 임하는 유아마다 각자 나름대로의 배경과 이해력을 가지고 있다. 그러므로 어떤 유아에게는 이해가 되는 질문이 다른 유아한테는 전혀 이해되지 않을 수도 있다. 교사가 반드시 기억해야 할 것은 유아에게 무엇인가를 가르치려면 반드시 그가 대화에 참여하도록 해야 한다는 것이다. 왜냐하면 유아는 나름대로 자신의 의미를 구성해야 하기 때문이다(제1장 참조).

교육적 대화의 한 가지 목적은 교사로 하여금 유아가 무엇을 이해하며 어떤 도움이 가장 적합한지를 발견할 수 있게 하는 데 있다. 유아는 어떤 능력이나 개념에 숙달할 때까지는 활동의 궁극적인 목적을 모르기 때문에 자신이 최종적으로 목표가 되는 개념의 어떤 부분을 이해하고 있는지 분명히 말하기 어렵다. 이것은 최종 목표를 알고 있는 교사만이 말해줄 수 있는 부분이다.

유아의 사고 과정과 관련해 교사는 두 가지 문제에 답할 수 있어야 한다. 첫째, 유아가 어떻게 이런 대답을 할 수 있었는가? 둘째, 그 유아의 대답이 이 분야의 개념 체계에 결국 맞아 들어갈 것인가? 비고츠키 연구자에게는 유아가 올바른 답을 찾는 것만으로는 충분하지 않고 해답을 찾는 데 가장 적합한 도구를 사용하는 것이 중요하다. 예를 들어, 패턴을 찾는 문제에서 다음에 어떤 모양이 올 것인지를 맞추는 것보다 전체 패턴이 어떻게 이루어졌는지를 설명하는 능력이 더 중요하다는 것이다. 다음에 올 모양을 안다고 해서 그것이 이 유아가 그 패턴을 이해하는지를 말해 주는 것은 아니기 때문이다.

교육적 대화에서 교사가 발견해야 할 두 번째 문제는 그 유아의 답이 궁극적으로 특정한 영역의 개념 체계에 맞는가 하는 것이다. 교사는 유아가 학습하는 내용 전반에 관한 것을 검토해서 그가 새롭게 학습하는 개념이 전체를 이해하는 데 도움이 되고 나중에 서로 문제가 되지 않도록 분명히 해야 한다. 버크 선생님은 유아들과 매일 달력을 보며 학습한다. 어느 날 유아들에게 한 주일이 며칠이냐 물었을 때, 어떤 유아가 5일이라고 답하는 것을 보았다. 교사가 그 유아에게 어떻게 한 주일이 5일이 되는지를 묻자 그 유아는 교사와 만나 이야기하는 월요일부터 금요일까지의 요일을 말했다. 유아와의 대화를 통해 버크 선생님이 발견하게 되는 것은 이들이 유치원에 등원하는 날수로 한 주일을 계산한다는 것이다. 이에 교사는 현재 유아의 잘못된 이해가 나중에 여러 가지 문제를 불러올 수 있다고 보아서 일주일은 7일이라는 점을 분명히 하려고 노력했다.

교사가 교육적 대화를 할 때 기억해야 할 점은 아래와 같다.

1. **핵심적 요소와 비핵심적 요소 간의 차이를 구별할 수 있게 도와 준다.** 이를테면, 유아에게 모양이 서로 다른 물체를 보여 줄 때는, 색깔과 크기는 상관없다는 것을 밝혀 주어야 한다. "이 동그란 물체를 빨간색으로 칠해도 여전히 동그라미가 될까?", "이 동그란 모양의 물체를 파란색으로 색칠하면 삼각형 모양이 될까?", "더 크게 만들어도 여전히 동그라미일까?" 등의 질문을 던져 본다.
2. **좀 더 큰 개념 체계에 연관시킬 수 있도록 도와 준다.** 수전은 숫자 2를 가리키면서 "이건 둘이라는 글자에요."라고 말한다. 이 때 교사는 대화를 하기 시작한다. "이게 글자니 숫자니?", "(a를 가리키며) 이것과 같은 글자지요."라고 수전이 대답한다. 그 다음 교사는 이렇게 말

한다. "우린 글자와 숫자를 함께 쓰지만 다르게 사용한단다. 지금 손가락이 몇 개지?" "두 개요." 그 때 교사는, "그래, 그걸 숫자로 쓸 수 있거든, 숫자는 몇 개인지 말할 때 쓰는 거야. 글자는 문장을 만들 때 쓰는 거란다."라고 말한다.

3. **유아의 사고 과정에 대한 단서를 찾아본다.** 유아의 대답을 활용해서 눈에 띄는 요소들을 찾아내 본다. 교사가 영어 시간에 유아들에게, "ball과 운韻이 맞는 말이 어떤 것이 있을까?"라고 묻는다. 유아들은 fall, tall, ball, box 등을 말한다. 이 같은 대답에 따라 교사는 적어도 몇몇 유아가 운이 맞는 말을 같은 소리로 시작하는 말로 정의한다는 사실을 알게 된다. 교사가 처음에 운이 맞는다는 것을 '같은 소리를 내는 말'이라고 설명한 것 때문에 오류가 발생했음을 알 수 있었다. 그래서 교사는 정의를 수정했다. 이처럼 교사는 유아가 무엇을 생각하고 있는지를 따져봄으로써 유아가 의미를 재구성할 수 있도록 한다.

4. **도움의 정도를 결정한다.** 유아가 필요로 하는 도움의 양은 각자의 근접 발달 지역ZPD에 따라 다르게 마련이므로 어떤 과제를 똑같이 수행할 수 없는 유아도 서로 다른 종류의 지원을 필요로 한다. 리사와 프레드는 둘 다 balloon이란 영어 단어를 소리내는 데 어려움을 갖고 있다. 리사는 첫소리만 낼 수 있으면 단어 전체를 발음할 수 있는 반면 프레드는 철자를 하나하나 또렷이 소리내 주어야 비로소 그 단어를 제대로 발음할 수 있다. 교사는 유아의 학습에 도움을 주기 위해, 다음과 같은 질문을 해볼 수 있다. 도움의 양을 달리해야 하는가? 이 아이에게 더 많은 언어적 단서가 필요한가? 아니면 구체적인 사물의 조작이 필요한가? 상황을 바꾸고 활동을 소집단(또는 대집단)으로 해보는 것은 어떠한가? 그림을 그려 보게 하거나 다른 친구에게 자기가 한 과정을 말해 보게 하는 것이 어떠한가? 이 아이는 여러 가지의 단서가 필

요한가, 아니면 한 가지 단서만 있으면 되는가?

5. **학습에 대한 책임을 유아에게 넘겨 줄 수 있는 여러 가지 방법을 생각해 낸다.** 교사는 비계를 설정scaffolding하다가 점진적으로 도움을 중단하는 방법을 여러 가지로 생각해 낼 필요가 있다. 교사는 자신이 제공한 단서나 암시에 유아가 어떻게 반응하는지도 살펴보아야 한다. 이렇게 하면 교사는 그 유아에게 가장 적절한 것이 무엇인지 단서를 찾아낼 수 있을 것이다.

6. **교육적 대화가 의미 있고 효과적인 교육 방법이 될 수 있도록 학급 규모나 집단 규모를 미리 계획한다.** 유아를 개별적 혹은 소집단으로 가르칠 수 있도록 교실 환경을 조직한다. 교사는 학급 전체와도 대화할 수 있지만 이 경우에는 몇몇 유아가 대화를 독점할 수 있다. 이 때 대화를 독점하는 유아는 학습 능력에서 상위권이나 하위권에 있는 유아들이다. 학급의 일부 아이들과만 상호 작용할 필요가 있을 때 교육적 대화의 수를 극대화하기 위해서는 나머지 유아에게 비계 설정을 하고 도움을 줄 수 있는 자료를 따로 준비하거나 또래를 활용하는 것도 한 방법이 될 수 있다.

계획자로서 교사

교사는 학습 환경을 바꾸고 계획을 수립함으로써 공유된 활동에 간접적으로 참여한다. 교사는 퍼즐이나 모형 구성물, 사물, 책, 비디오, 컴퓨터 프로그램, 오디오테이프, 놀이 친구 등을 선정함으로써 유아의 독자적 수행을 지원하기 위한 도움을 줄 수 있다(제5장 참조). 이 같은 지원은 유아가 필요한 기능을 숙달하면 중단된다. 예를 들어, 유아가 구체적인 조작물을 가지고 산수 문제를 풀 수 있다면, 다음 단계는 그림을 그리게 하거나 글로 쓰게 하고, 그리고 나서는 머릿속으로 문제를 해결하도록 해야 한다. 물론, 복잡한 개념의 경우에는 이를 습득하는 데 필요한 모든 단계를 거치기 위해 일 년 이상 걸릴 수도 있다. 조작물 사용의 목적은 단지 산수 문제를 풀게 하는 데 있는 것이 아니고, 수에 대한 개념을 내면화시키기 위한 디딤돌을 제공하려는 것이다. 그러므로 교사는 이 같은 보조물을 어떻게 활용할 것인지에 대한 방법을 계획해야 할 뿐만 아니라 보조물을 사용하는 차원에서 좀 더 높은 차원의 사고 형태로 옮겨갈 수 있게 하는 방법 또한 계획할 필요가 있다. 유아가 독자적 수준의 근접 발달 지역에 와 있을 때 구체적 사물을 사용하는 것은 학습을 통합적으로 정리하고 견고히 하는 데도 크게 도움이 된다.

교사는 또한 유아가 학급에 있는 다른 사람들, 주로 또래들과 공유하는 활동을 조절해 간다. 교사는 직접적으로 유아와 상호 작용할 때만 가르치는 것이 아니라 학습을 촉진시키기 위해 여러 가지의 또래 활동을 계획할 때도 가르치고 있는 것이다. 다음 절에서는 또래가 서로의 학습을 도와 주는 여러 가지 방법이 논의된다.

공유된 활동에서 또래의 역할

단지 다른 유아와 상호 작용한다는 것만으로는 발달을 촉진하는 충분조건이 될 수 없다. 때로 일시적으로 일어나는 상호 작용이 학습에 도움이 되기도 하지만, 이런 종류의 학습은 우연한 것이며, 서로가 가진 오류로 말미암아 자칫 잘못된 방향으로 이끌릴 수도 있다. 또래 간의 상호 작용에서는 학습해야 하는 중요한 속성이나 개념이 나타나지 않을 수도 있다. 유아가 또래와 상호 작용을 할 때, 그 사회적 상황은 우정이나 과거의 상호 작용 혹은 그 집단의 목표나 내용과 관련된 여러 가지 복잡한 정보로 가득 차 있기 때문에 사회적 상황이 달라지면 유아는 그 집단이 무엇을 하려고 하는지(집단 목표와 내용) 스스로 알아차리기 매우 어렵다. 그런데 교사는 그런 상황을 구조화해 또래 상호 작용을 활용함으로써 학습 목표를 높일 수 있다. 이 때 집단의 목표와 발생하게 될 상호 작용의 유형, 이 두 가지가 세심하고 명료하게 계획되어야 한다.

학습 과정의 초기 단계에서는, 교사와의 상호 작용이 또래들과 공유한 활동에 비해 훨씬 유익하다. 특히 유아가 아직 개념을 확실하게 이해하지 못하거나 문제 해결에 필요한 기술이나 전략을 올바르게 사용할 수 없을 때 또래보다는 교사와의 상호 작용이 크게 도움이 된다. 다른 유아가 가지고 있는 개념상의 오류가 유아를 혼란시킬 때는 또래들 간의 상호 작용을 권장해서는 안 된다. 캐시는 덧셈과 뺄셈에서 '받아올림'과 '받아내림'에 대한 개념을 학습하고 있는데 아직 자리값을 확실히 모른다. 이럴 때 자리값의 개념을 혼동해서 10자리 옆에 답으로 10을 쓴다고 생각하는 조지프와 상호 작용하게 하는 것은 곤란하다. 캐시는 자리값의 개념을 확실히 이해한 또래와 상호 작용함으로써 이득을 얻을 수도 있지만 교사가 먼저 개념을 확실히 설명해 주는 것이 더 도움이 된다. 캐시가 일단 자리값의 개념을 학습하고 나면 또래와 함께 연습하는 것이 매우 유익할 것이다.

학습을 촉진하기 위해서는 유아가 서로 매우 특별한 유형의 상호 작용에 몰두할 필요가 있다. 비고츠키 연구자들은 다음과 같은 유형의 또래 상호 작용이 발달에 가장 유익하다고 본다.

1. **전문가나 초보자로 행동하기.** 유아가 전문가의 입장에서 다른 친구들을 돕거나 가르칠 때 학습은 두 가지 효과를 가지게 된다. 첫째,

이해 수준이 낮은 유아는 개별화된 지원을 받음으로써 학습 효과를 높일 수 있다. 둘째, 전문가의 역할을 하는 유아는 친구가 알아들을 수 있게 문제를 분명하고 일관성 있게 설명해야 하는 과제를 가지게 된다. 이러한 과제는 초인지 능력의 학습과 내용에 대한 이해도를 높여 준다(Cohen, Kulik, & Kulik, 1982; Palincsar, Brown, & Martin, 1987).

유아교육기관에서 또래 튜터링tutoring이 잘 이루어지기 위해서는 활동을 잘 계획해야 한다. 튜터는 다른 사람이 학습하는 것을 어떻게 도와 주어야 하는지에 대해 상당한 훈련을 받아야 한다. 나이가 어린 튜터는 문제를 푸는 전략을 알려 주기보다는 정답을 바로 말해 버리기 쉬운데, 이 방법은 초보자에게는 별로 도움이 되지 않는다. 튜터에게 답의 일부만 맞거나 전부 틀렸을 때는 어떻게 해야 하는지, 튜터링을 받는 사람을 어떻게 칭찬하고 격려해 주는지에 대해 구체적으로 알려 주어야 한다. 만일 한 명이 일방적으로 튜터가 되고 다른 한 쪽은 전혀 기회가 없다면, 이런 조합은 문제가 있다. 모든 어린이가 튜터가 될 수 있도록 기회를 제공해야 한다. 또래 간에 기능을 잘하지 못하는 어린이는 아래 학년과 짝을 지어 준다. 예를 들어 책을 읽을 줄 아는 1학년 아이는 글을 모르는 유치원이나 유아원 아이들에게 책을 읽어 줄 수 있다.

2. **동일한 과제를 능력이 같은 또래와 협동하게 한다.** 비고츠키의 원리 가운데 가장 오해를 받는 것 가운데 하나는 또래 간의 상호 작용의 이익은 초보자와 전문가의 상황에서만 효과적이라고 생각하는 것이다(Zuckerman, 2003). 실제로 비고츠키 학파의 내(Wells, 1999) 외(Johnson & Johnson, 1994; Slavin, 1994)에서 연구가 진행되었고, 같은 수준의 능력을 가진 또래끼리도 긍정적인 효과를 가져온다는 결

과를 얻었다.

또래 협동의 인지적 성과를 가져오는 장치 가운데 하나는 인지적 갈등을 만들고 이를 해결하는 것이다(Zukerman, 2003). 때로는 같은 집단에 있는 유아들끼리 서로 다른 관점이나 의견을 가지고 있을 수 있다. 이러한 불일치의 자연적인 결과는 인지적 갈등이며 이것은 곧 성장을 촉진한다. 피아제나 비고츠키 모두 같은 상황을 다른 관점에서 보는 경험은 개별 유아가 정신적으로 실험하는 능력을 향상시킨다고 믿는다. 예를 들어 여덟 살 난 도나는 지구는 태양 주위를 돈다고 배웠다. 그런데 토론을 하는 중에 다른 친구들은 태양이 지구를 돈다고 믿는다는 것을 알게 되었다. 도나가 다른 친구들에게 자신의 생각을 설명하기 전까지는 자신의 신념이나 그것이 가져오게 될 결과의 내적 논리를 이해하지 못할 것이다. 유아가 나이가 좀 더 들면 이러한 외적인 토의는 내적으로 일어나게 된다. 이것의 예로 에세이를 준비하는 학생이 반대 의견을 가진 가상의 적이 내놓을 논리를 상상해 보는 것이다.

같은 수준의 능력을 가진 또래가 서로에게 긍정적인 영향을 주는 또 다른 예는 하나의 과제를 완성하는 데 필요한 과정(즉, 계획하기, 평가하기 등)을 각자가 맡는 것이다(Zukerman, 2003). 예를 들어 블록으로 구조물을 만든다면, 한 명의 어린이는 설계도를 그리고, 다른 한 명은 블록을 쌓고, 또 다른 어린이는 쌓아놓은 구조물이 설계도와 일치하는지를 평가하는 것이다(Brofman, 1993). 각 어린이가 분명히 다른 역할을 맡았지만 계획하고 쌓는 일을 공동으로 했다. 각자가 맡는 역할은 새로운 프로젝트를 하게 되면 또 달라진다. 이러한 종류의 공유된 활동은 유아가 자신의 행동을 계획하고, 모니터하고, 평가하는 과정을 완성하는 데 필요한 모든 기술을 개발할 수 있도록 도와 준다.

공유된 활동에서 서로 다른 역할을 하는 또 다른 예로 유아가 차례를 바꾸어가며 상대방에게 책을 읽어 주는 것을 들 수 있다. 교사는 두 명의 유아를 짝지어 주며 한 명은 이야기하는 사람이고 다른 한 명은 이야기를 듣는 사람이라는 역할을 정해 준다. 이 활동을 위해 이야기하는 유아에게는 입이 그려져 있는 카드를 듣는 역할을 하는 유아에게는 귀가 그려져 있는 카드를 준다. 이 카드는 유아가 각자의 역할을 잘 해낼 수 있도록 도와 준다.

또래 편집은 유아가 서로 보완하는 역할을 하는 또 다른 예이다. 또래 편집을 하면 한 명의 유아는 글을 쓰고 다른 유아는 그 글을 편집한다. 검수, 지시, 편집과 같은 역할을 줄 때는 또래의 작품을 평가할 수 있는 기준을 분명히 알려 주는 것이 중요하다. 친구가 쓴 이야기가 마음에 드는지 들지 않는지 정도로만 평가해서는 안 된다. 공유된 활동은 유아가 개념, 기술, 전략을 배우는 중요한 도구이며 분명하게 드러나지 않으면 유아가 학습을 할 수 없다. 학습자가 배우기를 원하는 것에 대해 구체적으로 제시해 주면 줄수록 더 잘 학습할 수 있다. 2학년 담임을 맡은 교사가 학생 편집자에게 줄거리의 흐름, 주인공의 성격, 단순한 문법(문장의 완성, 마침표 사용)을 확인하도록 요청한다. 학생의 역할을 지원해 주기 위해 렌즈가 없는 '편집자 안경'이나 '돋보기'를 쓰도록 한다. 편집자의 역할을 하는 아동은 친구의 글을 편집하면서 줄거리, 주인공, 문법에 대한 규칙을 내면화할 것이다. 이러한 종류의 활동은 타인 조절이 자기 조절을 앞서는 원리를 이용한 것이다. 만일 '편집자의 안경'을 소개했다면 아동이 개별적으로 활동을 할 때에도 달라고 하는 것에 놀라지 말라. 아동은 이 안경을 외부적 매개체로 활용하여 친구의 글을 편집하던 과정과 동일한 과정으로 자신의 글을 편집하려는 것이다.

앞의 예에는 두 가지 종류의 학습 상황이 존재했다. 하나는 자신이 쓴 글을 표준에 맞추어 검토하는 것으로 '정답'이 있는 것이다. 다른 상황에서 활동의 목표는 단지 연습을 하는 것이다; 결과물이 분명하게 제시되지 않았다. 만일 아동이 아주 구체적이고 정답이 있는 것을 연습하는 상황에서는 자기 교정이 가능하거나 비교할 수 있는 답안을 제시해 주는 것이 중요하다. 이 단계가 생략되면 아동은 길을 잃고 헤매게 된다.

3. **과제를 성공적으로 미치기 위해 협력하기.** 어떤 과제를 완성하기 위해 서로 나누어 하는 것이 요구되는 활동은 발달로 이끌 가능성이 더 높다. 이런 유형의 활동은 유아에게 동기를 부여하며, 자기들끼리 역할을 분담하도록 하고, 한 사람만의 능력과 기술로는 부족한 부분을 메울 수 있다. 예를 들면 유아가 각자 다른 정보를 가지고 있는데, 어떤 문제를 해결하려면 각자 가지고 있는 정보를 종합해야만 풀 수 있을 때가 있다(Cole, 1994). 각 사람이 가지고 있는 정보를 마치 퍼즐의 한 조각처럼 전체를 완성하기 위해서는 반드시 필요한 것이다. 예를 들어 보자. 어떤 이야기를 네 부분으로 나누어 네 명의 유아한테 한 부분씩 읽게 한다. 이야기의 전체 줄거리는 이 네 부분이 차례로 묶어져야 재구성될 수 있다. 따라서 전체 줄거리를 완성시키려면 유아마다 각자 맡은 부분을 읽고 요약해 다른 유아에게 순서에 맞게 전달해 주어야 한다. 이런 유형의 협력 활동은 슬라빈(Slavin, 1994) 및 존슨과 존슨(Johnson & Johnson, 1994)의 연구에 제시되어 있다.

4. **가상의 인물을 상대로 행동하기.** 상상의 인물이나 멀리 떨어져 사는 할아버지, 혹은 병들어 입원 중에 있는 친구와 같이 가까이 있지 않은 사람을 위해 무엇인가를 준비한다는 것 또한 공유된 학습 상황을 만드는 것이다. 이런 활동은 명료하고 정교한 설명을 할 수밖에 없

도록 만든다. 유치원에 처음으로 입학한 유아를 위해 유치원 약도를 그리게 하면 유아들은 약도를 아주 자세하게 그린다. 인형에게 글을 읽어 주도록 하면 진짜 사람에게 읽어 주는 것과 똑같이 읽는다. 또 다른 예를 들어 보면, 햄스터를 기르는 교실의 선생님이 햄스터가 되어 학습의 유아들에게 편지를 쓰고 나서 그들에게 답장을 쓰게 했을 때 이들의 이야기와 문장이 훨씬 더 자세하고 정교해진 것을 볼 수 있었다.

유아가 또래와 공유된 활동에 참여하기 위해 언제나 면대면 상호 작용을 해야 하는 것은 아니다. 중요한 것은 가상의 인물과 상호 작용을 하더라도 실제와 동일한 의미의 상호 작용이 일어날 수 있는 맥락의 활동이냐는 것이다. 예를 들어 유치원에 처음으로 입학한 유아를 위해 유치원 약도를 그리게 하면 유아들은 약도를 아주 자세하게 그린다. 그러나 동일한 유아에게 과제로 약도를 그리게 하면 훨씬 덜 자세하게 그릴 것이다. 왜냐하면 학교의 전체 지리를 더 잘 아는 교사가 나머지 부족한 부분을 메꿀 것이라고 기대하기 때문이다.

가상의 또래와 상호 작용하는 활동을 계획할 때는 참여하는 유아에게 진정으로 의미 있는 경우에만 긍정적인 학습 결과를 가져올 것이라는 것을 명심해야 한다. 예를 들어 글자를 쓰는 활동은 과거에는 의미 있는 활동이었다. 그러나 오늘날 더 많은 다양한 의사 소통의 대안을 가지고 있는 2학년 학생들에게 서로에게 편지를 쓰도록 한다면 기대한 만큼의 높은 성과를 나타내지 않을 것이다. 반대로 아주 복잡한 게임의 규칙을 쓰는 일에 최선을 다하도록 격려하면 나중에 친구들과 그 게임을 하는 것을 즐길 것이다. 그러므로 단순히 편지를 쓰도록 하는 것보다 게임의 규칙을 적도록 하는 것이 가상의 친구와 협동하는 데 더 의미 있는 맥락을 제공하는 것이다.

5. **가작화놀이와 게임에 참여하기.** 유아의 학습과 발달을 위한 비계 설정에 또래를 사용하는 또 다른 방법은 게임을 시작하거나 연극놀이를 촉진하는 것이다. 공유 활동에 대한 자세한 정보는 제10장과 11장에 소개되어 있다.

유아가 완전한 가작화놀이에 참여하지 않을 때도 특별히 고안된 공유된 활동의 연극적 요소를 통해 효과를 얻을 수 있다. 예를 들어, 유아는 실제 친구와 공유하는 대신 상상 친구 또는 실제 특성을 부여한 물건과도 공유할 수 있다. 봉제 인형 동물에게 책을 읽어 주는 것과 같은 행동은 읽기 초기 단계의 유아에게는 실제 사람에게 읽어 주는 것이나 마찬가지이다. 다른 예로는 학급에 햄스터를 기르는 유치원 교사가 햄스터가 되어 유아에게 편지를 쓴 후에 더 자세한 이야기 받아쓰기를 촉진했다.

유아는 성인뿐만 아니라, 또래나 자료를 포함해 모든 종류의 공유된 활동을 통해 이익을 얻는다. 이러한 공유된 활동을 구체적 활동에서 어떻게 적용시킬 것인가는 제3부에서 논의될 것이다.

추가 참고 문헌

Newman D., Griffin P., & Cole, M. (1989). *The construction zone: Working for cognitive change in school.* Cambridge: Cambridge University Press.

Rogoff, B. (1990). *Apprenticeship in thinking: Cognitive development in social context.* New York: Oxford University Press.

Rubtsov, V. V. (1991). *Learning in children: Organization and development of cooperative actions.* New York: Nova Science Publishers.

Zuckerman, G. (2003). The learning activity in the first years of schooling: The developmental path toward reflection. In. A. Kozulin, B. Gindis, V. S. Ageev, & S. M. Miller (Eds.), *Vygotsky's educational theory in cultural context* (pp. 177-199). New York: Cambridge University Press.

제3부
유아의 발달과 학습을 위한 비고츠키 접근법의 적용

제3부에서는 비고츠키 접근법의 주요 원칙이 각기 다른 연령의 영아, 유아 및 아동 즉 영아기와 걸음마기에서 초등학교 아동까지 어떻게 적용되는지를 다룬다. 비고츠키 학자들은 아동 발달이 각각의 구별된 단계를 통과한다는 견해를 제시하지는 않았지만, 이들도 아동이 '정신의 도구'를 습득하고 사용하는 데 영향을 주는 각기 다른 연령대의 아동 발달을 위한 사회적 상황에 독특한 특성이 있다는 것을 인식하고 있다. 유아기의 정의에 전통적으로 포함되는 각 연령 단계를 위한, 비계 설정의 특정 예를 제시하고자 한다. 이 비계 설정은 제2부에서 논의했던 다양한 전략의 복합체이고, 특정 연령에 있는 유아 및 아동의 발달을 증진하기 위해 사용할 수 있다. 제3부는 총 7장으로 구성된다.

제8장

발달적 성취와 주요 활동: 영아기와 걸음마기

비고츠키는 발달이란 질적 변화인 동시에 양적 변화라고 믿었다. 유아는 질적 변화의 기간을 거쳐 가는데 이 때에 정신의 본질과 형태, 즉 사고의 질이 변화된다. 각 단계는 새로운 인지 구조와 정서 구조를 예고한다. 마찬가지로, 새로운 사고 구조가 나타나지는 않지만 유아는 여전히 이미 존재하는 역량을 계속해서 발달시킨다. 이 시기 동안, 유아가 많은 것을 기억하고 처리하는 양적 변화로서의 성장이 일어난다.

발달적 성취에 대한 개념

우리는 인지적이고 정서적인 '새로운 형성neo-formation'이라는 각각의 개념을 설명하기 위해 **발달적 성취**developmental accomplishments라는 용어를 만들어 냈다. 비고츠키와 그의 제자들은 발달적 성취를 아동 발달에서 차별화된 시기를 구분하는 지표로 간주한다. 그러나 어떤 정해진 연령에 새롭게 출현하는 모든 능력이 발달적 성취로 간주되는 것은 아니다. 유아가 다음 단계로 성장하는 데 결정적인 능력만이 발달적 성취로 간주된다. 예를 들면, 영상image으로 사고하는 능력, 즉 감각 운동적 사고에서 벗어나기는 걸음마기의 발달적 성취인데, 이는 유아의 가작화놀이에 필수적이기 때문이다. 이러한 발달적 성취에 대한 논의는 하나의 일관된 이론으로 제시된 것이 아니라 비고츠키의 저서 속에 여기저기 산만하게 흩어져서 나타난다. 그의 사후, 동료와 제자들(Elkonin, 1977; Leont'ev, 1978)이 이 같은 논의를 더욱 확장시키고 가다듬어

오늘날 러시아의 아동 발달 연구에서 적용되는 몇 가지 단계로 구체화 되었다(예컨대 Karpov, 2005).

발달의 사회적 상황

비고츠키 이론에서 발달적 성취는 각 연령마다 특수하게 적용되는 **발달의 사회적 상황**의 부산물로 여겨진다. 발달의 사회적 상황이란 "정해진 연령에 적용되는 유아와 현실, 주로 유아를 둘러싼 사회적 현실 사이의 독특한 관계"라고 비고츠키는 정의한다(Vygotsky, 1998, p. 198). 발달의 사회적 상황은 발달이 일어나고 이루어지는 맥락이 창출되기 위해 연계되는 독특한 사회적이며 환경적 요인과 이러한 맥락과 상호 작용하기 위해 유아가 현재 가지고 있는 능력의 연합으로 볼 수 있다.

발달의 사회적 상황은 두 가지 요인에 의해 결정된다. 첫째, 특정 연령에 특수하게 나타나는 인지적, 사회 · 정서적 능력, 즉 4개월 된 영아는 네 살짜리와 확연하게 다른 능력을 보인다.

둘째, 유아가 성숙함에 따라 성인이 유아와 상호 작용하는 방식이 변화한다. 비고츠키에 의하면, 사회는 유아가 성장해 감에 따라 그 유아를 다루는 방식을 바꾸며 기대도 바꾼다. 따라서 사회적 맥락 또는 유아의 사회적 환경은 연령에 따라 다르다. 예를 들어 취학 전 유아에 대한 여러 가지 기대는 초등학교 학생에 대한 기대와는 다르게 마련이다. 일반적으로 초등학교 학생에게는 스스로 하는 일을 더 많이 기대한다. 그러므로 많은 문화권에서는 초등학교 학생에게 의도적으로 하는 행동의 발달을 강조하게 된다. 덧붙여, 이러한 사회적 기대는 역사를 통해 변화하게 되어, 오늘날 특정 연령의 아동에 대한 기대는 25년 전의 그 연령에 대한 기대와는 다르다. 예를 들면, 이전의 걸음마기 유아보다 집단 보육이 더 많아지면서, 사회적 능력에 대한 기대치가 달라졌다. 걸음마기 유아에게 좀 더 어린 연령부터 또래와의 사회적 상호 작용을 기대한다. 때로 동일한 연령의 유아도 서로 다른 책임감을 요구하는 사회적 상황에 놓이게 된다.

아동 발달을 위한 발달의 사회적 상황의 역할

비고츠키는 발달의 사회적 상황에서 변화란 유아의 성장하는 능력을 계속해서 형성하는 새롭고 좀 더 진보된 정신의 도구를 제공함으로써 앞으로의 발달을 추진하는 기제로 본다. 즉, "유아의 주어진 연령의 마지막 시기에 일어나는 새로운 형성은 유아의 전체 의식 구조의 재구성을 이끌게 되고, 이러한 과정에서 외부 현실과 유아 자신의 관계에 관한 전체 체제의 변화를 이끌게 된다"(Vygotsky, 1998, p. 199). 이것은 유아의 능력이 커져가면서 이 같은 새로운 능력과 요구를 충족시켜 줄 수 있도록 사회적 맥락이 조절된다는 의미이다. 성인이 유아가 학습할 수 있을 것이라고 기대하는 것과 교사가 이들을 가르칠 수 있을 것이라고 기대하는 것은 부분적으로는 이 유아가 무엇을 할 수 있는가에 달려 있다. 유아가 주변의 도움 없이 여러 가지를 할 수 있게 되면서 부모와 교사는 독립심을 요구하기 시작하며 유아에게 더 큰 책임을 부여한다. 성인의 기대가 유아의 연령에 따라 변화하게 되면, 성인이 유아가 획득하도록 돕는 문화적 도구도 변화하게 된다. 궁극적으로 이러한 문화적 도구의 습득이 유아의 추후 발달을 형성하게 된다.

사회적 기대가 유아의 실제 혹은 잠재적 능력과 일치하지 않으면, 유아를 과소 혹은 과대 평가하게 되어 발달의 최적 조건이 형성되지 않는다. 그러므로 발달의 최적 조건은 유아가 할 수 있고 하게 될 능력에 맞추어 성인이 가지고 있는 기대에 의해 형성된다. 만약 성인이 두 살짜리 유아에게 26개의 글자를 변별하는 능력을 기대하고 있으나 유아에게 그러한 능력이 없으면, 성인의 기대는 발달에 기여하지 못한다. 반면에, 부모가 두 살 된 자녀에게 자신의 바람과 요구를 표현할 수 있는 단어의 사용을 기대조차 하지 않는다면, 이러한 유아의 능력에 대한 과소 평가도 발달에 부정적 영향을 미치게 된다.

발달적 성취는 특정 연령에서 형성되는 유아의 능력만을 의미하지는 않는다. 인생의 각 시기 동안에 어떤 특정 능력을 습득함에 따라, 유아는 지속적으로 다른 기술과 능력을 발달시키게 되는데, 다음 시기의 발달을 위한 좀 더 복잡한 능력의 성취를 위한 기반을 다지면서 진행된다. 즉, 유아는 후기 발달적 성취의 모든 차원을 동시에 연습하는 것이다. 고등 정신 기능은 초등학교 학생이 될 때까지 발현되지 않지만, 유아는 의도적인 기억을 연습하는데, 유아가 대집단 활동 시간에 손유희를 기억하는 것이 그 예가 될 수 있다.

주요 활동의 개념

발달적 성취에 대한 비고츠키의 본래 생각은 피아제의 발달 단계에 대한 개념처럼 특정 시기 동안 발달 그 자체가 어떤 행동으로 나타난다는 고정 발달 단계 이론이 아님을 기억하는 것이 중요하다. 그러나, 후기 비고츠키 이론가들의 연구에 의해, 초기 비고츠키의 생각은 재정비되고 확장되었다. 그 결과, 비고츠키 아동 발달 이론에는 잘 정비된 발달 단계와 아동의 발달은 발달의 전 단계에서 다음 발달 단계로 전이가 된다는 발달 기제에 대한 설명이 포함되었다(Karpov, 2005). 후기 비고츠키 이론가들이 아동 발달에 대한 비고츠키 이론에 기여한 혁신적인 생각 가운데 하나는 발달의 사회적 상황에 대한 비고츠키의 논점을 대치하게 된 주요 활동에 대한 소개이다.

주요 활동의 정의

레온테프(Leont'ev, 1977, 1981)는 **주요 활동**leading activity이란 개념을 사용해서 일생의 한 시기에 나타나는 발달적 성취를 쟁취하도록 하고, 다음 시기를 준비하도록 이끌어 주는 유아와 사회 환경 간의 상호 작용 유형을 구체화하려 했다. 그의 이론은 최적 발달에 필수적인 핵심 요소를 변별해 발달의 사회적 상황에 대한 생각을 구체화하는 데 기여했다. 레온테프에 의하면,

> 어떤 유형의 활동은 특정 발달 단계에 핵심적인 주요 활동으로, 개인의 추후 발달을 위해 최고 중요성을 갖고 있는 반면, 다른 유형의 활동은 덜 중요하다. 심리 발달의 각 단계는 유아와 그 발달 단계에 나타나는 실제 주요 활동과의 명확한 관계, 그리고 주요 활동의 명확한 유형에 의해 규명된다고 말할 수 있다(Leont'ev, 1981, p. 395).

레온테프는 주요 활동을 인생의 특정 시기에 다음과 같은 결과가 나타나는 유일한 형태의 상호 작용으로 정의한다.

- 주요한 발달적 성취를 생성하게 된다.
- 다른 활동의 기반을 제공해 준다(상호 작용).
- 새로운 정신 과정을 창조하고 기존의 정신 과정을 재조직하도록 유도한다.

주요한 발달적 성취의 생성

유아는 여러 가지 유형의 활동을 하지만 오직 주요 활동만이 다음 단계의 발달 성취를 출현시키는 데 결정적인 역할을 한다. 유아는 주요 활동에 참여하면서 환경과 다른 유형의 상호 작용을 할 수 있는 기술을 학습하게 된다. 주요 활동은 독특한 방식으로 정신을 형성시켜 주는데, 특히 유아로 하여금 새롭게 학습한 정신 기능을 사용할 수 있게 하며, 또한 현재 가지고 있는 정신 기능을 재구조화할 수 있게 한다.

특정 연령에 나타나는 주요 활동이 발달에 기여하는 중요성은 인생의 다음 시기를 위한 주요 활동이 되는 새로운 유형의 활동에 참여하려는 동기를 창출하는 것이다. 이것은 주요 활동이 가지고 있는 중복성이라는 특질로서, 각 주요 활동은 다음 시기의 전조가 된다. 예를 들면, 복잡도가 높아지는 게임의 놀이 과정에서, 유아원 혹은 유치원 연령의 유아는 이 연령 시기의 주요 활동이었던 가작화놀이보다는 승패에 대해 더 관심을 보이기 시작한다. 승자가 있는 게임은 유아에게 특정 게임의 성공에 필수적인 과정과 전략의 시도, 재정비, 숙달에 대한 동기를 갖게 한다. 이러한 유형의 동기 목표에 대한 수행력은 정규 교실의 학습에 필수적인 동기 유발의 전조가 된다.

다른 활동의 기반 제공

주요 활동은 특정 연령 시기에 나타나는 발달을 위한 최적의 활동이다. 유아는 자신들의 근접 발달 지역ZPD 내에 있는 다른 활동을 하면서 학습할 수도 있지만, 주요 활동은 인지 발달에 가장 유익한 활동이다. 왜냐하면 주요 활동은 유아의 한 두 영역이 아닌 전반적 발달 상태에 영향을 주기 때문이다.

새로운 정신 과정의 창조와 기존 정신 과정의 재구조화 유도

주요 활동의 성과는 유아가 참여함으로써 출현되는 새로운 정신 과정이다. 세 살 된 유아가 유아기의 주요 활동인 좀 더 성숙한 가작화놀이에 참여하게 되면, 자신의 행동을 모니터하고 통제하는 능력인 자기 조절력을 획득하기 시작한다. 이러한 자기 조절력의 성장은 유아의 회상법과 학습법에 영향을 주게 된다. 걸음마기 유아로서 갖고 있던 능력이 재구조화된다.

주요 활동에 대한 유아의 참여 시도 방법

대부분의 경우, 유아의 생활에서 주요 활동이 시작되기 훨씬 전에 그 주요 활동의 시초를 볼 수 있다. 개별 유아가 스스로 활동에 참여할 능력이 아직 없더라도, 성인이나 또래 집단의 지원이 지속되는 한 주요 활동에 참여할 수 있게 된다. 유아가 처음으로 주요 활동을 습득하게 되는 것은 바로 이러한 공유된 환경이며, 그 다음에 주요 활동을 독립적으로 유지하는 데 필수적인 새로운 문화적 도구를 사용하기 시작한다.

18개월 된 티나는 수년 동안 네 살과 다섯 살 유아의 주요 활동인 역할놀이에 참여하지 않을 것이다. 그러나, 성인이 도와 주면 자신의 현재 발달 상태를 넘어설 수 있고, 더 나아가 상상 역할을 '시도할' 수도 있다. 티나가 새로운 놀이감 공구로 눈앞에 있는 꼭지를 돌리려고 시도하는 것을 보면서, 티나의 엄마는 "아! 지금 나는 기술자가 필요해요. 기술자 아저씨, 내 세탁기가 작동하지 않아요. 고쳐 주시겠어요?" 티나는 잠시 엄마를 쳐다보다가 고개를 끄덕이고 세탁기에 달린 꼭지에 놀이감 공구를 사용하기 시작했다.

한 유아의 주요 활동에 대한 발달이 같은 연령의 다른 유아보다 뒤지고 있다면, 그 유아는 자신의 현재 사회적 맥락에 상응하는 기대보다 어

려움을 경험할 수도 있다. 예를 들어, 가작화놀이의 높은 수준에 도달한 적이 없는 학령기 아동은 높은 수준의 상징적 사고와 자기 조절이 요구되는 학업 과제의 수행에 곤란을 겪게 될 수도 있는데 이러한 능력은 확장된 역할놀이를 통해 얻어지기 때문이다. 시간을 되돌릴 수는 없기 때문에, 2학년 교사가 아동을 유아원이나 유치원으로 보낼 수는 없다. 그러나, '지연이 있는' 학습자를 위한 개별적인 개입은 경우에 따라서 학습자의 현 연령 수준에 적합한 주요 활동 즉 학습 활동이 아니고, 이전에 도달했어야 하는 수준의 주요 활동을 적용하면 좀 더 성공을 거둘 수 있다. '놀이 결핍 장애'를 가진 초등학교 2학년 아동을 위해, 학업 내용과 환상적 요소 및 구조화된 규칙이 혼합된 게임놀이를 함께 하는 것이 학습지를 좀 더 풀게 하는 것보다 더 효율적일 수 있다.

아동 발달을 위한 사회적 맥락의 역할에 대한 비고츠키 이론과 일관성이 있게, 레온테프와 엘코닌은 주요 활동을 특정 연령의 아동에게 기대하는 특정 사회의 기대로 결정되는 문화적 구조라고 본다. 다시 말해 주요 활동은 발달의 사회적 상황 속에서 최적의 활동이다. 레온테프(Leont'ev, 1978)와 엘코닌(Elkonin, 1972)이 제안하고 있는 다음의 주요 활동(표 8.1 참조)은 산업화된 사회에 적합하게 규정한 것이며, 다른 사회에서는 다르게 규정될 수 있다. 비고츠키 학파에서 주요 활동은 문화적 도구와 특정 유형의 기관, 즉 학교와 같이 아동에게 이러한 도구를 소개하도록 고안된 기관과 밀접하게 연관된다고 지적한다.

이 장에서 기억할 내용은 영아기와 걸음마기의 주요 활동과 발달적 성취에 대한 논의이다. 제10장에서 세 살에서 다섯 살의 유아 학교 및 유치원에 다니는 유아를 위한 주요 활동과 발달적 성취에 대한 논의를 하고, 제12장에서는 초등학교 학령기 아동에게 출현하며 초등학교 말쯤에 완결되는 주요 활동과 발달적 성취에 초점을 둘 것이다.

표 8.1 유아기의 주요 활동과 발달적 성취

연령 시기	주요 활동	발달적 성취
영아기	양육자와의 정서적 상호 작용	• 애착 • 사물 지향의 감각 운동적 행동
걸음마기	사물 지향의 활동	• 감각 운동적 사고 • 자아 개념
유아기 (유아원과 유치원)	가작화놀이	• 상상력 • 상징적 기능 • 내재적인 정신적 차원의 활동 능력 사고와 감정의 통합
초등학교 시기	학습 활동	• 이론적 추론력 • 고등 정신 기능 • 학습에 대한 동기

영아기의 발달적 성취

정서적 의사 소통은 영아기에 발생하는 발달적 성취가 나타나는 맥락이다. 그러므로 비고츠키 학자들은 유아와 부모 및 양육자 간의 일대일 상호 작용의 중요성을 지적했으며, 이러한 상호 작용은 다른 많은 이론가들도 발달의 결정적 요인으로 보고 있다. 다른 이론에서는 이러한 일대일 상호 작용을 인간종人間種이 생존하고자 하는 욕구에서 나온 일차 생성물로 보지만, 비고츠키는 인간 고유의 방법으로 학습과 발달을 이끄는 사회적 맥락의 기반으로 본다(Karpov, 2005).

정서적 의사 소통의 **정서적**이란 말은 기저귀 갈기와 수유하기 등과 같은 일상적 양육하기를 넘어서 있다. 부모와 아기가 상호 작용하는 방법이라는 사실을 강조하기 위해 사용된다. 상호 작용의 목적은 정서적 접촉과 그 결과로 형성된 정서적 관계를 확립하는 것으로, 정서적 관계 확립은 영아기의 발달적 성취, 즉 애착과 사물 지향(중심)의 감각 운동 활동의 출현을 이끌게 된다.

애착

비고츠키 연구가들은 **애착**attachment이라는 용어를 사용하지는 않았으나, 기본적인 정서적 관계에 대한 개념은 서방 학문 세계의 정의와 매우 유사하다(Bowlby, 1969; Bretherton, 1992). 애착은 쌍방의 정서적 관계이기 때문에 영아와 주 양육자 두 사람의 적극적인 참여가 필요하며 영아가 발달시킬 미래 인간 관계의 청사진이기도 하다.

여러 서구의 심리학자들은 서로 다른 유형의 애착과 인지 발달 및 후기 발달적 성취 사이의 관계를 연구했다(Frankel & Bates, 1990; Grossman & Grossman, 1990). 이들 서구의 연구자들은 애착의 질이 유아의 정서 상태에 영향을 주며, 이것은 다시 인지 발달에 영향을 준다는 것을 발견했다. 애착 형성에 문제가 있는 유아는 불안감 때문에 고통을 받으며, 이것은 유아의 학습 능력을 저해한다. 비고츠키 학자들은 인지 발달에 미치는 애착의 역할을 그보다 훨씬 더 강조한다. 비고츠키 학자들은 애착 결핍이 최적의 정신 성장에 필수적인 인지적 상호 작용을 결손시킨다고 생각한다. 유아와 초기 애착 대상 간의 상호 작용은 공유된 경험에 대한 유아의 기대치를 형성시키게 되는데, 공유된 경험은 정신적 기능 습득의 기본이다. 영아와 양육자의 상호 작용은 결정적인 인지 경험을 제공한다.

사물 지향의 감각 운동 활동

정서적 의사 소통도 **사물 지향(중심)의 감각 운동 활동**의 발달에 영향을 미친다. 딸랑이를 흔들면서, 아빠는 아기를 재미있게 해 줄 뿐만 아니라 딸랑이를 가지고 무엇을 하는지 시범을 보여 주는 것이다. 아빠는 딸랑이의 소리를 내려면 흔들어야 한다는 것을 아기에게 보여 준다. 아빠는 아기의 손에 딸랑이를 쥐어 주고 그것을 흔들어 보도록 격려한다. 딸랑이를 가지고 하는 아빠와 아기의 상호 작용은 그 아기가 딸랑이나 다른 사물과 상호 작용을 하게 하는 청사진이 된다. 이렇듯 서로 함께 나누는 공동의 경험은 아기의 지각을 구조화해 그로 하여금 사물과 그 속성에 초점을 맞추게 만든다. 양육자는 아기에게 물건을 보여 주면서 **큰**, **작은**, **멀리** 혹은 **가까이** 같은 단어를 사용하게 된다. 이러한 설명적인 단어는 그 사물의 지각적 특성과 관계적 특성에 주의를 집중하도록 만든다.

피아제는 감각 운동적인 사물 조작의 능력은 영아의 자발적인 신체 동작과 행동을 통해 성장하게 된다고 믿었다. 그는 영아가 무작위적인 사물의 탐색을 통해 사물의 속성을 우연히 발견하게 된다고 믿었다(Ginsberg & Opper, 1988). 반면에 비고츠키는, 유아의 조작 능력이 운동 기능 능력에 의해 제한되기는 하지만, 사물과 상호 작용하는 방식은 맨 처음 다른 사람이 보여 주는 것에 영향을 받는다고 주장했다. 유아가 딸랑이 흔들기를 학습하는 것은 딸랑이를 잡고 있을 때의 무작위적인 동작에 의한 것이 아니고 다른 사람이 보여 주는 시범이 있었기 때문이다. 이 같은 비고츠키 관점의 증거는 정서적 관계가 심하게 결손된 유아는 사물이 요람 안의 바로 옆에 놓여 있어도 별로 그 물건을 조작하려 들지 않았다는 사실에서도 증명되고 있다(Lisina, 1974; Spitz, 1946). 비고츠키 학자들은 만약 사물의 조작이 유아의 자발적 행동의 결과라면 이 같은 사물 조작 능력은 사회적 경험과는 독립적으로 발달하게 되며, 정서적 결손이 유아의 사물 조작 능력에 영향을 주지 않아야 한다고 주장한다. 하지만 정서적 결손을 가진 대부분의 유아가 대부분이 감각 운동적인 조작 능력이 결핍되었음을 보여 주기 때문에, 정서적 상호 작용과 탐색 행동의 발달 간에는 연관성이 있음이 분명하다.

영아의 주요 활동: 양육자와의 정서적 상호 작용

영아의 주요 활동은 **정서적 상호 작용**에 참여하는 것으로, 이는 영아와 주 양육자 간의 정서적인 대화emotional dialogue가 성립하는 것을 의미한다(Elkonin, 1969; Lisina & Galiguzova, 1980). 서구 심리학자들은 이러한 유형의 정서적 대화가 유아의 사회적 · 정서적 삶의 발달에 핵심임을 발견했지만, 추후 엘코닌과 리시나의 연구는 이러한 대화가 인지적 발달에 직접적 영향을 준다는 이론에 기여하게 되었다.

레온테프(Leont'ev, 1978)는 초기 정서적 대화가 나중의 공유된 활동의 형태를 위한 동기를 제공한다고 주장한다. 영아는 타인과 의사 소통을 할 수 있고, 원하기 때문에 공유된 경험에 이끌리게 된다. 공유된 경험은 영아의 삶에서 핵심적 부분이 된다. 비고츠키는 영아기 동안 모든 정신적 기능은 공유된 것이며, 영아기가 끝날 무렵이 되어야, 이러한 과정의 한 부분이 영아의 고유 기능이 된다고 믿는다. 피아제를 포함한 많은 서구 심리학자들도, 영아기가 끝날 무렵이 되어야 '자아의 분리'가 나타난다는 개념을 가지고 있다(Erikson, 1963; Piaget, 1952).

정서적 교환

주 양육자와 영아의 정서적 상호 작용은 영아기 전반을 통해 전개된다. 영아는 순수한 정서적 감정 교환(예컨대 미소짓기 혹은 주고받으며 옹알 소리내기)에서 시작해 사물에 대한 정서적 대화(예컨대 딸랑이를 흔들고 나서 미소짓기)로 전환시켜 간다. 순수한 정서적 감정 교환에는 아기가 주시하기, 미소짓기, 혹은 사랑스러운 소리내기를 할 때의 상호 작용과 행복하게 안아 주기, 몸을 흔들어 올리기, 손바닥으로 가볍게 두들겨 주기 혹은 간질어 주기에 반응할 때와 같이 좀 더 신체적인 상호 작용이 포함된다. 이러한 상호 작용은 타인에게 반응하는 고도의 긍정적인 정서적 감정 교환이다.

리시나Maya Lisina와 동료들이 수행한 영아의 의사 소통 행동의 진화에 대한 상세한 분석에 의하면(Lisina, 1974; Lisina & Galiguzova, 1980), 성인과 아기가 대화를 할 때 성인의 주의 환기에 대해 상대적으로 수동적 수용자 입장에 있던 아기가 좀 더 능동적 상대자의 역할을 하는 질적인 변화가 나타나는 시기가 있다. 이러한 전이는 생후 2개월의 초에 나타나기 시작하며, 아기가 양육자의 미소와 소리에 반응해 미소짓기를 시작하는 시점이다.

> 출생 후 2개월 무렵에, 성인의 미소와 말에 긍정적 반응이 촉발된다: 영아는 조용해지며 성인에게 주의를 집중한다; 약간의 시간이 흐른 후, 영아는 웃고, 소리를 내며, 좀 더 활력 있는 동작을 한다(Zaporozhets & Markova, 1983, p. 74).

영아의 첫 번째 주도

리시나와 동료들이 영아의 의사 소통 행동의 발달에서 이정표로 명시한 것은 비고츠키 학자들이 'kompleks ozhivleniia'라고 명명한 행동, 즉 3개월 아기가 친숙한 성인에게 인사하듯이 활기차게 반기는 행동의 출현이다(그림 8.1 참조). 이러한 활기찬 행동은 미소짓기로 제한되는 것이 아니고 아기가 손을 올려 힘차게 움직이고 양육자가 접근하는 것을 보고 소리내는 것과 같은 몸짓과 소리내기도 포함된다.

2개월 무렵에, 영아는 위의 모든 열거된 요소가 포함되고, 복합적이며 활기찬 행동kompleks ozhivleniia으로 알려진 독특하고 복합적인 반응 행동을 형성한다. 복합적이고 활기찬 행동은 반응적 교육으로 형성되며, 곧 성인의

그림 8.1 영아는 아빠와 정서적 교환에 참여한다.

주의를 환기시키고, 성인과의 접촉을 유지하려는 의도를 가진 행동이 된다(Zaporozhets & Markova, 1983, pp. 74-75).

3개월과 6개월 무렵에, 아기는 정서적 감정 교환에 참여하기 위해 양육자를 초대하려고 미소와 소리내기를 사용하기 시작한다. 리시나와 동료들이 설명하고 있는 행동은 트로니크E. Z. Tronick와 동료들이 '상호 작용 동시성interactional synchrony'이라는 행동의 부분으로 설명한 행동과 유사하다(Tronick, 1989). 비고츠키 학자에 의하면, 이 새로운 의사소통 행동의 가장 중요한 점은 영아가 성인과의 대화를 주도할 수 있으며, 단순히 성인의 초대에 반응만 하는 것은 아니라는 것이다.

사물에 대한 정서적 교환

생후 6개월에서 12개월 사이에, 순수한 감정만을 교환하던 정서적 대화는 사물에 대한 감정 교환으로 바뀌기 시작하며 주 양육자와 영아는 사물에 대한 행동을 둘러싸고 그들의 대화를 이끌어 간다. 이 시기가 되면, 아빠는 딸랑이를 흔들어 아기로 하여금 미소짓게 한다. 이 때쯤 되면, 부모는 물건에 이름을 붙여가며 설명한다. 부모나 주변 성인은 영아의 행동이 마치 무엇인가와 의사 소통을 하려는 것처럼 해석한다. 예를 들어, 6개월된 리사가 장난감 곰을 보며 몸짓을 취하자 리사의 언니는 "응, 곰이 갖고 싶니. 갖다 줄게."라고 말한다. 사물은 타인의 매개물을 통해 영아에게 흥미를 갖게 한다. 주변의 영아보다 나이가 많은 사람은 영아에게 사물과 상호 작용하는 방법을 시범 보여 주거나 영아가 실제 물건을 가지고 상호 작용에 참여하게 해 영아가 사물 지향(중심)의 행동을 획득하는 능력을 갖도록 도와 준다.

첫 몸짓과 말

사물에 대한 몸짓과 말은 의사 소통의 새로운 맥락이다. 영아가 자신의 첫 의사 소통 도구인 몸짓과 말을 발달시키게 되는 것은 바로 아기가 자신의 몸이 미치는 범위에 있는 매력적인 장남감에 도달하려는 시도를 할 때, 성인이 그것을 건네 주면서부터이다. 양육자와 함께 있을 때 아기가 자신이 접근할 수 없는 장난감에 도달하려는 행동은 손가락으로 가리키는 행동으로 발전한다. 이는 성인에게 장난감에 대한 자신의 욕구를 표현하는 신호이다(그림 8.2 참조). 비고츠키는 정신의 도구가 내적 정신 영역an inter-mental plane에 처음 출현되는 예로서 영아의 첫 몸짓의 발달을 든다.

처음, 손가락으로 가리키는 몸짓은 접근하지 못하는 사물을 잡으려는 단순한 잡기 동작이기도 하지만 미래에 나타날 행동을 표시를 표상하기도 한

그림 8.2 엄마를 향한 유아의 몸짓

다. 유아는 너무 멀리 있는 어떤 사물을 잡으려는 시도로, 허공의 왼쪽에 매달린 사물을 향해 손을 뻗치고 손가락으로 가리키는 동작을 한다(Vygotsky, 1997, p. 104).

사물을 가리키는 몸짓에 의미를 부여하는 것은 바로 성인의 행동이다. 왜냐하면, 때로는 몸짓이 '공유된 행동'의 맥락에서만 가리키는 행동을 의미하기 때문이다.

> 엄마가 유아의 가리키는 행동에 따라 유아를 도우러 오고, 유아의 동작을 인식하면, 상황은 지속적으로 변화하게 된다. 가리키는 몸짓은 타인을 위한 몸짓이 된다……. 이러한 방법으로 성공하지 못한 잡기 동작에 대한 처음의 생각을 타인이 수행하게 된다. 그리고, 결과적으로 성공하지 못한 잡기 동작과 완전히 객관적인 상황이 유아에게 연결된다는 사실이 기반이 되어, 유아는 이 동작을 방향 지시로 간주하기 시작한다(Vygotsky, 1977, p. 105).

첫 몸짓과 같이, 영아가 내뱉는 첫 말도 처음에는 영아와 상호 작용하는 성인에 의해 의미 있게 다루어지며, 후에는 영아가 사람, 사물, 행동을 표상하는 데에 사용한다. 부모는 아빠 앞에서 아기가 산발적으로 "바, 바" 소리를 내면 즐거워하며, 곧 이 소리에 아기는 '아빠'라는 의미를 부여한다. 모든 정신의 도구와 같이, 언어는 성인이 제공하는 대화의 대부분을 차지하는 공유된 형태에서 출현한다. 점진적으로, 양육자의 독백은 아가가 능동적으로 참여하기 위해 사용하는 미소, 몸짓, 소리내기의 진정한 대화로 전환된다. 영아기 말에, 아기는 언어를 좀 더 독립적으로 사용하게 되는데, 이것은 이 핵심적 도구를 적합화하기 시작한다는 신호이다.

한 살이 끝날 무렵에, 영아는 사물을 가지고 양육자와 상호 작용하는 것에 관심을 보이며, 사물을 혼자서 가지고 노는 데 흥미를 보인다. 비고츠키 학자들은 영아가 이러한 관심을 보이는 이유는 안정적 애착의 결과인 성인에 대한 긍정적 태도가 성인이 그에게 보여 주거나 행동하는 모든 것으로 전이되기 때문이라고 가정한다(Karpov, 2005). 더 나아가, 성인과 사물을 가지고 상호 작용하려는 관심이 생기게 되면, 영아는 자신의 의사 소통 도구(언어뿐 아니라 비언어)의 레퍼토리를 확장하면서 이러한 상호 작용을 주도하고 유지하는 능력을 증가시키게 된다. 이것은 걸음마기의 주요 활동인 사물 지향 활동으로 전이를 가능하게 한다.

걸음마기 유아의 발달적 성취

유아가 영아기에서 걸음마기로 전환이 이루어지면, 발달에 대한 사회적 상황은 변화하게 된다. 유아는 좀 더 독립적인 행위가 가능해지는데, 이는 운동 능력이 발달했기 때문이다. 유아는 걷기, 좀 더 다양한 사물에 도달하기, 새로운 장소 탐색하기가 가능해진다. 소근육 운동 기술이 점차 발달되어, 유아는 좀 더 복잡한 방법으로 사물을 다룰 수 있게 된다. 말을 하게 되면서 유아의 눈앞에 존재하지 않는 사물도 포함해 사물과 행동을 요청할 수 있게 되므로 추후 독립성이 더욱 증가하게 된다. 예를 들면, 걸음마기 유아는 마지막 남은 과자를 먹은 후에 과자를 좀 더 요구할 수도 있다. 이러한 독립성의 증가는 부모가 유아의 행동을 제한하기 시작해야 하는 상황을 만들게 된다. 아기는 움직이지 못하고 성인의 허락 없이 사물을 손에 넣을 수 없기 때문에, 단순히 사물을 감추어 아기의 손에 닿지 않게 함으로써 아기의 행동을 조절할 수 있다. 걸음마기 유아는 이러한 방법으로 제한할 수 없으며, 스스로 상황과 사물을 찾을 수 있게 된다. 발달의 사회적 상황 변화 중 하나는 유아에게 성인의 제한에 따르고, 이러한 제한을 내면화하도록 기대한다는 것이다. 부모는 유아에게 전기 콘센트에 손을 넣지 않고 전기 콘센트를 볼 때마다 손을 넣지 않는 것을 기억하도록 기대한다. 걸음마기 유아의 말 사용 능력은 추후 유아 자신의 행동을 통제하고 성인의 제한을 내면화하는 수준으로서 내적 언어를 사용하기 시작하는 자산이 된다(제6장 참조).

그러나 이러한 독립성의 성장은 걸음마기 유아에게 존재하는 지식과 기술, 특히 사물의 사용과 관련된 레퍼토리에 의해 여전히 제한을 받는다. 엘코닌(Elkonin, 1972)은 걸음마기를 유아의 모든 사물 지향 행동이 성인이 여전히 물리적으로 혹은 시각적으로 존재해야만 가능한 시기로 설명한다. 엘로이즈는 아기 인형을 손에 들고 집안을 걸어다니고 있다. 아빠가 "아기에게 먹여 줄 거야?"라고 말할 때만, 인형을 아기처럼 가지고 놀고 식탁에서 숟가락을 가져다가 인형에게 먹이기를 시도한다. 걸음마기 유아는 공동의 사물 지향 행동에서 독립적 행동으로 이동하면서, 사물과 상황의 속성을 탐색하고 진행하기 위한 도구를 획득하게 된다. 이러한 도구는 유아의 인지 발달에 대한 진보를 가져온다. 성인이 시도한 시범과 유아 자신의 행동 결과를 비교해, 유아는 자신의 행동에 대한 인식을 강화하기 시작한다. 이것이 자아 개념의 출현을 이끌게 된다.

비고츠키는 걸음마기에 비언어적(감각 운동적) 사고가 구어와 융합되기 시작한다고 생각했다. 그의 논점에 의하면, 이것은 추후 언어적 사고의 출현을 이끌게 된다(Vygotsky, 1987). 그러나, 걸음마기 유아 스스로는 아직은 말로 생각하지 못한다. 비고츠키는 유아가 숟가락으로 먹고 있으면 **숟가락**이라는 단어와 연관짓지만, 식탁에 숟가락이 없으면 숟가락으로 하는 일을 계획하기 위해 그 단어를 생각하지는 않는다고 보았다. 말은 사고와 통합되지만 유아는 여전히 문제 해결을 지원하기 위해 사물의 물리적 조작에 의존하게 된다. 유아가 일차적으로 말로 생각하게 되면, 다음에는 언어와 사고가 융합하게 된다. 이와 같은 언어와 사고의 융합은 유치원과 초등학교 시기에 나타나게 된다.

언어가 숙달되면서 걸음마기 유아의 사물 지향 활동은 다음의 발달적 성취인 감각 운동적 사고와 자아 개념을 이끌게 된다.

감각 운동적 사고

피아제(Piaget, 1952)와 같이, 비고츠키도 유아가 운동 기능과 지각 같은 **감각 운동적 사고**sensory-motor thinking를 사용해 문제를 해결한다고 믿었다. 피아제와 다르게, 비고츠키(Vygotsky, 1987)는 감각 운동적 사고는 다른 사람과 함께 하는 공유된 활동과 언어에 의해 매개되는 것이며, 피아제의 관점과 같이 감각 운동적 셰마sensorimotor shemas가 성숙한 결과로 보지는 않는다.

비고츠키 학자들은 감각 운동적 사고를 인지 발달의 중요한 첫걸음으로 간주한다. 유아의 지각과 사고의 발달에 대해 연구한 자포르제츠 Alexander Zaporozhets는 다음과 같이 서술하고 있다.

> 유아가 실제를 시각적으로 표상하고 이러한 표상을 조작하는 능력은 인간 사고의 다차원적 저장고의 첫 층을 구성하게 된다. 이 첫 층이 없으면, 추후 특별한 상징 체제의 도움으로 추상적 사고 조작의 복잡한 체제를 수행하는 상층 혹은 인지 단계를 구성하는 것이 불가능하다(Zaporozhets, 1986, pp. 242-243).

걸음마기 유아의 감각 운동적 사고가 가지는 중요한 특성은 영아의 고립된 감각 운동적 행동과 달리 걸음마기 유아의 사고에는 말이 주입되기 시작한 것이다. 사물과 행동의 속성을 묘사하는 단어를 사용하게 되면서 걸음마기 유아는 '여기와 지금'의 제한으로부터 자유로워지고 일반화가 가능해진다. 더 나아가, 단어의 사용은 지각 자체를 변환시켜, 일련의 고립된 감각적 영상을 의미 있는 관계로 체계화시킬 수 있게 된다.

> 비언어적 지각은 점진적으로 언어적 지각으로 대치된다. 사물 지각은 사물의 명명하기와 결합하면서 발달하게 된다. 말은 일반화에 기인한 지각의 구조를 변화시킨다. 이것은 복잡한 논리적 과정으로 의미화되면서, 지각된 것을 분석하고 사물, 행동, 질 등을 부분으로 범주화한다(Vygotsky, 1998, p. 280).

사물을 가지고 성인이 매개하는 행동에 참여하고 이러한 행동과 사물을 나타내는 단어를 학습한 결과로서, 걸음마기 유아는 사물에서 사물로, 한 상황에서 다른 상황을 일반화하는 능력을 갖게 된다. 그러한 일반화의 한 예는 걸음마기 유아가 다른 사물을 동일한 기능에 사용하는 것을 학습하는 것인데, 예를 들어 유아가 물을 마실 때 컵, 잔, 병 등을 사용하는 것이다. 다른 예는 걸음마기 유아가 다른 상황에 동일한 사물을 이용하기 시작하는 것이다. 양말을 신는 것을 학습한 트리샤는 곰인형, 의자의 다리에 양말을 신기고, 더 나아가 고양이한테까지 양말을 신기려는 시도를 했다. 이 두 예에서, 걸음마기 유아가 일반화된 능력 가운데 하나를 숙달하면, 동일한 행동이 다른 사물, 다른 상황, 다른 사람에게도 적용될 수 있다는 것을 보여 준다. 사물에서 행동을 분리하는 것은 걸음마기 유아가 가장假裝 방식으로 행동하는 것을 가능하게 해 주고, 이는 후일 상상과 상징 기능의 발현을 위한 기초가 된다.

자아 개념의 출현

영아기에 두 번째로 성취되는 주요한 발달 과업은 자아 개념 또는 **자기 인식의 출현**이다(Elkonin, 1972; Leont'ev, 1978). 첫째, 걸음마기 유아는 자신이 성인과 다르게 사물을 사용한다는 것을 인식하기 시작한다. 나중에, 걸음마기 유아는 자기를 돌보아 주는 사람의 것과는 분리된 자신만의 사고와 욕구가 있다는 것을 인식하기 시작한다. 걸음마기 유아는 무슨 일이든 자기가 하려고 하고, 자기 의지를 펴려고 떼를 쓰며, 다른 사람으로부터 독립적으로 행동함으로써 이 같은 깨달음이나 인식을 밖으로 드러낸다. 이와 같은 독립적 행동은 이 시기 연령대의 유아에게 에릭슨(Erikson, 1950)이 '자율성autonomy'이라 칭한 행동과 비슷하다. 대조적으로, 영아는 자신의 분리에 대한 인식을 하지 못한 채 정서적 대화에 참여한다.

걸음마기 유아가 분리된 실체로서 자신을 보기 시작하면서, 가끔은 다른 사람의 뜻을 거역함으로써 자신을 증명해 보인다. 우리 모두는 이 같은 상황을 보아 왔다. 두 살 난 릭의 엄마는 마시기를 거부하는 릭에게 우유 한 잔을 마시게 하려 한다. 마침내 엄마는 "좋아, 이제 앞으로는 우유를 안 줄 거야."라고 말한다. 릭은 금방 우유에 손을 뻗어 컵을 움켜잡는다.

걸음마기 유아가 자신의 필요와 욕구가 채워지는 데는 시간이 걸린다는 것을 인식하게 되면서, 성인이 너무 쉽게 자신의 요구에 굴복하면 종종 혼란을 겪게 된다. 즉, 걸음마기 유아는 자신이 하기를 원하는 것이 자신의 양육자가 자신에게 하기를 원하는 것과 동일한지 혹은 다른지에 대해 더 이상 확신할 수 없게 된다. 이러한 현상은 걸음마기 하면 연상되는 떼쓰기와 감정 폭발로 이끌 수도 있다. 비고츠키 학자들에 의하면, 이러한 표면화된 부정적 행동은 걸음마기 유아의 사회적 · 정서적 과정에서 발생하는 중요한 재구조화의 외현적 지표가 된다. 유아의 바람에 대한 인식이 성장하면서, 이러한 바람의 대부분이 '현실'에서는 이루어질 수 없음을 인식하게 되고, 가작화놀이에 참여하는 것과 같은 상상의 방법으로 자신이 바라는 것의 일부를 채우려는 시도를 하게 된다(Elkonin, 1978 ; Vygotsky, 1977).

유아가 자신의 행동이 성인이 자신에게 시범으로 보여 준 행동과 유사한지 혹은 다른지 인식하기 시작하면서, 자아 개념의 발달은 자아 조절의 발달로 이어진다. 마크가 전기 콘센트 앞에 서서, 콘센트에 손을 대고 있다. 마크는 조금씩 가까이 손을 대면서 엄마를 쳐다본다. 마크는 "안 돼, 마크, 전기 콘센트에 손대지 마라"고 말하는 엄마의 제지를 인식하게 된다. 이러한 행동이 반항의 방향으로 한 발자국 더 가는 것처럼 보이지만, 비고츠키 학자들은 이것이 자기 조절의 첫발자국이며, 유아가 자신의 행동이 엄마가 자기에게 하기를 원하는 행동과 '다른' 행동임을 먼저 학습해야 한다고 주장한다.

자아 개념이 형성되는 걸음마기 말경에, 유아는 자기 조절이 발달하도록 돕는 저변의 능력 가운데 일부를 획득한다. 걸음마기 유아의 빠른 언어 습득은 혼자말의 출현을 이끌어 내고 이는 곧 유아가 자신의 행동을 조절하는 데 도움을 준다. 세 살 무렵에, 유아는 자기 조절을 위해 주변에서 했던 말을 사용할 수 있다. 예를 들면, 니나는 크레용으로 종이에 그림을 그리고 있다. 엄마가 방에서 나가자, 니나는 의자 옆의 벽에 그림을 그리기 시작한다. 니나의 엄마는 그 동안 벽에 그림을 그리지 말라고 말을 해 왔었다. 니나는 매우 심각한 얼굴로 스스로에게 "안 돼, 하지 마라"고 말하면서도 벽에 그림을 그린다. 니나가 사용하는 혼자말은 엄마가 자기에게 하는 것을 들은 말이다. 니나는 자기에게 이 말을 반복하고 있으나, 행동을 실제로 조절할 만큼 충분히 강하지는 못하다.

비고츠키 학자들이 수행한 자기 조절의 발달에 대한 많은 연구(예컨대 Smirnova, 1998 참조)는 걸음마기 유아의 모방과 자기 조절에 대한 취약성을 밝히고 있다. 연구자들은 출생 후 첫 해의 성인과 유아의 상호작용의 질이 유아의 자기 조절 행동에 주는 중요한 영향을 주는 요소임을 지적한다.

걸음마기 유아의 주요 활동: 사물 지향 활동

걸음마기 동안(1세에서 3세)의 주요 활동은 **사물 지향 활동**이다. 사물을 단순히 물리적인 신체를 활용하여 굴리기, 튀기기, 흔들기 등의 활동을 하는 영아와 다르게, 걸음마기 유아는 문화적으로 결정된 사물을 사용하는 것에 대해 학습하게 된다. 걸음마기 유아는 숟가락으로 먹고, 머리빗기에 빗을 사용하며, 손에 장갑을 끼는 것을 학습한다. 사물의 기능은 이러한 사물의 단순한 조작을 통해 발견될 수가 없으며, 이것은 성인이 유아에게 사물의 사용에 대한 일련의 시범과 사물과 연관된 행동의 학습을 지도함으로써 가능하다.

사물 지향 활동에서 성인 매개

걸음마기 유아가 사물 지향적인 행동을 처음 학습하려면, 성인은 사실상 활동을 완수하도록 유아의 손을 잡아 주어야 하며, 유아의 참여를 최소화해야 한다. 예를 들면, 스스로 먹는 것을 가르치기 위해, 양육자는 숟가락을 잡은 유아의 손을 잡고 입으로 향하도록 지도해야 한다. 이 시점에서, 행동의 모든 요소, 즉 계획부터 실행과 피드백까지를 성인이 수행한다. 얼마 되지 않아 성인은 유아에게 행동의 일부를 넘겨 줄 수 있게 된다. 유아는 조만간 입 쪽으로 숟가락을 움직일 수 있게 되지만, 여전히 접시에서 음식을 집고, 숟가락을 입으로 향하게 하는 최종 움직임에는 도움이 필요하다. 마침내, 전체 행동을 걸음마기 유아 자신이 수행할 수 있게 된다. 걸음마기 유아가 일반화된 행동 셰마를 발달시키고, 특정 단어와 행동을 연합시키게 되면, 성인은 단순히 유아에게 시범을 보이거나, 더 나아가 유아에게 언어적인 지시를 통해 새로운 행동을 시도하도록 할 수 있다. 예를 들면, 공을 위로 던지는 법을 아는 유아에게 옷바구니에 자신의 더러운 양말을 던져 넣도록 지시할 수 있다.

도구적 활동

사물을 통한 성인 매개 활동의 과정에서, 걸음마기 유아도 어떤 사물은 도구로 사용할 수 있음을 발견하게 된다. 엘코닌(Elkonin, 1969)은 이것을 **도구적 활동**instrumental activity이라 불렀다. 영아가 하듯이 한 번에 한 가지 사물로 놀이를 하는 대신에, 걸음마기 유아는 함께 여러 개의 사물로 놀이를 한다. 유아는 그릇 속에 블록을 넣거나 혹은 블록 위에 블록을 쌓아 올린다. 대조적으로, 영아는 한 번에 한 블록을 살펴보는 시도를 하고, 여러 블록을 함께 사용하려는 시도는 하지 않는다. 협응된 조작을 통해 걸음마기 유아는 사물과 사물의 속성 간의 관계를 볼 수 있는 능력을 갖게 된다. 사물 도구를 사용해, 걸음마기 유아는 다른 사물의 숨겨진 속성, 즉 자신의 감각을 사용해 즉각적으로 알 수 없는 것을 탐색하기 시작한다. 토비가 모래상자에서 놀이를 하면서 작은 물통으로 파이를 만들고 삽으로 부순다. 그러나 삽으로 물통을 치면 아무 일도 일어나지 않는다. '부드러움', '딱딱함'이 이런 상황에 적절한 개념이다. 새로운 사물이 자기가 가진 삽보다 더 부드러운지 딱딱한지는 그것을 만져 보고 두드려 보아야 알 수 있다. 이 단계의 유아는 도구를 통해 사물의 숨겨진 속성들을 찾아보기 시작하며, 또한 사물을 행동에서 분리시키기 시작한다. 이러한 활동을 함으로써 상징적 기능으로의 전환을 준비하며 놀이가 발달될 수 있는 것이다.

사물 지향 활동에서 언어의 역할

사물에서 새롭게 발견된 속성은 새로운 개념이 되고, 이것은 유아가 이러한 사물을 명명할 수 있는 새로운 단어와 문구를 학습한 경우에만 새로운 상황에서 사용할 수 있다. 그러므로, 걸음마기 유아에게 언어는 더 이상 영아기에 사용하던 정서적 의사 소통을 위해 사용하는 도구가 아니다. 이 시점부터, 언어는 사물 지향 행동과 밀접하게 연결된다. 언어는 사물의 조작을 촉진하는데, 언어가 새롭게 발견한 사물 속성과 사물 간의 관계에 대한 유아의 이해를 지속시키기 때문이다. 예를 들면, '**안에 넣어**'라는 말은 사물과 다른 사물, 즉 장난감 트럭과 상자 간의 전체 상황적 연계를 촉발시킨다.

더 나아가, 비고츠키 학자들은 걸음마기 유아가 사물로 놀이하는 방법은 그 사물에 대한 명칭의 한 부분을 결정한다는 것을 보여 준다. 양육자가 걸음마기 유아에게 막대를 건네 주고 "숟가락"이라고 말하면, 유아는 그것으로 먹는 척할 것이다. 양육자가 막대를 가지고 먹는 척하면, 유아는 양육자의 말을 따라 하며 "숟가락"이라고 말을 할 것이다. 반면에, 양육자가 동일한 막대를 가지고 "펜"이라고 말하면, 걸음마기 유아는 그것을 연필처럼 다루면서 쓰는 것처럼 할 것이다. 분명히, 사물의 물리적 속성이 유아가 사물로 놀이하거나 사물을 사용하는 방법을 결정하는 유일한 요소는 아니며, 그보다는 타인의 의사 소통을 통해 얻어지는 의미가 그것을 결정한다(Elkonin, 1989; Karpov, 2005). 그러므로, 걸음마기 유아가 독립적 탐색에 참여하는 것처럼 보이지만, 유아는 성인과의 상호 교환을 통해 학습하게 된 행동에 언어를 적용하기 때문에, 여전히 성인 매개 활동에 참여한다고 볼 수 있다.

사물 지향 활동을 통한 지각의 재구조화

언어 기반의 정신적 도구에 덧붙여, 걸음마기 유아는 다른 범주의 도구를 획득하기 시작하는데, 비언어적 이미지에 기반을 둔 도구가 그것이다. 비고츠키는 이 연령대의 유아에게 가장 우세한 기능은 지각이며, 하등 정신 기능에서 고등 정신 기능으로 전환하기 시작하는 첫 도구라고 보았다(제2장 참조). 그러나, 비고츠키는 이 변환의 기제를 자세하게 설명하지는 않았다. 이에 대한 연구는 추후 어린 유아의 매개된 지각 mediated perception의 출현에 대해 연구한 그의 제자들이 수행했다. 자포로제츠와 벵거는 자연적 단계인 하등 정신 기능 단계에서 고등 정신 기능의 단계로 지각을 끌어올리는 데 책임이 있는 특정 정신의 도구를 설명하기 위해 **감각 표준**sensory standards이라는 개념을 제안했다. 이들은 "사물의 감각적 특성을 사회적으로 잘 다듬어진 형태에 상응하는 표상"을 설명하기 위해 감각 표준이라는 용어를 만들어 냈다(Venger, 1988, p. 148). 감각 표준의 한 예는 감색persimmon red과 같이 이 색을 띠고 있는 친숙한 사물의 이름에 색조를 붙이는 것이다. 이 표준의 존재는 '터

키색', '바이올렛', 혹은 '쪽빛'과 같은 색의 이름이 있다는 사실로 증명된다. 또한 '민트' 맛 혹은 '과일' 향을 가진 사물에 대해서도 이야기한다. 어린 유아가 습득하는 첫 감각 표준은 색의 스펙트럼, 간단한 기하 형태 및 기본 맛이다.

상징적 대체

걸음마기 유아의 사물 지향 활동을 매개하는 성인의 다른 방법은 놀이할 특정 장난감을 유아에게 제공하는 것이다. 영아를 위해 고안된 장난감이 흔들고, 쥐어짜고, 굴리는 사물의 물리적 속성을 발견하도록 지원하듯이, 걸음마기 유아를 위한 장난감은 걸음마기 유아가 성인의 행동을 모방하는 것을 격려하도록 고안되었다. 이제 막 스스로 먹거나 머리 빗기를 학습하게 된 유아는 동일한 숟가락을 사용해 자신의 토끼 인형을 먹이거나 인형 머리를 빗기는 데 빗을 사용하려는 시도를 한다. 이 시점에서, 걸음마기 유아가 장난감을 사용한다고 해도, 아직은 유아가 추후 행하게 될 '놀이하기'와 동일한 의미라고 볼 수 없다. 걸음마기 유아는 상상의 상황을 설정하지도 않고 자신의 장난감에 역할을 부여하지도 않는다.

다음으로, 성인의 시범에 따라 걸음마기 유아는 단순 모방을 넘어서며, 가장假裝의 방법으로 사물을 사용하기 시작한다. 즉, 지금부터는 숟가락을 표상하는 막대나 연필을 사용해 아기를 먹이는 행동을 하게 된다. 이러한 사물 대체의 사용은 걸음마기 유아가 두 살에 가까워지면서 가장 행동의 시범을 보이는 성인과의 경험을 얼마나 많이 했는가의 정도에 따라 달라진다(예컨대 Karpov, 2005 참조, 유아의 놀이 수준에 따른 성인 시범 보이기와 관련된 연구). 세 살 말 무렵에, 유아는 가장 행동pretend action에 참여할 뿐 아니라, 자신이 참여한 기본적인 역할 놀이를 지칭하기 위해 언어를 사용하기 시작한다. 셰릴은 아기 인형을 흔들어 주며, "셰릴-엄마"라고 말한다.

사물 대체의 발달은 한 사물을 다른 사물로 대치해 사용하는 능력이며, 이것은 유아기를 통해 지속적으로 성장하게 될 능력, 즉 상징적 기능이 출현한다는 신호가 된다.

유아가 사물 지향 활동에 참여하면서 사용된 언어는 유아기의 주요 활동인 가작화놀이make-believe play로의 전환을 준비하게 만든다. 성인 매개와 다른 유아와의 의사 소통 및 놀이 모두 언어의 발달을 촉진시킨다. 이 연령의 유아는 동일 연령의 또래를 대하는 데 능숙하지 못하지만, 걸음마기 유아는 모든 연령의 유아와 접촉함으로써 유익을 얻는다.

추가 참고 문헌

Elkonin, D. (1972). Toward the problem of stages in the mental development of the child. *Soviet Psychology*, 10, 225–251.

Elkonin, D. (1989). Izbrannye psychologicheskie trudy [Selected psychological works]. Moscow: Pedagogika.

Karpov, Y. V. (2005). *The neo-Vygotskian approach to child development.* New York: Cambridge University Press.

Leont'ev, A. N. (1978). *Activity, consciousness, and personality.* Englewood Cliffs, NJ: Prentice Hall.

Leont'ev, A. N. (1981). *Problems in the development of mind.* Moscow: Progress Publishers.

Zaporozhets, A. & Markova, T.A. (1983). Principles of preschool pedagogy: The psychological foundations of preschool education. *Soviet Education*, 25(3), 71–90.

제9장

영아와 걸음마기 유아의 발달적 성취 지원하기

비고츠키에 따르면, 인간은 생애 초기부터 사회적 존재로서 이 세상에 태어나며, 태어난 그 순간부터 발달은 양육자와의 상호 작용에 의해 형성된다. 영아기의 후반부와 걸음마기 동안, 유아의 정신적 발달을 위해 사물을 이용한 행동의 중요성이 점차 증가하지만 비고츠키 학자들은 발달에 영향을 주는 것은 사물의 물리적 특성이 아니고 사물의 문화적 의미라고 믿고 있다. 사물의 문화적 의미는 유아가 스스로 발견하는 무엇일 뿐 아니라 성인과의 상호 작용에 의한 것이다.

출생에서 6개월까지의 영아 지원하기

정서적 의사 소통에 대해 비계 설정하기

양육자는 스스로가 아기의 정서적 표현에 반응함으로써 정서적 상호 작용의 발달을 지원하게 된다. 이러한 상호 작용은 아기가 성장하면서 변화되어야 한다는 것을 인식하는 것이 중요하다. 양육자는 항상 아기의 현재 능력과 아기의 근접 발달 지역ZPD 내에 존재하면서 앞으로 출현할 능력도 고려해야 한다.

성인이 어린 아기의 인지와 정서 발달을 위해 할 수 있는 가장 중요한 것은 그들이 아기와 아직은 진정으로 의사 소통하지 못하지만 그들이 의사 소통하듯이 행동을 다루는 것이다. 출생 후 1개월까지, 아기는 그의 양육자에게 어떠한 정서적인 반응도 표현하지 못하며, 아직 공동의 상호 작용을 할 수 있는 능력이 없다. 그러나 이 시기에 양육자가 영아와의 정서적 교류를 쌓아가는 주도권을 형성하는 것은 매우 중요하다. 신생아의 울기, 재채기하기, 얼굴 표정을 보며 마치 그것이 의도적인 의사소통을 하려는 시도인 것처럼 반응해 주면 아기와 양육자와의 정서적 의사 소통을 위한 영아의 요구의 발달을 증진시키게 된다. 이러한 애착 형성을 위한 정서적 의사 소통은 나중의 최적 발달을 위해 필요하다. 대조적으로, 아기와의 정서적 대화를 하려는 시도 없이 신체적 욕구에만 반응하는 것은 장래에 의사 소통에 심각한 문제를 초래할 수도 있다.

비고츠키 학자들 가운데 영아 이론을 발달시켜 신망을 얻은 리시나Maya Lisina는 영아의 출생 후 첫 1개월 동안 성인의 역할을 훨씬 뒤에 유아가 적정화하고 사용하게 될 의사 소통 도구를 사용해 '주도적 역할하기'라고 특징지었다(Lisina, 1986). 그러므로, 어린아기가 흥미를 보이기 훨씬 이전부터 양육자는 아기에게 말하고, 노래하고, 이야기를 들려주고 책을 읽어 주어야 한다. 마찬가지로, 아기가 울게 되면 음식이나 안아달라는 요구라고 단순히 추정하는 대신에, 양육자는 이러한 울음을 메시지로 간주해야 하고, 영아에게 적합한 언어적 또는 비언어적 메시지로 이 울음에 반응해야 한다.

영아의 첫 주도성에 대해 비계 설정하기

양육자는 아기의 '사회적 미소'와 바로 이어 나타나는 '생동감의 복합체animation complex'의 다른 요소, 즉 접근하는 양육자에게 반응하기가 발달되는 3개월 무렵까지 영아가 정서적 대화에 참여하도록 계속해서 주도성을 가져야 한다. 처음에, 이러한 생동감의 복합체는 양육자가 영아의 미소짓기와 말하기 반응하는 것으로 시작되며, 나중에 아기는 양육자와의 정서적 대화를 주도하기 위해 동일한 행동을 사용하기 시작한다. 비고츠키 학자들은 유아와 성인의 직접적인 상호 작용을 강조한다. 그들은 성인을 유아의 발달에 필요한 문화적 도구를 전달하는 사람으로 본다. 그 어떠한 무생물이 아무리 정교하고 복잡하게 만들어졌다 하더라도 유아 발달의 이 결정적 시기 동안에 성인과 대체할 수는 없다. 더 나아가, 아기가 미래의 매체 혹은 '지능형 장난감'과의 상호 작용에서 혜택이 '만약 있다면' 혹은 '어느 정도만큼'에 대한 질문까지도, 출생 후 초기 몇 개월과 몇 해에 형성되는 인간과 인간의 상호 작용의 질에 의존하게 된다.

제8장에서 논의된 바와 같이, 많은 영아의 행동은 먼저 영아와 양육자 간의 공유된 상태에서 나타나고, 그 후에 영아에 의해 독립적으로 나타나게 된다. 영아가 마침내 성인으로부터 자신을 분리해 독립적 행동에 참여할 수 있으려면, 아기가 스스로 어떤 행동을 주도할 기회를 갖는 것이 중요하다. 예를 들어, 양육자가 아기에게 음식을 먹이는 바로 그 방법을 살펴보자. 양육자가 음식에 대한 아기의 요구를 고려하지 않고 단지 저녁 시간이기 때문에 아기의 입에 숟가락을 넣는다면, 성인은 아기가 자신의 요구를 표현하기 위한 기회를 박탈하게 된다. 비고츠키 학자들은 아기가 음식에 대한 요구를 어떤 방법으로든 표현하는 것이 중요하다고 믿는다. 그들은 아기의 입에 숟가락 가득 음식을 넣기 전에 아기가 자신의 입을 열거나 입술로 입맛을 다실 때까지 기다리라고 부모에게 조언한다. 부모는 상호 작용에 대한 통제권을 아기에게 주기 위해 아기가 상호 작용을 주도할 때까지 기다릴 필요가 있다. 이러한 첫 주도성은 나중에 더욱더 복잡한 의사 소통이 형성되도록 한다.

양육자가 각각의 유아와 보내는 시간의 양에 제한이 있는 집단 보호의 맥락에서도, 일대일 관심이 제공되는 음식 먹이기, 목욕시키기와 기저귀 갈기와 같은 일과 운영이 가능하며, 이를 통해 모든 유아와의 정서적 상호 작용이 증진될 수 있다. 이러한 접근법의 한 예는 영아의 발달을 위한 사회적 상황에 관한 비고츠키 학자의 생각과 높은 일관성이 있는 접근법(Obukhova, 1996)으로 파이클러Emmi Pikler가 헝가리의 로크지 연구소Lóczy Institute에서 발달시킨 체제인데, 추후 거버Magda Gerber가 미국에서 수용 변형시켰다(Gerber & Johnson, 1998). 이 체제에서, 성인은 영아에게 다음에 할 일에 대해 의사 소통하고(예컨대 "나는 너를 들어 올리려고 한다."), 행동을 진행하기 전에 영아의 반응을 기다릴 것을 권고한다. 이것은 영아에게 양육 일과와 그에 따른 성인과의 상호 작용에 능동적으로 참여하도록 만든다. 성인의 행동은 유아의 반응에 대한 부수적 행동이 되어야 하며, 유아를 압도하지 않아야 한다. 일부 육아 전문가는 자녀에게 유아가 행하는 모든 것과 부모가 하는 모든 것을 쉬지 말고 계속해서 설명하도록 격려한다. 이와 같은 양육 방식은 유아를 동등한 참여자로 취급하지 않는 것이다. 성인끼리 대화할 때, 한쪽이 일방적으로 말하지는 않는다. 성인은 다른 사람에게 의사 소통할 기회를 주고, 다음에 반응을 하게 된다. 파이클러와 거버는 아기가 몸짓, 얼굴 표정, 눈맞춤과 동작으로만 의사 소통을 하지만 영아와의 상호 작용은 성인과의 의사 소통과 동일한 원리로 적용되어야 한다고 주장한다.

비고츠키 학자들은 성인이 항상 유아의 현재 수준보다 더 높은 수준으로 반응해야 한다고 주장한다. 아기가 몸짓과 소리내기로 양육자에게 말을 걸기 시작하면, 성인은 유아의 주도성을 다음 수준으로 확장할 필요가 있다. 예를 들면 아기가 옹알이를 하고 소리를 내면, 양육자는 마치 대화에 참여하는 것처럼 말을 해야 한다. 아기가 어떤 것을 쳐다보면, 양육자는 아기가 어떤 것을 지적하는 것처럼 행동해야 한다. 양육자는 사물에 대해 언급하거나 사물을 가까이 가져와야 한다. 만약 아기가 지적하거나 다가가면, 양육자는 아기가 사물의 한 측면 혹은 사물 자체를 설명하는 것처럼 반응해야 한다. 양육자는 그 다음으로 아기가 보고 만진 것에 대해 언급한다. 아기가 멀리 바라보거나 쳐다보기를 멈추면, 양육자는 한 발 물러서서 기다려야 하는데, 아기의 '멈춤' 신호가 있게 되면 성인의 이상적인 반응은 아기와의 상호 작용을 중단하는 것이다.

6개월에서 12개월까지의 영아 지원하기

주위 사물 교환으로 비계 설정하기

성인이 통상적으로 좀 더 일찍 다양한 사물을 소개하더라도, 실제로 아기가 사물의 조작에 관심을 갖기 시작하는 것은 영아기의 후반기이다. 한편으로 사물에 대한 이러한 새로운 관심은 영아의 기민성이 증가하고 다가가고 잡는 능력이 발달하면 생기고 다른 한편으로는 주 양육자가 하는 모든 것에 흥미를 보임으로써 생긴다. 영아와 양육자 간의 따뜻하고 사랑스러운 상호 작용을 통해 애착의 발달에 대한 비계 설정이 지속되는 동안 영아는 새로운 초점 즉 사물 지향 행동을 습득하게 된다. "사물의 조작과 이러한 조작에 대한 유아의 관심을 유발함으로써 성인은 유아의 관심과 긍정적 정서를 유아 자신으로부터 이러한 사물로 전이시키게 된다"(Karpov, 2005, p. 86; Zapozozhets & Lisina, 1974, p. 67).

영아기의 의사 소통 요구에 대한 진화를 설명하면서, 리시나는 영아기 후반부의 이러한 시기를 '정서적'으로부터 '실제적'으로 바뀌는 의사 소통이라고 정의한다(Lisina, 1986). 영아는 성인의 관심을 지속적으로 추구하지만, 영아는 이러한 관심 집중이 미소짓기와 소리내기에 제한되는 것에 더 이상 만족하지 못한다. 영아는 이제 사물의 탐색과 조작을 하면서 성인과 협력하기를 원한다. 때로 이 협력은 영아가 사물을 쥐고 있도록 도와 주기도 하고, 때로는 영아가 어려운 조작을 할 때 성인이 도와 주기를 원하기도 한다. 또 다른 상황에서, 영아가 원하는 모든 것은 성인의 격려와 칭찬이다. 성인은 세상과의 상호 작용을 위한 매개자가 된다. 영아는 성인을 자기의 확장자, 즉 신체적으로 자신의 팔과 다리이며, 자신이 아직 모르는 사물에 대한 지식의 운반자로 이용하기 시작한다.

그러므로 양육자는 이 연령의 영아에게 점진적으로 복잡한 사물을 소개해야 하며, 영아에게 새로운 조작의 본보기가 되어야 하고, 이러한 새로운 조작을 연습하고 새로운 조작을 적용하기 위한 기회를 제공해야 한다. 비고츠키 학자들은 성인이 영아가 조작할 수 있는 적합한 장난감과 일상 사물을 선정하고, 영아가 가장 효과적으로 사물을 사용할 수 있도록 이러한 사물의 사용에 시범을 보임으로써, 6개월에서 12개월까지의 영아의 발달을 최대한 지원할 수 있다고 제안한다. 영아가 사물을 조작하도록 돕는 전 과정은 발달하고 있는 영아의 능력에 대한 결정과 영아가 스스로 할 수 있는 잠재적 수행 능력 간의 민감한 상호 작용으로 구성된다. 성인은 영아가 현재 할 수 있는 것에 민감해야 하며, 성취의 경계선에서 적절한 지원을 제공해야 한다.

영아기 후반부가 되면 영아는 스스로 사물을 탐색하기 시작하며, 성인은 이전과는 다른 경험을 할 다른 특성을 가진 사물을 선택할 필요가 있다. 예를 들어, 영아가 다르게 움켜잡을 수 있는 다양한 크기의 장난감을 제공해야 한다. 다른 특성, 즉 색, 질감, 무게들이 동일한 장난감의 부분으로 되어 있으면 특히 흥미로워 한다.

손 내뻗기와 움켜쥐기의 발달은 성인이 영아와 상호 작용하는 방법에 따라 결정된다. 이러한 운동 근육적 행동은 영아가 독립적으로 행동하는 것 같지만, 실제로는 성인이 이러한 행동을 형성한 것이다. 영아의 손이 닿지 않는 거리에서 딸랑이를 흔들어, 성인은 영아가 자기 팔을 멀리 뻗고, 사물을 만지기 위해 몸을 앞으로 숙이도록 이끈다. 성인은 딸랑이를 흔들거나 영아가 딸랑이를 흔들도록 손에 딸랑이를 쥐어 주어서 장난감을 사용하는 다른 방법을 시범 보여 준다. 비고츠키 학자들은 이러한 단순한 행동이 영아가 '발견한' 것이 아니고, 성인의 입력을 통해 사회적으로 실행되는 것이라고 주장한다. 모빌과 같은 매달려 있는 사물이 아무리 색채가 풍부하고 기술적으로 복잡해도 사물 그 자체만으로는 영아에게 다양하게 반응하고, 사물을 변화시키고, 영아가 움켜잡는 사물의 거리를 다양화해 영아의 참여를 유지하는 성인에 의해 이루어지는 동일한 발달을 이끌어 내지 못한다. 오직 다른 인간 존재만이 영아가 사물을 조작해 학습에 몰입하는 데 필요한 작고 미묘한 조절을 만들어 낼 수 있다.

첫 몸짓에 대해 비계 설정하기

영아의 몸짓이 언어와 연결하게 되는 것은 바로 사물에 대한 이러한 상호 작용을 통해서이다. 언어는 처음에 양육자가 말을 하고 영아는 몸짓으로 기여하는 공유된 행동을 통해 학습된다. 성인은 영아가 자기 팔을 곰인형을 향해 흔들면 "네 곰인형을 안아 주기를 원하니?"와 같은 말을 한다. 시간이 경과하면, 영아는 성인이 사물을 제공하면서 사용했던 사물과 행동을 위한 말을 적절하게 한다. 이것이 영아가 학습하는 첫 단어가 된다. 성인이 사용한 언어는 사물에 대한 영아의 몸짓과 상호 작용에 대한 직접적 반응이라는 것이 중요하다.

영아 자신의 행동과 언어의 우연성 및 연계성의 중요성을 고려해 본다면 영아기에는 대중 매체 프로그램, 상호 작용적 장난감, 비디오가 지나치게 강조되어서는 안 된다. 상호 작용이 없는 성인의 말이나 라디오, 텔레비전 듣기는 직접적이고 면대면으로 의사 소통하는 것만큼 발달에 동일한 수준의 긍정적 효과를 주지 못한다. 같은 이유로, 느린 행동과 장난감이나 등장 인물이 영아에게 반응하거나 말하는 것과 같은 상호 작용이 있도록 영아를 위해 특별하게 고안된 비디오와 장난감이라도 실제 사물을 대체할 수는 없다. 바람직한 언어적 상호 작용은 영아가 내는 특정한 소리에 진정으로 반응해 주는 것이다. 바로 이런 개인적 상호 작용은 영아 고유의 주도성을 확장시키며 영아가 바로 그 시간에 만지고 보는 사물과 관련성을 갖게 한다. 영상이 나오거나 장난감이 움직이는 동시에 비디오와 장난감에서 나오는 일반적 말은 동일한 효과를 갖지 못하는데, 그 이유는 영아가 화면의 다른 부분이나 어떤 것을 볼 수도 있기 때문이다. 장난감과 비디오의 말은 영아의 행동에 수반된 것이 아니고 시각적으로 나타난 것에 수반된 것이다. 리시나는 이러한 전자 유형의 기계적 대화는 영아와 반응적이며 사랑하는 성인 사이에서만 실제로 발생될 수 있는 '진정한 상호 작용'만큼 가치가 있는 것은 아니라고 본다.

12개월에서 24개월까지의 걸음마기 유아 지원하기

영아기에서 걸음마기까지의 전환기는 영아가 기동성을 가지고 기고 걸을 때 일어난다. 이러한 기동성은 영아가 사람과의 상호 작용이나 사물의 탐색을 위한 새로운 기회로 문을 열어 준다. 그러나 이는 동시에 영아가 지금부터는 안전하지 않은 상황으로 들어가고 요구된 성인의 협조가 있기 전에 사물에 도달하게 된다는 것은 의미한다. 어린 걸음마기 유아는 종종 성인과 반대 방향으로 행동하는 것처럼 보이는데, 비고츠키 자신과 많은 그의 추종자가 이 연령을 서구에서 '미운 두 살'을 설명하기 위해 사용된 도전성이라는 용어로 묘사했다(Vygotsky, 1998). 동시에, 비고츠키 학자들은 실제로 이러한 반대로 하는 행동은 바로 그 영아가 더 어릴 때 했고 성인이 상호 작용할 사물을 영아에게 가져올 때 영아가 했던 탐색의 확장임을 강조한다. 어린 걸음마기 유아는 무엇인가 하는 것을 중지하라는 성인의 지시를 따를 능력이 없다. 그러나 양육자는 바로 손에 닿지 않는 거리의 영아나 사물이 손에 닿지 않도록 이동할 뿐 아니라, 그 행동을 하면서 동시에 "안 돼"와 같은 간단한 명령을 사용하는 것 역시 중요하다. 행동과 언어를 동시에 사용하는 것은 중요한데, 왜냐하면, 마치 영아가 다음 수준으로 발달하고, 자기 지시로서 혼자말을 사용할 수 있는 것처럼 성인이 행동하기 때문이다.

사물 지향 활동 지원하기

다양한 사물의 물리적 특성에 대해 무한히 확장된 지식으로 무장되면서, 걸음마기 유아는 이러한 사물 간의 관계를 검증하기 시작한다. 한 가지 사물만을 탐색하는 데 만족하기보다는, 한 사물에 다른 사물을 넣어보거나 한 사물을 다른 사물에 두드리려는 것과 같이 이제부터는 한 사물이 다른 사물에 대해 가지는 효과를 보게 된다. 그러므로, 걸음마기 유아와 상호 작용할 때, 성인은 유아가 사물 간의 차이점과 유사점뿐 아니라 한 사물에 대한 다른 사물의 행동 결과로서만 밝혀지는 숨겨진 특성을 발견하도록 돕는 사물을 제시해야 한다. 예를 들어, 영아가 실제로 한 사물에 다른 사물을 맞추어 보거나 한 사물로 다른 사물을 쳐다보지 않고는 한 사물이 다른 사물보다 더 부드럽다는 것을 알 수가 없다.

카르멘의 아버지는 카르멘에게 서로 끼워 맞추는 두 개의 플라스틱 통을 주었다. 아버지는 카르멘이 이것을 조작하도록 하지만, 사물을 서로 맞추는 법도 보여 준다. 처음에 카르멘은 한 통에 다른 통을 넣으려고 애를 썼으나, 곧 사물을 맞추기 위해 사물을 돌리는 방법을 알아챘다. 그 다음 아버지는 카르멘에게 쥐어짜서 찌그러뜨릴 수 있는 부드러운 입방체를 주었다. 카르멘은 입방체를 쥐어짜서 찌그러뜨린다. 카르멘의 아버지는 카르멘에게 어떻게 입방체를 찌그러뜨려서 큰 통에 넣을 수 있는지를 보여 준다. 카르멘은 여러 번 이 행동을 반복하고, 그녀의 손에서 사물을 교대로 한다. 카르멘의 아버지는 카르멘이 하는 행동에 해당하는 말을 한다. 카르멘의 아버지는 "그것을 찌그러뜨려, 그리고 그것을 안에 넣어."라고 말한다. 카르멘은 그 다음에 더 작은 통에 부드러운 블록을 넣을 수 있다는 것을 발견한다.

비고츠키 학자들에 의하면, 영아의 탐색적 행동은 성인이 시범을 보이는 것과 영아 자신의 탐색 간의 상호 작용에 의한 결과이다. 적절한 비계 설정은 성인이 유아에게 한 가지 관계를 발견하도록 도와 주고, 그 다음 한 걸음 뒤로 물러나 유아가 이 관계를 알아채도록 허용할 때 일어난다. 유아가 궁극적으로 사물을 독립적으로 조작하는 법을 학습하고 사물과 상호 작용하는 새로운 방법을 찾아내도록 하려면, 이 공유된 활동은 성인이 지배적이어서는 안 된다. 한편, 유아가 다른 사람과 사물을 통한 경험을 공유하지 않고 모든 것을 혼자서 사물을 가지고 놀게 되면, 유아가 사물이 가진 모든 특성을 발견하는 데 많은 시간이 걸리게 된다. 비고츠키 학자들은 걸음마기 유아가 다음 단계의 발달로 이동하도록 도와 주는 적절한 비계 설정의 중요성을 계속해서 강조한다.

도구적 활동 지원하기

걸음마기 유아가 사물의 용도를 발견하게 되면, 어떤 사물을 간단한 도구로 사용할 수 있다는 것을 학습하게 된다. 초기에 유아는 자신이 쥐고 있는 도구를 단순히 자기 손의 확장자인 것처럼 다루지만, 나중에는 유아가 도구의 특수한 특성, 즉 모양이나 무게에 자신의 손을 조정시켜 적응하는 법을 학습한다(Novoselova, 1978). 예를 들어, 걸음마기 유아가 숟가락을 사용하기 시작하면, 처음에는 정확한 방식으로 숟가락을 잡지 않는다. 결과적으로, 자기의 입을 놓치거나 잘못된 방향으로 숟가락을 뒤집어서 내용물을 여기저기에 엎지른다. 유아가 좀 더 익숙해지면, 다른 사물과 다르게 숟가락을 쥐기 시작하는데, 특정 방법으로 자신의 손을 틀고, 숟가락에 무엇이 있든지 간에 자기 입으로 들어갈 수 있는 특정한 방식으로 잡는 법을 숙달하게 된다.

유아가 자기 주변의 세계에서 많은 도구를 사용하는 법을 학습하도록 성인은 안내하고 지원한다. 이러한 맥락에서, 도구는 숟가락과 컵과 같은 먹는 도구에서부터 빗자루, 붓과 삽까지 범위가 넓을 수 있다. 처음에, 도구 사용은 사실상 도구를 가장 효율적으로 잡는 정확한 손의 위치(혹은 좀 더 큰 도구의 경우 몸의 위치)가 되도록 성인이 유아의 손을 잡아 주면서 일어난다. 그 다음, 유아가 성인이 사용하는 근사치로 도구를 사용하기 시작하게 되면, 부모는 한 걸음 물러서 유아가 행동을 완수하는 것을 바라보고 유아가 실수를 할 때만 지원을 하게 된다. 이 시점에서, 성인의 역할은 피드백을 주고 격려하는 것이다. 비계 설정의 원칙에 따르면, 부모는 유아에게 도구 사용의 책임을 넘겨 주는 것이다.

'감각 운동적 개념'의 발달 지원하기

걸음마기 유아가 사물을 사용하는 법을 학습하게 되면, 성인이 사물과 상호 작용하는 방식을 모방한다. 비고츠키 학자들은 일련의 행동에 대한 이러한 모방은 내면화되고, 유아에게는 특정 사물과의 상호 작용을 위한 특정 도식 혹은 '감각 운동적 개념'이 발달하기 시작한다고 주장한다.

리사가 빗으로 머리빗기를 학습하도록 돕기 위해, 리사의 엄마는 리사에게 어떻게 자신의 머리를 빗는지를 보여 준다. 리사는 엄마를 의도적으로 바라본다. 리사는 빗을 집어 올려서 엄마를 모방하려고 한다. 리사는 엄마를 보면서, 빗의 뒤쪽으로 자기 머리를 친다. 리사의 엄마는 리사의 머리에 닿는 면에 빗의 부드러운 털이 오도록 하기 위해 빗의 위치를 수정해 준다. 그 다음, 리사의 빗을 든 손을 잡고 리사의 손을 움직이도록 한다. 엄마는 끄덕이며, "네 머리를 빗자."라고 말한다. 이러한 상호 작용을 통해 리사는 빗질의 시각, 촉각, 운동적 표상을 연합할 뿐 아니라 이 새로운 도구의 사용에 대해 설명하면서 그녀의 엄마가 사용한 특정 단어를 연계해 빗에 대한 감각 운동적 도식 혹은 개념을 발달시키게 된다. 이와같이, 유아 주변의 도구 사용에 대한 발달은 핵심적으로 부모와의 상호 작용에 의해 형성된다. 만약 부모가 주변에서 이러한 사용에 대한 시범을 보이지 않았다면, 리사가 빗으로 무엇을 해야 하는지조차 알지 못했을 것이다.

성인이 도구를 처음 소개할 때 그 사용법을 보여 주면서 그와 연계된 언어를 알려 주는 것이 중요하다. 이러한 시범이 없으면, 유아는 다른 개념을 위한 기반을 구성하는 중요한 감감 운동적 도식을 발달시킬 수 없다. 성인은 도구 사용, 그리고 또한 도구 사용에 따라오는 언어와 감각 운동적 행동을 시범 보여 주어야 한다. 걸음마기 유아와 세상 속에 함께 있는 사람은 항상 유아가 현재 있는 시점보다 더 높은 수준에서 유아에게 반응해야 한다. 리사의 머리빗에 대한 예에서와 같이 같은 교수 상황에서 언어를 사용하는 것은 유아가 단순한 감각 운동적 개념에서 상징 언어적 개념까지 확실히 전이되도록 한다. **빗**이라는 단어는 사물에 대한 영상으로서 그 이상인 자신의 머리에서 빗에 대한 행동과 감정도 리사의 마음에 가져왔을 것이다. 이러한 초기의 단어는 유아가 해가 지나면서 학습하는 많은 개념의 기본적 벽돌을 구성하게 된다.

감각 기준의 습득 지원하기

이 연령에서 비계 설정의 다른 중요한 초점은 걸음마기 유아가 큰, 빨강, 혹은 끈적하다와 같은 사물의 특성을 설명하는 단어를 학습할 뿐 아니라 새롭고 친숙한 사물 모두를 탐색하기 위한 **정신의 도구**mental tools로 이러한 단어를 사용하기 시작한다는 것이다. 비고츠키 학자들은 '감각 기준sensory standards'이라고 부르는 설명적인 말과 그 말에 연계된 개념의 도구적 가치를 강조한다(제8장 참조). 감각 기준의 습득을 지원하는 비계 설정에 대한 저술에서, 비고츠키 학자들은 **빨강** 혹은 **사각형**과 같은 매우 추상적 단어의 학습뿐 아니라 이러한 감각적 특성을 예시하는 좀 더 친숙한 단어를 각각 사용하는 것은 걸음마기 유아가 자신의 지각을 조직하는 데 도움이 되지 않는다고 강조한다. 그러므로 "토마토와 같은 빨강"이라고 색을 설명하고 "공같이 둥근"이라고 모양을 설명하는 것이 걸음마기 유아가 색깔과 모양을 학습하도록 돕는 더 좋은 방법이 될 수 있다.

비고츠키 학자들도 색과 모양에 대한 단어 학습은 의미 있는 활동, 즉

이 단어가 유아가 어떤 사물과 상호 작용하는 방법에 영향을 주는 활동과 통합되어야 한다고 믿는다. 예를 들면, 단순히 걸음마기 유아에게 큰 공이나 빨강 블록을 건네 주도록 요청하는 것만으로는 유아에게 공이나 블록의 여러 다른 특성에서 색이나 크기의 속성을 분리시키도록 가르칠 수가 없다. 한편, 색이 관찰 하나만으로는 발견할 수 없는 어떤 숨겨진 특성의 표징이 될 수 있다는 것을 보여 주는 시범을 통해 유아가 특정 색의 부재나 출현에 좀 더 주의를 집중하게 만들 수 있다. 예를 들어 딸기가 익어 달면 전체가 빨갛게 되고, 초록 딸기는 아직 익지 않고 좋은 맛이 나지 않는다는 것을 유아에게 보여 줄 수 있다. 즉, 빨강색은 유아가 빨강에 주의 집중하도록 만드는 의미를 갖게 된다. 또 다른 예로 여러 가지 모양을 보여 주는 것을 들 수 있다. 유아에게 사물의 모양을 말하면서 공, 사과, 상자와 같은 다양한 사물을 유아가 굴려보도록 한다. 오직 둥근 사물만이 굴러간다는 사실을 발견한 후에, 유아는 모양에 더 주의를 집중할 것이다.

상징적 대체 지원하기

걸음마기 유아가 상징적 대체를 만드는 능력을 형성하게 되면, 성인은 유아를 위해 시범을 보이고 언어적 지원을 제공해야 한다. 이렇게 하는 한 가지 방법은 대체물로 시범을 보이며 유아와 놀이하는 것이다

리안이 장난감 자동차를 가지고 바닥에 자동차를 굴리자, 아버지가 "부릉"이라고 말한다. 아버지가 블록을 들고, 블록을 앞으로 밀면서 "이것은 내 차야."라고 말한다. 리안은 즉각적으로 즐거워한다. 리안이 블록으로 손을 뻗는다. 리안의 아버지는 리안에게 블록을 건네 주고, 리안은 자기 장난감 자동차를 놓고, 블록이 장난감 자동차인 것처럼 "부릉"

이라고 말하면서 자기 아버지의 동작을 모방한다. 리안의 아버지는 리안에게 블록이 다른 무엇이 된 것처럼 블록을 다루는 법을 보여 주게 된다. 다른 예로, 블록은 다른 블록으로 걸어가서 말하는 사람이 되고, 다음에는 말하는 척하는 데 사용하는 전화가 되며, 마침내 리안의 곰인형을 위한 베개가 된다. 시범을 보여 줌으로써, 블록은 리안의 행동과 언어를 통해 모든 다른 사물이 될 수 있으며, 리안의 아버지는 상징적 대체물을 만들도록 리안을 도와 준다.

장난감이 점점 더 실제 사물을 그대로 모방한 모형물이 되는 이 시대에 이러한 놀이 교환의 중요성이 과소 평가되지 않아야 한다. 걸음마기 유아는 자신이 소유한 대부분의 장난감이 실제 사물과 정확히 동일하게 보이면 상징적 대체를 연습할 기회가 없어진다. 성인은 어떻게 장난감이 다른 방법으로 사용될 수 있는지 그리고 어떻게 일상용품이 장난감이 될 수 있는지를 보여 줄 수 있으며, 이를 통해 몇 년 후에 상징적 놀이에서 실현되어 나타날 인지 기술을 기르도록 도와 줄 수 있다.

24개월에서 36개월까지의 걸음마기 유아 지원하기: 걸음마기에서 유아기로의 전이

걸음마기 유아의 자아 개념 출현 지원하기

영아가 걸음마기에서 빠져나오기 시작하면서, 영아는 성인으로부터 독립적으로 행동하기 시작한다. 영아는 지금부터 성인이 없을 때 자기 스스로 걷고 사물을 사용하면서, 자신의 의지와 요구가 부모나 양육자와 동일하지 않다는 것을 발견한다. 영아라는 존재에서 걸음마기 유아라는 존재로의 전이는 기기와 걷기를 통해 양육자로부터 신체적으로 분리되는 능력에 바탕을 두고 있다. 걸음마기로부터의 전이는 독립을 향한 또 다른 단계로, 이 시기는 신체적 독립보다는 정신적인 독립을 하는 시기이다. 걸음마기 후반부는 걸음마기 유아가 "아니"라고 말할 수 있고, 성인이 원하는 대로 하는 것을 거절할 수 있음을 발견하는 시기이다.

매니는 과거에는 엄마가 그의 접시에 무엇을 올려놓든지 먹었으나, 지금은 시금치 먹기를 거부한다. 그의 엄마는 매니에게 시금치를 먹이려 하지만. 그는 입을 다물고, 가능한 자기 몸을 음식으로부터 멀리 떨어지려고 뒹군다. 엄마가 음식을 의자의 식판에 놓아두자, 매니는 음식을 바닥에 떨어뜨리거나 식판에 놓인 음식을 짓이겨서 가루로 만든다.

성인은 이 연령에서 반대 행동처럼 보이는 많은 행동이 반항이 아니라 독립을 위한 시도로 인식하고 영아의 자아 개념 출현을 지원할 수 있다. 영아가 수퍼마켓 한가운데에서 떼를 쓸 때 행동에 감정적으로 화를 내지 않는 것은 분명히 어렵다. 그러나 떼쓰는 것을 조용하고 합리적 방법으로 처리하면 상황을 쉽게 처리하는 데 도움이 될 수 있다. 걸음마기 유아가 어떤 것을 거절하는 것은 더 큰 유아가 거절하는 것과 동일한 이유가 아닐 수도 있다. 앞서 언급한 시금치 먹기를 거절하는 것은, 맛보다 시간과 장소에 관련된 행동일 수도 있다. 나중에 영아로 하여금 접시를 선택하게 하고 시금치를 주면서 영아가 시금치를 먹어 보도록 격려할 수도 있다. 위험하지 않은 상황 속에서 걸음마기 유아에게 자신의 의지를 주장할 기회를 제공하는 것은 힘 싸움을 방지하고 독립적 인간으로서 영아의 자아 개념을 형성하는 먼 길을 가도록 하는 것이다.

영아에게 사실적이며 합리적이고 제한된 선택을 제공하는 것은 자아 개념을 형성하도록 돕는 것이다. 그러나 동시에 합리적인 경계도 제공되어야 한다. 이러한 한계 내에서 조정하는 것은 영아가 자신의 독립심을 주장하도록 만드는데, 이것은 영아가 정상적으로 발달하기 위해 경험해야 할 중요한 것이다.

가작화놀이의 시작 지원하기

걸음마기 동안에 영아는 자신의 첫 상징적 행동을 보여 주기 시작하는데, 이것은 가작화놀이의 발달로 이끌게 된다(그림 9.1 참조). 영아는 자신이 사용하는 법을 아는 도구를 일상적으로 사용하는 것과 다른 맥락에서 사용하기 시작한다. 통상적인 맥락으로부터 도구를 제거함으로써, 영아는 추상화를 향한 첫걸음을 시작한다.

토비는 자기 숟가락을 들고 곰인형에게 먹이는 척한다. 음식은 없지만, 토비는 그에게 음식이 있다면 자신이 먹는데 할 수 있는 행동을 한다. 토

그림 9.1 사물에 의한 걸음마기 유아의 상호 작용

그림 9.2 걸음마기 유아는 엄마와 가장 행동에 참여한다.

비는 아직 일 년 후에 가능한 가작화놀이의 수준에 도달할 연령은 아니지만, 숟가락을 대체하기 위해 막대와 같은 어떤 다른 사물을 사용할 수 있게 된다. 토비는 상징적 대체의 초기 수준에 있는 것이다.

가작화놀이는 영아의 다른 행동과 함께 도구를 사용함으로써 출현하는데, 비고츠키 학자들은 가작화놀이가 영아의 사회적 세상에서 누군가가 먼저 시범을 보여 준 것이라고 믿는다(그림 9.2 참조). 가작화놀이를 길러 주는 성인의 역할은 걸음마기 유아에게 곰을 먹이는 것처럼 가장하는 법을 시범 보이는 것이다. 다시 한 번 강조하지만, 행동을 설명하는 언어를 사용하는 것은 유아를 가장 세계로 이동하도록 돕는다.

프란체스카의 엄마는 아기 인형을 들어올리며, "오, 아기가 이렇게 배가 고파. 나는 아기에게 음식을 줄 거야."라고 말한다. 엄마는 숟가락 하나를 들어서, "여기, 얌얌."(엄마는 자기 입술을 다신다)이라고 말하고 아기 인형의 입으로 숟가락을 들어올린다. 프란체스카는 숟가락을 들고, 아기 인형 볼을 숟가락으로 치면서, 입맛을 다시고 "얌" 하고 말한다. 프란체스카의 엄마는 자기의 손을 조정해 주고, 프란체스카는 "얌"이라고 말하며 동작을 반복하지만, 이번에는 인형의 입 가까이에 숟가락을 놓아둔다. 프란체스카는 자기 엄마를 바라본다. 엄마는 "얌얌" 하며 미소짓고 끄덕인다.

때로 영아는 식탁을 따라 자동차를 미끄러지게 하는 것과 같은 독립적인 행동을 한다. 이 시점에서, 이러한 행동을 설명하는 단어를 제공하는 성인의 능력은 매우 중요하다. 성인은 "부릉부릉. 너는 자동차를 운전하고 있니?"라고 말해야 한다. 성인은 걸음마기 유아가 반복할 수 있는 말을 제공하고 상황에 대한 언어적 설명을 제시함으로써, 유아원 시기 유아의 가작화놀이, 즉 발달의 다음 단계에 나타날 가작화놀이의 영역으로의 이동을 도와 준다.

자기 조절의 시작 지원하기

비고츠키 학자들은 걸음마기 유아의 자기 조절의 시작은 혼자말의 사용과 연계되어 있다고 본다(제6장과 제7장 참조). 혼자말의 사용은 영아마다 다양하며 영아의 전반적인 수준의 언어 발달에 좌우되는데 (Smirnova, 1998), 혼자말의 비계 설정을 위한 다음의 제안은 이 연령의 모든 영아에게 적용될 수 있다.

첫째, 영아가 자신의 행동을 조절하는 능력을 가지려면, 이러한 자기 조절을 위해 사용할 규칙과 기준을 학습할 필요가 있으며, 그 규칙과 기준을 명명하는 언어도 함께 학습해야 한다. 이는 걸음마기 유아에게 무엇을 할지 그리고 무엇을 하지 않을지를 말할 때 간단하지만 적확한 언어를 사용해야 한다는 것을 의미한다. "안 돼.", "멈춰."라고 말하는 것보다 "난로를 만지지 마라." 또는 "텔레비전을 꺼라."라고 말하는 것이 더 좋다. "난로를 만지지 마라. 만지면 너무 뜨겁고, 위험해. 아야~ 네가 다칠 수 있어."라고 말하는 것은 영아가 기억하기에는 너무 많은 말이다. 성인이 사용하는 언어는 영아가 스스로에게 말할 수 있는 본보기가 되어야 한다.

두 번째, 혼자말에서 '자기 명령'을 알기 전에, 걸음마기 유아는 다른 사람의 행동에 대한 자신의 말과 그 효과 간의 관계를 이해할 필요가 있다(제7장의 타인 조절과 자기 조절에 대한 토의 참조). 이러한 관계를 연습하는 좋은 방법은 성인과 영아가 차례를 지키며 서로 무엇을 할지를 말하고, 그 다음 그것을 실제로 해 보는 게임을 하는 것이다. 예를 들면, 단순한 행동을 서로 요구하면서 차례를 지키며 장난감 자동차를 경사로 아래로 굴리거나 한 블록 위에 다른 블록을 놓을 수 있다. 성인은 "블록을 놓아."라고 말하고, 영아는 블록을 놓는다. 그 다음, 영아가 "블록을 놓아."라고 말하고, 성인이 블록을 놓는다. 이러한 유형의 게임에서는 명령하기와 명령 따르기 간의 관계가 성립된다.

마지막으로, 성인이 정확한 행동의 시범을 보이면서 영아가 한 혼자말을 반복하거나 확장함으로써 영아를 도울 수 있다. 예를 들어 뜨거운 냄비에 다가가면서 "안 돼."라고 계속 말하는 영아에게는 영아의 손을 뒤로 빼고, "안 돼."라고 계속 말하도록 격려하고, "맞아. 안 돼, 냄비를 만지지 마."라고 말하는 것을 의미한다. 걸음마기 유아의 행동을 네 살 혹은 다섯 살 유아의 행동과 동일하게 해석하지 말아야 한다. 걸음마기 유아는 목적을 가진 불순종 혹은 놀림을 하는 것이 아니다. 왜냐하면, 아직 자기 조절에 대한 능력이 없기 때문이다. 혼자말은 바로 출현하게 된다. 다음 몇 년 동안 성인이 적절하게 지원해 주면 유아는 자기 행동을 조절하기 위해 독립적으로 혼자말을 사용할 수 있게 된다.

추가 참고 문헌

Karpov, Y. V. (2005). *The neo-Vygotsky approach to development.* New York: Cambridge University Press.

Venger, L. A. (1988). The original and development of cognitive abilities in preschool children. *International Journal of Behavioral Development,* 11(2), 147-153.

Vygotsky, L. S. (1998). *Child psychology* (Vol. 5). New York: Plenum Press.

제10장

발달적 성취와 주요 활동: 유아원과 유치원 시기

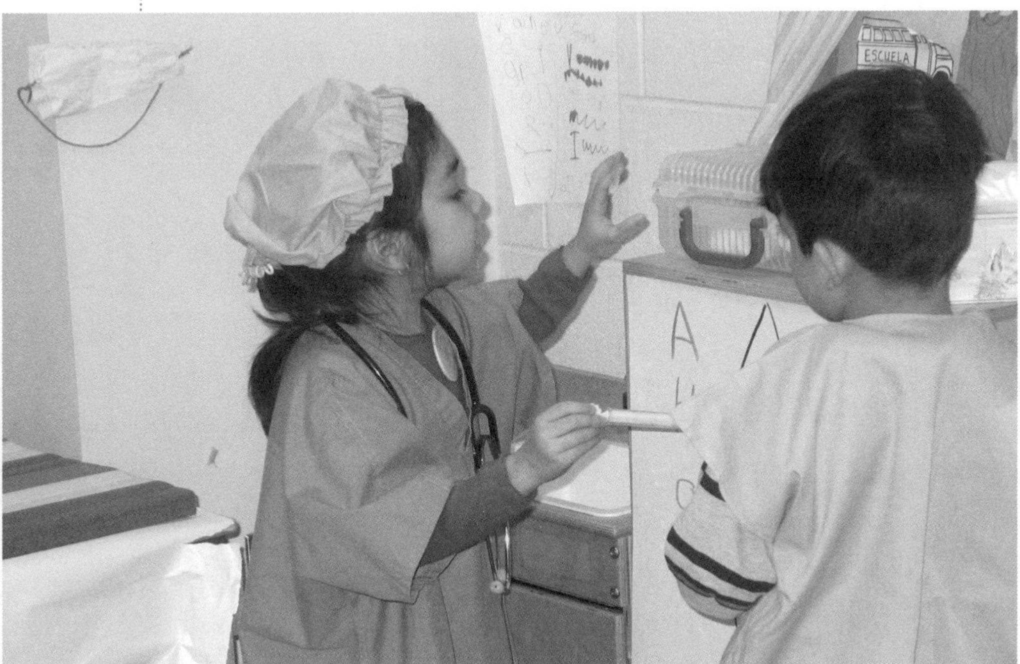

이 장에서, 우리는 유아원과 유치원(세 살에서 다섯 살) 시기 유아의 발달적 성취와 주요 활동에 대해 논의하고자 한다. **발달적 성취**와 **주요 활동**이라는 용어의 정의는 제8장의 초반에 제시했다.

발달적 성취

유치원 시기에 출현하는 발달적 성취는 상상력과 상징적 기능, **내재적인 정신적 영역**에 적용되는 능력, 사고하기와 정서 및 자기 조절의 통합이다. 이러한 발달적 성취는 유아가 이 시기의 주요 활동을 충분히 경험하지 못하면 나타나지 않는다. 유아가 창의적, 상상적, 가작화놀이에 참여하지 않게 되면, 유아는 이 시기의 발달적 성취를 얻을 수 없다. 제8장에서 설명했듯이, 발달적 성취는 단순한 성숙의 결과가 아니고, 주요 활동의 참여가 요구되고, 발달적 성취의 습득을 위해 충분히 강력한 참여를 보장하는 사회적 맥락이 지원되어야 한다.

상징적 기능

유아기의 첫 발달적 성취는 상징적 기능인데, 유치원 시기 말에 나타난다(Elkonin, 1972; Leont'ev, 1978). 이 성취를 얻은 유아는 무엇인가 다른 것을 표현하기 위해 사물, 행동, 단어와 사람을 사용할 수 있게 된다. 예를 들면, 상자를 우주선이라고 사용하기, 나는 것을 표상하기 위해 양팔을 젓기, "우리는 외계인이다"라고 선언하기, 혹은 나무가 된 것처럼 가장하기는 상징적 기능을 사용한 예가 된다. 비고츠키는 이러한 사물, 행동, 단어와 사람의 상징적 사용은 읽기, 쓰기와 그리기와 같은 상징 사용의 기초가 되는 문해력을 학습하기 위해 유아가 준비하는 방법이라고 생각했다.

상징적 기능 발달의 또 다른 측면은 유아가 단어를 개념으로 사용하기 시작하는 것이다. 비고츠키는 유아의 첫 개념은 성인의 개념과 차이가 있음을 지적했다(제6장 참조). 어린 유아는 비고츠키가 **복합체**complexes라고 명명한 개념을 형성하게 되는데, 이 복합체는 사물을 범주화하는 데 사용되는 다양한 속성이 서로 분화되지 않은 것이다(Vygotsky, 1962). 즉, 한 복합체에 모든 속성이 함께 연결되어 있는데, 예를 들어 블록을 "큰-정사각형-빨강색"으로 개념화하는 것이다. 사물 그리고 공유된 활동을 통한 다른 사람과 많은 경험을 한 후에야 각 속성을 독립적으로 인식할 수 있는데, 이전의 큰-정사각형-빨강 블록은 이제 "크고", "정사각형"이고, "빨강색"의 블록으로 인식되는 것이다. 유아원 시기의 유아는 "큰-정사각형-빨강"이라는 의미로 **빨강**이라는 단어를 사용할 수 있다. 성인은 유아가 사용하는 "**빨강**"이라는 단어를 성인이 사용하는 것처럼 색을 묘사하는 한 가지 속성을 의미한다고 받아들일 수도 있다. 그러나 유아가 많은 맥락적 단서에 의존하는 매일의 대화 속에서, 단어에 부여한 의미가 성인이 같은 단어에 부여한 의미와 동일한지 아니면 혹은 다른지는 명확하지 않다. 그러나, 유아가 맥락에서 벗어나 특정 단어를 사용하도록 요청하면, 유아가 사용하는 개념이 종종 성인의 개념과 다르다는 것이 분명해진다. 예를 들어, 색을 기준으로 블록을 분류하도록 요구하면, 네 살짜리 아이는 모든 큰, 빨강, 정사각형 블록을 함께 놓고, 작은, 빨강 블록 혹은 직사각형 빨강 블록은 빼놓는다.

유치원 말 무렵에, 대부분의 유아는 사람과 사물과의 상호 작용을 통해 초기의 복합체를 정교화한다. 유아가 가지고 있는 복합체의 개념은 비고츠키가 **일상적 개념**everyday concepts이라고 부른 형태로 성인의 개념에 점점 더 가까워진다(Vygotsky, 1962). 이러한 일상적 개념은 직관 혹은 순진한 관찰에 기초하며, 엄격한 정의에 의존하지 않는다. 이 개념은 광범위한 개인적 구조로 통합된다. 예를 들어, 유아가 **물고기**라는 단어를 사용하면, **물고기**라는 명칭에 해당하는 사물을 칭할 수도 있으며 혹은 금붕어에서 고래까지 헤엄치는 어떤 것을 포함하는 '물고기류'라는 일반화된 생각을 칭할 수도 있다. 유아는 여전히 과학적 범주에 따라 **물고기**에 대한 엄격한 생물학적 정의를 마음에 두고 있지는 않다.

내재적인 정신적 영역의 활성화 초기

걸음마기 유아보다 더 성숙한 유아원과 유치원 유아는 이 시기부터 **내재적인 정신적 영역**에서 사고하는 능력을 발달시켜야 하는데, 이 의미는 유아의 사고는 더 이상 물리적으로 조작하는 사물에 의존하지는 않는다는 것이다. 한 예는 시각적 영상으로 사고하는 능력으로, 이 능력은 걸음마기 유아의 감각 운동적 사고와 조금 연령이 높은 유아의 개념적인 추상적 사고 간의 발판이 된다(Zaporozhets, 2002). 유치원 시기가 되면, 유아는 사물에 대해 사고하기 위해 사물을 물리적으로 만져 보고 조작할 필요가 없고, 정신 속에서 영상을 조작할 수 있게 된다. 두 살 반 무렵에, 마커스는 퍼즐 조각을 손으로 잡고 맞출 때까지 조각을 돌려가며 끼우지 않으면 퍼즐을 맞출 수 없다. 다섯 살 때는 앞에 놓인 조각을 보고 난 후, 맞는 조각은 선택하고 너무 크거나, 너무 작거나, 혹은 다른 모양을 가진 조각은 무시하게 된다. 더 이상 조각을 만져볼 필요가 없으며, 정신적으로 조각이 맞는지 평가하게 된 것이다. 시각적 영상으로 사고하는 능력의 존재는 중요한 역량이며, 언어와 연계되지 않은 능력이다.

유치원 말 무렵이 되면, 대부분 유아는 불연속적인 시각적 영상의 사고를 넘어서 벵거(Venger, 1986, 1996)가 '모형model'이라고 부른 일반화된 비언어적 표상을 사용하게 된다. 모형의 예로 유아가 자신이 놀이한 역할을 나타내기 위해 창조한 셰마적인 그림, 블록 구성물과 놀이 소품을 들 수 있다. 이러한 초기 모형은 어린 유아의 사고 과정에 대한 많은 내용을 알려 준다. 어린 유아가 그리는 사람에 관한 초기 셰마적 그림 속에서 가장 두드러진 특징은 머리이다. 유아가 오직 '머리'만을 보는 것인가 혹은 어떤 다른 것이 영향을 주는 것인가? 벵거는 이러한 초기 모형이 생략되고 부정확한 것은, 유아가 사물의 핵심적 속성만을 취해 표상하기 때문이라고 주장했다. 머리는, 어린 유아에게 인간상의 핵심을 나타내는 것이다. 어린 유아는 사물의 많은 부분을 성인과 같은 동일한 방법으로 지각하지만, 유아는 정신적으로 중요한 요인으로 간주되는 동일한 요소에 초점을 두지 않는다. 예를 들면, 유아는 자동차의 바퀴를 중요한 요소로 보기 때문에, 종종 바퀴는 있으나 차 안에 사람이 없는 자동차와 버스를 그린다. 자동차에 대한 유아의 생각에 변화가 생기면, 유아는 자동차의 문이나 범퍼를 그리기 전에 사람을 첨가하게 된다. 실생활에서 유아는 사람, 문, 그리고 자동차의 다른 세부 사항을 보게 되지만, 유아가 그린 차 그림은 유아에게 핵심적인 요소만을 표상하게 된다.

나중에 유아는 문자화된 단어나 숫자와 같은 추상을 사용하는 내재적 영역에서 사물의 핵심 속성을 변별하는 능력을 갖게 될 것이다. 그러나, 유아원과 유치원의 유아도 여전히 추상적인 행동을 수행하기 위해 시각적 영상의 지원이 필요하다. 축약된 셰마적 그림은 좀 더 진보된 상징적 표상의 사용을 위한 발판이 된다.

상상력

상상력imagination은 생성적인 정신적 활동으로, 유아가 모든 종류의 사물에 대해 사고하는 새로운 방법을 고안하도록 허용한다. 조안과 팀은 "빨강 모자" 이야기에 대한 동극童劇을 한다. 처음에, 팀은 야비하고 뻔뻔한 늑대이다. 다음에, 조안은 야비한 늑대 대신에 자신의 애완 동물이 된 친절한 늑대가 되라고 요청한다. 유아는 가장 역할의 주인공을 변화시키면서 이 과정을 함께 시도한다. 유아는 블록으로 놀이를 하면서 새로운 구조물과 구성물을 상상할 수 있다. 유아는 놀이하는 동안 사물을 놀이 소품으로 사용하고, 놀이 시나리오에서 요구하는 대로 천 조각을 요술 양탄자나 나무의 꼭대기로 변환하는 능력을 갖게 하는 새로운 방법을 꿈꾸게 된다. 상상력은 유아를 실제 세계의 구속으로부터 자유롭게 하며, 유아는 자신의 마음에 존재하는 말과 상징과 영상을 통해 새로운 세계를 창조할 수 있다(그림 10.1 참조). 이러한 새로운 세계에서, 유아는 실제 문제와 실제 이슈를 해결할 수 있게 된다. 상상적 사고를 실제 영역과 상상적 영역의 두 영역으로 분리한다. 상상적 영역에서, 규칙은 가능한 결과를 탐색하고자 하는 의지에 따라 변화될 수 있고, 조작될 수 있다. 상상적인 사고는 우리가 아이디어를 새롭게 연합하고 문제의 새로운 해결책을 창조하도록 도와 준다. 상상력은 우리에게 오래된 딜레마를 창조적으로 해결하도록 하는 새로운 면에 대해 사고하게 만든다(Dyachenko, 1996; Kravtsova, 1996).

정서와 사고의 통합

정서와 사고의 통합에 대한 발달적 성취도 유아의 정서가 '사려 깊

그림 10.1 혼자 놀이하는 유아원 유아

게' 되는 유치원 말경에 출현한다(Elkonin, 1972; Leont'ev, 1978; Vygotsky, 1998; Zaporozhets & Neverovich, 1986). 걸음마기 유아는 즉각적 상황에 정서적으로 반응하는데, 이들은 분노를 느끼면 울고 바닥에 뒹군다. 대조적으로 대부분의 유치원 시기 유아는 새로운 경험에 직면하게 되면 과거 경험을 기억해 자신의 정서를 조절한다. 유아는 가능한 결과를 예견하게 된다. 이러한 과거 경험은 새로운 사건에 대한 유아의 지각과 반응에 영향을 준다. 네 살 된 브리젯은 연령이 높은 유아 집단과 놀고 싶어하지만, 실외로 나가면서 그녀를 끼워 주지 않는다. 이러한 일이 매일 반복되지만, 브리젯은 전날 일어난 일을 기억하지 못하는 것 같다. 그녀의 다섯 살짜리 언니 모나도 연령이 높은 유아에게 거부를 당하지만, 매일 실외에 나가서 집단에 끼려는 시도를 하는 대신에, 엄마에게 집에 머무르겠다고 말한다. 모나는 과거에 거부당했던 일을 상기하고, 그 기억은 실내에 머무르고자 하는 의사 결정에 영향을 주게 된다.

이러한 정서와 사고에 연관된 발달적 성취는 왜 학교에서의 성공과 실패의 느낌이 새로운 학습 과제를 수행할 때 발생하는 위험 부담을 감수하고자 하는 유치원 시기 유아의 동기와 그의 의지에 영향을 주기 시작하는지를 설명해 준다. 이러한 통찰은 연구 결과에 의해 지지를 받는데, 유아원 시기 유아는 학습의 낙관론자이며, 자신이 언제나 무엇이든 학습할 수 있다고 믿고 있으며, 이러한 특징은 연령이 높은 유아에게는 보편적으로 발견되지 않는다(예컨대 Nicholls, 1978 참조). 또한 이것은 유치원 시기가 끝날 무렵이 되면 유아가 왜 서로에 대해 긍정적이고 부정적 느낌을 구술하고, 변화에 어려움을 갖게 되는지도 설명해 준다. 사고와 정서가 융합되면 수정하기 매우 어려운 강한 소신을 만들게 된다.

자기 조절의 발달

유치원 시기가 끝날 무렵이 되면, 어린 유아는 자기 조절 능력, 즉 자신의 많은 행동을 스스로 지배하는 의도적이며 계획된 양식으로 수행하는 능력을 갖추어야 한다. 유아는 자신의 신체적·정서적 행동을 조절하고, 인지적 행동의 일부를 조절하는 능력을 갖추어야 한다. 학령기 이전의 어린 유아는 반응적인데, 이것은 유아의 행동이 환경에 대한 자발적 반응이라는 것을 의미한다. 프란은 과자를 보고 있고, 배가 고프며, 과자에 손을 뻗는다. 루이스는 존이 자신이 원하는 장난감을 가지고 있는 것을 보고, 존의 장난감을 잡는다. 프란과 루이스는 자신들의 행동에 대한 결과를 고려하지 않고 행동하며, 그들의 행동은 상황에 대한 즉각적이고 순수한 반응이다. 유아는 '환경의 노예'이다. 비고츠키는 유아원과 유치원 시기 동안 유아의 의도와 행동의 결과적 수행 간의 관계에 변화가 있다고 주장했다. 상황에 대해 즉각적인 '생각 없는' 반응을 하는 대신에, 통상적으로 유치원 유아는 자신의 초기 반응을 억제하고 사려 깊고 계획된 방법으로 행동할 수 있게 된다. 생각 없이 행동하는 대신에, 유치원 유아는 행동하기 전에 사고할 수 있게 된다. 자기 조절을 할 수 있는 유아는 의도적으로 행동하며, '자기 행동의 주인'이 된다.

비고츠키 학자들의 전통에 따르면, 신체적·인지적·사회 정서적 자기 조절은 전체 중 일부이다. 유아는 의도적으로 계획하고 사고한다. 유아는 목적에 초점을 두고, 의지를 갖고 주변의 방해를 무시할 수 있게 된다. 유아는 교육과정에 따라 제공되지만 반드시 흥미롭지는 않은 학습 정보를 의도적으로 기억할 수 있다. 유아는 지연 만족, 공격적 행동의 중단, 자기 정서의 통제에 의한 긍정적 방법으로 행동할 수 있게 된다.

자기 조절은 종종 사회 정서적 발달의 '만져서 느끼는' 영역으로 간주하고 있으나, 점점 더 많은 서구 심리학자들이 인지적 과정과 사회 정서적 과정 간에 조절이 수반되는 자기 조절을 제안하고 있다(Blair, 2002). 전체의 부분들이지만, 신체적·인지적·정서적 자기 조절이 모두 동일한 속도로 발달하지는 않는다. 유아는 먼저, 자신의 신체적 행동의 조절, 다음에 정서적 조절을 학습하게 된다. 인지적 자기 조절은 초인지 metacognition와 반성적 사고와 같은 진보된 과정이 포함되며, 초등학교 말까지 완전한 발달은 이루어지지 않는다.

유아원과 유치원 시기 동안 자기 조절의 출현을 위해 여러 과정이 작용한다. 이 과정에는 사적 언어, 타인 조절에 의한 약속, 규칙의 일반화의 사용이 포함된다. 제6장에서 논의된 바와 같이, 유아원과 유치원 시기는 유아어幼兒語와 혼자말 사용의 정점이 되는 시기이다. 혼자말은 유아에게 자기 조절이 필요한 도구를 제공하게 된다. 성인이 유아의 행동을 조절하는 데 사용했던 동일한 말이 지금부터는 적합화되어 유아 자신의 행동을 지시하는 데 사용된다. 즉, 성인의 지시는 내면화되어 유아 자신의 행동을 위한 규칙이 된다.

다른 고등 정신 기능에 의해, 자기 조절이 유아 자신의 정신 과정의 일부분이 되기 전에, 공유된 혹은 상호 정신적 형태로 존재하게 된다(제2장, 제7장 참조). 유아는 자신의 행동에 대한 자기 조절의 능력을 갖기 훨씬 전부터, '타인 조절' 혹은 자기 행동이 타인에 의해 안내되는 상호작용에 참여하게 된다(Wertsch, 1979). 유아는 비록 자신이 동일한 규칙을 어기는 것은 인식하지 못해도 다른 사람이 규칙을 어기면, 금방 알아챈다. 유아는 스스로 규칙을 적용하기 전에 타인에게 규칙을 적용한다. 이러한 규칙에 대한 인식은 다른 상황 전반에 걸친 규칙 일반화의 첫걸음이다. 조절 능력이 좀 더 있는 사람, 통상적으로 부모와 교사가 조절을 하면 유아가 아직 할 수는 없지만 궁극적으로 자기 조절적인 존재로 이끄는 특정한 '정신의 도구'를 장착하는 방식으로 유아의 행동을 안내하게 된다. 그러나 이것이 과도하게 되어, 성인이 모든 행동을 조절하게 되면, 진정한 자기 조절은 발달하지 않을 수도 있다. 이러한 경우, 유아는 어떤 규칙과 기대를 내면화할 능력은 갖게 되지만, 자기 주도적 욕구 행동 혹은 자신의 욕구에 적합하지 않은 행동을 억제하는 능력은 여전히 결핍될 수 있다.

유치원 시기가 끝날 무렵에, 대부분의 유아는 경험에 기초한 일반화된 규칙을 만들어 내는 능력을 갖게 되는데, 이것이 자기 조절의 기반을 형성하게 된다. 세 살 된 유아는 특정 제재를 기억하기도 하지만 성인과 같은 정도의 규칙을 일반화하지는 못한다. 디아나는 토미를 때려서 엄마에게 주의를 받은 것은 기억하지만, 다음 단계에 적용하지 못해 때리기에 대한 규칙을 일반화하지 못한다. 디아나는 마샤를 때리게 되는데, 토미 때리기에 대한 규칙은 있지만, 마샤 때리기에 대한 규칙은 없기 때문이다. 다섯 살 무렵이 되어야 유아는 모든 상황에서 "타인을 때리면 안 된다."는 규칙을 일반화할 수 있게 된다.

자기 조절은 두 가지 측면을 갖고 있다는 것을 기억하는 것이 중요하다. 자기 조절은 유아가 무엇을 하지 않아야 하며, 무엇을 해야 하는지 모두를 포함한다. 자기 조절은 바람직하지 않은 행동을 제재하는 것만 해서는 안 된다. 사실상, 자기 조절은 어떤 행동을 억제하고 그것을 다른 행동으로 대체하는 것을 모두 포함한다. 진정한 자기 조절을 하는 유아는 의도적 행동을 할 수 있으며, 먼저 생각을 하고 추후 행동을 할 수 있다. 유치원 말 무렵에, 디아나는 자신이 마샤의 장난감을 원하면 마샤를 때리는 것을 참고, "너 다음에 내가 해도 되니?"라고 말해야 하는 것도 역시 할 수 있게 된다. 디아나는 때리기를 멈추고 친사회적 방법으로도 행동할 수 있다.

가작화놀이: 주요 활동

비고츠키 학자들(Elkonin, 1972; Leont'ev, 1978; Vygotsky, 1998; Zaporozhets & Markova, 1983)에 의하면, 가작화놀이는 유아원과 유치원 시기의 주요 활동이다. 비고츠키와 피아제(Piaget, 1951)와 같은 다른 교육 이론가들은 놀이가 유아의 정신과 사회적 능력 모두의 발달을 증진시킨다고 본다. 놀이는 상징적이고 사회적인 활동이다.

심리와 교육에서 놀이의 개념

놀이에 대한 일반적인 생각은 일의 반대 개념이라는 것이다. 이러한 놀이에 대한 일반적 정의는 사람들이 생산적이지 않으며, 구체적으로 어떤 일을 하고 있지 않은 상황을 포함한다. 놀이는 또한 즐거운 것, 자유로운 것, 그리고 자발적인 것으로 생각되기도 한다. 그러나 생각 없는 활동으로서 놀이에 대한 이러한 견해는 유아의 발달에서 놀이의 중요성을 부정하는 것이다.

오랜 세월 동안, 많은 심리학자가 유아의 발달에 미치는 놀이의 중요성을 강조해 왔다. 그들은 놀이의 다양한 측면과 놀이가 특정한 심리적 과정에 영향을 주는 방식을 강조해 왔다. 놀이에 대해 잘 알려진 관점으로는 정신분석학적 관점(Erikson, 1963, 1977; Freud, 1966), 사회적 상호 작용으로서의 놀이(Howes, 1980; Howes & Matheson, 1992; Parten, 1932; Rubin, 1980), 그리고 구성주의 관점(Piaget, 1951)을 들 수 있다. 놀이에 대한 다른 이론은 비고츠키와 엘코닌의 연구에서 논의된 것으로, 놀이를 본능적 행동으로 보는 이 견해는 현재 가장 흥미의 대상이 되고 있다(Elkonin, 2005).

비고츠키 틀로 본 놀이

비고츠키는 놀이가 인지 발달, 정서 발달, 사회성 발달을 증진시킨다고 믿었다. 이러한 비고츠키의 관점은 발달에 미치는 놀이의 영향을 한 가지 측면에서 본 다른 이론가보다는 놀이의 가치에 대해 좀 더 통합된 견해이다. 그의 저서에서, 비고츠키는 놀이의 정의를 유아원과 초등학교 시기 아동의 극놀이와 가작화놀이로 제한하고 있다. 놀이에 대한 비고츠키의 정의는 대부분의 교육자뿐 아니라 비교육자들이 놀이로 간주하는 게임, 율동, 사물 조작, 탐색과 같은 활동을 포함하지 않는다. 비고츠키에 의하면, 진짜 놀이는 다음의 세 요소가 있어야 한다.

• 유아는 상상의 상황을 창조한다.
• 역할을 택해 실행한다.
• 특정 역할에 따라 정해진 일련의 규칙을 따른다.

상상의 상황과 역할놀이의 창조는 보편적으로 가작화놀이의 특징이다. 그러나, 이러한 특징에, 놀이는 완전히 자발적인 것이 아니고 일련의 규칙에 따라 영속적이라는 비고츠키의 생각이 첨가되었다. 상상의 상황과 역할놀이는 미리 계획되고 놀이는 참여의 규칙을 포함한다. 이것은 놀이에 대한 독특한 견해이며 표면적으로는 직관에 반한 것처럼 보일 수도 있다.

비고츠키는 극놀이에 참여하는 유아는 자신이 놀이하는 역할에 맞게 행동한다고 지적한다. 비고츠키는 다음과 같이 쓰고 있다.

> 놀이에서 상상의 상황이 있을 때마다 규칙이 존재하는데, 규칙은 미리 정해지며 게임 과정에서 변화되는 것이 아니고, 상상의 상황에서 뻗어 나오는 것이다. 그러므로, 유아가 실제 상황에서 행동하듯이, 유아가 규칙 없이 상상의 상황에서 행동을 할 수 있다고 상상하는 것은 절대 불가능한 일이다. 유아가 엄마놀이를 한다면, 유아는 엄마의 행동 규칙을 갖고 하는 것이다. 유아가 놀이하는 역할과 사물의 의미를 변화시킨 사물과 유아의 관계는 항상 규칙으로부터 나온다. 즉, 상상의 상황은 항상 규칙을 내포하고 있다. 놀이를 할 때 유아는 자유롭다. 그러나 이것은 가공의 자유이다(Vigotsky, 1967, p. 10).

놀이를 위해 창조된 상상의 상황은 유아가 특정한 방식으로 행동하도록 하는 통로이며, 유아가 지시에 따라 행동하게 만드는 첫 제한이다. 유아가 외부의 지시를 따르는 다른 행동과는 달리, 놀이에서는 자기 자신의 행동을 구속하게 된다. 처음에 놀이의 시작은 자기 구속, 즉 자기 조절을 통해 참여하게 된다. 놀이를 하면서 유아는 충동적으로 행동하는 대신에, 역할이 요구하는 행동을 하게 된다. 예를 들어, 트럭 운전사의 역할을 한다면, 유아는 '자동차'에 타고 있어야 하며, 놀이 시나리오에 트럭을 '멈추게 하기'와 추격하기를 집어넣지 않는 한 친구를 추격하려고 달려들 수가 없다. 놀이 상황을 유지하기 위해, 유아는 달려들거나 다른 영역에 있는 유혹적인 장난감을 바라보는 욕구를 억제해야 한다.

각 상상의 상황은 자연스럽게 표면화되어 나타나는 일련의 역할과 규칙을 포함한다. 역할이란 해적이나 선생님과 같이 유아가 맡아 놀이하는 등장 인물을 말한다. 규칙이란 역할이나 가장의 시나리오에 의해 인정되는 일련의 행동을 말한다. 상상의 상황에 따라 주제를 바꾸면 역할과 규칙도 바뀌게 된다. 예를 들어, 가게놀이를 하는 집단의 유아는 자존심이 많은 사자놀이를 하는 유아와는 다른 역할을 하게 된다. 규칙은 처음에는 놀이에 숨겨져 있다가 나중에 외현화되어 나타나게 되고, 유아 간의 협상에 따라 달라진다(그림 10.2 참조).

따라서, 놀이는 가시적인 상상의 상황과 잠재적 혹은 암시적인 규칙을 가진 역할을 포함한다. 상상의 상황이란 유아가 창조한 가상의 상황이다. 비록 상황은 상상이지만, 유아가 그 상황에 등장하는 인물을 가시화해 만들었기 때문에, 다른 사람들이 볼 수가 있다. 유아는 "의자는 여기에, 책상은 저기에 있다고 하자."라고 말한다. 교실에 여섯 명의 유아가 있다고 가정하고 우리는 교사라고 하자. 유아가 주유소에서 출발하는 트럭처럼 "부릉, 부릉" 하고, 상상의 말의 고삐를 잡으면서 "이랴, 이랴"를 하면서, 몸짓과 소리를 사용해 가시적 상황을 만들 수도 있다.

역할도 역시 외현화된다. 선리는 엄마가 되어 엄마처럼 옷을 입고, 아기 인형을 안고, 아기에게 우유를 먹이는 엄마처럼 행동하고, 시장에 간

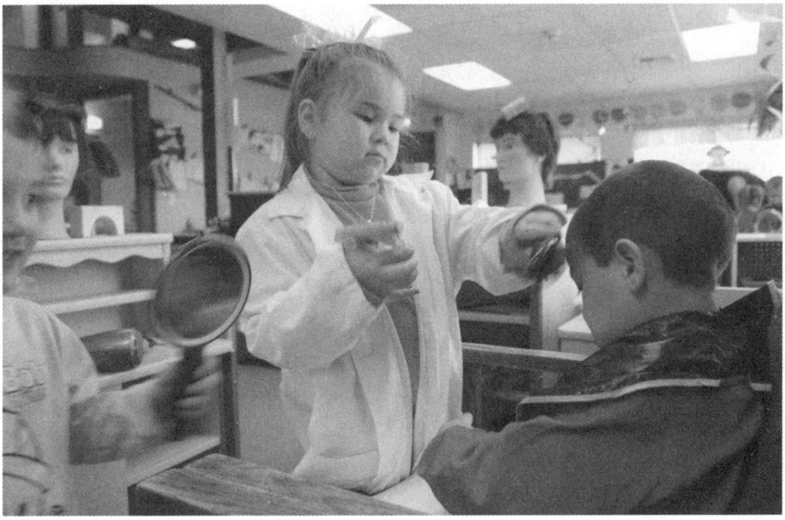

그림 10.2 유아원 유아의 놀이

다. 유아는 그녀를 보고 있는 누구라도 그녀가 누구인지 추측할 수 있음에도 불구하고 자신이 누군지 다른 사람에게 설명하고 다른 유아에게 자신의 역할을 선언한다.

한편, 규칙은 쉽게 눈에 보이지도 않고, 오직 행동에 의해 추론될 뿐이어서, 암묵적인 것으로 간주된다. 규칙은 특정한 역할과 연계된 행동의 형태로 표현된다. 상상의 놀이 상황에서 각 역할은 유아의 행동에 고유의 규칙을 부과하게 된다. 규칙은 유아가 규칙을 어기게 되면 분명하게 드러난다. 유아는 엄마놀이와 선생님놀이를 구별해 놀이한다. 각 역할에 맞게 몸짓, 복장, 언어도 차별화한다. 놀이의 초기 단계에서는 유아가 이 차이를 인식하지 못할 수도 있다. 그러나, 대부분 네 살 정도가 되면 역할을 수행하다가 생기는 실수에 민감하며 가끔 서로 교정을 하는 것을 보게 된다. 즉, "엄마는 손가방을 들고 다녀." 네가 선생님이면, "아이들은 앉아 있어야 돼." "선생님은 책을 이런 식으로 읽어." 유아는 장난삼아 역할에 따른 규칙을 어기는데 재미를 느끼기도 한다. 세 살 난 토비는 어린아이용 높은 의자에 올라앉으며 "이제 나는 아빠야."라고 말한 후 웃음을 터뜨리고는 "아빠는 본래 아기 의자에 앉는 거 아닌데." 라고 말한다.

놀이가 발달에 영향을 미치는 방식

비고츠키 학자들은 놀이가 여러 방법으로 발달에 영향을 미친다고 주장한다. 놀이의 주요 효과는 다음과 같다.

1. 놀이는 인지 발달의 많은 영역을 위한 근접 발달 지역을 창조한다.
2. 놀이는 행동과 대상으로부터 사고의 분리를 촉진한다.
3. 놀이는 자기 조절의 발달을 촉진한다.
4. 놀이는 동기에 영향을 준다.
5. 놀이는 탈중심화를 촉진한다.

근접 발달 지역의 창조

비고츠키에 의하면, 놀이는 막 출현하려고 하는 경계에 있는 기술을 지원함으로써 유아를 위한 근접 발달 지역ZPD을 형성한다. 유아는 사회적으로 성숙한 행동을 할 뿐만 아니라 더 나은 인지 기술(더 높은 수준의 자기 조절)과 목적에 더 잘 집중하고 의도적으로 더 잘 기억할 수 있게 된다.

놀이를 할 때 항상 자신의 나이나 일상적인 행동보다 높은 수준에서 행동한다. 즉, 놀이하는 유아는 자기 자신보다 머리 하나는 더 높이 있는 것과 같다. 놀이는 돋보기의 초점처럼 모든 발달의 경향성을 집중된 형태로 보여준다. 이는 마치 유아가 자신이 통상 넘을 수 있는 수준 이상으로 뛰어넘으려고 노력하는 것과 같다. 놀이와 발달의 관계는 교수와 발달의 관계에 비유되어야 한다. ……놀이는 발달의 원천이고 근접 발달 지역을 창조한다(Vygotsky, 1978, p. 74).

근접 발달 지역을 규정짓는 것은 놀이의 내용뿐만이 아니다. 유아가 놀이를 하기 위해 반드시 참여해야 하는 심리적 과정 역시 근접 발달 지역을 만든다. 상상의 상황이 제공하는 역할, 규칙, 동기는 유아가 근접 발달 지역을 가장 높은 수준에서 과제를 수행하는 데 필요한 도움을 준다.

비고츠키 학자들은 놀이가 발달에 영향을 주는 메커니즘을 연구했다. 예를 들면, 마누즐렌코(Manujlenko〔Elkonin, 1978〕)와 이스토미나(Istomina, 1977)는 유아가 다른 활동보다 놀이를 하는 동안에 좀 더 성숙한 정신 기능에 참여해, 비고츠키가 언급한 근접 발달 지역의 상한계가 작동함을 발견했다. 마누즐렌코는 또한 일상의 다른 시간보다 놀이를 하는 동안 더 높은 수준의 자기 조절이 이루어진다는 사실도 발견했다. 예를 들면, 유아가 놀이를 하면서 망을 보아야 하는 상황이 생기면, 교사가 그에게 주의를 집중하라고 할 때보다 오랜 시간 자리를 지키고 집중할 수 있다.

이스토미나Z. M. Istomina는 채소가게와 같은 극놀이를 할 때와 전형적인 실험을 할 때를 비교해 유아가 의도적으로 기억할 수 있는 항목의 수를 알아보았다. 유아에게 기억할 항목을 주면서 극놀이 상황에서는 장을 보아야 하는 항목으로 제시했고 실험실 상황에서는 종이에 적어 주었다. 이스토미나는 유아가 실험실 상황에서보다 극놀이 상황에서 더 많은 항목을 기억할 수 있음을 발견했다.

놀이 상황과 놀이가 아닌 상황에서 유아의 행동을 비교하면, 근접 발달 지역의 상한계와 하한계를 알 수 있다. 놀이가 아닌 실생활에서 루이스와 엄마는 가게에 들렀고 루이스는 사탕이 먹고 싶었다. 그러나 엄마는 사탕을 사 주지 않았고 루이스는 울음을 터뜨린다. 루이스는 자신의 행동을 통제할 수 없는 것이다. 루이스는 사탕을 먹고 싶은 것에 자동적으로 반응한 것이고 심지어는 "나는 눈물을 그칠 수가 없어." 라고 말하기까지 한다. 그러나 루이스는 놀이를 하는 동안에는 자신의 행동을 통제할 수 있다. 왜냐하면 그는 가족 관계의 상상적인 상황을 통제하기 때문이다. 루이스는 가게에 가는 것을 가정할 수 있고 울지 않을 수 있다. 그는 우는 체한 수도 있고 멈출 수도 있다. 놀이는 그에게 실생활에서 할 수 있는 것 이상의 높은 수준에서 행동할 수 있게 해 주는 것이다.

교실에서의 예를 들면 다섯 살짜리 제시카는 집단 활동을 할 때 가만히 앉아 있지를 못하고 다른 어린이들에게 기대거나 옆 사람과 이야기 한다. 제시카는 교사의 지시에도 불구하고 3분 이상 앉아 있지를 못한다. 대조적으로, 여러 친구와 학교놀이를 하는 동안에는 가장된 집단 활동 시간에 가만히 앉아 있을 수 있다. 모범적인 학생처럼 가장을 할 때에는 10분 동안도 집중할 수 있고 흥미가 있는 것처럼 행동을 할 수 있다. 이처럼 놀이는 비계가 설정되지 않으면 할 수 없는 것 이상의 높은 수준으로 집중하고 참여할 수 있는 역할, 규칙, 시나리오를 제공한다.

만일 놀이 경험이 없으면 인지 발달과 사회성 발달에 손상을 입을 것이다. 이것은 비고츠키의 제자들인 레온테프(Leont'ev, 1978)와 엘코닌(Elkonin, 1972)으로 하여금 놀이가 세 살에서 여섯 살 유아의 주요 활동이라는 아이디어를 제안하도록 이끌었다. 레온테프와 엘코닌은 이 연령대에서의 놀이는 나름대로의 독특한 역할을 갖고 있기 때문에 비록 다른 경험을 통해 얻는 이익이 있을지라도 그 어떤 활동과도 대치될 수 없다고 믿었다. 유아기의 주요 활동으로서 놀이에 대한 이들의 연구는 이 장의 후반부에서 논의하고자 한다.

비고츠키가 말하는 '돋보기의 초점'이란 개념은 학습 활동에서 새로운 발달적 성취가 나타나기 훨씬 이전부터 놀이 활동에서 명백하게 나타난다는 것을 의미한다. 그러므로 훗날 학습 능력을 예측하려면 네 살짜리 어린이의 문자 인식과 같은 학문적 활동보다는 놀이가 훨씬 유용하다. 네 살짜리 유아의 놀이를 보면 높은 수준의 주의 집중력, 상징화, 문제 해결 능력을 관찰할 수 있다. 우리는 놀이 속에서 실제로 내일의 유아를 보고 있는 것이다.

행동과 사물로부터 사고의 분리 촉진하기

놀이에서 유아는 외적 실체보다는 내적인 아이디어에 맞추어 행동한다. 유아는 어떤 한 가지 사물을 보지만, 긴 블록을 컴퓨터 자판으로 사용하듯이 자기가 본 것과 다르게 행동한다. 비고츠키의 말로 표현하면 "유아는 자신이 본 것과 관계없이 독자적으로 행동하기 시작하는 상황에 이르게 된다" (Vygotsky, 1978, p. 97).

놀이는 하나의 사물을 다른 사물로 대치하는 것을 요구하므로, 유아는 사물 그 차제에서 사물의 의미나 생각을 분리하기 시작한다(Berk, 1994). 유아가 블록을 보트로 대치할 때, '보트를 보트답게 만드는 특성'이 실제 보트로부터 분리된다. 만일 블록이 보트의 역할을 하게 되면 그 블록은 보트를 대신할 수 있는 것이다. 대치물을 만드는 이런 능력은 유아가 성장함에 따라 더욱 융통성 있게 된다. 결국에는 단순한 몸짓이나 '~라고 가정하자'라는 말만으로도 사물이 상징화될 수 있다.

이렇게 사물로부터 의미를 분리하는 것은 추상적 사고의 발달을 위한 준비이다(Berk, 1994). 추상적 사고를 할 때는 실제 세계와 관계없이 사고와 생각을 평가하고, 조작하며, 모니터한다. 이 같은 대상과 사고의 분리는 또한 쓰기로의 전이를 위한 준비가 되기도 하는데, 쓰기에서는 사물을 의미하는 단어가 그 사물과는 전혀 닮지 않았다. 그리고 행동은 더 이상 사물에 의해 정의되지 않으며, 더 이상 반응적이 아니다. 사물은 다른 생각을 이해하기 위한 도구로 사용될 수 있다. 블록을 블록으로 사용하는 대신에, 산수 문제를 해결하는 데 도움을 주는 조작물로 사용할 수 있게 된다.

상상의 상황에서 하는 역할놀이는 유아가 두 가지 유형, 즉 외현적이고 내재적인 행동을 동시에 수행하도록 요구한다. 놀이에서 이러한 내재적 행동 즉 의미의 조작은 여전히 사물의 외현적 조작에 의지하게 된다. 유아는 전반적으로 내재적 영역에서 조작할 수 없기 때문에, 유아가 실제 사물을 통해 내재적 생각을 실행하게 된다. 그러나, 내재적 행동이 시작된다는 것은 감각 운동 그리고 시각 표상적 사고에서처럼 사고가 내재적으로 일어나지 않는 사고 과정 형태에서 전이가 시작되었다는 신호이다. 내재적 행동의 사용은 좀 더 앞선 추상적 사고의 첫 단계이다.

> 유아는 자신의 행동을 의식적으로 인식하는 것을 학습하며, 모든 사물이 의미를 갖는다는 것을 인식하게 된다. 발달의 관점에서 보면, 상상의 상황을 창조했다는 사실은 추상적 사고를 발달시키는 수단으로 간주된다(Vygotsky, 1967, p. 17).

예를 들면, 마르셀라가 식당에 피자를 주문하기 위해 전화하는 데 장난감 블록을 사용하면, 블록을 들어 귀에 대고 말하기 시작할 때 블록을 가짜 전화로 사용한다는 것을 인식한다는 것이다. 이러한 방법으로 블록을 사용함으로써 유아는 자신의 행동에 따라 사물에 다른 의미를 부여한다.

자기 조절의 발달 촉진하기

놀이에서 자기 조절의 발달은 놀이의 규칙에 따르려는 유아의 요구와 놀이 동반자끼리 지속적으로 서로의 규칙(타인의 규칙에 대한 참여)에 대한 순종을 모니터하기 때문에 가능해진다. 비고츠키는 이에 대해 다음과 같이 쓰고 있다.

> 모든 단계에서, 유아는 게임의 규칙과 갑자기 자발적으로 행동할 수 있다면 하고 싶은 것 간의 갈등에 마주치게 된다. 게임을 하는 동안, 유아는 자신이 원하는 것과 반대로 행동하며…… 게임에서 즉각적인 유혹을 포기한다는 의미의 의지력을 최대한 보여 주게 된다(성취하기), 유아는 게임의 규칙에 따라 사탕을 먹는 것이 허용되지 않는데, 왜냐하면 사탕은 그 게임에서 무엇인가를 표상하기 때문이다. 통상적으로, 유아는 자신이 원하는 무엇인가를 단념하고 규칙에 복종하는 것을 경험하게 되지만, 여기에서 규칙에 대한 복종과 즉각적 충동에 의한 행동의 단념은 만족의 최대화를 의미한다(Vygotsky, 1967, p. 10).

처음에, 유아가 자기를 조절하는 능력은 신체적 행동(유아가 고양이 놀이에서는 사방으로 움직이고, 경비원놀이에서는 조용히 있기), 사회적 행동(학교놀이에서 출석 확인을 위해 이름 부를 때를 기다리기), 언어 사용에서 말 음역의 변화('아빠'놀이에서 저음 목소리 내기)에 적용된다. 자기 조절은 점차적으로 기억력과 주의집중력과 같은 정신적 과정으로 확장된다.

유아의 동기에 영향 주기

즉각적 목표는 때때로 장기적 목표에 도달하기 위해 선행되어야 하는 것이다. 놀이에서 유아는 즉각적인 목표와 장기적 목표라는 복잡하며 위계적인 체제를 발달시킨다. 이러한 단기와 장기적 목표를 협응 과정을 통해, 유아는 자기 자신의 행동을 인식하게 되는데, 이러한 인식을 통해 유아는 반응적 행동에서 의도적 행동으로 전이가 가능하게 된다. 비행기놀이를 하려면, 유아는 먼저 비행기 표와 여권을 만들고, 보안선을 만들어야 한다. 유아는 놀이 소품을 만들고 환경을 구성하기 위해 비행기놀이를 연기해야 한다.

인지적 '탈중심화' 촉진하기

타인의 조망perspectives을 수용하는 능력은 다양한 역할을 통합하고 놀이 시나리오를 협상하는 데 결정적으로 필요하다. 덧붙여, 놀이를 할 때 유아는 놀이 동반자의 관점, 즉 인지적 탈중심화의 형태로서 대상을 보는 것을 학습하게 된다. 연필로 된 '주사'를 맞는 환자의 역할을 수행하기 위해, 빈센트는 의사 역할을 하는 릴리의 입장에 자신을 놓을 수 있어야 한다. 빈센트는 의사가 하는 행동에 환자로서 반응하게 되는데, 그는 릴리의 행동에 의해 의사를 의미하는 것을 예측하기 때문이다. 빈센트는 자신의 행동과 자신의 놀이 동반자의 행동을 생각해야 한다. 이러한 탈중심화 기술은 궁극적으로 반성적 사고의 발달을 이끌게 된다.

놀이의 발달 경로

엘코닌은 연령이 높은 유아의 놀이와 학습 활동의 발달 간의 연계를 보여 주는 개입에 대한 연구와 실험을 했다. 그는 레온테프가 제시한 발달을 주도하는 주요 활동이라는 개념을 정교화했고, 놀이를 유아기의 주요 활동으로 만드는 특성을 규명했다. 이 절에서는, 그의 연구에서 나온 놀이에 대한 설명을 제시하고자 한다.

걸음마기의 놀이

엘코닌(Elkonin, 1972, 1978)에 따르면, 놀이의 기원은 한 살 내지 세 살까지의 걸음마기 동안의 조작적 혹은 도구적 활동에 있다(제8장과 제9장 참조). 조작 활동을 하는 동안 유아는 대상물의 속성을 탐색하고 관습적으로 그것을 사용하는 방법을 배운다. 그리고 유아가 일상적인 사물을 상상의 상황에서 사용하기 시작했을 때 놀이가 나타난다. 예를 들어 두 살 된 레일라는 숟가락을 집어 스스로 먹으려고 노력한다. 식탁에서 숟가락을 가지고 장난치는 것이 아니라 숟가락의 본래 용도대로 사용하는 것이다. 반면 18개월 된 존이 자기의 곰인형에게 숟가락으로 먹이를 먹이거나 자신이 먹는 체할 때는 놀이가 처음으로 시작된다. 놀이는 보통의 일상적인 사물을 조작하고 사용하는 데서 싹튼다.

행동이 놀이가 되기 위해서는 유아가 말로 그 행동에 이름을 붙여야 한다. 그래서 언어는 조작적 행동이 놀이로 변형하는 데에 중요한 역할을 한다. 숟가락을 집는 걸음마기 유아를 보면서 교사가 "네가 인형에게 먹일래?"라고 말하는 순간 숟가락을 집는 행동이 놀이로 전환되는 것을 도와 주는 것이다. 20개월 된 조디는 장난감 트럭을 뒤로 굴리면서 트럭이 내는 소리를 듣는다. 교사는 "트럭을 이리로 몰고 와서 가스를 넣지 않겠니?"라고 말한다. 조디는 교사에게 트럭을 몰고 가고 교사는 가스를 넣는 체한다. 교사의 언어적인 상호 작용이 없었다면 조디는 계속 바퀴 소리를 들으며 트럭의 움직임만을 탐색할 것이다. 교사의 행동은 유아의 행동을 물리적 조작에서 놀이로, 그리고 좀 더 복잡한 수준으로 밀어 줌으로써 근접 발달 지역을 만들었다.

놀이에서, 유아는 다른 사람이 되어 보기도 하고 상징적 방법으로 사물을 사용하기도 한다. 피아제와 마찬가지로, 엘코닌은 **상징적 기능** symbolic functions이란 다른 것을 대신해서 사물을 사용하는 것이라고 정의한다. 사물의 탐색이 놀이의 성격을 갖기 위해서는 상징적 표현을 포함하고 있어야 한다. 유아가 사물을 쥐어짜고, 떨어뜨리고, 책상 위에 내려칠 때 이는 놀이가 아니라 조작이다. 유아가 사물을 오리로 사용하여 책상 위에서 헤엄치게 하고 빵조각을 쪼아 먹게 할 때에만 그 행동이 놀이가 된다.

유아기의 놀이

엘코닌(Elkonin, 1969, 1972, 1978)은 만 네 살 무렵의 유아가 하는 놀이는 근본적으로 **사물 지향적**이라고 설명한다. 놀이에서 초점은 사물에 맞춰지며 상호 작용을 하면서 맡게 되는 역할의 중요성은 그 다음이다. 세 살 된 조안과 토머스가 함께 놀면서 "우리, 엄마놀이 하자."라고 서로에게 말한다. 그러나 이 둘은 가족에서의 성인 역할을 수행하지는 않는다. 그들은 접시를 닦고 난로 위에서 냄비를 저으면서 대부분의 시간을 보내며 서로에게 많은 말을 하지 않는다.

이러한 놀이를 좀 더 사회적으로 지향된 연령이 조금 높은 유아기와 유치원 시기의 놀이와 대조해 보자. 다섯 살 된 유아에게 접시를 닦고 냄비를 젓는 일은 그들이 하게 될 사회적 역할을 위한 상황을 제공한다. 이들에게 사물은 더 이상 놀이의 초점이 아니다. 닦고 젓는 행위는 생략될 수도 있고 말로만 언급될 수도 있다. 사회적으로 지향된 놀이에서는 역할이 협상되고 장시간 동안 실행된다. 유아는 자기가 연기하고 있는 인물이 된다. 이런 종류의 놀이는 네 살 내지 여섯 살 된 유아에게 전형적으로 나타나지만 초등학교까지 어떤 형태로든 계속된다.

비고츠키의 패러다임에서 사회적으로 지향된 놀이는 반드시 다른 유아와 함께 할 필요가 없다. 유아는 소위 **연출가의 역할**director's play을 하는 놀이를 할 수 있기 때문이다. 이 경우에 유아는 인형을 갖고서 장면을 연출하며 연기한다. 아이삭은 봉제 인형으로 구성된 심포니 오케스트라의 지휘자가 된다. 마야는 학교놀이를 하는데, 교사가 되기도 하고 곰인형이 맡고 있는 학생의 입장이 되어 말하기도 한다. 서구의 학자(Parten, 1932)와 달리, 비고츠키는 모든 혼자놀이가 미성숙한 것으로 보지 않았다. 만일 혼자서 놀고 있지만 다른 사람들이 있는 것처럼 가정하면, 이때의 놀이는 사회적 가장놀이pretend play와 동일한 것으로 간주된다.

피아제(Piaget, 1951)와는 대조적으로, 비고츠키 학자들은 사회적으로 지향된 놀이가 일곱 살 내지 여덟 살 무렵에 사라진다고 생각하지 않는다. 열 살 내지 열한 살이 된 아동도 여전히 사회적 놀이를 한다. 그러나 발달을 주도하는 주요 활동으로서 사회적 놀이의 중요성은 사라진다. 유아는 나이를 먹어감에 따라 사회적으로 지향된 놀이를 위해 좀 더 명시적인 규칙을 발전시킨다. 여섯 살 된 프랭크는 “이것은 나쁜 놈이야, 나쁜 놈들은 항상 좋은 편을 잡으려고 애쓴다.”라고 말한다. 메어리는 “나쁜 놈들이 좋은 편을 잡을 수 없을 거야. 왜냐하면 좋은 편이 훨씬 더 빠르고 비행기도 더 낫거든. 그래서 좋은 편은 달아날 거야.” 라고 말한다. 유아는 나이가 들어갈수록 역할과 규칙을 협상하는 시간이 더 길어지고 각본에 따라 수행하는 시간은 더욱 짧아진다. 사실상 여섯 살 된 유아는 시나리오를 논의하는 데 몇 분씩 보내면서 실제로 그 상황을 실행하는 데는 몇 초밖에 걸리지 않는다.

유아원과 유치원에서의 비非놀이 활동

주요 활동은 아니더라도, 다른 활동도 이 시기의 발달에 유익하다.

- 규칙이 있는 게임
- 생산적 활동(연극과 이야기하기, 블록 구성하기, 미술과 그리기)
- 예비 학업 활동(초기 문해와 수학)
- 동작 활동(대근육 활동)

규칙이 있는 게임

게임은 약 다섯 살 무렵에 나타나는 또 다른 형태의 놀이와 같은 상호작용이다. 게임을 하는 사람은 명시적이고 상세한 규칙에 의해 드러나지만 상상의 상황과 역할은 숨겨져 있다는 점에서 가작화놀이make-believe play와 유사하다. 예를 들어 체스놀이는 상상의 상황을 만든다.

왜냐하면 기사, 왕, 여왕 등은 일정한 방식으로만 움직일 수 있고, 자기 편을 방어하고 상대편을 잡는 방식은 순수하게 체스에만 사용되는 개념이기 때문이다. 비록 체스놀이가 실생활에서 나타나는 관계를 직접적으로 대체하는 것은 아니지만 그럼에도 불구하고 그것은 일종의 상상의 상황이다(Vygotsky, 1978).

또 다른 예는 축구이다. 이 게임에서 선수는 손으로 공을 만질 수 없다. 축구는 상상의 상황인데, 왜냐하면 실제로는 모든 선수가 공을 움직이기 위해 손을 사용할 수 있기 때문이다. 그러나 모든 선수는 게임을 하는 동안 손을 사용할 수 없다는 것에 동의한다. 이 상황은 극놀이에서 유아가 할 수 있는 일과 할 수 없는 일을 명확하게 정하는 것과 유사하다.

게임은 또한 역할과 규칙 간의 균형이라는 점에서 가작화놀이와 차별화된다. 가작화놀이에서, 역할은 명시적이지만 규칙은 그렇지 않다. 사회적 놀이에서, 유아는 맡을 역할과 예상되는 상황을 논의하지만, 규칙을 어긴다 해도 크게 문제되지는 않는다. 유아는 합의된 절차에서 벗어난 행동을 할 수 있지만 이것으로 인해 실질적으로 놀이가 중단되지는 않는다. 대조적으로, 게임은 명시적인 규칙이 있고 만일 규칙을 어기면 경기는 지속될 수 없다.

규칙 있는 게임은 가작화놀이의 보완으로서 독특한 많은 기술과 행동의 발달을 위한 근접 발달 지역을 제공하게 된다. 게임은 의무적인 규칙과 규준에 따라 자기의 행동을 순응하는 것을 학습하도록 도와 준다. 유아는 게임을 하기 위해 자발적으로 순응하게 된다. 비고츠키 학자들은 게임은 일시적인 발달적 퇴보에 대한 회복력을 발달시키는 기회를 제공한다고 주장한다. 유아가 게임에서 지게 되면, 일시적 실패에 대처하기 위한 연습 기회를 갖게 되는데(Michailenko & Korotkova, 2002) 이는 학습에서 어려움을 갖게 되는 것과 같은 상황이다(그림 10.3 참조).

그림 10.3 게임놀이를 하는 유치원 유아

비고츠키 학자들은 규칙 있는 게임하기는 유아가 유치원과 초등학교에서 빈번하게 사용하는 특수한 유형의 학습 활동, 즉 **교수적 게임**을 준비시킨다고 생각한다. 교수적 게임에서, 유아는 다른 게임에서와 같은 놀이스러운 상호 작용에 참여하게 된다. 차이점은 내용이 학구적이라는 것이다. 적절하게 고안된 교수적 게임놀이를 통해, 유치원 시기의 유아는 **학습 과제**를 변별하는 능력과 같이 나중의 **학습 활동** 참여를 위해 핵심인 중요한 행동을 학습하게 된다(제12장과 제13장 참조). 유치원 교실에서, 리사와 아리엘은 글자 도미노를 가지고 놀면서 가지 그림의 카드와 가위 그림의 카드를 맞추고 있다. 두 여아는 게임의 목적이 동일한 첫 글자로 시작하는 그림을 찾는 것이라고 말할 수 있다. 유아는 자신이 게임놀이에서 학습하게 될 것을 알고 있다. 오후에 리사는 세 살 난 동생 제이콥에게 이 게임놀이법을 가르치려고 시도하는데, 동생에게는 이 놀이가 과제로 기능하지는 않는다. 제이콥이 첫소리와 글자 이름을 많이 알고 있어도, 아직은 첫소리를 맞추는 게임의 학습 과제적 측면에 집중할 수는 없다. 대신에, 제이콥은 그림의 유사성에 기초해 그림을 함께 모아 놓는다. 학습 과제가 되는 게임이 되려면, 유아는 게임에서 학습한 것을 진술할 수 있어야 한다.

생산적 활동

비고츠키 학자들은 유아의 발달에 유익한 여러 유형의 생산적 활동을 제안한다(Zaporozhets, 1978). 극화를 통해, 유아는 친숙한 이야기나 "세 마리 염소"와 같은 동화를 극화劇化한다. 놀이와 같이, 이러한 활동은 역할과 유사한 가장의 시나리오를 제공한다. 극화와의 차이점은 사전에 만들어진 대본이 있으며, 가작화놀이에서처럼 유아가 만든 것이 아니라는 점이다. 그러나 창조적인 교사는 실제 놀이를 위한 출발점으로 종종 이러한 극화를 사용한다. 이러한 방법에 의해 극화는 놀이를 풍부하게 만든다. 극화의 추가적인 유익함은 극화를 통해 유아에게 이야기의 저변 구조를 가르치는 데 사용할 수 있다는 것이다. 또한 극화는 유아에게 새로운 어휘의 사용을 증진시키고 기억하는 기술을 연습하는 기회를 제공해 문해 발달을 도울 수 있다.

블록 구성하기와 다른 구성 활동은 특히 다른 유아와 함께 활동하게 되면, 놀이와 동일한 공유된 활동을 증진시킨다. 유아가 역할을 지정하고 지정을 받고, 구조물의 구성 과정과 후에 다른 사람과 의사 소통하게 되면, 구성 활동은 놀이와 동일한 유익한 효과를 갖게 된다(Brofman, 1993). 블록 구성하기 혹은 플라스틱 통 연결하기와 같은 구성놀이에서, 유아는 다이어그램 읽기와 지도 만들기와 같은 놀이에서 학습한 상징과는 다른 체제의 상징을 사용하는 것을 학습하게 된다.

예비 학업 활동

『유아의 마음 사로잡기: 프로젝트 접근법*Engaging Children's Minds: The Project Approach*』(Katz & Chard, 1989) 혹은 『유아의 백 가지 언어*Hundred Language of Children*』(Edwards, Gandini, & Forman, 1994)와 같은 책의 저자와 같이, 비고츠키 학자들은 예비 학업 활동이 유아 교육과정의 주요 초점이 되어서는 안 된다고 주장한다. 더 나아가, 비고츠키 학자들은 예비 학업 활동이 유아기 교실에서 유익할 수도 있는데, 이것은 오직 예비 학업적 활동이 유아의 흥미에 의해 출현될 때와 가장놀이, 그림그리기, 블록 구성하기와 같이 유아에게 사회적으로 적합한 맥락에서 나타날 때에 한해서라고 강조한다(Zaporozhets, 1978). 교사 주도의 대집단 상황에서 유아가 말소리와 수 세기를 연습하도록 하는 학업 활동은 부적절하다. 이러한 활동은 유아의 독특한 발달적 성취를 증진시키지 못하며, 사실상 유아의 진정한 학교 준비도에도 거의 영향을 주지 못한다.

다른 한편으로, 예비 학업 활동이 구성 활동 혹은 놀이에서 유아와 교수 자료와의 상호 작용의 부분이 되려면 그 활동이 적절해야 한다. 예를 들어, 쓰기 활동은 친구에게 주는 메시지 혹은 엄마와 아빠에게 주는 문구를 쓰려는 요구에서 출현되어야 하며, 완벽한 형태의 글자를 쓰려는 시도에서 출현되어서는 안 된다. 유아의 문해 교수에 대한 쟁점 논의에서, 비고츠키(Vygotsky, 1997)는 "읽기와 쓰기가 유아의 요구를 만족하도록 교수 환경이 구비되어야 한다." 그리고 교수의 목표는 "유아에게 문어文語, written language를 가르치기 위함이며 글씨를 쓰게 하는 것이 아님"이어야 한다고 강조하고 있다. 마찬가지로, 수 사용도 유아가 간식시간에 컵 나누어 주기 혹은 요리 순서표의 요리 재료 측정하기와 같은 활동에 참여할 때 이상적으로 출현하게 된다.

동작 활동

동작 혹은 운동 활동은 이 연령에서 발달을 증진하는 세 번째 유형의 활동이다. 갈페린(Gal'perin, 1992)과 레온테프(Leont'ev, 1978)는 반동적 반응의 억제를 요구하는 동작 활동은 주의 집중과 자기 조절의 발달에 특히 유용하다는 것을 발견했다. 이들은 동작 조절과 나중의 정신적 과정의 조절 간에 관계가 있다고 제안한다. 교사에게, 이것은 일반적으로 조용하게 앉아 있지 못하고 몸을 비꼬는 것을 억제하지 못하는 유아는 역시 형식적인 교수 학습의 참여에 어려움이 있다는 것을 의미한다. '무궁화 꽃이 피었습니다' 혹은 '얼음 땡'과 같은 활동은 자기 조절력의 증진에 도움이 된다(Michailenko & Korotkova, 2002).

학교 준비도

비고츠키의 학교 준비도에 대한 견해는 유아 발달은 유아가 참여하는 사회적 상황의 변화에 의해 도출된다는 그의 이론에 뿌리를 두고 있다. 그러므로, 학교 준비도에 대한 쟁점은 두 가지 측면을 가지고 있다. 첫 번째 측면은 특정한 학교화라는 문화의 연습과 학생의 역할과 연계된 기대치로 구성된 사회적 상황 자체이다. 두 번째 측면은 이러한 기대치에 대한 유아의 인식과 이에 맞는 유아의 능력이다. 이러한 인식을 얻기 위해, 유아는 실제적으로 학교 활동에 참가하고, 또한 교사와 다른 학생과의 특수한 사회적 상호 작용에 참여해야 한다. 그러므로, 비고츠키는 학교 준비도가 학교 환경에서 실제적 상호 작용을 통한 초등학교 첫 한 달 동안 형성되며, 학교 입학 전에는 형성되지 않는다고 생각했다.

그러나, 유아원과 유치원 시기에서의 성취는 유아의 이러한 준비도의 발달을 쉽게 만들어 준다. 이러한 성취 중에는 특정한 정신의 도구의 숙달, 자기 조절의 발달, 그리고 정서와 인지의 통합이 있다. 비고츠키 학자들은 기술과 개념의 양은 인지적 과정이 기능하는 수준만큼 중요하지는 않다고 주장한다. 예를 들면, 유아 자신의 행동을 규칙에 순응시키는 능력이나(Elkonin, 1989) 의도적으로 학습하는 능력은 백을 세는 능력보다 더 중요하다. 규칙 따르기와 기억하는 능력과 같은 인지적 능력은 나중의 학습을 촉진시킨다.

유아기의 사회적·정서적 성취는 추후 학교의 성공을 위해 대단히 중요하다. 유아는 형식적인 학습을 위한 동기를 가져야 한다. 즉, 학습의 결과가 유아의 즉각적 흥미나 욕구와 직접적으로 연결되지 않을 수도 있는 상황에서도 학습을 위한 동기를 가져야 한다. 이러한 상황에서 학습하려는 동기는 새로운 것을 시도하는 법을 학습하려는 호기심과 욕구가 요구되며, 학교 교실에서의 기대치에 맞아야 한다. 이러한 자질은 유아가 정서에 대해 생각할 수 있을 때만 가능하게 된다. 이러한 사회·정서적 선행 조건을 거침으로써 유아기에 유아 자신의 일정을 따르는 학습에서 학교의 일정을 따라 학습하는 전이를 할 수 있게 된다.

추가 참고 문헌

Berk, L. E. (1994). Vygotsky's theory: The importance of make-believe play. *Young Children*, 50(1), 30-39.

Berk, L. E., & Winsler, A. (1995). Scaffolding children's learning: Vygotsky and early childhood education. *NAEYC Research and Practice Series*,

7. Washington, DC: National Association for the Education of Young Children.

Elkonin, D. B. (1977). Toward the problem of stages in the mental development of the child. In M. Cole (Ed.), *Soviet development psychology*. White Plains, NY: M. E. Sharpe. (Original work published in 1971)

Elkonin, D. B. (2005). The psychology of play: Preface. *Journal of Russian and East European Psychology*, 43(1). (Original work published in 1978)

Karpov, Y. V. (2005). The neo-Vygotskian approach to child development. New York: Cambridge University Press.

Vygotsky, L. S. (1977). Play and its role in the mental development of the child. In J. S. Brunner, A. Jolly, & K. Sylva (Eds.), *Play: Its role in development and evolution* (pp. 537-554). New York: Basic Books. (Original work published in 1966)

제11장

유아원과 유치원에서의 발달적 성취 지원하기

유아원과 유치원 유아가 있는 교실에서 무엇을 해야만 하는가? 비고츠키 학자들은 분절된 사실과 기술을 가르치는 것 그 이상이 포함되어야 한다고 주장한다. 이것은 학문적 기술이 중요하지 않다거나 혹은 발달을 위한 비계 설정이 양립하지 못한다는 의미가 아니라, 그보다 유아 교육은 더 많은 것을 망라해야 하며, 이러한 기술로만 축소되지 않아야 한다는 것이다. 유아원과 유치원 경험의 초점은 초등학교 학습을 위한 저변의 기반으로서 토대를 놓는 데 있다. 유아 교육은 나중에 성공적으로 학업을 할 수 있도록 만드는 기초 기술을 강조해야 한다. 이것은 초등학교 일학년 교육과정의 목적과 목표를 유치원에서 따르는 것이 아니라, 유치원 시기에 발현되어야 하는 특유의 발달적 성취에 역점을 둘 학습 기회를 창조함으로써 성취되어야 한다.

> 어린 유아가 자신의 잠재력에 도달하고 조화로운 형태로 발달하기 위한 최적의 교육 기회는 아동기의 단축을 목표로, 즉 걸음마기 유아를 유아로, 그리고 유아를 초등학교 1학년 아동으로 전환시키는 지나친 조기 교육을 통해 만들어지는 것이 아니다. 필요한 것은 오히려 정반대인데, '유아 교육'의 독특한 내용, 즉 그림그리기부터 또래와 성인과의 상호 작용을 확장하고 풍부화하는 것이다(Zaporozhets, 1978, p. 88).

이 메시지는 자포로제츠의 **증폭**amplification이라는 개념으로, 교사는 유아의 근접 발달 지역 내에 있는 능력 그리고 발달적 성취가 성장될 동안 경험을 증진시킬 능력을 배양하기 위해 도구와 방책을 사용해야 한다(제4장 참조). 이러한 능력이 발생하는 동안 기본적인 활동이 그 시기의 주요 활동인데, 즉 유아원과 유치원 연령 유아에게는 그것이 놀이인 것이다.

이 장에서는 이 연령의 주요 활동인 의도적이며 성숙한 놀이를 비계 설정하는 법에 대해 논의할 것이며, 생산적 활동, 전학문적preacademics 활동, 그리고 동작 활동과 같은 활동을 비계 설정하는 법에 대한 비고츠키의 생각에 대해서도 부분적으로 논의하고자 한다.

주요 활동으로서 가작화놀이 비계 설정하기

성숙한 놀이의 특징

모든 놀이를 주요 활동으로 간주할 수는 없는데, 그 이유는 놀이와 유사한 모든 행동이 동일한 정도의 발달을 증진하지는 않기 때문이다. 엘코닌은 발달을 위한 최대의 혜택을 제공하는 유형의 놀이를 설명하기 위해 **성숙한, 발달된** 혹은 **진보된**이라는 용어를 사용했다(Elkonin, 2005). 이러한 유형의 놀이는 다음과 같은 특징을 갖고 있다.

1. 상징적 표상과 상징적 행동
2. 가장 시나리오를 창작하기 위해 사용된 언어
3. 복잡하게 짜여진 주제
4. 풍부한 다면적인 역할
5. 놀이 시간대의 확장(며칠 간 진행되는 놀이)

이러한 특징 중에서 어떤 특징은 세 살부터 출현되는 것도 있지만, 대부분의 특징은 유아가 유치원을 졸업하는 시기까지 나타나야만 한다.

1. **상징적 표상과 상징적 행동.** 진보된 놀이에서, 유아는 사물과 행동을 대신하기 위해 다른 사물과 행동을 상징적으로 사용한다. 이 수준에서 놀이하는 유아는 적확한 장난감이나 소품을 갖고 있지 않아도 자신의 놀이를 중단하지 않는다. 유아는 필요한 무엇인가를 쉽게 고안하거나 대체한다. 유아는 심지어 사물이 있다고 가장하기로 동의하고, 물리적 대체물을 요청하지 않을 수도 있다. 이 수준의 유아는 행동도 또한 상징적으로 다룬다. 유아는 건물을 무너뜨리는 상황에 동의하고는 실제로 그 구조물을 무너뜨릴 필요가 없을 수도 있다. 유아는 "우리 건물이 무너졌다고 가장하자."라고만 말하면 된다.
2. **가장 시나리오를 창작하기 위해 사용된 언어.** 유아는 놀이로 나타낼 시나리오를 창작하기 위해 언어를 사용한다. 언어는 소품이 무엇으로 사용되고, 어떻게 유아가 사용하게 될지를 의사 소통하기 위해 쓰인다.

   "이것으로 전화기를 만들자."라고 요나가 말하며 블록을 집어든다. 놀이 시나리오는 놀이할 것을 계획하고 의논한 것이다. "우리는 멕시코에 갈 예정이라고 가장하자. 그리고 우리가 비행기에 타야 해. 먼저, 우리는 가방을 싸야 해, 그리고 비행기 표를 가지고 있어야 해,"라고 에스테판이 로사와 케이티에게 말한다. "알았어, 그러면 우리 아기도 있다고 하자. 우리 아기도 데리고 가야 해," 로사가 덧붙인다. 유아들이 "가방", 실제로는 핸드백과 쇼핑백으로 짐을 싼 후에, 비행기 표 파는 곳으로 가는 척한다. 에스테판이 "자, 나는 너에게 비행기 표를 줄 거야,"라고 말하며, 선반에서 발견한 종이 조각을 찢어내어 그 위에 끄적거린다. "나에게는 석 장이 필요해."라고 로사가 말한다. "나도 역시 석 장이 아니라 두 장이 필요해."라고 케이키가 말한다. 각 시나리오는 언어적으로 계획되고 그 다음에는 실현된다. 언어는 놀이하는 유아가 누가 누구인지 그리고 다음에 무슨 일이 일어날지를 의사 소통할 수 있게 한다.

3. **복잡하게 짜여진 주제.** 진보된 놀이는 전체로 구성될 수 있는 상호 연결된 여러 가지 주제로 짜여져 있다. 유아는 놀이 흐름을 방해하지 않고 새로운 사람들, 장난감, 생각을 쉽게 결합시킨다. 유아는 또한 서로 관계없어 보이는 주제를 하나의 상상적인 상황으로 결합시킨다. 예를 들어 기계공이 앰뷸런스를 고치면서 병이 나고 의사를 불러야만 하고, 그래서 병원이라는 주제와 차고라는 주제가 결합하게 된다.

4. **풍부한 다면적인 역할.** 진보된 놀이에서, 유아는 동시적으로 많은 역할을 가정하고, 조정하고, 통합시킨다. 덜 진보된 놀이에서는 유아가 한 가지 주제를 정하면 그에 얽매인 전형적이고 고정된 역할을 한다. 따라서 엄마의 역할을 맡으면 아기에게 우유를 먹이고 접시를 닦는 일만 한다. 그러나 일단 놀이가 더욱 발전되면 '엄마'는 일을 하러 가기도 하고, 병이 난 아기를 데리고 병원에 가서 의사가 되기도 하며, 다음에 아기 환자가 되고, 그리고 원래의 엄마 역할로 되돌아온다. 각 역할은 놀이 시나리오의 부분으로서 계획되며, 종종 음성, 몸짓, 소품의 변화로 표시하게 된다.

5. **놀이 시간대의 확장.** 진보된 놀이에서 놀이 시간의 확장이라는 것은 놀이의 두 가지 측면을 의미한다. 첫째는, 유아가 얼마나 오랫동안 놀이를 유지할 수 있는가를 의미한다. 유아가 필요한 역할과 줄거리를 융통성 있게 창작하며 시나리오를 따라 더 길게 유지할수록, 더 진보된 놀이가 된다. 두 번째는 놀이가 하루 이상 지속될 수 있는지의 여

부를 의미한다. 연령이 높은 유아는 전형적으로 연속적인 며칠 동안 동일한 '전쟁놀이'나 '병원놀이'를 지속한다. 네 살짜리 유아도 도움을 받으면 며칠 동안 놀이를 지속할 수 있다. 대부분의 유아 교사는 며칠씩 걸리는 연장된 놀이를 고려하지 않는데, 그 이유는 교사가 하루 일정의 놀이 시간이라는 조건에만 맞추어서 생각하기 때문이다. 비고츠키와 엘코닌에 의하면, 며칠간 지속되는 놀이는 더 많은 자기 조절, 계획, 그리고 기억력을 요구하며 유아를 근접 발달 지역의 상한에까지 끌어올린다.

유아원/유치원 교실에서 발견되는 놀이의 수준

놀이는 유아가 가정에서 학습했던 것을 사용하는데, 유아는 그 다음 이러한 놀이 기술을 교실로 가져온다. 유아는 이웃에서 세 살에서 열 살 혹은 그 이상의 연령의 유아가 포함된 혼합 연령 집단에서 놀이를 해 왔다. 유아가 보통 놀던 방법으로 놀이를 하지 못하는 것은 매우 슬픈 일이다. 오늘날 유아는 거의 항상 놀이 기술이 자신만큼 미숙한 동년배 또래와 놀이를 한다. 오늘날의 유아가 또한 과거의 유아보다 더 어린 연령 시기에 축구 연습이나 무용 교습과 같은 좀 더 성인 지시적인 활동에 더 많이 참가한다. 다른 유아가 이러한 활동을 하는 동안, 그들은 특정 기술을 가르치도록 예정되어 있으며, 극놀이에는 거의 참여하지 않는다. 더 나아가, 유아는 현재 더 어린 연령에서 텔레비전을 더 많이 시청하고 컴퓨터로 놀이를 한다. 이러한 활동은 즐거움을 주지만 가작화놀이와 동일한 혜택을 제공하지는 않는다.

유아기의 활동에 관한 이러한 변화는 대부분의 유아가 미성숙한 놀이 기술을 가지고 유아원에 취원하는 결과를 낳았다. 유아는 유아 교육기관에서 지원을 받지 못하면 놀이하는 법을 알지 못하고 유치원을 떠날 수도 있다. 러시아에서, 최근 수행된 연구는 놀이와 비非놀이 환경에서 지시를 따르는 유아원과 유치원 유아 간 능력을 비교했던 1940년대 수행된 연구를 반복 연구했다(Elkonin, 1978). 60년 전의 유아원 유아는 비놀이 상황보다 놀이 상황에서 더 잘 지시를 따랐지만, 현재의 연구에서 발견된 차이점은 유아가 더 연령이 높아질 때까지 나타나지 않는다는 것이다. 예전에는 그것이 유아원 유아의 특징이었으나 지금은 아니다(Smirnova & Gudareva, 2004). 또한 모든 연령과 모든 조건에서 지시를 따르는 능력은 1940년대의 연구에서 발견된 것과 비교해 전반적으로 하락했다. 연구자들은 오늘날의 일곱 살짜리 유아가 1940년대 유아원 유아와 같은 수준의 자기 조절력을 갖고 있음을 발견했다. 연구자들은 이런 현상을 유아원과 유치원에서 놀이의 질과 양이 감소했기 때문이라고 추정했다.

〈표 11.1〉에서는 이 연령에서의 주요 활동으로서 엘코닌이 설명할 때 생각했던 놀이에 참여하는 미성숙한 유아의 놀이와 성숙한 놀이자와 함께 놀이한 경험이 거의 없었던 유아의 놀이를 비교하고 있다. 일반적으로 더 어린 유아원의 유아가 하는 놀이와 유치원 시기가 끝날 무렵에 출현해야 하는 성숙한 발달된 놀이 기술을 구별하기 위해 미성숙과 성숙이란 용어를 사용한다.

유아 교사는 더 높은 수준의 놀이에 참여하기 위해 미성숙한 방법으로 놀이하는 유아를 돕기 위한 방법을 찾아야 한다. 교사의 비계 설정이 없으면, 이러한 유아는 자신의 주요 활동이 될 놀이에 참여하는 능력이 없을 것이다.

표 11.1 미성숙한 놀이와 성숙한 놀이

미성숙한 놀이	성숙한 놀이
유아는 야채를 다지거나 설거지를 하는 것과 같은 동일 행동을 몇 번이고 되풀이해 반복한다.	유아는 가상 시나리오와 그 시나리오에서 발전된 장면의 행동을 만들어 낸다.
유아는 사실적인 사물을 사용하고 소품을 고안할 수 없다.	유아는 그들 역할에 맞는 소품을 고안한다.
놀이에 역할이 없거나 한 가지 행동 혹은 소품에 기초한 일차적 역할만 존재한다.	유아는 행동을 위한 특성이나 혹은 규칙을 가진 역할을 놀이한다. 유아는 한번에 여러 역할을 할 수 있으며, 새로운 역할을 표시하기 위해 자신의 언어와 행동을 변화시킨다. 유아는 사물에 역할을 지정할 수 있고, 그 다음 그 사물을 보고 말하거나 행동한다.
유아는 놀이 시나리오 혹은 역할을 만들어 내기 위해 매우 적은 언어를 사용한다. 언어는 "나는 엄마야" 혹은 "아이쿠"와 같이 사람이나 행동을 명명하는 것으로 제한되어 있다.	유아는 무슨 놀이 시나리오가 되어야 하는지, 무슨 역할이 있어야 하는지, 어떻게 시나리오를 펼칠지에 관해 긴 대화를 한다 유아는 놀이 소품을 명명하고, 자신의 행동을 설명하고, 다른 놀이자의 행동을 지시하고, 그들이 놀이하는 주인공의 말을 흉내내기 위해 의도적으로 언어를 사용한다.
유아는 상호 작용을 하지 않고 병행놀이에 참여한다.	놀이에는 다양한 역할과 주제가 연계되어 있다. 모든 역할이 놀이 시나리오의 한 부분으로 놀이를 한다. 유아는 한 역할 이상으로 놀이할 수 있다(식당의 요리사와 손님). 새로운 생각이 혼합되고 첨가된다.
유아는 행동을 시작하기에 앞서 무슨 놀이를 할지를 설명할 수 없다.	유아는 자신의 놀이를 시작하기에 앞서 그들의 역할, 행동, 소품의 사용과 함께 변화된 놀이 시나리오에 대한 확장된 논의에 참여할 수 있다.
유아는 소품과 역할에 대해 논쟁하고 싸운다.	유아는 논쟁과 의견 불일치를 해결하고, 그에 대한 싸움 대신에 소품을 고안한다.
유아는 다른 활동으로 전이하기 전에 5분에서 10분 이상 길게 놀이를 유지할 수 없다.	유아는 놀이에 빠져들게 되고 가상 시나리오의 탐색과 확장을 위해 다음 날이나 며칠 동안 지속할 수 있다.

놀이 풍부화하기

다양한 유치원, 유아원과 어린이집 교실을 관찰한 바에 의하면 네 살과 다섯 살 유아가 일반적으로 걸음마기 유아에게 기대하는 낮은 수준의 가작화놀이를 하고 있는 것을 볼 수 있다. 이런 유아는 거의 새로운 주제를 시도하지 않는데, 대신에 동일한 가족, 학교, 의사라는 친숙한 시나리오를 수행하기를 선호한다. 더욱 심각할 경우, 어떤 유아는 놀이를 위해 폭력적인 영화나 텔레비전 쇼의 장면을 실연한다. 이런 교실에 있는 유아는 종종 사실적인 장난감과 소품에 의지하는데, 이는 자신에게 없는 소품의 대체물을 만들어 내기 위해 자신의 상상력을 사용할 수 없기 때문인 것 같다. 대부분의 교실에서 관찰된 미성숙한 수준의 놀이는 유아에게 이러한 중요한 활동을 통해 얻게 될 모든 잠재적인 유익함을 제공하기에 충분하지 못하다. 성숙한 놀이가 유아의 문해와 다른 인지 기술의 발달에 주는 이익을 고려해 볼 때 교사가 유아의 놀이 질質을 증진시키기 위해 개입하는 것이 필수적이다(Bodrova & Leong, 2001).

교사의 놀이 개입을 권할 때, 교사가 유아와 놀이를 해야 한다거나 놀이 집단의 구성원으로서 직접 놀이를 지시하라는 의미는 아니다. 성인과의 상호 작용은 유아를 매우 특정한 종속적인 역할을 하게 하며, 교사가 무엇을 하든지 유아는 여전히 '유아'로 있게 된다. 교사가 과도하게 놀이를 이끌면, 유아는 자신이 '~인 체' 가장하는 것이 무엇인지 알 기회를 놓치게 된다. 교사가 유아에게 무엇을 하는지 말해 보라고 요청하는 것만으로도, 교사는 여전히 놀이를 이끌고 있는 것이고, 미세하지만 그 놀이만 교사 지시적인 활동이다.

과도한 성인 주도의 또 다른 단점은 교사가 각 유아가 놓여 있는 근접발달 지역을 관찰할 수 없다는 것이다. 뒤로 물러서서 유아의 또래 상호 작용을 관찰할 때만, 교사는 다양한 사회적 맥락에서 나타나는 유아의 잠재 능력을 볼 수 있다. 이러한 다른 사회적 상황은 교사가 결코 볼 수 없었던 유아의 다른 측면을 볼 수 있게 해 준다.

그럼에도 불구하고 교사는 놀이의 과정을 도와 주는 중요한 역할을 한다. 학급에서 적절한 비계 설정을 하는 민감한 교사는 교실의 놀이 수준에 긍정적인 영향을 미친다(Berk, 1994; Bodrova & Leong, 2003a; Smilansky & Shefatya, 1990). 유아원과 유치원 교실에서의 관찰을 통해 발견한 것으로, 높은 수준의 놀이를 증진하기 위한 개입 방법에는 다음과 같은 것이 있다.

1. 유아가 놀이하기에 충분한 시간을 확보한다.
2. 유아의 경험을 확장하고 놀이를 풍부화하는 주제에 관한 아이디어를 제공한다.
3. 적절한 소품과 장난감을 선정한다.
4. 유아가 자신의 놀이를 계획하도록 도와 준다.
5. 놀이의 진행 과정을 모니터한다.
6. 도움이 필요한 유아를 개별적으로 지도한다.
7. 주제가 함께 엮어질 수 있는 방법을 제안하거나 시범을 보인다.
8. 분쟁을 해결할 수 있는 적절한 방법을 시범 보인다.
9. 놀이에서 서로 멘토mentor가 되도록 격려한다.

1. **유아가 놀이하기에 충분한 시간을 확보한다.** 유아반 유아가 풍부하고 성숙한 놀이 주제와 역할의 특징을 발달시키기 위해 방해받지 않는 매일 40분에서 60분의 연속적 시간이 필요하다. 학기 초에, 교사는 20분부터 시작해 정규적으로 40분에서 60분이 될 때까지 점진적으로

시간을 늘려야 한다. 방해받지 않는 시간이란, 교사가 유아에게 다른 활동을 시키거나, 진행 중인 놀이의 방향을 바꾸지 않아야 한다는 의미이다. 주제와 역할이 발달하기 위해서는 시간이 걸린다. 유아가 중간에 다른 활동을 하게 되면, 역할과 주제의 발전을 중단시키게 된다. 이 연령에서, 유아는 가장 성숙한 놀이 수준에 다다르지 않는 한 놀이를 중단하고 다시 시작할 수 있는 능력이 없다.

유혹이 있어도, 교사는 학문적 개념을 끼워 넣기 위해 놀이의 흐름을 방해하지 않아야 한다. 예를 들어 교사가 블록 영역에서 자동차 정비 놀이를 하는 유아에게 모든 정사각형 블록을 찾아서 한 더미로 만들고, 직사각형 블록으로 한 더미를 만들고, 다른 블록은 다른 더미에 놓으라고 요청하는 것은 방해라고 간주할 수 있다. 또 다른 부적절한 개입의 예를 들면 "너는 자동차 바퀴가 둥글다는 것을 알아냈니? 네 자동차들의 바퀴를 모두 합하면 몇 개니?"와 같은 질문이다. 이러한 말은 다른 방향으로 놀이를 유도하고, 실질적으로 놀이를 교사 지시적 수업으로 변하게 한다. 교사는 "존에게, 네가 다음에 필요한 블록이 무슨 모양인지 말해 주면, 존이 너에게 그 블록을 건네 줄 수 있어" (유아는 직사각형의 블록을 가리킨다.) "아 너는 직사각형 블록이 필요하구나. 너에게 직사각형 블록을 줄 수 있는지 물어 봐."와 같이 도움이 되는 방법으로 정보를 전할 수 있다. 교사는 유아가 친구와 함께 놀이하도록 도와 줄 모양에 관한 정보를 유아에게 주게 된다. 직사각형 블록을 요청하는 것을 알려 줌으로써 존이 자신이 원하는 방법으로 탑을 쌓도록 돕게 된다.

단지 유아원 교실에서만 놀이의 지원이 필요한 것은 아니며, 많은 유치원 유아도 여전히 성숙한 놀이 수준을 성취하지 못하므로 유치원 일과에서 놀이 지원이 포함되어야 한다. 특히 위기에 처한 유아를 위해 학업의 성취를 강조하게 되면서 많은 초등학교에서 놀이 시간을 줄이고 휴식 시간으로 대치하고 있다. 우리는 모든 유치원 교사가 매일의 일과 시간 중에 놀이를 위한 시간을 배당할 것을 제안한다. 유치원 유아는 이야기를 주제로 사용하는 놀이를 시작할 만큼 성숙하다. 다섯 살짜리 유아에게, 유아의 직접 경험이 아닌 책과 이야기로부터도 주제가 나올 수 있다. 요정 이야기는 놀이를 위한 주제를 제공할 수 있는 이야기의 완벽한 예가 된다. 교사는 여러 가지로 각색된 동화를 읽어 줄 수 있으며, 유아는 놀이를 위한 시작점으로 그 이야기를 사용할 수 있다. 교사는 유아가 놀이를 유발하게 된 이야기를 윤색하고 첨가하도록 격려해야 한다. 우주, 해양, 항해하는 배 혹은 역사적인 시대에 관한 논픽션 책들도 놀이 주제의 좋은 자원이 될 수 있다.

2. **유아의 경험을 확장하고 놀이를 풍부화하는 주제에 관한 아이디어를 제공한다.** 에버솔 선생님은 자신의 유아원 학급을 데리고 지역 소아과 의사의 진료실로 견학을 갔었다. 간호사는 유아에게 진료실을 보여 주었고 좋은 영양에 대해 말해 주었다. 유아가 교실로 돌아오자, 교사는 놀이 영역에 의사 진료실을 구성하도록 했다. 교사는 실망하게 되었는데, 유아들이 누가 의사가 될지, 누가 청진기와 처방전을 가질지에 대해 싸우려고 했기 때문이다. 유아반 교사가 소꿉놀이나 영웅놀이를 넘어서서 유아의 놀이를 확장하려고 시도할 때 유아에게 놀이를 위해 새로운 역할을 만들어 내는 능력이 없는 것이 항상 문제가 된다.

문제는 유아가 몇몇 제한된 이상의 다른 역할에 대한 레퍼토리를 가지고 있지 않아, 결과적으로 자신의 놀이를 풍부하고 다양하게 만드는 데 필수적인 새로운 역할을 도출할 수 없다는 것이다. 새로운 놀이 주제를 소개하려면, 교사가 함께 동조하면서 역할과 행동을 파악할 것을 제안한다. 유아가 특정한 상황만을 경험했다는 이유로, 유아가 자기 앞의 제한된 역할에만 주의를 집중할 필요는 없다. 유아는 사람들이 행하고 말하는 것보다 흥미 있는 사물에 더 초점을 맞출 수도 있다. 그러므로, 유아가 할 수 있는 유일한 것은 풍부한 놀이 시나리오를 발전시키는 것보다 사물로 놀이하는 것이다.

예를 들어, 실제 의사의 진료실을 견학하는 동안, 에버솔 선생님은 유아가 유치원에 돌아와 가상으로 병원놀이를 할 수 있는 네 가지 다른 역할을 찾아낼 수 있다. 예를 들어, 교사는 환자 혹은 아픈 아기의 부모 역할을 하면서 의사, 간호사, 접수 직원에게 각 유아가 행동하고 말할 것을 개별적으로 시범을 보여달라고 요청할 수 있다. 병원에 있는 사람은 각자의 역할을 유아 앞에서 시범을 보여 준다. 그 역할을 하는 사람은 그가 누구와 상호 작용하고 무엇을 말하고 행동하는지 유아에게 말해 준다.

유아가 의사 진료실을 안내하는 접수처에 서 있으면, 여기가 에버솔 선생님은 부모가 의사를 보기 위해 기다리는 장소라고 지적해 준다. 교사는 부모가 접수 직원과 먼저 말을 해야 한다고 설명한다. 교사는 "이 사람이 존슨 양이고, 접수 직원이야. 존슨 양! 만약 아픈 아이가 접수처에 왔을 때 당신이 무엇을 하며 어떤 말을 하는지 보여 주세요."라고 말한다. 존슨 양은 "나는 접수 직원이에요. 나는 사람이 들어오면 부모에게 '안녕하세요'라고 말해요. 나는 사람들이 접수대에 이름을 쓰도록 하고, 그 다음 간호사와 의사가 지난 번에 환자가 아파서 왔을 때 했던 일을 써놓은 진료 서류를 가져옵니다. 자, 에버솔 선생님이 부모인 척하기로 해요." 에버솔 선생님이 접수대로 걸어 들어온다. 존슨 양이 에버솔 선생님에게 접수 서류를 건네 주며 "안녕하세요. 여기에 이름을 써 주세요."라고 말한다. 에버솔 선생님은 이름을 쓰고, 그 다음 자신이 한 것을 유아에게 보여 준다. 존슨 양은 "예약을 하셨

나요?"라고 말한다. 에버솔 선생님은 " '네, 예약했습니다."라고 말한다. 존슨 양은 "오늘은 어느 분이 환자죠?"라고 묻고, 에버솔 선생님은 "조디요, 우리 아기 조디가 아파요." 라고 말한다. 존슨 양은 "여기 앉으세요. 간호사가 잠시 후 당신을 보러 올 거예요. 나는 조디의 진료 서류를 가져오겠습니다."라고 말한다. 존슨 양은 "그 다음, 나는 진료 서류를 가져오고 그것을 여기 넣어놓고 간호사에게 조디가 기다리고 있다고 말해요."라고 말한다. 에버솔 선생님은 "지금 나는 아기와 함께 앉아 있고 간호사를 기다리는 동안 잡지를 읽거나 아기와 놀아 주고 있어요."라고 말한다.

각 역할을 하는 사람들은 동일한 방법으로 무엇을 말하고 행동하는지 설명한다. 그 다음, 그림이 있는 책을 선택해 상호 작용하는 사람에 대한 시범을 보인다. 견학을 하면서, 에버솔 선생님은 각 역할마다 전형적인 일을 하는 병원의 사무실에 있는 각 사람들의 사진을 찍는다. 이 사진은 유아들이 유치원으로 돌아온 이후에 회상용 자료로 사용할 수 있다.

이러한 기법은 다양한 상황에서 일을 하는 사람들의 행동, 말씨, 사회적 상호 작용에 주의를 환기시키는 방법으로 책이나 교실 방문 자원봉사자도 유아의 주의를 환기시킬 수 있다. 이런 시범을 위해, 사람들이 이러한 직장에서 무엇을 하며 말하는지를 설명하는 내용의 책을 사용한다. 만약 책에 일반적인 설명만 있다면, 교사는 필요한 대화를 만들어 넣는다. 교실 방문 자원봉사자에게도 자신의 직장에 존재하는 적어도 네 가지 다른 역할에 대해 토론하도록 부탁한다. 자원봉사자에게 흥미 영역에서 사용하는 간단한 소품을 주거나, 각 역할을 특징지을 수 있는 무엇인가를 가져오도록 요청한다. 자원봉사자가 자신의 직장에서 하는 일의 순서를 보여 주도록 요청한다.

의사의 진료실을 방문하는 대신에, 에버솔 선생님은 유치원생의 부모 중 한 명인 루피나 씨와 의사 진료실의 간호사도 초대해 유아들 앞에서 여러 다른 역할을 해 보도록 할 수도 있다. 수업 시간 전에, 교사는 루피나 씨에게 교사 자신이 해 주길 원하는 점을 정확하게 설명할 필요가 있다. 특별히 강조하기를 원하는 것이 있을 때, 에피소드의 부분을 반복해 주기를 학부모에게 요청할 수도 있다. 교사는 루피나 씨에게 아빠가 열이 나는 아기를 데리고 오면 무슨 일이 있을지를 교실에서 보여 주도록 요청한다. 루피나 씨는 매번 독특한 소품을 사용하면서 역할 시범을 보여 주고, 사람들이 행동하고 말하는 것을 보여 주며, 사람과의 상호 작용을 설명하게 된다. 이러한 과정은 다음과 같이 진행될 것이다.

부모 역할: 루피나 씨는 넥타이 차림으로 아기 인형을 들어올린다. 그녀는 유아들에게 "자, 나는 아빠고 이것은 나의 아기야. 나는 엄마가 될 수 있지만 오늘은 내가 의사에게 아픈 아기를 데려가는 아빠야. 나의 아기가 아프거나, 열이 나거나, 팔이 부러지면 나는 아기를 병원으로 데려가. 나는 의사나 간호사에게 '내 아기가 열이 있는 것 같아요. 아기가 걱정이 돼요.'라고 말하고 아기를 의사나 간호사에게 보여 준다."

간호사 역할: 루피나 씨는 아기와 넥타이를 풀어놓고 명찰을 달며 '간호사'라고 말한다. 그녀는 진료 서류와 직사각형 블록을 들어올린다. 그녀는 "자, 나는 간호사야. 나는 의사가 들어오기 전에 아기의 체온을 확인하기 위해 아기 체온을 재고 아빠에게 말한단다. '아기가 언제부터 아팠죠? 아침이었나요? 아기가 아침을 먹은 후였나요'라고 말한다. 나는 아빠가 나에게 말한 것을 받아 적어요. (그녀는 유아들에게 자신이 진료 서류에 적

은 내용을 보여 준다.) 나는 아기의 체온을 재고(그녀는 아기 가까이로 블록을 대고, 체온계를 보는 시범을 보인다) "아, 아기가 체온이 높네요. 의사에게 말할 것이 있겠네요.' 나는 진료 서류에 체온을 적는다. (그녀는 유아들에게 진료 서류에 숫자가 쓰여진 것을 보여 준다.)'

역할을 알려 주고 사람들이 상호 작용하면서 하는 행동과 말을 알려 주는 것은 유아가 놀이 시나리오를 만들기 위해 사용할 수 있는 일련의 조합된 역할과 행동을 제공한다. 유아는 성인이 살아가면서 실제 사용하게 되는 실제적 언어를 가능한 많이 활용해야 한다. 교사는 새로운 단어를 유아에게 설명할 수 있으며, 단어가 사용되는 예를 보여 줄 수 있다. 예를 들어, 교사들은 "**아야**"보다는 부상이라는 단어를 쓰도록 격려할 수 있다. 다양한 상황과 연계된 성인 언어의 사용을 격려하는 것은 유아가 놀이하면서 어휘를 확장시키는 기회를 제공한다.

유치원 연령이 되면, 유아는 성인으로부터 훨씬 적은 물리적 지원과 참여를 가지고 역할과 가상 시나리오를 만들어 낼 능력이 있어야 한다. 유아가 이야기를 일단 놀이 주제로 사용할 수 있다는 생각을 하게 되면, 유치원반 유아는 서로 다른 이야기를 가져와서 함께 사용하기도 하고, 더 나아가 놀이를 시작하기 위해 책의 그림을 사용하기도 한다. 교사는 이 연령에서 놀이를 유지하기에 충분할 만큼, 유아들이 읽은 이야기를 확인할 필요가 있다. 등장 인물이 한 가지 에피소드 이상에 등장하는 연속 장면을 가진 책은 문해 기술의 향상과 놀이 자료의 제공 모두에 충분한 방법을 제공한다. 또한, 논픽션과 픽션의 책들은 놀이를 위한 생각을 만들어 내는 데 함께 엮어질 수 있다.

3. **적절한 소품과 장난감을 선정한다.** 놀이 소품은 여러 기능을 제공한다. 첫째, 놀이 소품은 유아가 조작할 수 있는 '정신 영역mental plane'

을 위한 놀이 맥락을 만드는 데 중요한 부분이 된다. 놀이에서 유아는 물리적 사물만을 다루는 것이 아니다. 유아가 블록을 휴대폰으로 가장할 때 정신적으로 사물을 조작하게 된다. 유아가 블록으로 휴대폰을 가장하는 도중에는 일시적으로 블록이 가지고 있는 사물의 통상적 의미를 정신적으로 분리해야 한다. 블록을 전화기로 사용하기로 한 유아의 결정은 장난감 전화기를 사용하는 것보다 대단한 인지적 도약을 이룬 것이다. 블록이 전화기가 되려면, 유아는 외면의 실체가 아닌 내재된 생각에 따라서 행동하고, 그 행동으로부터 사고를 분리시켜야 한다. 그 소품은 일반화된 전형적 형태로 사용하게 되는데, 블록이 모든 행동을 표상하기 때문에, 응답을 하고, 전화 번호를 누르고, 끊는 행동이 포함된다.

비고츠키 학자들에 의하면, 교사는 다차원의 기능을 가진 장난감과 소품을 놀이 영역에 비치해야 한다. 예를 들면, 다양하고 화려한 몇 개의 천은 특정 공주 드레스보다 더 좋은 소품이다. 다양한 문화를 반영한 장난감을 사용하는 것이 좋은데, 예를 들면 엄마놀이를 하는 유아에게 포대기로 끈을 등에 묶고, 어깨 끈을 거는 아기를 업는 법을 시범 보이는 것이다. 유아가 자신이 원하는 정확한 소품을 발견할 수 없으면, 유아에게 소품을 만들어 보도록 격려한다. 유아가 블록 같은 다른 사물을 사용할 수도 있고, 자신이 사물을 가지고 있다고 가장할 수도 있다. 유아는 식당의 메뉴판, 공항의 비행기 표, 피자의 토핑을 만들 수 있다.

둘째, 소품은 또한 유아의 기억과 자신의 행동에 대한 자기 조절을 돕는 외적 매개체로 제공될 수 있다. 앙 선생님의 교실에서 한 집단의 유아가 식당놀이를 하고 있다. 토니는 요리사가 되어, 주방으로 간다. 토니는 자신이 요리사가 된 것을 잊고, 전날 친구들이 만든 메뉴판을 집어들고, 주문서와 연필을 손에 쥔다. 토니는 웨이터처럼 행동하기 시작해, 웨이터인 미셸을 화나게 한다. 앙 선생님이 건너와서 누가 누구인지 가려 준다. 선생님은 토니에게 '요리사' 의상을 주고 미셸에게는 '웨이터' 앞치마를 준다. 이제 미셸과 토니는 다툼 없이 함께 놀이한다. 토니는 "다음에는 내가 웨이터야. 알았지?"라고 말한다.

소품은 유아가 자신의 역할을 기억하도록 도우며, 놀이 시나리오의 길이를 지속할 수 있게 한다. 이런 소품은 단순하며 영상적이어야 한다. 놀이에서 맡은 역할을 수행하기 위해 복장을 입는 것이 우습더라도 놀이의 중요 기능이 정신적으로 기능하는 학습임을 기억해야 한다. 정교한 복장이 유아가 자신의 역할을 회상하는 데 필수적 요소는 아니며 놀이의 중요한 측면은 역할놀이이지 복장이 아니다.

유치원에서 사용되는 소품은 더 추상적이고 영상적이 되기도 한다. 유치반 유아는 물리적인 소품이 거의 없어도 놀이를 할 수 있어야 한다. 유아는 언어만으로도 정신적 영상을 창조할 수 있어야 한다. 유아는 역할을 유지하기 위해 더 이상 소품이 필요하지 않으며, 동시에 여러 역할을 놀이할 수도 있다. 유치반 유아는 또한 역할 자체를 놀이하기보다는 놀이 주인공으로 사물을 사용하기도 한다. 예를 들어, 유아는 인형을 탁자 위로 움직이고, 인형이 말하듯이 특정 목소리를 사용하면서 인형이 걷고 말하게 할 수 있게 한다. 유아는 또한 이러한 사물을 위해 상상적 소품을 만들어 낼 수 있다.

4. **유아가 자신의 놀이를 계획하도록 도와 준다.** 놀이 시간이 시작되기 직전에 유아에게 무엇을 놀이할지 물어본다. 유아가 특정 계획을 따르지는 않더라도, 생각을 언어화하게 되면 상호 이해가 더 증진되며, 공유된 활동의 상태가 된다. 성숙한 놀이에는 다차원의 시나리오 계획과 그에 기초한 놀이 실행이 포함되어야 하므로, 유아는 서로 말

을 주고받으며 놀이를 진행시키고, 놀이할 것을 함께 계획하면서 지원을 받게 된다. 새로운 소품 혹은 역할을 변별하도록 도움을 주도록 한다.

유아의 놀이 계획을 돕는 최적의 시간은 유아가 놀이를 시작하기 바로 직전이다. 몇몇 프로그램은 일과 초반부의 계획 시간을 무엇을 할지 설명하는 데 사용한다. 유아반의 대부분 유아는 기억을 숙지하지 못하기 때문에, 여러 시간 전에 결정된 일을 기억하는 데 어려움이 있을 수도 있다. 유아가 놀이를 시작하기 바로 직전에 계획을 기억해 낼 만한 암시물이 없으면, 유아는 자신의 계획과 실제 놀이 간에 연계를 할 수 없다. 많은 프로그램에서 유아에게 일과 종료 시에만 자신의 계획을 검토하게 하는데, 이 검토만으로는 유아가 자신의 계획과 실제 활동 간의 적절한 연계를 할 만큼 충분하지 않다. 유아가 일과 종료 시 계획을 회상하게 되면, 자신의 원래 계획과 자신이 한 일의 여부를 기억하지 못할 수도 있다. 대신에, 유아는 자신이 했던 마지막 일을 기억하게 되는데, 이것은 자신의 원래 계획과 매우 다른 것일 수 있다.

유아가 자신의 놀이가 끝난 후에 즉시 자신의 계획을 검토하게 하는 것이 가장 좋은 방법이다. 놀이 시간이 끝나면, 유아에게 내일 이 시나리오를 계속하기를 원하는지 물어 보고, 내일을 위해 무슨 소품을 옆에 챙겨두어야 하는지 생각해 보도록 격려한다. 이 전략은 하루 이상보다 더 길게 놀이를 연장시킨다. 전날의 계획과 활동을 되짚어 봄으로써 다음 날의 놀이를 시작한다. 계획을 고정하는 것 그 자체가 목표가 아님을 기억해야 한다. 이것은 단지 유아가 자신의 행동에서 연속성을 알아내도록 돕기 위한 수단일 뿐이다.

놀이 계획은 유치원에서 훨씬 더 세밀하게 이루어진다. 유아는 하나 이상의 역할로 놀이를 하고, 결과적으로 하나 이상의 계획을 할 수도 있다. 유아는 일어날 수 있는 시나리오를 집단으로 계획할 수 있다. 유아는 실제로 놀이를 실행하면서 보내는 시간보다 계획에 더 많은 시간을 보낼 수도 있다.

놀이 영역에서 놀이를 시작하기 전에 문어체의 계획서를 만들 것을 격려한다. 유아는 자기 자신이 가려고 예정한 장소, 가지고 놀 사물이 무엇인지 그림을 그려야 한다(그림 11.1 참조). 교사가 원하면, 교사는 유아가 무엇을 할 예정인지, 누가 될 예정인지에 대한 유아의 말을 받아 적을 수 있다. 이렇게 쓰여진 계획은 쉽게 잊어버리는 말로 하는 계획보다 유아가 할 일을 더 잘 회상하도록 도와 준다. 유아가 놀이 영역에 가서 놀이할 예정의 역할에 대해 말을 하는 것은 중요하다. 교사가 동일한 놀이를 원하는 유아가 여러 명이 있음을 알게 되면, 유아는 놀이 영역에서 놀이하기 전에 이러한 갈등에 대해 논의할 수 있다. 이러한 생각을 마음에 두고 있으면, 상호 작용이 있을 때 교사의 지원과 제안에 따라 더 나은 사회적 상호 작용으로 증진시킬 수 있다. 아보가다 선생님은 극놀이 영역에 단 한 벌의 발레리나 의상이 있고, 토미나와 베로니카가 둘 다 발레리나가 되기를 원한다는 것을 알고 있다. 아보가다 선생님은 "발레리나복이 한 벌밖에 없네. 이걸 어떻게 해결할까?"라는 말을 해 놀이 계획을 도와 준다.

5. **놀이의 진행 과정을 모니터한다.** 유아가 놀이하면서 무엇을 하는지 지켜본다. 성숙한 놀이의 특성과 놀이를 하는 동안 이러한 기술을 더 발전시키도록 제안할 수 있는 것이 무엇인지 생각한다. 지나치게 간섭하거나 제안을 하지 않는 것이 중요하다.

서로 다른 수준의 놀이를 하는 유아를 지도할 수 있는 몇 가지 방법을 제안한다.

그림 11.1 유아의 놀이 계획의 예

뚜렷한 역할을 놀이하는 것처럼 보이지 않는 유아. 이러한 유아는 찬장에 사물을 넣고 빼기를 하거나 생각없이 소품을 다룬다. 유아가 놀이하는 것 같은 역할에 기초해 무엇을 하고 있는지 설명한다. "너는 수의사니? 아니면 환자니?' 혹은 '나는 마티가 일하러 가는 것을 보았어."

한 역할 안에 머무르지 못하는 유아. 유아가 역할을 기억하고 그에 따라 행동하도록 돕는다. "너는 누구니? 네가 의사니? 너는 무슨 일을 하고 무슨 말을 하지?" 유아가 자신의 역할을 기억할 수 있는 작은 소품을 가지고 놀이하도록 한다.

놀이하면서 서로 말하지 않는 유아. 유아가 놀이 시나리오를 발전시키도록 도와 준다. "무슨 놀이를 하고 있니? 너는 누구니?(각 유아에게) 다음에 무슨 일이 일어나지?" 일어날 역할이나 새로운 행동을 제안한다. 시나리오가 얽히도록 제안한다.

놀이는 잘하지만 놀이의 줄거리를 놓친 것처럼 보이는 유아. 유아에게 다음에 무슨 일이 일어날지를 묻는다. 유아가 상호 작용하기에 충분한 길이의 놀이에 일시적으로 들어가서 개입한다. 예를 들어, 유아가 식당놀이를 하고 있으면, 전화를 해서 음식을 주문하는 척한다. 유아가 다음 시나리오를 계획하고 그것을 실행하도록 도와 주고, 다음에는 교사의 제안이 많지 않은 상황에서 다른 시나리오를 계획하도록 돕는다.

6. **도움이 필요한 유아를 개별적으로 지도한다.** 놀이 영역을 피하는 유아를 지켜 본다. 이러한 유아가 집단에 합류하고, 새로운 생각을 수용하고, 새로운 동반 친구로 참여하도록 도울 필요가 있다.

유아의 놀이 수준을 파악한다. 만약 유아가 사물로 기본적인 놀이를 하고 있으면, 다음 발달 수준을 위한 지원을 제공하는 것이 유익하다. 교사는 이런 유아에게 아직은 언어로 표현하지 못하는 상상의 맥락을 첨가함으로써 도움을 줄 수 있다. 교사는 진흙파이를 만들고 있는 유아에게 "파티를 위해 진흙파이를 만들고 있는 거니? 아니면 가게에서 팔려고 하는 거니?"라고 물을 수 있다. 때로는 이러한 질문이 상상놀이를 촉발하기에 충분하다.

7. **주제가 함께 엮어질 수 있는 방법을 제안하거나 시범을 보인다.** 단일 주제를 가진 각기 다른 형태의 책을 읽고 실행하도록 한다. 예를 들어, 동물원에 있는 곰과 야생의 곰에 대한 이야기를 읽게 해, 동일한 곰의 주제가 얼마나 다른 방법으로 사용될 수 있는지를 보여 준다. 다르지만 합할 수 있는 주제를 연결하도록 "만약에"라는 말을 사이에 끼워 넣을 수 있다. 예를 들면, 만약 마라가 학교놀이를 원하고, 토니가 자동차놀이를 원한다면, 교사는 "만약 마라의 반이 견학을 가기를 원한다면 토니가 마라를 어떻게 도울 수 있니?"라고 제안할 수 있다.

8. **분쟁을 해결할 수 있는 적절한 방법을 시범 보인다.** 놀이를 하는 동안, 유아는 사회적 분쟁을 해결하는 법을 학습하게 된다. 교사는 유아가 이런 문제를 잘 해결할 수 있는 능력이 있다고 기대할 수 없다. 사회적 기술이 낮은 유아에게는 추가적인 도움이 필요하다. 교사는 "나는 ____라고 느껴.", "나는 ____인 것을 좋아하지 않아." 혹은 "만약 우리가 ________ 대신에 ____라면?" 과 같이 의견이 불일치할 때 이를 해결할 수 있는 대화법을 시범 보여 줄 수 있다. 외적 매개체의 사용에 대한 제5장의 논의도 도움이 될 수 있다. 한 교사는 '논쟁 가방'에 동전, 주사위, 다른 길이의 빨대, 놀이감dreidel, 실패, 유아의 의견 불일치의 해결을 돕는 운율 카드("한 꼬마, 두 꼬마" 와 같은)를 준비해 두고 있다.

9. **놀이에서 서로 멘토가 되도록 격려한다.** 혼합 연령 학급이나 연령이 높은 학급에서 방문을 한 유아가 있는 학급의 교사라면, 놀이 멘토

로 준비된 자원 인사를 가지고 있는 것이나 마찬가지이다. 교실을 방문한 언니(누나)나 오빠(형)가 어린 유아의 놀이를 도와 주도록 격려한다. 더 성숙하게 발달된 놀이 기술을 가진 연령이 더 높은 유아가 낮은 놀이를 수행하는 유아를 위해 좀 더 책임감을 갖고, 소품 지정, 시나리오 설명, 역할 규정을 함으로써 다른 유아들의 놀이 수준을 향상시킬 수 있다. 덜 성숙한 놀이를 하는 유아가 더 성숙한 유아에게 시나리오에 대해 주장하고 더 많은 아이디어를 끼워 넣을 수 있게 되는 것을 보게 될 것이다. 이 시점을 기해 놀이 멘토는 종종 더 어린 유아가 놀이하기를 원하는 역할을 고려하면서 주제를 서로 엮어간다. 교사보다 또래 친구가 좀 더 효율적인 놀이의 멘토가 되는데, 유아가 바로 '유아'이기 때문이다. 이 의미는 유아는 놀이를 교사 주도의 활동으로 만들지 않고 놀이에 참여할 수 있다는 것이다.

유아원/유치원 교실에서 다른 활동 비계 설정하기

놀이가 주요 활동이고 교사의 노력 대부분이 놀이 지도에 있다고 해도, 비고츠키 학자들의 관점에서 광범위하게 연구된 다른 활동도 역시 가치가 있다. 그 가치를 검토하고자 하는 활동은 다음과 같다.

- 규칙이 있는 게임
- 생산적 활동(동극, 이야기 구성, 블록 구성, 조형과 그림그리기)
- 예비 학업 활동(초기 문해와 수학)
- 동작 활동(대근육 활동)

규칙이 있는 게임

피아제 학파와 같이, 비고츠키 학자들은 유아가 다섯 살 무렵에 게임에 참여할 수 있다고 생각한다. 비고츠키 학자들은 그러나, 게임도 상상의 상황과 규칙을 가지고 있으므로, 게임을 놀이의 직접적인 산물로 간주한다. 게임은 상상의 상황과는 구분되는데, 사실상 상상의 상황은 감추어져 있으며(그리고 가장놀이와 같이 외현성이 없고), 대신 규칙이 외현적이며 세부적이다.

> 예를 들어, 체스놀이는 상상의 상황을 만들어 낸다. 왜? 기사, 왕, 여왕 등이 특정한 방법으로만 움직일 수 있기 때문이며, 엄호하기와 따먹기는 순전히 체스에만 있는 개념들이기 때문이다. 체스놀이가 실제 삶의 관계를 직접적으로 대체할 수는 없어도, 그럼에도 불구하고 이것은 하나의 상상의 상황이다(Vygotsky, 1978, p. 95).

다른 예는 동작 게임인데, 이 게임은 유아가 실제로 어떤 행동을 할 수 있음에도 불구하고 수행하지 않는 것처럼 가장하는 규칙을 따르겠다는 동의가 있어야 한다. 예를 들어, 한 유아가 '얼음땡'놀이에 동의하면, 술래가 치면 움직이지 않아야 하고, 얼음땡놀이를 하는 특정 사각형 위로만 뛰어야 한다. 이러한 게임에는 가장놀이와 같이 표면적으로 드러나지는 않지만 근본적인 상상의 상황이 있다.

규칙이 내재된 놀이와 비교해 볼 때 게임의 규칙은 상호 작용의 가장 현저한 특징이 된다. 규칙을 어길 때까지는 역할에 숨겨져 있는 놀이와 달리, 게임에서의 규칙은 놀이하는 유아가 서로 상호 작용하는 방법이며 규칙을 수정할 때는 상호 동의가 있어야 된다. 많은 경우, 규칙은 글로 써서, 유아가 자신의 행동을 비교할 수 있는 기준으로 제시된다. 이런 이유로, 유아가 새로운 보드 게임board game 놀이를 할 때, 성인은 유아가 규칙을 내면화하고 혼자 혹은 친구의 도움을 받아 지킬 수 있을 때까지 규칙을 학습하도록 도와 줄 필요가 있다. 타인과 공유된 명확히 설정된 기준에 따라 자신의 행동을 비교하는 이러한 학습은 유치원 유아가 다음해의 **학습 활동**에 참여하도록 준비시키는 데 매우 유익하다(제12장과 제13장 참조).

규칙이 있는 게임은 유아에게 초등학교의 형식적 학습 활동에서 대면할 정서적 쟁점에 대한 경험을 제공하게 된다(Michaileko & Korotkova, 2002). 게임놀이의 불가피한 부분인 패하기는 유아가 학습의 부분이 될 좌절과 피할 수 없는 일시적 실패를 받아들이는 준비를 시킨다. 어려운 내용을 학습하는 과정에서, 유아는 일반적으로 실수를 하게 된다. 학습자는 문제를 해결할 수 없는 시간에 직면할 때가 있다. 게임은 유아가 일시적 실패나 패하는 것을 다루는 연습을 하는 데 도움이 되는데, 그 이유는 다시 놀이하고, 다음 시간에는 이길 수 있는 기회를 제공하기 때문이다.

내재적 동기를 제공하는 가장놀이와 다르게, 규칙이 있는 게임은 유아에게 이기는 기회를 제공해 동기를 유발시킨다. 이기는 것은 그러나 연습의 결과로 얻은 게임의 숙달과 관련되어 있다. 게임의 숙달을 위한 첫 단계는 놀이를 잘할 때까지는 유아에게 많은 재미를 주지 못한다. 즉각적인 만족을 제공하는 놀이와 처음에는 시간이 들고, 배우는 노력이 드는 게임 간의 차이점은 유아가 학습 활동으로 전이하도록 준비시키는 데 매우 중요하다. 게임놀이는 형식적 학습에서 요구하는 지연된 목표를 추구하기 위한 필수적 능력을 습득하는 다리 역할을 한다.

게임이 협력적이고 공유된 활동이기 때문에, 게임은 또한 유아가 함께 작업하는 기회를 제공해 학구적 학습도 지원할 수 있다. 교육용 게임은 실제적으로 내용을 가르치기 위해 고안된 것인데, 특정 개념이나 기술의 학습을 지원할 수 있다. 유치원 교사는 모든 유형의 교육용 게임을 가지고 있는데, 숫자판에서 단어 빙고까지 학구적인 교육에 게임 형태를 사용하는 것이다.

생산적 활동

생산적 활동이란 포괄적 용어 속에, 비고츠키 학자들은 이야기 구성, 블록 구성, 조형과 그림그리기를 넣고 있다(제10장 참조). 이러한 모든 활동은 유아원과 유치원 연령의 유아들의 발달을 증폭한다고 자포로제츠(Zaporozhets, 1978)가 설명하고 있다.

이야기 구성

이야기 구성은 언어 발달과 창의성에 유익하다. 비고츠키 이론 체제에서, 이야기 구성은 의도적인 기억, 논리적 사고, 자기 조절의 발달을 증진하기 위해 사용되기도 한다. 유아가 이야기를 재구성하고 새로운 이야기를 만들 때, 유아는 절대적으로 자신의 에피소드 선택에서 자유롭지 못한데, 왜냐하면 이야기는 다른 사람이 이해할 수 있어야 하기 때문이다. 이러한 의미에서, 이야기 구성은 놀이와 유사한데, 둘 다 유아를 자발적인 행동에서 의도적인 행동으로 이끌기 때문이다.

익숙한 이야기의 재구성과 자기 고유의 이야기 만들기를 통해, 유아는 모든 이야기에 공통된 보편적 형태를 학습한다. '이야기 문법'으로 부르는 이러한 형태의 사용은 논리적 순서로 사건을 놓고, 특정 순서가 왜 적합한지 인식하게 한다. **이야기 문법**story grammar은 이야기 내용에 한계를 부여하게 된다. 예를 들어, 유아는 주인공이 사라진다면, 마술적인 무엇인가로 주인공을 재등장시킬 때까지 주인공은 아무것도 할 수 없다는 것을 학습하게 된다. 이야기 문법에 대한 생각에 친숙해지는 것은 유아가 인과성, 상호 배타적인 사건 등의 기본적인 논리적 개념에 숙달하도록 도와 준다.

유아는 단순히 교사가 읽는 것을 듣는 것만으로는 이야기의 논리를 학습할 수가 없다. 이야기 듣기는 유아가 아주 단순한 문장을 이해하도록 한다. 더 복잡한 이야기는 외적 매개체와 유아의 언어 사용과 같은 더 많은 맥락적 지원이 요구된다. 학기 초에, 세 살과 네 살 유아가 간단한 이야기를 재구성하기 위해서는 도움이 필요하다. 간단한 외적 매개체는 유아가 사건의 순서를 기억하도록 도와 줄 것이다. 이러한 매개체를 먼저 교사가 도입할 수 있지만 나중에는 유아가 도입하게 된다. 유아가 이야기의 줄거리를 바르게 유지하기 위해 유아 고유의 상징을 사용하는 것을 학습하는 것이 매우 중요하다. 유아에게만 이해되는 그림이나 긁적거리기는 책에 있는 다른 것들과 차별화된다. 매개체의 목적을 표면화하기 위해 유아에게 "이러한 그림은 이야기를 기억하는 데 도움이 될 거야."와 같은 말을 한다.

이야기의 줄거리가 매우 익숙해지도록 충분하게 읽어 준 후에, 그림의 순서를 바꾸는 것이 어떻게 이야기를 변화시킬 수 있는지 보도록 격려할 수 있다. 교사는 주인공 소녀가 곰들의 집에 가기 전에 곰의 죽을 먹는 것으로 곰 **세 마리**의 그림을 재배치할 수 있다. 유아에게 그림의 순서를 여전히 이해하는지 물어본다.

연령이 더 높은 유아는 많은 외부적 지원이 없이 이야기의 요소를 정신적으로 실험할 수 있다. 유아에게 『돼지 삼형제*The Three Little Pigs*』의 전통적인 각색본과 쉬스즈카Jon Scieszka가 지은 『돼지 삼형제의 진짜 이야기*The Real Story of the Three Little Pigs*』와 같은 각색본을 제공할 수 있다.

연령이 더 높은 유아는 또한 이야기의 초반부는 제시해 주고 새로운 에피소드를 구성하는 연습을 하거나, 혹은 『내 모험 선택하기*Choose Your Own Adventure*』 시리즈와 같이 다른 이야기의 종결을 다양하게 선택할 수도 있다. 유아가 익숙한 이야기 재구성하기에서 자기 자신의 이야기 창작하기로 전이하도록 도와 주기 위해, 로다리Gianni Rodari가 개발한 기법을 사용할 것을 추천한다(Rodari, 1996). 로다리는 새로운 이야기를 생성하는 다양한 방법을 제안하는데, 다른 이야기에서 나온 두 가지 에피소드 혹은 주인공의 연합이고 이 연합을(모순이 더 적어 보이는 것이 더 좋다) 새로운 이야기를 위한 시작점으로 사용할 것을 권한다. 예를 들면, 잠자는 숲속의 공주 이야기에서 왕자 대신 못된 큰 늑대가 공주를 깨우도록 하면 무슨 일이 일어날지 유아에게 물어보는 것이다.

유아의 정신 능력이 이야기 구성하기 활동을 통해 어떻게 성장했는지 평가하기 위해, 다음과 같이 질문할 수 있다.

- 친숙한 이야기를 재구성하는 유아의 능력이 성장했는가? 유아가 이야기의 주요 요소를 사용할 수 있는가? 에피소드가 서로 논리적으로 연결되었는가?
- 이야기를 기억하는 유아의 능력이 성장했는가? 유아가 친숙한 이야기를 재구성할 때, 그 이야기에 빠진 에피소드나 원본과 다른 에피소드가 있는가? 유아가 이야기를 재구성하는 데 어떤 도움이나 외부적 지원이 필요한가(예를 들어, 외적 매개체, 또래에 의한 촉발어, 교사가 주는 암시)?
- 이야기를 이해하는 유아의 능력이 성장했는가? 다른 이야기를 비교할 때 유아가 초점을 두는 이야기의 요소가 무엇인가? 이러한 요소가 줄거리 이해에 핵심적인가 아니면 피상적인가?

• 유아가 이야기의 요소를 변화시킬 수 있는가, 여전히 이해할 수 있는 이야기 줄거리를 생성하는가?

블록 구성

연령이 낮은 유아원 유아에게, 블록 구성은 자기 조절, 계획, 역할의 조정 능력을 길러 준다. 더 나아가, 유치원 유아의 블록 구성은 상징적 표상(그리기)과 물리적인 조작 사이를 서로 오고가는 능력을 촉진시킨다. 유아의 정신적 발달을 증진하기 위해 블록놀이는 공유된 활동이 되어야 한다(예컨대 Brofman, 1993 참조). 블록놀이는 유아가 자신의 구성 활동에 대해 의논하는 언어의 사용을 끌어내기 위해 한 명 이상의 유아가 참여해야 한다. 비고츠키 학자들에게 블록 구성의 목표는 공유된 경험을 만들어 내는 놀이와 동일하다. 구성물 짓기는 이러한 경험의 부산물이다. 유아가 말을 하지 않고 혹은 공동 구성을 하지 않고 각기 서로 옆에서 구성을 하게 되면, 블록 구성은 정신적 발달을 증진하기 위한 효율적 활동이라고 간주할 수 없다.

유아가 블록 구성에 참여하도록 돕기 위해, 교사는 유아가 함께 할 일이 무엇인지 계획을 정교화하도록 도와 주어야 한다. 예를 들어, 유아는 길이나 가축의 집을 지을 예정이라고 말할 수 있다. 비록 어린 유아가 계획한 내용을 모두 수행할 수 없다고 해도 모든 유아가 블록으로 구성물을 만들기 전에 계획이 무엇인지 설명하도록 격려해야 한다. 구성이 진행되고 유아가 구성하기를 원하는 것을 협상하는 과정에서 계획은 변경되거나 폐기될 수 있다. 혼자 구성하는 유아는 다른 유아와 공동으로 하도록 격려해야 한다.

새로운 유아가 기여할 수 있도록 원래 계획을 수정할 필요가 있을 수도 있다. 매기는 공항을 구성하는 집단의 남자아이들 옆에서 인형을 위한 집을 구성하고 있다. 교사는 매기의 구성물이 비행사의 집이나 승객의 집이 될 수도 있다고 제안한다. 교사는 유아가 구성한 도로가 매기의 집으로 연장될 필요가 있다고 제안한다. 곧이어, 남자아이들이 매기에게 질문을 하기 시작한다. 남자아이들은 매기가 공항으로 갈 수 있도록 자동차를 준다.

유치원에서, 블록 구성은 유아나 교사가 제안한 특정 역할에 따라 공유된 활동으로 구성될 수 있다. 유아에게 함께 구조물을 작업하도록 격려한다. 이러한 공유된 구성을 통해, 유아는 서로 조절하고, 스스로 조절하며, 자신의 생각에 대해 말하는 것을 학습하게 된다. 일단 협동적으로 블록을 구성할 수 있게 되면, '장난감 코끼리만큼 큰' 혹은 '동물 여섯 마리를 위한 집이 될 만큼 큰'과 같은 유아가 어떠한 외부적 기준에 맞출 구조물을 구성하도록 해서 추가적 인지 기술의 발달을 증진시킬 수 있다. 이러한 유형의 구성물은 더 높은 수준의 계획과 공유 및 타인 조절이 요구된다.

덧붙여, 블록 구성 활동은 표상적 그림과 블록의 물리적 조작 사이를 교대로 번갈아 하도록 고안할 수 있다. 이러한 두 가지 유형의 활동 사이를 오가며, 유아는 이 둘 간의 연계를 강화하고 더 높은 수준의 추상성과 계획으로 이동한다. 세 살 이하의 유아는 블록의 모양을 종이에 색칠한 조각을 사용해 종이 위에 자신의 구조물을 계획할 수 있다(그림 11.2 참조). 일단 유아가 계획을 세우면, 유아 스스로 구성을 하거나 혹은 더 잘 되면, 다른 반 친구들이 계획을 구성하도록 한다. 그 다음, 유아는 계획과 실제 구조물을 비교할 수 있다. 다섯 살에서 여덟 살의 유아는 모양판이나 자기 고유의 그림 혹은 계획을 산출하는 컴퓨터 프로그램을 사용할 수 있다. 연령이 높은 유아는 구성물을 더 복잡하게 만들고, 설계사, 건축 기사, 건축 감독자와 같은 복잡 미묘한 역할을 지정받게 된다.

그림 11.2 유아의 블록 윤곽 그리기

만약 블록 구성물이 적절하게 구성되면, 교사는 다음과 같은 측면에서의 성장을 확인해야 한다.

- 구성할 것에 대한 계획을 구체화하는 능력. 어떻게 그것을 세밀하게 구체화하는가?
- 구조물의 특징을 계획하고 역할을 협상하기 위해 타인과 협력하는 능력. 5분간의 상호 작용을 유지하기 위해 얼마나 많은 교사의 지지가 필요한가?
- 종이 위에 유아가 계획한 구조물의 복잡성
- 계획, 계획의 실행, 계획의 점검 과정에서 다른 역할을 수행하는 능력

조형과 그림그리기

레온테프(Leont'ev, 1931, 1981), 루리아(Luria, 1979)와 최근 현대의 후기 비고츠키 학자(예컨대 Venger, 1996)들은 그리기가 미학적 발달에 덧붙여 기억과 구어의 발달에 특히 중요한 역할을 한다고 주장했다(Stetsenko, 1995의 유아의 그리기에 대한 비고츠키 접근의 검토 참조). 레온테프(Leont'ev, 1931)는 그림이 유아의 기억 능력에 도움을 주는데 아주 단순한 표시도 기억을 되살리는 데 효과가 있다는 것을 발견했다. 벵거는 그리기가 추상적 사고, 즉 정신 모형의 창조물이기 때문에 이러한 결과가 일어났다고 설명한다(제10장 참조).

루리아(Luria, 1983)는 유아가 처음에 쓰기와 그리기 간의 구별을 못한다는 것을 보여 주었다. 유아는 실제로 쓰는 그리기를 한다. 그리기는 단어를 쓰려는 초기의 자발적 시도에 통합된 부분이다. 즉, 그리기는 쓰기와 개념화를 위한 지원이며, 특히 유아가 실제로 단어를 쓰기 위해 소리와 상징을 대응시키는 충분한 기술을 아직은 가지고 있지 못한 상황에서는 더욱 중요하다. 그리기는 타인과의 의사 소통일 뿐 아니라 쓰기와 같이 유아의 기억을 도와 준다.

대부분의 유아원 교실에서, 비고츠키 학자들이 제안한 것과 같이 그리기가 풍부한 지적 활동이 되게 하는 많은 기회를 놓치고 있다. 그리기는 기억하는 것이 중요한 경험에 통합되기보다는 종종 조형 영역과 조형 활동으로 격하된다. 교사가 유아에게 견학의 경험을 기록하거나 들은 이야기를 열거하기 위해 그림을 그리도록 하는 경우는 드물다. 교사는 차트에 활동의 순서를 적는 경우가 많은데, 유아가 방금 했던 요리 경험의 요리 순서표를 적도록 하는 경우가 그 예이다. 유아가 경험을 기억하고 문해와 연결할 수 있도록 돕는 더 효과적인 방법은 유아에게 요리 순서표를 그리도록 하고 그에 대해 무엇인가를 '쓰도록' 요청하는 것이다.

예비 학업 활동

유아가 생산적 활동을 함에 따라, 비고츠키 학자들은 문해, 수학, 과학의 내용을 소개하는 방법에 대한 광범위한 연구를 지휘했다(예컨대 Venger, 1986, 1996). 예비 학업 활동의 발달을 지지하는 비고츠키 접근에는 몇 가지 차별화된 특징이 있다. 첫째, 예비 학업 활동은 유아의 주의력, 신중한 기억, 지기 조절력과 같이 기초적인 인지 기술을 발달시키도록 돕는다. 둘째, 적절하다면, 예비 학업 활동은 다음 단계의 주요 활동인 **학습 활동**(제12장 참조)을 위한 준비에 사용된다. 유아는 어떤 활동의 경우 수행 기준이 있다는 것을 학습할 필요가 있다. 수학에서, 예를 들면, 5+5는 10과 같다, 이러한 수를 함께 더해 '10'을 얻지 못하면, '10'이 답이기 때문에 재검토해 보아야 한다. 유아원과 유치원에서 유아는 '기준'이 존재하지 않는 많은 활동에 참여하게 된다. 교사가 유아에게 어떤 이야기를 좋아하는지 물었을 때, 거기에는 정확한 답이 없다. 놀이에서 엄마가 되는 방법이 단 하나의 정답만 있는 것은 아니다. '엄마처럼'의 내재적 규칙을 어기지 않고 유아가 할 수 있는 방법이 상당히 많다. 그러므로, 예비 학업 활동인 이름 인식과 쓰기의 학습 혹은 열 개의 사물을 세는 학습 등은 유아가 학업 영역에는 기준이 존재한다는 것을 이해시키기에 적당하다.

조심스럽게 계획된 예비 학업 활동에 참여함으로써 유아는 기준을 맞추기 위해 작업하고자 하는 생각을 내면화하기 시작할 수 있다. 비고츠키에 기초한 예비 학업 활동에서, 비계 설정은 유아가 자신의 발달 수준에 기초해 활동이 되고 적절한 방법으로 제공된다. 많은 지원이 공유된 활동의 형태로 제공되는데, 유아는 문제를 해결하기 위해 서로 돕거나 짝을 짓거나 집단으로 작업하게 된다. 다른 경우로는, 특정 조작이나 매개체가 비계 설정으로 사용된다. 이러한 지원은 유아가 어떤 개념이나 기술을 학습하는 것을 돕도록 고안되고, 그 다음에는 유아가 독립적으로 수행할 수 있게 되면, 지원을 하지 않도록 되어 있다.

마지막으로, 유아가 내용을 학습하는 맥락이 중요하다. 활동은 의미가 있어야 하는데, 이를 통해 유아는 어떤 것을 하는 법을 학습하게 되면, 어떤 것을 하는 이유를 알게 된다. 예를 들어, 옆에 있는 컴퓨터를 사용하려고 순서에 이름을 쓰는 것은 이름 쓰기 활동에서 종이에 여러 번 이름을 쓰는 것보다 더 의미가 있다. 유아가 모두 함께 참여하고 상호 작용하게 되는 소집단 활동은 대집단에서 동일한 활동을 하는 것보다 정신적 참여와 언어의 사용을 더 확실하게 보장할 수 있다. 특히 교사가 질문에 답하도록 개별 유아를 부를 때 대집단 교수에서는 종종 다른 유아가 무엇을 말하는지 관심이 없고, 답할 때만 행동을 하는 유아는 소외된다. 연령이 높은 유아는 다른 유아에게 질문할 때 질문에 대한 답을 머릿속으로 할 수도 있으나, 대부분의 유아는 주의 집중을 멈춘다. 결과적으로, 교사는 예비 학업 활동을 가르치는 맥락을 조성할 때는 일대일의 상호 작용, 유아가 짝과 함께 작업하기, 혹은 여덟 명 이하의 소집단으로 계획해야 한다.

우리는 이러한 생각을 적용해 미국의 교실에서 사용했다(예컨대 Bodrova & Leong, 2001, 2005; Bodrova et.al., 2001 참조). 러시아어와 영어의 차이 때문에, 비고츠키 접근을 새로운 상황에 적용하기 위해 대폭적으로 수정하고, 새로운 교수 방법을 고안하게 되었다. 이 장에서, 유아원과 유치원 유아의 인지 발달을 지원하기 위해 개발된 초기 문해와 수학 활동의 예를 제공하고자 한다.

이름 인식과 쓰기 학습

이름을 쓰는 학습은 유아원과 유치원에서 전형적으로 기대하는 것이며, 유아는 각기 다른 수준의 쓰기 능력을 가지고 학교에 가게 된다. 자신의 이름을 인식하고 쓰기 위한 학습 과정에서, 유아는 인쇄된 특정 모습에 주의를 기울이는 것을 학습하고, 의도적으로 기억하는 연습을 한다. 자신의 이름을 쓰는 것이 중요한 맥락에서 이 활동이 이루어지기 때문에, 이 활동은 관련성과 의미를 갖게 된다. 예를 들면, 유아가 자기의 핑거페인팅 그림을 찾기 위해 도화지에 자기의 이름을 써놓은 것이다. 유아가 특정 기준에 따라 이름 쓰기를 학습하는 것은, 만약 글자를 읽을 수 없게 써 놓으면, 그것을 읽을 수 있는 사람이 한 사람도 없기 때문이다.

우리와 함께 일하는 교사는 통상적으로 외적 매개체를 만드는데, 외적 매개체는 유아가 기억할 수 있도록 도와 주고 기준의 역할을 한다. 한 면에는 이름과 다른 면에는 성을 적은 작은 코팅된 카드를 사용할 수 있다.

교사는 이름을 인식하고 쓰는 것이 타당하고 중요한 활동을 준비할 수 있다. 예를 들어, 교실에서 사회적 상호 작용을 증진시키기 위해, 간식 책상에 유아의 이름이 적힌 이름표를 놓아 두어, 유아가 매번 다른 유아의 옆에 앉도록 한다. 특별히 간식으로 피자가 제공될 때, 유아가 특히 좋아한다. 유아의 소유물, 활동 결과물, 놀이 계획에 이름을 붙이는 것은 매우 타당한 방법이다(그림 11.1 참조). 컴퓨터 사용과 같은 활동의 순서표 적기나 의견을 소리내어 말하기("나는 브로콜리를 좋아해.")는 이름 쓰기가 의미를 갖는 맥락을 만드는 또 다른 예가 된다. 덧붙여, 이러한 상황에서 기준에 따라 읽을 수 있도록 글자를 써야 하는데, 만약 다른 글자를 쓰면, 다른 사람은 글자를 읽지 못할 수도 있기 때문이다.

다음은 교사가 이전에 설명한 의미 있는 활동 내에서 서로 다른 발달 수준에 있는 유아에게 특별한 지원을 제공할 수 있는 예이다. 유아의 이름 쓰기를 비계 설정하는 방법의 예는 제14장에 제시했다.

도움이 없이는 자신의 이름을 인식할 수 없는 유아. 제레미가 자신의 좌석을 찾기 위해 자기 이름이 붙어 있는 의자를 찾는 시도를 할 때, 제레미가 잘못된 좌석에 앉게 되면 다른 유아들은 종종 그의 이름을 말하면서 도와 줄 수 있다. 교사는 유아가 더 쉽게 이름을 찾을 수 있도록 돕기 위해, 제레미 이름의 특수한 세부 모양을 지적할 수 있다. 예를 들어, 교사가 유아에게 "너의 이름은 J로 시작해. 봐라, J는 아래가 고리처럼 구부러져 있어."라고 말할 수도 있다. 만약 다른 유아의 이름도 같은 글자로 시작하면, 교사는 "너와 제이슨 모두 같은 글자로 시작하네. 하지만 제이슨은 'Ja'지만 제레미는 'Je'야" 라고 말할 수도 있다. 유아가 스스로 검토하기도 하는데, 교사는 유아의 명찰 뒤에 사진을 붙여, 뒤집어서 확인할 수 있게 할 수도 있다. 일단 유아가 자기 이름을 인식하면, 교사는 그림을 제거한다.

자신의 이름 가운데 한 글자도 쓸 수 없는 유아. 교사는 유아가 자기 이름의 첫 글자를 쓰기를 학습하도록 돕기 위해 언어를 단서로 제공할 수 있다. 첫 번째 글자 아래 색깔 줄을 그어 주면, 유아가 특정 글자에 주의를 집중하도록 도와 줄 수 있다. 예를 들어, 제레미를 위해, 교사는 J라는 글자의 주juh라는 소리를 내도록 한다. "아래가 고리처럼 구부려 J라는 글자를 쓴다." 교사는 시범을 보이고, 그 다음 유아가 동일한 글자를 쓰려고 시도하면 유아에게 글자 쓰기와 관련된 말을 한다. 만약 유아가 글자를 정확하게 쓰지 못하면, 교사는 차이점을 지적한다. "네가 쓴 고리는 저쪽으로 갔어, 이 고리는 이쪽으로 가야 해." 만약 유아가 여전히 글자를 쓸 수 없으면, 교사는 유아의 손을 잡고 쓰는 것을 도와 준다.

오른쪽에서 왼쪽으로 자기 이름을 쓰는 유아. 교사는 이름의 첫 글자 아래

녹색 점을 찍고, 명찰에 있는 이름의 나머지의 아래에 왼쪽으로 향하는 녹색 화살표를 넣는다. 만약 유아가 이런 지원에도 여전히 글자를 쓸 수 없다면, 교사는 유아가 이름을 쓰는 종이 위에 유사한 점과 화살표를 첨가해 넣을 수 있다. 유아가 자기 종이 위의 어디에서 시작하는지 기억하면, 교사는 유아의 종이 위에 점과 화살표를 넣는 것을 중단한다. 유아가 왼쪽에서 오른쪽으로 자기 이름을 일관되게 쓸 수 있게 되면, 교사는 명찰에서 매개체를 제거한다.

자신의 이름을 정확하게 쓰는 유아. 교사는 그 명찰을 뒤집어서, 유아가 성을 쓰도록 돕기 시작한다.

자신의 이름과 성을 쓴 유아. 교사는 유아가 자기 이름을 쓰게 되면 쓰기 활동에 명찰을 제공하지 않아야 하는데, 이는 유아가 독립적으로 자기 이름을 쓸 수 있기 때문이다.

패턴

패턴patterns은 비고츠키 학자들의 목적을 적용할 수 있는 유아원과 유치원에서 하는 보편적인 수학 활동의 예이다. 패턴 이해는 유아를 위한 국가의 수학 기준 중 하나이다(National Council of Teachers of Mathematics, 2000). 여기에는 어린 유아를 위한 단순한 반복 패턴(AB AB AB)과 항목이 더 많은 패턴(ABC ABC ABC), 항목 내의 반복(AABC AABC 혹은 ABBBC ABBBC), 혹은 패턴의 확장(ABC AABBCC AAABBBCCC)이 포함된다. 패턴 만들기는 목적을 갖고 기억하기, 초점을 맞춘 주의 집중, 자기 조절에 대한 기본적인 인지 기술을 가르치는 맥락으로 사용된다. 패턴 활동에 참여하기 위해 유아는 상징적 대체와 기준에 대한 생각도 학습하게 되는데, 유아는 동일한 패턴(기준)을 다른 방법으로 만드는 시도를 하면서 게임을 한다. 다음은 패턴 활동에 사용될 수 있는 방법의 예이다.

유아가 패턴을 동작 활동으로 전환한다. 이런 활동은 매번 둘 혹은 세 가지 동작을 반복해 변화하게 된다. 유아는 패턴 '읽기'를 하게 되는데, 패턴에 제시된 요소와 동일한 수만큼의 동작으로만 움직이는 것이다. 예를 들어, 처음 시작으로 원과 네모가 배열된 하나의 패턴 카드를 사용해, 교사가 원을 가리키면 유아는 자기 코를 만지고 교사가 네모를 가리키면 어깨를 만지게 한다. 이것을 몇 번 한 후, 유아와 교사는 동작을 변화시켜 원을 지적하면 박수를 치고, 네모는 손가락 튕기기를 하기로 결정한다. 다시 발구르기와 앵금질하기로 패턴을 바꾼다.

유아는 패턴을 다른 사물로 전환한다. 유아는 개별 패턴 카드로 게임을 한다. 교사는 유아에게 패턴의 각 항목에 해당하는 조작물을 제공한다. 유아는 패턴 카드에 있는대로 원에는 파란 곰, 네모는 빨간 곰을 놓으며 동일한 패턴을 만든다. 패턴의 표상에 사용할 사물을 다른 조작물, 즉 공룡이나 조개껍데기로 대체한다.

유아는 종이 위에 패턴을 기록한다. 유아에게 자신이 본 패턴의 표상을 그려보도록 한다. 동작 패턴을 쓰기 패턴으로 전환한다. 교사가 막 뒤에서 두 가지 악기로 패턴을 연주한다. 예를 들면, 세 번 북을 두드리고 한 번 심벌즈를 친다. 유아는 패턴을 그리거나 더 간단하게는 교사가 유아에게 두 개의 카드를 보여 주고 하나의 패턴을 고르도록 한다. 유아는 또한 주변 환경에서 자신이 볼 수 있는 패턴을 종이에 그려 본다. 예를 들어, 유아는 정원사가 유치원의 길을 따라 큰 나무 다음에 작은 나무, 큰 나무 다음에 작은 나무를 심었다는 것을 알아차릴 수도 있다. 유아에게 이런 패턴의 표상을 그리도록 하고, 또한 패턴을 네모와 세모로 전환해 그려보게 한다.

동작 활동

제10장에서 논의된 바와 같이, 동작 활동은 유아의 자기 조절력 발달을 돕는 데 중요하다. 가장 유익한 것은 유아가 게임을 하는 동안 신호에 따라 여러 번 멈추고 시작하는 것이다. 사이먼 가라사대, 얼음 땡, 날 따라 해봐라, 수건돌리기와 같은 게임은 모두 유아에게 움직이기 전에 언어적 명령이 있을 때까지 기다리도록 요구한다. 이 명령은 다른 유아나 교사가 내릴 수 있다.

유아가 말을 따라 특정 동작을 하는 노래, 손유희, 이야기에 따라 행동하기도 동작 행동의 억제를 요구된다. 사방치기, 줄넘기, 박자 맞추어 손뼉치기, 박자 맞추어 앵금질하기와 같은 활동은 모두 특정 동작 반응을 요구한다. 이러한 활동은 사이먼 가라사대와 같은 게임보다 더 어려운데, 그 이유는 유아가 특정 장소에서만 앵금질을 하고 특정 방법으로 박수를 쳐야 하기 때문이다.

특정 규칙이 있는 게임도 연령이 높은 유아의 동작 통제력을 증진시키기에 탁월하다. 이러한 게임은 레드 로버Red Rover 게임과 같이 단순한 것도 있고, 축구나 야구와 같이 복잡한 것도 있다.

유아가 '자기 차례'라는 표시로 공과 막대 같은 외적 매개체를 전달해 차례대로 하는 게임으로 수정할 수 있다. 교사는 이야기 나누기 시간에 이러한 기법을 사용해 유아가 차례대로 말을 하도록 할 수 있다. 한 교사는 모든 유아가 자기의 이름을 노래로 하는 환영 노래를 사용했다. 교사는 콩주머니를 사용해 각 유아가 자기 이름을 말하면서 유아에서 유아로 전달하는 방법을 사용했다.

학교 준비도 비계 설정하기

오늘날 유치원 교사는 초등학교 1학년을 축소해 놓은 학습지와 연습을 하라는 압력에 직면하고 있다. 이것은 유아가 초등학교 1학년을 확실히 준비해야 한다는 어떤 권위자의 생각이다. 제10장에서 제시한 바와 같이, 이러한 유형의 유치원 교실은 유아의 흥미를 위한 최적의 장소는 아닌데, 왜냐하면 이러한 교실은 장기적으로 더 효율적이고 효과적인 학습을 만드는 기초 기술을 제공할 수 없기 때문이다. 대집단 활동 시간에 유아가 교사의 질문에 정확하게 반응하면, 유아가 적절하게 행동하는 것처럼 보이나, 이러한 유형의 학습 상황에서는 자기 조절을 위한 진정한 기술을 가르치지 못한다. 대신 유아는 '교사 조절'이라고 불리는 학습을 하게 되는데, 이 의미는 유아가 교사가 있으면 자기 조절을 할 수 있고, 교사가 없으면 할 수 없다는 것이다. 교사가 나가자마자, 유아는 자신의 초점을 더 이상 유지할 수 없다. 더 나아가, 대집단 교수 활동에 참여하는 많은 유아는 사실상 유아의 마음이 다른 곳에 가 있어도 주의 집중하는 것처럼 보인다. 자기 조절은 유아가 성인의 존재가 있든지 없든지 자발적으로 수행할 수 있다는 것을 의미한다. 유치원 선생님이 유아가 자기 조절 기술을 발달시키도록 도와 줄 때, 비고츠키 학자들은 유아가 인지 기술과 개념을 효과적으로 학습할 수 있으며, 유아 발달의 다음 단계를 위한 주요 활동인 학습 활동을 준비할 수 있다고 믿는다.

추가 참고 문헌

Berk, L. E. (1994). Vygotsky's theory: The importance of make-believe play. *Young Children*, 50(1), 30-39.

Berk, L. E., & Winsler, A. (1995). Scaffolding children's learning: Vygotsky and early childhood education. *NAEYC Research and Practice Series*, 7. Washington, DC: National Association for the Education of Young Children.

Elkonin, D. B. (1977). Toward the problem of stages in the mental development of the child. In M. Cole(Ed.), *Soviet developmental psychology*. White Plains, NY: M. E. Sharpe. (Original work published in 1971)

Elkonin, D. B. (2005). Chapter 1. The subject of our research: The developed form of play. *Journal of Russian & East European Psychology*, 43(1), 22–48.

Vygotsky, L. S. (1977). Play and its role in the mental development of the child. In J.S. Bruner, A. Jolly, & K. Sylva (Eds.), *Play: Its role in development and evolution*(pp. 537–554). Mew York: Basic Books. (original work published in 1966)

제12장

발달적 성취와 주요 활동: 초등학교 저학년 학령기

비고츠키 학자들은 많은 문화권에서 여섯 살에서 일곱 살 연령의 아동에 대한 기대가 변화되며, 유아는 형식적 교수 학습과 자신의 문화에 대한 중요성을 이해할 수 있는 준비가 상당한 정도로 갖추어져 있다고 주장한다. 여섯 살과 일곱 살 아동의 발달을 위한 원칙적 맥락으로서 학교교육의 중요성에 대한 강조는 전혀 새로운 것이 아니다. 많은 심리학자와 사회학자는 이 사실을 인식하고 있다(Cole, 2005의 이 제목에 대한 토의 참조). 아동이 초등학교에 입학하게 되면, 유아원과 유치원과는 다르며, 더 어렵고 더 심각한 일을 기대하게 된다. 모든 학교는 공립이든 사립이든, 종교적이든 비종교적이든 특정 유형의 사회 조직과 특정 형식의 상호 작용을 가지고 있다.

비고츠키 학자들은 형식적인 교육과 성인을 따라 일을 하는 도제徒弟 제도나 엄마가 자녀에게 바느질을 가르치는 것과 같은 비형식적 교육을 구분한다. 비고츠키 학자들이 도제식의 학습을 폄하하는 것이 아니고, 단지 이러한 맥락에서 일어나는 학습 방법은 다르다고 주장하는 것이다. 부모는 교사가 하는 것과는 다른 상호 작용을 하는데, 왜냐하면 부모가 가르칠 아동은 오직 한 명이며, 부모 스스로가 과제를 하는 중심에 있기 때문이다. 비고츠키 학자들은 일차적으로 형식적 교육에 관심을 두기 때문에, 여섯 살 된 유아를 위한 발달적 성취와 주요 활동은 학교와 관련되며, 아동의 학습 추구력에 의해 지배되고 활성화된다.

초등학교 저학년은 이러한 발달적 성취가 결실로 나타나고, 학습 활동이 발달을 위한 주요 활동이 되는 연령대의 첫 시기에 해당한다. 결과적으로, 이러한 개념을 어떻게 초등학교 저학년 아동에게 적용하는지를 이해하기 위해, 먼저 형식적 교육에 대한 비고츠키 관점을 설명하고, 그 다음에 6학년 무렵에 나타나는 발달적 성취를, 그리고 초등학교 전반에 걸쳐 적용되는 **학습 활동**을 설명하고자 한다. 마지막으로 이러한 것들이 어떻게 초등학교 저학년 학령기에 적용되는지에 관한 토의로 이 장을 마무리하고자 한다.

형식적인 학교 교육과 초등학교 저학년 학령기의 발달

비고츠키 학자들은 서구 사회에서 학교의 기능이 시간이 지남에 따라 변화한다고 주장한다. 지난 몇 세기 동안, 강조점은 실제 세계에서 즉각적으로 적용 가능한 특정 기술과 지식을 아동에게 갖추도록 하는 것이었다. 비고츠키 학자들은 학교는 작업장의 진화에 대한 끝없는 변화 요구에 유아가 적응하도록 허용된 "문화적 도구를 가진 유아로 무장" 해야 한다고 생각하게 되었다. 현재, 많은 후기 산업 사회에서는 학교 졸업자가 알아야 하고 해야 할 것에 대한 기대치를 공유하게 되었는데, 이러한 기대치의 한 부분이 되는 유아 고유의 인지적 과정이 계획, 모니터, 통제하는 능력이다(Gellatly, 1987; Ivic, 1994; Scribner, 1977).

지구 전역의 학교에서 유사한 사회적 특성을 공유하는데, 이 특성은 가족, 또래 집단, 그리고 개별 도제 학습 등의 다른 사회적 맥락과는 구분되는 사회 환경이다. 예를 들면, 학교 환경에서 교사는 동시에 많은 수의 아동과 함께 작업하게 된다. 교사는 가르치기 위해 책을 사용하고, 아동은 배우기 위해 책을 사용한다. 교육해야 할 내용은 특정 방법의 순서로 되어 있다. 아동은 추상적인 과학적 개념을 학습하는데, 이를 위해 추상적 · 논리적 · 체계적인 방법으로 생각하고, 학과목 전체에 걸친 다양한 문제에 논리적인 사고를 적용하는 것을 학습한다. 이러한 전 과정은 12년간 이루어지며, 초등학교 저학년은 아동이 이러한 방향의 첫 단계를 밟게 되는 시기이다.

어떤 아동은 유아원과 유치원의 발달적 성취를 갖추고 초등학교에 입학하게 되는데(제10장 참조), 그렇게 되면 유아에게 초등학교로의 전이가 쉬워진다. 다른 아동은 순탄한 전이를 가능하게 제공하는 선행 조건의 기술이 결핍된 채 입학하게 되는데, 이런 아동은 적응에 어려움을 겪을 수 있다. 아동은 학교에서의 성공을 위해 학생에게 무엇을 기대하는지를 이해하고 이 역할을 수행하기 위한 의지를 가지고서 인지적, 언어학적, 사회적, 그리고 정서적 역량을 갖출 필요가 있다(Carlton & Winsler, 1999). 이러한 모든 역량과 태도 발달은 초등학교의 첫 해 동안 지속된다. 따라서 적절히 고안된 교수 학습 과정은 유아원과 유치원 시기의 발달적 성취를 얻지 못한 아동들 도와 줄 수 있다.

초등학교 저학년인 1학년에서 3학년 교사의 기본적인 역할은 아동이 학생이 되는 법을 학습하도록 도와 주는 것이다. 고학년인 4학년과 5학년 교사의 역할은 아동이 학생답게 행동하는 것을 도와 주는 것이며, 6학년 교사는 아동이 중학교, 고등학교, 그리고 그 후에 학교에서 교육받을 형식적 교육을 학습할 준비를 도와 주는 것이다. 각 학년 단계마다 아동은 다른 유형의 교사와의 관계, 부가적이며 다른 인지적·사회적 요구, 그리고 학습의 다른 방법에 적응하는 것을 학습해야 한다. 그러므로, 교사의 역할은 단지 내용을 가르치는 것 그 이상이다. 아동을 좀 더 효과적인 학생으로 만드는 방법, 기술 사회에서 아동이 생산적 성인이 되기 위해 요구되는 어렵고 다양한 지식 기반을 맞서 다루는 방법을 어떻게 학습하는지도 도와 주어야 한다.

초등학교 아동의 발달적 성취

초등학교 말까지 아동이 문학, 수학, 과학, 미술, 그리고 다른 과목에 성공적으로 참여하게 되면, 아동은 이 시기의 발달적 성취, 즉 이론적 추론의 시작, 고등 정신 능력의 형성, 학습 동기를 획득하게 된다(Davydov, 1988; Elkonin, 1972; Kozulin & Presseisen, 1995). 이러한 능력은 유아원과 유치원 시기의 발달적 성취 위에 형성되며, 초등학교 학령기의 학습 환경이 특정 방법으로 조직될 경우에만 나타난다.

앞 장에서 설명된 다른 발달 시기의 경우와 같이, 아동은 이 시기의 주요 활동, 즉 학습 활동에 참여해야 한다. 그렇지 않으면, 이 단계의 발달적 성취는 오직 부분적으로 획득되며, 다음 단계의 성공에 충분하지 않을 수도 있다. 다음 논의에서는, 초등학교 말 무렵에 출현되는 발달적 성취를 설명하고자 한다. 여기에서는 초등학교 저학년인 1학년에서 3학년을 분리해, 이 시기에 발생하는 발달적 성취에 초점을 둘 것이다.

이론적 추론의 시작

초등학교에서의 이론적 추론

이론적 추론theoretical reasoning이라는 용어는 유아가 수학, 과학, 역사, 그리고 다른 학과목의 내용에 대해 생각하는 방법을 설명하는 말이다. 그러나 이론적 추론은 학교에서 교육받게 되는 교과목에 한정된 것이 아니고, 실생활의 문제를 해결하는 데 시행착오보다 더 효율적으로 사용되곤 한다. 이론적으로 추론하면, 아동은 사물이나 생각의 핵심적 속성, 즉 물에 뜨고 가라앉는 사물과 관련된 밀도의 개념과 같이 지각적으로 볼 수 있거나 볼 수 없기도 하고, 직관적으로 명확할 수도 있고 없을 수도 있는 속성을 다루게 된다.

이론적 추론은 아동이 **과학적 개념**을 더 깊이 이해하도록 한다. 동시에, 과학적 개념의 학습 과정에서, 이론적 추론은 좀 더 발달하게 된다(이 장에서 비고츠키의 일상적 개념과 과학적 개념에 관한 논의 참조). **과학적**이라는 단어가 생물학이나 화학에만 속하는 개념을 의미하지는 않음을 주목하는 것이 중요하다. **과학적**이라는 단어는 미술, 역사, 경제학을 포함하는 교과목은 그 교과목을 조직하는 핵심적인 이론적 원리가 있다는 것을 의미한다. 즉 미술, 역사, 경제 등등의 과학적 개념이 있다. 예를 들어, 문학 교육과정의 문학적 분석 중 한 부분으로 은유와 직유를 분석하는 학습, 그리고 역사에서 식민지라는 개념은 과학이 아닌 다른 영역에서 사용되는 과학적 개념의 예가 된다.

초등학교 저학년의 이론적 추론

여섯 살에서 열 살 사이에 아동은 이론적 추론을 바로 획득하기 시작한다. 발달 과정은 열여덟 살 혹은 더 늦은 나이가 되어야 완성된다. 그러나 초등학교 저학년은 기초적 문해 발달이 형성되는 시기이며, 이론적 추론의 발달을 촉진시킬 내용 영역의 가장 기본적 단위나 개념의 기초를 형성하는 시기이다. 예를 들면, 수량을 설명하는 조직적인 방법으로서 숫자는 수학의 기본 개념이며, 수학 교육의 내용은 숫자에 중심을 두어야 한다. 이러한 문해력이 어떻게 발달하는지를 이해하기 위해 일상적 개념과 과학적 개념 간의 차이에 대해 역점을 두고 다루어야 한다.

일상적 개념에서, 의미는 아동의 직접적인 경험을 통한 맥락 속에서 구성된다(Vygotsky, 1987). 일상적 개념으로부터, 아동은 자신이 본 현상에 대한 생각을 일반화시킨다. 이러한 생각은 보통 비체계적이고, 경험적이며, 그리고 무의식적이다(Karpov & Bransford, 1995). 아동은 우연한 방법, 즉 경험의 조건에 대한 계획과 모니터가 없는 상황에서 경험이 어떻게 일어났는지에 의존해 일반화를 하게 된다. 경험 학습은 물체 비교하기, 관찰한 것들의 공통 특성 알아내기, 어떤 사물에 대한 일반적 개념 형성하기에 기초하게 된다. 예를 들어, 아동이 물에 가라앉고 뜨는 많은 사물을 관찰하게 되면, 아동은 무엇이 가라앉고 뜰지, 왜 어떤 사물이 가라앉고 뜨는지에 대한 규칙과 개념을 일반화할 수 있다. 직접적으로 관찰할 수 있는 속성에만 한정되면, 아동은 밀도와 치환의 과학적 개념과 일관성이 있는 결론(예컨대 가벼운 물체는 뜬다)에 도달할 수도 있고, 일관성이 없는 어떤 결론(예컨대 금속 물체는 항상 가라앉는다)에 도달할 수도 있다. 그러나, 일상 생활에서 유용하고, 추후 과학적 개념의 발달을 위해 중요한 일상적 개념이 과학적 개념과 동일한 것은 아니다.

과학적 개념의 핵심적 속성은 특정 과학 교과목에 의해 확인될 수 있는데, 일상적 경험의 산물이 필수적인 것은 아니다. 과학적 개념은 볼 수 없거나, 직관적으로 명백하지 않은 생각을 아동이 사용할 수 있는 개념적 체계 내에서 가르치거나 제시된다. 모든 과학 분야에는 고유의 기본 가정과 언어가 있다. 이러한 것은 그 과학의 개념을 이해하기 위해 학습해야 하는 정의로 소개된다. 개념은 아동이 기본 가정과 정의만 알면 이해되는데, 예를 들어 포유류의 개념은 이것이 계통 분류의 종種, 속屬, 과科, 목目, 강綱, 문門, 계系의 일부분이기 때문에 의미를 갖게 된다.

일상적 개념과는 달리, 대부분의 과학적 개념은 특정 예가 그 과학적 개념을 위한 기준에 들어맞는지 여부를 결정하기 위해 동의된 절차로 이끄는 학문의 역사를 통해 발전하게 된다. 이러한 절차는 주의 깊게 통제된 조건에 따라 특별히 설계된 실험 구성이나 사전 설계된 논리적 단계의 구성을 의미한다. 일상적 개념과 달리, 과학적 개념은 관찰이 가능하거나 혹은 관찰이 불가능한 특정 유형의 사물이나 사건의 핵심적 속성에 기초한다. 과학적 개념은 상징적이며 도표적 모형이나 일련의 절차를 통해 제시된다. 과학적 개념의 학습에서, 학생은 주어진 교과를 특별하게 만드는 특수한 분석 방법을 학습한다. 일상적 개념과 달리, 과학적 개념은 문제 해결을 도와 주는데, 그 이유로 과학적 개념은 특정한 방법으로 분류된 문제를 다루는 일반적이며 최적의 방법이 그 개념 안에서 추출되기 때문이다. 학생 자신의 경험에 의존하는 대신에, 자신을 이끄는 사람의 지식과 경험을 이용할 수 있다. 예를 들어, 브라질의 길거리 아이들은 어떤 형식적 학교 교육도 없이 배수 더하기를 학습한다 (Saxe, 1991). 이 지식은 그들이 사고팔아서 자신의 생계를 버는 매일의 생활을 통해 얻는다. 그러나, 이러한 더하기와 빼기 능력은 대수와 미적분을 이해하도록 이끄는 수학의 형식적 교육과 동일하지는 않다. 아동이 수학의 원리를 이해하고 이러한 더 진보된 추상적 문제를 풀 수 있도록 형식적 교육을 통해 수학 학습의 과정을 진행시키게 된다. 아동은 자기 스스로 대수와 미적분을 깨우칠 수 없다.

과학적 개념을 학습하기 위해, 아동은 하나 이상의 정의를 학습해야 한다. 아동은 규칙이나 규칙과 연계된 일련의 절차를 학습해야 한다. '각角'에 대한 정의를 아는 것만으로는 충분하지 않으며, 아동은 각을 만들어 내고, 기하 모양을 분석하고, 문제를 해결하는 각의 개념을 알아내고 사용할 수 있어야 한다. 각을 사용하기 위한 정의와 절차 및 과정은 서로 밀접하게 연결되는데, 이를 통해 아동의 이해도는 피상적 수준을 넘어서, 일반적이며 심층적인 지식이 된다.

비고츠키에 의하면, 과학적 개념은 존재하는 일상적 개념으로 "성장해 내려가고", 일상적 개념은 과학적 개념으로 "성장해 올라간다." (Karpov & Bransford, 1995). 일단 아동이 과학적 개념을 학습하면, 그들의 일상 개념은 새로운 개념을 얻게 되며, 그들의 사용은 좀 더 정교해지고 체계적이 된다. 예를 들어, 지구 회전에 대한 학습은 이전에 아동 자신의 경험에 기초한 일상적 개념인 밤과 낮 개념에 대한 다른 이해로 이끈다. 유사하게, 별, 행성, 달 간의 차이점에 대한 학습은 다른 의미의 천체 관측을 제공하게 된다. 말을 문장으로 구성하는 능력을 갖는 것은 말의 부분을 보여 주는 문장을 다이어그램으로 만드는 능력과는 차이가 있다. 그러나 만약, 아동에게 배경 지식이 부족하거나, 아동의 일상적 개념이 관습적 의미와 일치하지 않으면, 아동은 과학적 개념 획득에 어려움을 겪게 될 수도 있다. 예를 들어, '더 많은'과 '더 적은'의 일상적 개념이 없는 아동은 수에 적용되는 '~더 큰' (>)과 '~더 적은' (<)의 개념을 이해할 수 없다.

일상적 개념과 과학적 개념의 차이점의 예는 존스턴 선생님의 2학년 교실에서 볼 수 있다. 이 교실에서, 선생님은 아이들에게 열대 우림에 대해 아는 것을 목록으로 만들라고 지시한다. 이 목록은 열대 우림에 대한 아동의 일상적 개념에 대한 소책자가 되면서 마무리된다. 아동들은 다음과 같이 적었다. "열대 우림에는 나무가 있다." "우리가 통나무를 자르면 땅이 황폐해진다." "열대 우림에 새들이 살 곳이 없게 되면 새들이 죽는다." "나는 열대 우림을 좋아한다." 등이다. 존스턴 선생님은 그 다음으로, 과학적 개념의 관계를 만들어 열대 우림의 형태에 대한 정보를 제시한다. 선생님은 열대 우림은 다른 생태계와 차이가 있는 특수성을 가진 생태계라고 설명하고, 서식지의 파괴가 동물과 식물 종의 생존에 미치는 영향에 대해 설명한다. 프로젝트로 열대 우림에 대해 알아본 후에, 아동들에게 자신이 지금 알고 있는 것을 적어 보도록 한다. 존스턴 선생님은 과학적 개념은 일상적 개념에서 성장된다는 것을 볼 수 있었는데, 왜냐하면 아동이 자신의 글에서 과학적 언어를 사용하기 시작했기 때문이다. 이제 아동들은 "열대 우림은 빽빽한 나무와 많은 양의 비가 오는 서식지이다," "그곳은 사막이 아니다," 그리고 "그곳에는 생존을 위해 빗물이 필요한 많은 종류의 식물과 동물이 있다."와 같은 사실을 쓴다. 과학적 개념은 아동에게 열대 우림에 대한 생각을 사고하는 방법을 개조시켰다. 동시에, 아동의 직관적 개념은 과학적 개념의 시발점으로 사용되었다.

과학적 개념은 **이론적 추론**의 기초를 형성하게 하고, 과학적 개념을 교육하는 것은 과학적 개념의 발달을 이끈다. 아동이 과학적 개념을 증진시키는 활동 유형에 참여하지 않으면, 이러한 발달적 성취는 이룰 수 없을 것이다.

고등 정신 기능의 출현

초등학교에서의 고등 정신 기능

두 번째 발달적 성취는 제2장에서 설명한 **고등 정신 기능**higher mental functions: HMF**의 출현**이다. 다른 심리학자들과 같이, 비고츠키는 고등 정신 기능과 추상적, 반성적, 논리적 사고가 연결된다고 믿었다. 고등 정신 기능은 목적적이며, 의도적이고, 매개적이다. 고등 정신 기능은 정신의 도구의 내면화와 연계되고, 상호 연관된 고등 정신 기능의 체제 내에서 일어나며, 공유된 기능에서 개별화된 기능으로 전이되면서 출현하게 된다.

초등학교 아동은 막 고등 정신 기능의 발달이 시작되는데, 이 고등 정신 기능은 열여덟 살 무렵까지는 완전히 발달되지 않는다. 그러나, 초등학교에서 성공하게 되면, 아동은 고등 정신 기능의 어떤 수준까지 조작을 하게 된다. 예를 들어, 아동은 초등학교 저학년기의 성공을 위해, 필요에 따라 학습하고, 교사의 계획에 따라 학습하는 능력을 갖추어야 한다. 아동은 목적을 위해 주의를 집중하고 기억하는 능력을 가져야 한다. 아동은 자기 자신의 학습에 대한 자기 조절을 시작해야 하는데, 이를 통해 아동은 자기 자신의 학습과 교사가 그들에게 알기를 기대하는 것을 비교할 수 있게 된다. 고등 정신 기능의 부분적 획득 없이, 아동은 초등학교 저학년이라도 학교에서 성공할 수 없을 것이다.

예를 들면, 초등학교 저학년에서 요구되는 어떤 주의 집중을 해야 한다. 유아원에서, 교사는 유아가 주변의 방해를 무시하고, 교사의 행동과 말에 주의 집중해야 한다는 신호로 '주의 집중'이라는 말을 사용한다. 이 말에는 가만히 앉기, 다른 사람과 말하지 않기, 교사 쳐다보기가 포함된다. 이런 말의 의미는 초등학교에서 변화된다. 아동이 지금부터, 교사의 행동에만 집중하는 대신에 교사가 시범을 보이는 기술, 개념, 과정을 '꿰뚫어보아야' 한다. 아동은 교사가 가르치는 특정 사실을 이해하기 위해 교사의 말과 행동의 표면을 꿰뚫어보아야 한다. 아동은 교사가 가르치는 내용에서 학습해야 할 내용을 추론해 내야 한다.

행동을 잘하는 아동이나 실수를 하는 아동에게 '주의 집중'해야 한다고 말하는 것은 흥미로운 일인데, 마치 이것은 단지 순수한 의지력으로, 아동이 상황을 참아내서 '학습'하게 되는 일종의 신비한 능력이다. 사실상 그것은 종종 아동이 주의 집중을 하지 않는 것이 아니고, 아동이 잘못된 것에 집중한다는 것이다. "이 특성에 주의를 집중하고 저 특성에 주의를 집중하지 말라"고 말하는 것이 더 진실에 가까울지도 모른다. 델리아는 게시판에 붙여진 문장의 문법적 오류를 찾아내야 한다. 문장은 "우리는 사과를 사러들 가게로 간다"로 쓰여 있다. 델리아는 문장을 읽고, 오류가 없다고 결정했는데, 왜냐하면 어제 델리아의 학급은 사과 파이를 만들기 위해 사과를 사러 상점에 갔기 때문이다. 그 이유는 델리아가 집중하지 않은 것이 아니며, 또한 문장을 읽지 않은 것도 또한 활동에 참여하지 않은 것도 아니다. 다만 잘못된 것에 집중하고 있다는 것이다. 문법에 주의를 집중하는 대신에 델리아는 문장의 의미에 집중하고 있다.

초등학교 저학년에서의 고등 정신 기능

초등학교 저학년 초기에 고등 정신 기능이 막 출현되는데, 이를 통해 아동은 어떤 전략을 수행할 수 있지만 이 전략을 효율적으로 사용하기 위해서는 맥락적 지원이나 보조가 필요하다. 이러한 것들은 또래나 교사와의 공유된 활동을 통해 이루어질 수 있다. 왜냐하면 아동이 막 자기 고유의 생각을 계획하고 모니터하며 평가하기 시작하기 때문에, 아동은 자기 자신의 사고 과정에 대해 완전히 인식을 할 수도 없고, 자신의 근접 발달 지역보다 더 높은 수준에서 수행하기 위해 공유된 활동이 요구될 수도 있다(Zuckerman, 2003). 비고츠키의 동료들이 수행한 연구에서는 초등학교 저학년 시기에, 아동은 시각적 보조, 조작물, 그리고 제5장에서 설명한 다른 학습 지원으로부터 최대 효과를 얻게 된다는 것을 발견했다. 초등학교 저학년 아동은 이러한 매개체가 제공되면 기억력, 주의력, 문제 해결력에서 더 많은 이득을 갖게 된다. 덧붙여 협동적, 공유된 활동의 참여는 사고에서의 고등 정신 기능의 사용을 높일 수 있다. 교사나 또래에 의해 만들어진 언어적 암시제나 자극제도 유용하다. 쓰기와 그리기는 반성적 사고를 위한 지원을 부가적으로 제공한다. 결과적으로, 문어文語는 고등 정신 기능의 발달을 보조하는 일차적인 정신의 도구가 된다. 학습할 때 구어적口語的 의사 소통 대신에 책과 문어에의 의존도는 고등학교 이후에 계속 증가한다. 아동의 학령기를 거치면서, 학습 활동과 함께 지속된 경험은 고등 정신 기능의 추가 발달을 강화하고 배양하게 될 것이다.

학습 동기

초등학교에서의 학습 동기

이 시기의 최종 발달적 성취는 **학습 동기**이다. 학습 동기는 학생 역할의 수용, 수행 기준의 내면화, 그리고 **포제나바텔나야***pozenavatel'naya*, 즉 탐구 동기(지적 호기심)를 포함한다. 이전에 논의된 바와 같이, 아동은 초등학교에서의 학습은 유아원과 유치원에서의 학습보다 더 심각하다는 것을 깨닫게 된다. 학교에 대한 아동의 태도에 관한 연구에 의하면(예컨대 Elkonin & Venger, 1988 참조), 아동은 초등학교에서는 학습에 더 많은 비중을 두며, 유아원과 유치원에서의 놀이를 심각성과 가치가 덜한 것으로 보는 견해를 갖게 된다. '실제 학교'의 심각성에 대한 이러한 태도는 아동이 학교에서 성공하기 위해 필요한 자질인 정신적 노력을 쏟아넣고, 좌절을 참아내고, 진지하게 성취하도록 준비시킨다. 학교의 중요성에 대한 이러한 태도를 갖지 못한 아동은 동기화된 상태를 유지하는 데 어려움을 갖게 된다. 교사는 항상 몇몇 아동이 동기 유발에 어려움을 갖는다는 사실을 안타까워하고 있다. 비고츠키 학자들은 이러한 아동은 그들의 학교 경험을 어떻게 펼칠 수 있는지에 따라 학습에 대한 동기를 발달시킬 수 있다고 주장했다. 학습에서 성공하게 되면, 아동은 학습에 대한 동기를 더 많이 발달시킬 수 있다. 동기는 돌에 새겨진 인성적 특징이 아니고, 수정할 수 있는 것이다. 많은 다른 심리학자도 이 관점에 동의한다(Stipek, 2002, 동기화를 위한 다른 접근에 대한 논의 참조).

비고츠키 학자들은 학습하기 위한 동기 유발에 다른 생각을 덧붙였는

데, 이는 동기란 학습하려는 욕구 그 이상이라는 아이디어이다. 여기에는 또한 수행 기준의 점진적인 내면화도 포함된다. 여기에는 성취되어야 하는 활동 목적과 숙달 수준에 대한 이해가 필연적으로 수반된다. 처음에, 이 지식은 교사가 아동에게 자신이 가르치고 있는 내용과 아동의 대답이 맞는지 틀리는지를 알려 주는 것처럼, 아동의 외부에 놓여 있다. 궁극적으로, 아동은 이 기준을 내면화하고 교사가 성적이나 피드백을 주기 전에 자신이 얼마나 잘하고 있는지를 예측할 수 있게 된다. 이러한 기준의 내면화는 학습에 대한 학생의 욕구를 수축시키는 부정적인 것이 아니고, 아동이 잠재적인 실패와 좌절을 피하도록 돕는 내재적인 나침반을 발달시키는 수단이다.

만약 우리가 기준을 아동이 얼마나 통달하는 수준에 가까워졌는지를 이야기해 주는 지침이라고 생각한다면, 모호하거나 정확하지 않은 기준을 세우는 것이 아동의 학습 동기를 잃게 하는 방법이라는 것이 확실해진다. 예를 들어, 다음의 두 아동 중 누가 더 좌절감을 많이 안게 될 것인가?: 한 단락에는 다섯 가지 요소가 있으며, 세 가지만 쓰고 두 가지는 빠졌다는 것을 아는 아동과, 단지 '충분히 쓰지 않았다'라는 사실만 알고 있는 아동 중 누구일까? 명백하게도, 정확하게 무엇이 빠졌다는 것과 어떻게 고쳐야 할지를 아는 아동은 다음 작문에서 더 잘할 수 있도록 동기화가 많이 될 것이다. '충분히 쓰지 않은' 아동의 경우에는 그 아동이 '충분히'라는 의미를 알지 못하기 때문에 좌절감을 느끼게 될 것이다. 이 아동은 두 페이지를 더 써야 하는가, 아니면 특정한 주제에 대해 정교하게 써야 하는가? 그리고 이 아동은 다음 번에 더 좋은 점수를 받기 위해서는 무엇을 해야 하는가?

아동은 다양한 이유로 학습한다. 어떤 아동은 그들의 부모를 기쁘게 하기 위해 학습하고, 다른 아동은 그들의 친구에게 깊은 인상을 주기 위해 학습하며, 그리고 또 다른 아동은 그들의 선생님을 기쁘게 하기 위해 학습한다. **탐구 동기** 또는 지적 호기심을 가지고 있는 아동은 단지 어른이 소개한 것들이 아니라 많은 다른 학습에 적용되는 넓은 호기심과 강렬한 목적을 가지고 있다(Davydov, Slobodchikov, & Tsukerman, 2003). 이 발달 시기의 목표는 아동이 그렇게 하라고 해서 하는 것이 아니라 학습에 흥미를 느끼고 학습을 하게끔 만들 수 있는 탐구 동기를 세우는 것이다. 무언가를 공부하라는 요구를 받을 때에 아동은 그들을 흥미롭게 할 무언가를 찾게 될 것이다. 이러한 아동은 비록 확실한 이득이 없더라도 흥미를 가지는 소위 실용적이지 않은 호기심을 가지고 있다(Bogoyavlenskaya, 1983; Poddyakov, 1977). 케빈은 벤저민 프랭클린Benjamin Franklin의 전기 실험에 관한 책을 읽으면서 한 단원을 두 단락으로 요약하는 쓰기 활동을 하고 있다. 그는 프랭클린이 또 다른 발명을 했는지 궁금해 도서관에 가서 프랭클린의 발명에 대한 다른 책을 찾아본다. 이것은 그를 전기에 관해 궁금하게 만들고, 곧 그는 전기에 관한 책에 빠지게 된다. 케빈의 호기심은 그를 많은 다른 방향으로 이끌고 이를 통해 그는 탐구 동기를 보인다. 탐구 동기가 없는 아동은 다비도프V. V. Davydov가 말하기를, 우선 성적이나 선생님의 칭찬으로부터 동기화된다. 질문이라는 말은 러시아 말 **포제나바텔나야***pozenavatel'naya*의 번역어이고 비록 이것이 서구의 내적 동기와 비슷하지만 학습과 지적 호기심에 중점을 두었다는 점에서 차이가 있다.

비고츠키 학자들에 의하면, 탐구 동기(지적 호기심)의 결핍은 아동과 사회적 맥락 간 상호 작용에 대한 실패의 원인이 된다(Elkonin, 2001a; Leont'ev, 1978). 사회적 맥락이 학습을 지원하지 않거나 가치를 두지 않으면 또한 아동이 학습과 비학습을 구별할 수 없으면, 놀이나 사회적 상호 작용과 같은 것을 열망하게 된다. 사회적 맥락은 학습의 핵심과 관련된 일련의 기대, 즉 기준의 내면화를 기르도록 해야 한다. 만약 학교에 가기 전에 매일 아침, 제시카의 부모가 제시카에게 "선생님이 하라고 말씀하신대로 행동해야 한다. 말썽을 부리지 마라."라고 말하면, 제시카는 "오늘 무언가를 배우도록 해라."라고 부모가 말하는 것보다 탐구 동기가 훨씬 덜 발달하게 된다. 학급도 역시 학습에 대한 기대의 메시지를 전달할 수 있다. 학급 활동의 대부분을 특정 사실에 대한 연습으로 구성해, 다양한 생각으로 뇌를 활성화하고brainstorm, 생각한 것을 말하는 데 적은 시간을 주게 되면, 암기가 호기심보다 더 중요하다는 메시지를 전달하게 된다. 어떤 아동은 학습과 사회적 상호 작용의 차이에 대한 이해 없이 학교에 오게 된다. 교사에게 주의 집중하는 대신에, 이런 아동은 다른 아동과 말하고 잡담을 한다. 교사가 이러한 버릇을 해결하는 방법은 '학습에 주의를 집중해야 한다'는 것을 강조하는 것이다.

초등학교 저학년에서의 학습 동기

형식적 교육을 위한 학습 동기는 바로 초등학교 저학년에서 발달한다. 많은 아동은 학습 동기를 성취하지 못할 수도 있는데, 특히 만약 아동이 새롭게 요구되는 초등학교 교실의 학습 맥락에서 성공하기 위해 필요한 자기 조절 기술을 유아원과 유치원 경험에서 제공받지 못했다면 더 문제가 된다. 교사는 동기의 각 측면을 위해 많은 지원을 제공할 필요가 있을 것이다. 예를 들면, 아동의 내면화에 필요한 학습 기준은 교사에 의해 외현화되어 만들어져야 한다. 또래 역시 기준을 사용할 수 있도록 지원할 수도 있고, 아동의 동기 유발을 유지하도록 도와 줄 수도 있다. 성공적인 성취는 동기 유발의 발달에 결정적이다.

주요 활동: 학습 활동

엘코닌(Elkonin, 1972)과 이후 다비도프(Davydov, 1988)는 초등학교 저학년의 주요 활동을 학습 활동으로 정의한다. 학습 활동은 탐구 동기(지적 호기심)에 따라 발생된 아동 주도 활동으로 정의된다. 이것은 언어의 구분, 수數의 조작, 악보 읽는 법의 학습과 같은 형식화되고, 구조화되고, 문화적으로 결정된 특정 내용의 주변에 있는 성인에 의한 모형model의 제공과 안내된 과정을 통해 시작된다. 초기 단계에서는 한 아동이 혼자서 학습 활동을 하는 것이 아니고 여러 명이 집단으로 하게 된다. 성숙 단계에서는, 아동이 다양한 맥락과 환경에 참여할 수 있는 것이 학습 활동이 된다. 이것은 교실 환경에만 한정되는 것은 아니다.

학습 활동의 목적은 사실과 기술을 학습하는 것이 아니고, 아동 행동의 '방법과 수단methods and the means' 혹은 '법과 수단ways and means'에 해당하는 러시아 말 ***sposoby deyatel'nosty***를 숙달해서 학습자의 마음을 전환하는 것이다(Elkonin, 2001b). 이것은 아동이 교사 혹은 정답과 똑같은 결과물을 만들어 내는 것만으로는 충분하지 않고 올바른 정신적 과정의 적정화 결과에 따라서 이루어져야 한다.

반대로, 오늘날 진행되는 대부분의 가르침은, 만약 아동이 교사가 보여 준 것과 유사한 어떤 것을 만들면, 아동이 그것을 얻기 위해 당연히 교사와 동일한 과정을 거쳤을 것이라고 가정한다. 게시판에 붙인 본보기 문장을 사용해 아주 간단한 문장 쓰기와 같은 활동을 살펴보자. 어떤 아동은 자신의 종이에 베끼는 고립된 '그림'으로 각 글자를 보면서 본보기 문장을 바로 베낄 것이다. 다른 아동은 본보기 문장을 읽고 그것을 기억하려고 시도하며, 혼자서 글자를 쓸 것이다. 그들은 자신이 단어의 철자를 정확하게 썼는지를 확인하기 위해 본보기 문장을 사용할 것이다.

이 모든 아동이 교사가 쓴 문장과 유사한 어떤 것을 만들어 내지만, 아동이 문장을 쓰기 위해 행한 행동은 매우 다르다. 학습 활동에서, 학습 과정은 계획되어야 하며, 교사는 자신이 아동에게 학습하기를 원하는 과정을 아동이 사용하고 있다는 것을 말할 수 있어야 한다. 활동 결과물이 교사의 결과물과 유사하다는 사실은 단순한 베끼기가 아니고 아동이 올바른 과정을 학습한 결과물이라는 것이다.

아동의 관점에서, 학습 활동에 참여하는 것은 과정과 생각을 발견하는 것과 매우 유사한 느낌을 갖게 한다. 학습 활동은 교사가 안내한 것을 제외하고는 발견 학습과 동일한 "아하!"의 순간을 갖게 된다. 예를 들면, 학습 활동을 사용한 러시아어 교육 시간에 대한 전사본에서, 교사는 아동에게 'a + 4a'를 어떻게 도표화해 표상할지 생각하라고 요청한다. 아동은 두 가지 해결책을 찾아내었는데, 'a' 부분의 크기가 '4a' 부분의 크기만큼 크게 그린 것은 정답이 아니었다. 교사는 다음으로 아동에게 어떻게 한 가지 해결 방법이 맞고 나머지 한 가지 해결 방법이 틀린지를 보여달라고 요청했다. 아동은 찬성과 반대의 생각을 제시했다. 교사가 가르치려고 시도한 과정을 밝히기 위해 질문을 계속한다. 아동의 관점에서, 이것은 발견의 여행이다. 수업의 첫 부분은 게시판 위에 정확하게 도식화된 표상을 제시하는 것으로 마무리하게 된다. 수업은 다른 수 조합을 사용해 도식적 모형을 검증할 수 있도록 더 많은 예를 제시하며 계속된다(Berlyand & Kurganov, 1993). 교사는 질문하기, 정답으로 이끌기와 같은 전략을 사용해 지도한다. 교사는 아동에게 정답을 말하지 않는다.

학습 활동의 정의

놀이의 경우에서와 같이, 비고츠키 학자들은 무엇이 학습 활동을 형성하는지에 대한 엄격한 정의를 가지고 있다(Davydov & Markova, 1983; Elkonin, 2001a). 그 기준에 맞추기 위해 활동은 다음의 조건을 갖추어야 한다.

1. **학습 과제**는 학생이 습득해야 하는 일반화된 행동 방식
2. 학습되어야 하는 활동의 예비적인 영상을 하게 되는 **학습 활동**
3. 활동을 기준과 비교하는 **행동 통제 혹은 피드백**
4. 학습자가 무엇을 학습했는지에 대한 학습자 인식을 보여 주는 **평가나 자기 반성적 활동**
5. 학습 과제를 학습하고 참여하는 **동기** 혹은 욕구로서, 아동이 학습의 가치, 흥미, 유용한 어떤 것을 과제로 보게 되는 활동을 구성하는 지적 호기심

학습 과제

학습 활동에서, 목적은 사실의 획득이 아니고 아동이 학습할 것으로 기대되는 일반화된 활동의 획득이다. 사실은 이러한 일반화된 활동을 연습하기 위해 사용되는 특정 상황 혹은 표본이다. 비고츠키 학자들은 즉시 사용 가능한 특정 과제와 학습 과제를 구분한다. 즉시 사용 가능한 해결 과제의 해결은 오직 이것이 아동이 일반화된 활동을 사용하는 원인이 될 때만 유용하다. 따라서, 학습은 정답을 얻으려는 목적에서 정답을 얻게 되면 멀어지게 되는데, 그 이유는 정답을 얻기 위해 특정 과정을

사용하기 때문이다. 철자 시험을 위한 단어 암기는 즉시 사용 가능한 과제이며, 특정 유형의 단어를 구성하는 규칙의 학습은 일반 원리가 될 수 있다. 비고츠키 학자들은 후자를 강조해야 한다고 주장한다.

엘코닌은 수를 작게 쪼개서 분해하는 법을 아동에게 가르치는 예를 제시했는데, 이를 통해 아동에게 암산으로 수를 더할 수 있음을 알려 줄 수 있다(Elkonin, 2001a). 교사는 아동이 7 + 8과 6 + 7과 같은 수의 합에 존재하는 일반적 패턴을 발견하도록 이끈다. 학습 과제는 전략의 하나로 숫자 10을 사용한 더하기를 촉진하기 위해 10보다 작은 수를 쪼개서 분해하는 법을 발견하는 것이다. 이 예에서, 강조점은 특정 예보다는 일반화된 원리를 가르치는 것이다. 아동은 11부터 20까지 수학적 사실을 단순히 암기하는 것이 아니라, 일반화된 규칙의 예로서 이것을 학습하는 것이다.

학습 활동

학습 과제를 해결하기 위해, 아동은 특정 학습 활동을 수행해야 한다. 다음은 학습 활동의 예이다.

- 학습 과제를 일반적 원리 발견으로 변환시키기
- 그림, 도식, 상징 등을 사용해 확인한 일반적 원리의 모형 보이기
- 일반적 원리를 구체화하고 다듬기 위해 모형과 모형 조작하기
- 일반적 원리를 다양한 특정 문제에 적용하기

내면화된 각 학습 활동은 먼저 순차적이고 명백한 형식으로 존재해야 한다. 아동이 과정을 먼저 학습하고 나면, 다음 단계로 진전해야 하는

데, 이러한 단계는 구체적이며 식별 가능하게 만드는 매개체와 조작물을 사용한다. 이러한 학습 활동은 아동이 학습할 개념적 과정에 대해 가시적이고 일반화된 영상을 형성하도록 도와 준다. 아동이 학습 활동을 내면화하게 되면, 각 단계를 눈에 보이게 표시해 주는 명시에 대한 요구가 불필요하게 되고, 아동은 행동의 상징적 표상을 사용하기 시작한다. 결국, 각 단계는 자동화되고 접혀 포개지는데, 이것은 학습자가 더 이상 각기 분리된 단계로 인식하지 않고, 분화되지 않은 전체로서 과정을 보게 될 것이라는 의미이다.

촉진제로서 10을 사용해 덧셈을 하는 앞의 예에서, 학습 활동은 매우 특정한 방법으로 각 합을 하나의 수로 표시하는 것을 포함한다. 이것은 두 개의 숫자로 쪼개어 분해하는 것인데, 그 중 하나는 합을 위해 다른 수에 더하면 10과 동등하게 되는 것이다. 예를 들면, 8+7은 (5+3)+7로 표시되며, 이것은 5+(3+7)과 동일하며, 이것은 5+(10)과 동일하다. 유사하게, 6+7은 6+4+3으로 표시될 수 있다. 수를 쪼개서 분해하기는 계산기, 유니픽스 수막대Unifix cube, 혹은 그래프 종이를 사용할 수 있다. 다른 학습 활동은 덧셈의 일반적 유형을 4+8과 같은 새로운 예에 적용하기가 포함된다.

다른 예는 엘코닌 상자의 사용인데, 이것은 아동이 음소音素 인식을 학습할 때 사용하도록 만들어졌다(그림 12.1 참조). 엘코닌 상자는 서구에서는 다른 목적을 가진 몇 개의 문해 프로그램에 적용되었는데, 예를 들면, 유아가 소리와 상징을 대응하는 것을 학습하도록 돕는 프로그램이 그것이다(Clay, 1993). 원판을 보면, 학습 활동의 개념에 대한 좋은 예가 될 수 있다. 엘코닌 상자는 아동에게 '음소'의 개념을 가르치기 위해 고안되었다. 아동에게 그림이 있는 카드와 그림 아래 음소를 표상하는 일련의 연결된 상자를 보여 준다. 아동에게 그 단어의 음소를 분리해 상

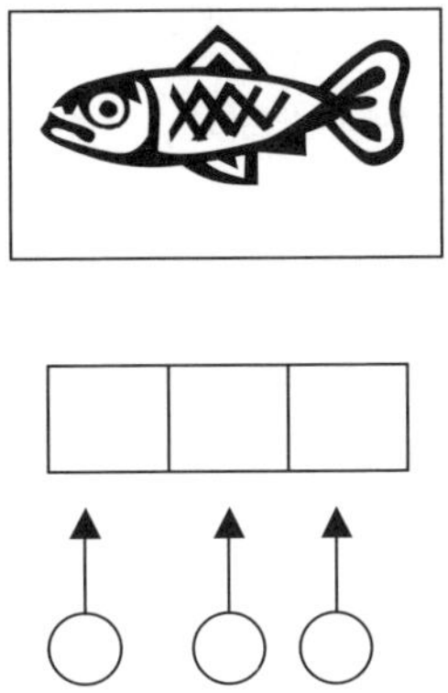

그림 12.1 엘코닌 상자

자에 토큰을 밀어넣게 한다(그림 12.1 참조). 예를 들면, fish라는 단어는 세 개의 상자로 표상된다. 아동들은 일대일로 대응되는 상자에 세 개의 토큰을 밀어넣으며, 'f' 'i' 'sh'라고 말한다. 아동이 소리를 말하면서 상자에 각 토큰을 밀어넣는 행동은 아동에게 그 단어의 음소에 대한 정신적 영상을 만들도록 도와 준다. 이 영상은 단어와 연결된 운동 감각적, 청각적, 조음학적 속성을 갖고 있다. 이러한 학습 활동은 단어가 음소로 구성되어 있다는 생각을 형성하는 데 매우 효과적이다. 몇 주 내에, 아동에게 스스로 서너 개의 음소 단어를 만들어 보라고 요청하게 되면, 단어가 그림으로 표상되는지 안 되든지 여부에 상관없이, 이것을 하는 데 어려움을 느끼지 않게 되고, 교사가 아동에게 준 단어에도 어려움을 느끼지 않게 된다. 그래서, 학습 활동의 결과는 아동이 단어에서 음소를 분리하고 그 다음 혼합하는 과정을 통해 아동의 음소 인식 발달로 나타난다.

학습 활동은 구체적인 문제를 통해 모형과 그 특성을 탐구할 뿐 아니라 모형을 검증하는 것도 포함한다. 예를 들어, 앞의 예에 의하면, 아동에게 엘코닌 상자와 함께 많은 그림을 제공해 아동이 모형을 탐구하게 할 수 있다. 아동은 다른 많은 단어의 음소를 변별하는 시도를 한다. 아동은 단어는 이들 구성 요소로 만들어진다는 생각을 이해하게 된다. 일단 아동이 모형을 이해한 것 같으면, 교사는 다른 단어들을 제시하고, 아동에게 음소의 수를 변별해 보도록 요구한다. 아동은 자신이 해야 할 일을 상기하기 위해 조작물 혹은 세 개와 네 개의 상자가 있는 그림을 여전히 사용할 수도 있다. 아동에게 음소의 수가 다른 단어를 생성해 보도록 요청한다. 학습 활동에는 특정 단어 내에 있는 음소의 탐구와 마지막으로는 새로운 단어에 새롭게 발견한 지식을 검증하는 것이 포함된다. 학습 활동의 부분으로, 새로운 상황에 대한 새로운 지식의 전이가 계획되어 있다.

일단, 아동이 일반적 원리를 학습하게 되면, 학습 활동의 부분은 심층적 이해를 요구하는 다른 문제들의 분석을 위한 기초로서 일반적 원리를 사용하게 된다. 아동에게 학습의 초기 단계에 제시된 예보다 더 다양하게 변형된 예를 제시한다. 이런 계획된 변형은 아동에게 어떻게 원래의 원리를 적용하는지에 대한 결정을 하도록 고안된 것이다. 이런 더 복잡한 문제의 예에서 실수를 하게 되면, 아동이 원래 모형을 재검토해 보도록 격려한다.

행동 통제 혹은 피드백

학습 활동의 세 번째 특성은 내재된 행동 통제 혹은 피드백이다. 특정 학습 활동은 그 자체 내에 아동이 자기가 맞았는지 틀렸는지를 알 수 있게 하는 피드백이 내재되어 있다. 피드백이 간단한 경우 그 안에 있는 피드백이 즉각적으로 아동이 맞았는지 틀렸는지를 말해 준다. 엘코닌 상자의 예로 돌아가서, 아동은 자신이 정확한 소리의 수를 만들어 냈는지를 아는데, 왜냐하면 정확한 수의 토큰 칩과 상자들만 있기 때문이다. 만약에 아동이 'fi' 'sh'나 'f' 'ish'라고 말하게 되면, 거기에 하나의 토큰 칩과 하나의 상자가 남게 되므로, 아동은 이것이 틀렸다는 것을 알게 된다. 아동은 단어를 따로 떨어뜨릴 때, 충분한 소리를 만들어 내지 못했음을 알게 된다. 이를 통해 아동이 자신의 실수를 찾게 된다. 그 다음에, 아동은 교사의 피드백을 기다리지 않아도 자기 수정을 할 수 있다.

피드백의 또 다른 측면은 아동이 자신의 수행한 결과를 기준이나 표준 척도와 비교하게 해, 숙달로부터 자신이 얼마나 멀리 떨어져 있는지를 보여 주는 것이다. 이것은 매우 중요하다. 아동은 이런 행동을 통해 특정 과제를 위한 기준을 내면화하기 시작하기 때문에 학습에 대한 연구는 공부를 잘하는 학생과 못하는 학생의 차이 중 하나는 무엇을 알게 되는 때를 아는 능력이라고 밝혀냈다(Zimmerman & Risenberg, 1997). 잘하는 학생은 자신의 수행이 얼마나 숙달에 가까워졌는지를 추정할 수 있다. 못하는 학생은 종종 자신의 답이 맞았는지 틀렸는지에 대한 생각을 가지고 있지 않다. 정확하게 고안된 학습 경험은 기준을 내면화하는 행동이 활동 속에 포함되어 있다. 아동은 자신이 현재 수행하는 수준과 숙달 간의 거리를 판단하는 법을 학습하기 시작한다. 이것은 필요한 다음 단계를 명확하게 만들어 주는 동기 부여에 도움을 준다. 그 다음, 아동은 앞서 생각할 수 있게 되어, 자기 수정은 미래의 수행에 의미를 갖게 된다. 아동은 추측만을 지속하는 대신에, 학습 과정을 진전시키는 더 많은 기회를 가지면서, 자기 자신의 작업을 재검토하고 변화하게 된다.

학습 활동은 모형의 탐구에 관한 여러 번의 순환을 포함하고 있는데, 이 순환을 통해 아동은 자신이 알게 된 개념 및 과정을 그 개념에 관한 다양한 예에 많이 적용해 보게 된다. 즉, 아동은 자신의 숙달에 대한 평가를 지속해야 한다. 순환에 포함된 과정은, 확신과 더 깊은 이해를 하기 위해 원래 개념 및 과정에 대한 아동 자신의 이해를 검토하는 것이다. 실수를 했을 때 그러한 실수의 이유를 분석하는 것은 학습 과정의 부분이다. 잘못 이해한 것을 드러내고 여러 측면에서 본 분명한 개념을 드러내는 것이 필요하다. 실수는 심층적 학습과 이해에 도움을 준다.

비고츠키 학자들은 학습과 학습에 따라오는 연습이 가끔 충분히 주의 깊게 구성되지 않는다고 주장한다. 결과적으로, 실수는 아동이 틀렸다는 것을 제외하고는 학습 과정에 대한 많은 정보를 제공하지 못한다. 학습자에게 남겨진 것은 왜 자신이 오답을 내게 되었는지 스스로 알아내는 것이다. 실수가 아동이 이해하지 못한 것을 보여 주기보다는 종종 아동을 더 혼란스럽게 만든다.

다비도프와 그의 동료는 학습 활동에서 성적과 피드백은 엄청난 차이가 있다고 강조한다. 성적은 수행을 요약하는 경향이 있으나, 아동에게 능숙함을 얻기 위해 필요한 단계를 지적해 주지는 않는다. 성적은 아동의 초점을 과정에 두지 않고 결과에 맞추도록 하는 경향이 있다. 또한 성적은 교사가 매기기 때문에 학습 과정에 대해 아동이 책임감을 공유하기보다는 학습 과정의 통제 역할을 교사에게 맡겨 버린다. 학교에서 성공하기 위해, 아동은 자기 스스로를 평가할 필요가 있다.

대부분의 어린 아동에게 행동 통제나 피드백을 위한 이러한 능력은 외부의 도움 없이 할 수 없는 것이다. 이러한 이유로, 비고츠키 학자들은 아동이 서로 이러한 활동을 연습하도록 도와 주는 또래 집단의 활용을 옹호한다. 그러한 타인 조절의 예는 아동이 짝을 지어 엘코닌 상자의 소리 분석을 하도록 하는 활동이다. 한 아동이 행동을 하고(예컨대 단어의 각 소리를 말하기), 다른 아동은 기준표에 맞추어 소리를 검토한다(예컨대 실제로 눈에 보이게 상자에 토큰 밀어넣기). 아동이 함께 작업하게 되면, 혼자 작업을 할 때보다 단어의 소리를 더 정확하게 낼 수 있다. 그러므로 초등학교 저학년 시기에, 행동 통제는 자기 수정의 교수 자료나 정답을 알아내는 기제뿐 아니라 또래의 지원도 포함되어야 한다(Zuckerman, 2003).

자기 반성

학습 활동에서, 아동은 자신이 무엇을 학습했는지를 반성해 보고, 자기 평가를 해 보도록 요구받게 된다. 다비도프에 의하면, 아동은 자신이 알지 못했고 혹은 전에 할 수 없었던 활동에 참여한 결과로서, 그가 무엇을 할 수 있는지 한 발 뒤로 물러서서 인식할 수 있어야 한다. 독립적으로 학습 결과를 이해하고 표현할 수 있는 능력이 연령이 높은 아동의 발달적 목적이다. 그러한 자기 반성은 초등학교를 마칠 무렵 혹은 중·고등학교까지도 나타나지 않는다.

초등학교 저학년에서의 학습 활동

다비도프, 엘코닌과 다른 연구자는 러시아에서, 초등학교 1학년과 같이 아주 어린 학년의 많은 교과 영역에 학습 활동 접근을 적용했다(Davydov, 1988; Davydov, Slobodchikov, & Tsukerman, 2003; Elkonin, 2001a, 2001b). 이러한 적용에서 나온 기본적 가르침 중의 하나는 본질적인 지원 없이 초등학교 저학년 연령의 아동은 학습 활동의 행동 통제 및 피드백과, 자기 조절과 같은 것에 참여할 준비가 되어 있지 않다는 것이다. 그러므로, 비고츠키 학자들은 학습의 중요한 면을 통합할 수 있도록 아동에게 도움을 줄 또래 집단을 활용해야 한다고 주장한다. 연구자들은 타인 조절이 아동이 성숙해서 자기 자신을 위해 행동할 수 있는 것과 유사하다고 주장한다. 아동은 학습 행동을 수행할 수 있게 되고, 동시에 자기 피드백에 참여하게 된다. 타인 조절은 아동이 다른 아동을 위한 행동 통제 및 피드백에 참여하는 공유된 상태의 행동 통제이다. 마침내 많은 연습 후에, 아동은 자기 비평을 할 수 있게 될 것이다. 아동이 짝을 지어 자기들의 글쓰기를 편집하는 활동이 그 예가 될 수 있다. 한 아동은 자신의 이야기를 글로 쓴다. 다른 아동은 단어장의 목록을 사용해 실수를 찾아낸다. 편집자는 부정확한 철자의 단어에 밑줄을 긋고, 글을 쓴 아동에게 어떤 단어의 철자가 정확하지 않은지 피드백을 제공한다. 한 아동이 활동을 하고 다른 아동이 피드백을 준다. 타인 조절이 실제로 학습 과정에서 형성되는 활동은 아동에게 요구되는 많은 피드백 기술을 제공한다(Zuckerman, 2003).

다른 예는, 또래 집단이 문제나 질문에 대한 해결책을 찾기 위해 상호작용을 지속하는 방법으로, 학급에서 정보를 발표하는 것이다. 이것은 각 아동에게 자기 자신의 개별 답을 말하도록 질문하는 현재의 관행과는 아주 다르다. 교사는 소집단 혹은 대집단에 문제를 제시하고, 아동에게 서로 해결책의 제안을 위한 대화를 하도록 격려할 수 있다. 이러한 방법으로, 교사는 생각의 중재자로서, 아동이 중복되거나 실책이 있는 생각을 제거하도록 도와 주는 많은 행동을 하게 된다. 아동이 생각을 교환하도록 격려하는데, 이것은 안내된 생각 모으기brainstorming 수업 시간의 한 유형이 될 수 있으며, 이를 통해 아동은 많은 생각을 제안하고, 그 다음 집단에서 제안된 생각을 평가하기 위해 학습한 원리, 개념, 과정을 사용한다.

자기 반성은, 이러한 점에서 곧 아동의 발달이다. 아동이 활동에서 무엇을 하려고 시도했는지를 상기하도록, 학습 활동의 마무리 시점에 학습 목적을 재진술해야 한다. 교사는 학습 과정에 대한 자기 반성의 기회를 제공해야 한다. 자기 반성의 지원을 위한 좋은 생각들은 제13장에서 제시하고자 한다.

추가 참고 문헌

Davydov, V. V. (1988). Problems of developmental teaching: The experience of theoretical and experimental psychological research. *Soviet Education*, 30, 66-79.

Elkonin, D. B. (1972). Toward the problem of stages in mental development of the child. *Soviet Psychology*, 10, 225-251.

Karpov, Y. V. & Bransford, J. D. (1995). L. S. Vygotsky and the doctrine of empirical and theoretical reasoning. *Educational Psychologist*, 30(2), 61-66.

Zuckermam, G. (2003). The learning activity in the first years of schooling: The developmental path toward reflection. In A. Kozulin, B. Gindis, V. S. Ageev, & S. M. Miller(Eds.), *Vygotsky's educational theory in cultural contest*(pp. 177-199). Cambridge: Cambridge University Press.

제13장

초등학교 저학년에서의 발달적 성취 지원하기

제12장에서 설명한 바와 같이, 초등학교 저학년 아동은 그 다음 학년에 출현할 지적 능력을 구성하는 요소를 발달시킨다. 초등학교 초반은 이론적 추론의 기반을 구성하는 기초 문해 학습 능력을 형성하는 시기이다. 아동에게는 수학의 기본 단위, '단어'의 개념이나 상위 언어학적 인식metalinguistic awareness과 같은 문해의 기본을 소개한다. 아동은 결정적으로 중요한 문화적 도구인 문어를 획득하게 되는데, 이것은 효율성의 증진을 통해 아동의 학습하는 능력을 전환시킬 수 있다.

고등 정신 기능HMF도 역시 이 시기에 출현한다. 대부분의 아동은 이제 자신의 정신적 행동의 특정한 측면에 목적을 가지고 기억하고, 주의를 집중하며, 자기 조절을 할 수 있다. 그러나 기억, 주의 집중, 자기 조절은 이후 상급 학년의 성공에 필요한 수준에 도달하기에는 아직 멀었다. 아동은 자신의 주요 활동을 놀이하기에서 학생 역할 수행하기와 탐구 동기(지적 호기심) 발달 시기로 이동시키면서 형식적 방법으로 학습하는 동기를 막 발달시키고 있다.

초등 교사는 아동이 초등학교에 들어올 때, 유아원과 유치원 시기에 이미 잘 이루어진 발달적 성취를 가지고 입학하기를 원한다. 그러나 불행하게도 이런 경우는 매우 드물어서 초등학교 저학년의 많은 교사는 학생들이 아직도 '유아'임을 발견하고 교사는 종종 기초 역량을 키우는 문제에 직면하게 되는데, 기초 역량이란 초등학교 저학년에서 교육해야 할 기술과 함께 학습을 효과적으로 만드는 역량을 말한다.

이 장에서 초등학교 저학년(1학년에서 3학년) 교사가 직면하는 비계 설정과 관계된 두 가지 주요 도전에 대해 논의하고자 한다. 첫째는 이 연령에 있는 아동의 기술을 성장시킬 수 있는 학습 활동을 제공하는 교실 환경을 만드는 것이다. 아동은 아직 본격적인 학습 활동에 자기 스스로 참여할 준비가 되어 있지 않다. 아동은 모든 교실 환경에 이미 내장되어 있는 발달 자체를 위한 지원을 필요로 한다. 교수 전략은 6학년 무렵에 요구되는 발달적 성취가 출현될 조건을 형성하기 위해 수정되어야 한다. 하지만, 그 전략은 또한 1학년과 2학년에 필요한 기술과 학습 수준에도 맞추어져야 한다. 초등학교 저학년에서의 초점은 아동이 학습자가 되는 방법, 즉 학습 활동뿐 아니라 가장 생산적 방식으로 교실에서 일어나는 다른 활동에도 참여하는 법을 학습하도록 도와 주는 것이다.

두 번째 초등학교 저학년 교사를 위한 도전은 유아원과 유치원에서 발달적 성취를 이루지 못해서 결과적으로 정규 학교의 요구에 대처하는 데 어려움을 갖는 유아를 돕는 것이다. 좀 더 준비된 다른 친구보다 뒤떨어지지 않도록 하기 위해, 교사는 이러한 아동을 지원할 수 있는가? 초등학교 저학년 말 무렵에, 아동은 역량 있는, 즉 고학년과 그 이상의 학업 내용에 대한 도전에 맞출 수 있는 능력의 학습자로 성숙해야 된다.

제12장에서, 완전히 형성된 학습 활동의 구조에 대해 설명했다. 초등학교 저학년 아동은 자신이 학습 활동을 발달시키기 전에 가야 할 길이 멀다. 특정 교사의 특정 수업과 교수 방법에 따라서, 아동은 이 시기의 학습 활동 요소에만 참여할 수 있다. 예를 들어, 수학은 순차적 구조와 잘 정의된 절차 때문에 특정 학습 과제를 알아내기 위한 연습을 하는 데 사용할 수 있다. 철자 쓰기는 아동에게 통제와 자기 평가의 요소를 연습하도록 하는데, 이를 통해 아동은 정확한 철자 본보기와 자신의 쓰기를 비교한다. 초등학교 고학년에서는 동일한 활동 내 학습 활동의 모든 측면을 연습할 수 있지만, 저학년 시기에 특정 교과는 학습 활동의 부분적인 측면만 발달시킬 수 있다.

아동이 학습 활동의 요소를 확실히 습득하고 발달시키려면, 교실의 실제는 아동의 학습을 매우 특정한 방법으로 지원하도록 구성되어야 한다. 다비도프(Davydov, 1988), 엘코닌(Elkonin, 2001), 주커만(Zuckerman, 2003)의 연구에서 제안된 교실의 실제는 잘 정의된 학습 과제, 학습 기준, 자기 반성과 같은 요소에 초점을 둔다고 요약할 수 있다. 다음에서 갈페린(Gal'perin, 1969)의 연구에 기초한 학습 활동의 발달 지원 방법에 대한 지침을 제공하고자 한다.

주요 활동의 결정적 요소 지원하기

교사는 교실의 실제를 수정해 학습 활동을 증진시킬 수 있는데, 이것은 가르칠 때 다음과 같은 학습 활동의 특정 요소 중 몇 개를 포함시키는 것이다.

- 아동이 일반화된 활동을 이해하도록 돕는 방법으로 모형 사용하기
- 아동이 학습 목적을 위한 활동을 '꿰뚫어' 보도록 도와 주기
- 아동이 기준의 개념을 이해하고, 학습을 안내하기 위해 기준의 사용법을 학습하도록 도와 주기
- 반성을 증진시키기 위한 다양한 방법 모색하기

아동이 일반화된 활동을 이해하도록 돕는 방법으로 모형 사용하기

아동이 개념과 일반화된 행동, 즉 핵심적 과정을 학습하기 시작하면서, 특정 외적 매개체가 이 과정을 촉진시킬 수 있다. 외적 매개체의 이

러한 사용은, 만약 외적 매개체 그 자체가 학습해야 하는 기본적 원리의 모형이 되면 특히 효과가 있다. 예를 들어, 조작물 안에 학습될 개념이 내포되도록 특별히 고안할 수 있는데 길이를 다르게 해 1과 10 간의 관계를 드러내는 퀴즈네어 막대Cuisenaire rods가 그 예가 될 수 있다. 그림 표상도 아동이 학습할 원리를 내면화하도록 도와 줄 수 있다. 이야기의 서론, 본론, 결론을 이해하기 위해, 아동은 이야기의 각 부분을 보여 주는 세 부분의 이야기판을 만들 수 있다. 조작물과 그림 표상은 모두 아동이 교육할 개념이나 일반화된 행동의 대상이 되는 관계를 학습하도록 도와 준다.

개념의 발달을 지원하기 위한 조작물과 그림 표상을 사용하기 위해, 교사는 아동이 산출한 결과물보다는 아동이 사용하는 방식에 초점을 두어야 한다. 결과에 초점을 맞추게 되면 비록 이러한 결과물을 만들기 위해 사용한 정신적 과정이 다름에도 불구하고, 한 아동의 결과물이 다른 아동의 결과물과 유사하게 여기도록 판단하는 오류로 이끌 수 있다. 슈 선생님의 반은 다른 색깔의 유니픽스 수막대Unifix cubes로 숫자 8을 만들고 있다. 선생님은 아동이 두 가지 색깔의 막대로 표상하면서, 8이 되도록 더하는 다양한 조합이 가능하다는 것을 알아차리기를 원하고 있다. 선생님은 다음의 조합, 1 파랑 + 7 빨강, 2 파랑 + 6 빨강, 3 파랑 + 5 빨강, 4 파랑 + 4 빨강색 등으로 만드는 시범을 보여 준다. 선생님은 아동에게 블록을 보여 주고, 자신이 무엇을 했는지 설명한다. 몇 명의 아동이 동일한 패턴을 만들어 낸다. 선생님이 케니샤에게 선생님이 무엇을 했는지 질문하자, 케니샤는 "선생님이 파랑을 하나 더 더하면, 빨강의 수가 내려가요."라고 말한다. 선생님이 다렌에게 물었을 때, 다렌은 "내가 했더니, 멋진 계단이 되었어요. 나는 계단처럼 보이도록 파랑으로 계속 만들 거예요."라고 말한다. 슈 선생님은 오직 케니샤만이 자신이 가르치고자 하는 일반적 원리를 이해한다는 것을 발견하게 되었다. 사실상, 슈 선생님 반의 모든 아동 중 오직 케니샤만 원리를 이해했다. 나머지 아동은 8개의 블록을 배열했지만 그 이유는 모두 달랐다. 표면적으로는 아동들의 결과물을 보면, 아동 모두가 이해한 것처럼 보였다.

엘코닌은 교사가 시범을 보이는 개념을 아동이 실제로 채득하기 위해서는 조작물을 가지고 활동할 시간을 적절히 제공해야 한다고 주장했다. 만약 조작물이 너무 빨리 제거되거나 전혀 사용되지 않으면, 아동은 학습의 중요한 단계를 놓치게 된다. 조작물을 통해 제공된 개념을 시범 보임으로써 충분한 경험을 아동에게 제공한다는 생각은 갈페린이 충분히 옹호했으며, 여기에 대해서는 다음 장에서 길게 논의하고자 한다. 비고츠키 학자들이 더하고, 빼고, 곱하고, 나누는 방법에 대한 학습의 초기 단계에서 계산기를 그다지 유용하게 여기지 않는다는 것을 고려하는 것이 중요하다. 계산기는 답을 산출하도록 하지만, 아동이 덧셈, 뺄셈, 곱셈, 나눗셈의 과정을 열심히 학습하는 활동에 참여하게 하지는 않는다.

아동이 학습 목적을 위한 활동을 '꿰뚫어' 보도록 도와 주기

아동은 그들이 해야 하는 연습이나 활동의 목적을 이해해야 한다. 아동은 결과만을 목적으로 보는 경향이 있으며, 교사가 한 것처럼 보이도록 결과를 만들면 그것으로 충분하다고 생각한다. 아동은 단지 결과만이 중요한 것이 아니고, 결과를 만드는 방법도 또한 중요하다는 것을 쉽게 이해하지 못한다. 교사는 학생에게 연습을 시키는 이유가 학습하는 과정을 정밀하게 반복하게 하려는 것임을 분명히 해야 한다. 1학년 교실에서, 아동은 필기체 쓰기의 준비로 글자 a를 쓰는 법을 학습하고 있다. 몇 명의 아동은 전체 면에 c를 쓰고, 그 다음 a를 만들기 위해 뚫린 모양을 막았다. 그 아동에게 왜 그렇게 했는지 물으면, 아동은 그 방법이 더 빠르다고 말했다. 아동은 이 연습의 목적, 즉 아동이 필기체 쓰기를 완성하려면, 정확하고 특정한 방법으로 a를 만든다는 점을 완전히 놓치고 있다. c를 쓰고, 그 다음 모양을 막는 것은 아동에게 정확한 손동작을 가르치지 못한다. 교사는 아동에게 왜 이 글자를 이러한 특정한 방법으로 써야 하는지를 분명하게 하지 못했다.

아동이 기준의 개념을 이해하고, 학습을 안내하기 위해 기준의 사용법을 학습하도록 도와 주기

개인이 수행한 결과를 도달해야 하는 기준과 비교하는 학습은 특정 활동의 학습 목적을 이해하는 것과 연관된다. 기준은 과제를 성공적으로 숙달하거나 수행하기 위해 요구되는 수용 가능한 수준을 실명한다. 이것은 무엇을 배웠는지를 알려 준다. 기준을 이해하면, 학생은 이 기준에 도달할 때까지 수행에 전념하며 지속한다. 기준이 내면화되면 학생은 점점 더 혼자서도 작업을 할 수 있는데, 왜냐하면 학생이 자신이 학습할 내용뿐만 아니라 도달해야 할 수준을 알기 때문이다.

대부분의 학교에서, 아동은 그들이 수행한 것이 교사의 기준에 부합하는지의 여부를 과제를 제출하고 많은 날이 지나고서야 깨닫게 된다. 비고츠키 학자들은 아동에게 자신의 과제에 대한 피드백을 주는 기본적인 이유는 자기 수정을 하는 아동의 능력을 증진시키는 데 있다고 주장한다. 아동이 특정 피드백을 기다려야 한다면, 아동이 과제를 하던 때에 무엇을 생각했는지 재구성하는 데 어려움을 갖게 된다(어른조차도 시간이 경과한 후에 자신들의 생각을 재구성하는 데 어려움을 갖는다). 피드백이 더 즉각적으로 제시될수록, 실제로 아동의 수행을 증진시킬 수 있는 자기 수정 능력을 갖게 할 가능성이 더 커진다.

대부분의 교사는 아동에게 자신의 수준을 분석할 기준을 어떻게 사용하는지도 보여 주지 않고, 또한 자신의 오류를 분석하는 데 기준을 어떻게 사용하는지도 설명하지 않는다. 교사를 위한 몇 가지 지침은 다음과 같다.

- 수업 전에 기준을 제공한다. 아동에게 무엇이 수용 가능한 수행이 될지 명확히 한다.
- 아동에게 자신의 작업을 확인할 수 있는 해답지를 제공한다. 아동이 책을 사용하는 방법에 대한 일련의 규칙을 정해, 아동이 그것을 부적합하게 사용하지 않도록 한다. 예를 들어, 아동이 문제의 답을 놓치게 되면, 첫 다섯 가지 문제에만 지시와 함께 답을 포함시킨다. 혹은 홀수나 짝수 번호의 문제에만 답을 제공한다.
- 아동이 오류를 범하게 되면, 그것을 이해하기 위해 아동이 생각했던 사고 과정을 순서대로 되짚어 검토하게 한다.
- 슬픈 표정으로 "좋은 시도야," 혹은 성적 'C'와 같은 일반적인 피드백 대신에 특정 과제와 관련된 피드백을 주면서 "무엇을 알고 있는지"와 "" 무엇을 모르고 있는지"를 강조한다. 일반적인 피드백은 오류를 만드는 학생에게는 도움이 되지 않는다. 아동은 종종 자신이 무엇을 틀리게 하는지를 이해하지 못하는데, 왜냐하면 이해를 했다면 오류를 범하지 않을 것이기 때문이다.

반성을 증진시키기 위한 다양한 방법 모색하기

초등학교 저학년 시기에, 반성적 사고 능력이 점진적으로 발달한다.

비고츠키 학자들에 의하면 모든 다른 지적 능력과 같이, 반성은 개별 아동이 혼자서 적용하기 전에, 처음에는 공유된 상태로 존재한다. 반성은 아동이 자신의 정신적 행동에 대해 사고하도록 돕기 위해 교사가 먼저 시작하고 추가적인 지원을 할 수 있다. 초등학교 저학년에서 또래들이 서로 반성을 지원하기 위한 아이디어는 다음과 같다.

- 아동이 어떻게 공부하고, 연습하고, 학습했는지에 대한 생각을 돕기 위해 학습 회의를 갖는다. 오답 패턴을 확인하도록 아동에게 보고서와 시험지를 검토하게 하고, 어떻게 공부했는지를 인식하도록 도와 준다. 아동이 무엇을 이해하지 못했는지를 보여 주기 위해 오답 패턴을 사용하듯이, 아동이 무엇을 알고 있는지를 보여 주는 데 정답 패턴을 사용한다.
- 아동이 더 효율적인 학습해야 하는 것을 인식하도록 돕기 위해 학습 목적을 설정한다.
- 아동이 공부 친구나 동반자와 작업하도록 한다. 한 아동이 활동을 하고 다른 아동이 과제나 답이 맞았는지 검토하게 한다. 이 방법은 아동이 행하고, 반성하는 것 모두를 연습하게 한다.

학습 활동의 발달을 지원하는 방법으로서 단계별 구조

갈페린은 어떻게 외부 지식이 내면화되고, 실제의 물리적 행동이 아니라 정신적으로 표상되는지에 관심을 두었다(Gal'perin, 1969, 1992). 그는 이것이 일어나게 하는 단계가 있다고 생각했다. 새로운 기술이나 개념 획득의 초기 단계 동안, 학습은 외부에서, 순차적 단계로 존재하는 구체적 행동을 포함해야 한다. 예를 들어 아동이 물체를 세는 법을 처음 학습할 때는 각각의 구체물을 차례로 만지면서 수를 말한다. 이러한 활동은 순서대로 반복하게 되는데, 첫 번째 물체를 처음으로 만지고, 수를 말하고, 다음 물체로 넘어간다.

갈페린은 일단 학습자가 무엇인가 어떻게 하는지를 알게 되면, 그의 행동은 내재적으로 수행된다고 주장했다. 그것은 또한 감소되고, 자동화되고, 포개지는데, 이것은 많은 단계가 무의식적이 된다는 의미이다. 만지면서 세는 대신에, 아동은 자신의 머릿속에서 셀 수 있다. 사실상 각 물체를 세는 것이 더 이상 필요하지 않게 되어, 과정이 감소될 수 있는데, 즉 아동이 다섯 개의 물체를 쳐다보기만 하고 그것이 다섯인 것을 알게 되는 것이다. 행동이 자동화되면 세기에 필요한 단계를 더 이상 의식하지 않고 자동적으로 처리할 수 있다. 이러한 과정은 읽기에서도 나타난다. 숙련된 독자는 읽기 과정의 많은 부분이 자동화되어 단어를 의식조차 하지 않고 바로 생각을 한다.

갈페린과 그의 동료 및 제자들은 많은 연구를 수행했는데, 초심자가 매끄럽게 정신적 영역에서 작동할 수 있는 내면화 수준에 도달하기 위해 무슨 단계가 필요한지를 결정하기 위한 연구들이다(Arievitch & Stetsenko, 2000). 갈페린의 생각은 많은 교과 영역의 교수를 위해 사용되었고, 갈페린의 연구에 참여했던 아동은 그 연령의 아동이 전형적으로 할 수 있는 수준보다 더 높은 수준으로 수행할 수 있었다. 교사가 더 효과적으로 교수하도록 도와 주는 갈페린의 주요 개념을 요약하면 다음과 같다.

- **활동의 기초 지향**의 중요성
- '물체화된' 활동의 필요성

• 자동화의 중요성
• 자연스러운 오류와 피할 수 있는 오류의 차이

활동의 기초 지향의 중요성

전체를 부분으로 나누어 가르친 후 각 부분을 합치도록 가르치는 전통적인 교수 방법을 분석한 갈페린은, 그 부분을 통해 전체적으로 각 부분이 어떻게 전체로 합쳐지는지를 알아내는 것은 전적으로 아동의 몫으로 남겨진다는 것을 발견했다. 아동은 부분과 전체 간의 관계에 대한 자신의 미성숙한naive 이론을 형성한다. 예를 들어, 교사가 자를 이용해 물체를 측정하는 것을 설명한다. 그 다음, 아동에게 자를 주면 아동은 자신의 물체를 측정하기 시작한다. 하지만 아동은 자를 사용하는 방법에 대해 모호한 개념만을 가지고 있다. 그 중 많은 아동이 자보다 더 긴 물체를 측정하려면 물체의 끝에 표시해야 하며, 더 큰 물체를 계속해 측정하기 위해 자를 놓아야 할 자리를 알아야 하는 것을 이해하지 못한다. 결과적으로 교실의 모든 아동은 똑같은 물체를 각기 다르게 측정하게 된다.

갈페린이 추천하는 것은 경험의 분리된 부분을 이해할 수 있는 기본 원리를 알아내는 것이다. 갈페린은 아동이 이러한 원칙적 개념뿐 아니라 개념의 적용에 영향을 주는 기본적 요인을 학습해야 하는 이유를 설명했다. 이러한 것들이 함께 서로 엮어져서, 아동은 자기의 실제 행동의 뜻을 이해하게 된다. 그러므로, 교사는 주요 원칙, 그 적용을 위한 주요 특성을 지적하면서 학습할 내용에 대한 학습 경로를 제공해야 한다. 예를 들어, 측정을 가르치려면 길이는 연속적인 것이므로, 측정 활동도 연속적이어야 한다는 것을 분명하게 이해시킬 필요가 있다.

'물체화된' 활동의 필요성

갈페린은 정신적 활동이 먼저 **물체**나 **물체화**된 활동으로 시작한다고 주장한다. 물체를 통한 활동에서 아동은 실제 사물을 다루고, 물체화된 활동에서는 사물의 표상을 사용한다. 예를 들어, 아동이 학교에서 10단위와 1단위로 100까지 세기를 학습하려면, 개별 막대를 10개로 된 다발에 넣고 함께 묶는다(자료를 통한 활동). 아동은 또한 학교에서 보내는 날 수만큼 빗금으로 표시하고, 그 다음에는 이 빗금 표시를 셀 수 있다. 후자의 경우에, 아동은 물체화된 활동을 수행하고 있다고 볼 수 있는데, 이는 아동이 실제 사물이 아니고 사물의 표상을 세기 때문이다.

갈페린은 물리적 활동이 단순히 정신적 활동에 앞서 나타나는 것만은 아니며 사실상 정신적 활동을 형성한다고 주장한다. 아동이 퀴즈네어 막대를 이용해 수를 만드는 바로 그 방법은 수을 셀 때 포함되는 사고 과정에 영향을 준다. 막대는 단위의 개념 크기가 다른 단위가 서로 어떻게 연관이 있는지를 보여 주어 어려운 생각을 구체화시켜 준다. 아동은 막대를 사용한 물체화된 활동에 참여함으로써 수에 대한 표상을 형성한다. 아동이 자리값을 이해하기 전까지, 그래프 종이는 1단위, 10단위, 100단위의 자리를 정확하게 사용해 더하기를 정확하게 하도록 도와 준다. 그래프 종이는 숫자의 자리값을 구체적인 수로 만들어 준다. 아동은 그래프 종이를 이용해 덧셈 문제를 쓰고 해결하면서 물체화된 활동에 참여하게 된다. 다른 물체화된 활동의 예는, 아동이 읽는 단어 주변에 사각틀을 놓는 '단어 창'을 사용하는 것이다. 이 단어 창은 분리된 실체로서 '단어'의 개념을 강조하도록 만드는데, 이를 위해 단어를 틀에 넣어 구체화하는 것이다. 한 단어에서 다른 단어로 이동하는 아동의 행동을 통해 아동은 뚜렷한 실체로서 단어의 개념을 형성하게 된다.

갈페린은 정신적 활동이 형성되는 진행 과정이 있음을 보여 주는데, 이 과정은 물체화된(구체적이며 물리적) 활동에서 언어에 기초한 활동으로 이동한다. 그리고 내면화로 이동한다. 처음에, 아동은 퀴즈네어 막대로 합을 구성하기 혹은 인쇄된 선을 따라 단어 창 이동하기와 같은 물리적인 자료 혹은 물체화된 활동을 수행한다. 이러한 물체화된 활동은 아동의 행동을 안내하고, 외부적 행동에서 내적 세마로 이동하는 과정을 시작하게 하는 혼자말과 짝을 짓게 된다. 언어는 물체화된 행동을 정신적 개념으로 전환시켜 준다. 아동은 조작물과 외현적 행동의 사용을 중지하게 되지만, 여전히 정신적 행동을 완성하기 위해 혼자말이 필요하다. 결과적으로 혼자말은 내면화되고 내적 언어로 변환되며 마침내 정신적 행동을 안내하는 언어적 사고가 된다.

퀴즈네어 막대의 예로 되돌아와서, 아동은 1, 2, 3, 4, 5, 6, 7, 8, 9, 10이라고 세며, 10개의 1단위 막대를 함께 놓으면서 수 10을 만든다. 아동이 조작물을 사용하면서 수를 말하는 혼자말은 물리적 활동에서 언어에 기초한 개념으로의 전환을 촉진시킨다. 결과적으로, 아동은 10개의 작은 단위로 구성된 것이 더 큰 단위(10)라는 생각을 내면화하게 된다.

이 경로의 어떤 부분이라도 건너뛰면 문제가 생긴다. 연령이 높은 학생을 가르칠 때, 언어 수준에 맞추어 학습을 시작하면 때로 문제가 일어날 수도 있는데, 왜냐하면 아동이 사전에 필요한 기반을 형성하지 못했을 수도 있기 때문이다. 갈페린(Gal'perin, 1959)은 학생이 본질적인 내용이 결여된 '텅빈' 개념이나 기술을 발달시킬 수 있다고 주장하면서, 물체나 물체화된 단계 건너뛰기에 반대하는 경고를 하고 있다. '텅빈' 개념을 발달시킨 학생은 실제로 행동을 수행하는 대신에 수행이 기대되는 행동에 대해 말하는 경향이 있다. 한 예로, 학생에게 두 자리의 수를 더하는 것을 말하게 하면, 학생은 10 단위를 더하고, 1 단위를 더하고,

그 다음 이 둘을 함께 합해 더할 필요가 있다고 한다. 하지만 47과 38을 더해 보라고 하면, 아동은 더하거나 혹은 포함된 구체적인 단계를 언어로 말하지 못할 수도 있다. 이러한 학생을 위해, 교사는 물체 혹은 물체화된 활동의 단계로 되돌아가야 할 수도 있다.

정신적 활동으로 내면화되는 물체화된 활동을 할 때는, 마음속으로 활동을 수행하면서 혼자말이 수반되어야 한다. 교사는 조작물의 사용과 그 사용 절차뿐 아니라, 아동이 조작물을 사용하면서 무엇을 말해야 하는지에 대해서도 계획을 세워야 한다. 글을 읽으면서 여전히 단어를 지적하는 아동은 아마도 단어를 지적하면서 각 단어를 큰 소리로 말하는 혼자말이 필요할 수도 있다. 이 아동에게 조용히 읽으라고 강요하게 되면 정신적 발달이 지연될 수도 있다.

정신적 활동의 자동화

갈페린은 새로운 개념, 기술, 전략이 내면화되기 전에, 일정 기간 동안 외부에서 지원된 형태로 존재한다고 믿는다. 이것은 아동의 언어화나 아동이 사물을 조작하는 방법을 통해 관찰할 수 있다. 이러한 관찰을 통해, 교사는 아동이 새로운 기술을 학습하는 것을 이해할 수 있고, 학습을 촉진하도록 도움을 줄 수 있다. 일단 기술이 내면화되면, 그것은 **자동화되고 포개져서**, 순차적 단계의 몇 단계는 동시에 수행된다. 이 의미는 개념이 쉽게 수정되지 않는다는 것을 뜻한다. 기술이 내면화 혹은 자동화되면, 교사가 빠지거나 결여된 부분을 수정하기가 매우 어렵다. 내면화된 형식은 특정 순서로 회전을 하는 경우와 같이 습관처럼 된다. 예를 들면, 하루를 마치고 집에 가기 위해 보통 주차장에서 오른쪽으로 돌아 나간다면, 하루를 마치고 가게로 가는 길은 왼쪽으로 돌아야 할 필요가 있다는 것을 잊을 수도 있다. 하루를 마치고 오른쪽으로 도는 행동은 자동화되어 몸에 밴 것이다.

자동화는 잘못되었는지 알고 있더라도 부정확하게 학습된 것을 수정하는 것이 왜 어려운지 설명해 준다. 부정확한 철자쓰기, 특정 단어의 잘못된 발음, 부정확하게 암기된 수학적 사실이 그러한 예들이다. 이런 모든 경우에서, 그것을 반복한 후에 실수를 인식하고, 그 전에 중단했으면 좋았을 것이라고 바란다.

이러한 종류의 오류를 수정하는 전통적인 방법은 저지르고 난 후에 오류를 지적해 내는 것이다. 대부분의 교사가 말하듯이, 이후에 오류를 지적해 내는 것은 다음 번에 오류 산출을 막는 데 매우 효과가 적다. 1학년 학생인 케이티는 숫자 6을 쓸 때 거꾸로 쓴다. 케이티는 우리가 예상하는 어떤 글자도 반대로 쓰지 않지만 오직 숫자 6만 거꾸로 쓴다. 케이티의 선생님은 케이티에게 한 장의 분리된 종이에 숫자 6을 정확히 쓰도록 하거나, 6이 포함된 수학 문제를 베껴 쓰도록 하는 많은 여러 다른 전략을 시도했다. 교사가 어떤 전략을 시도해도, 케이티는 숫자 6을 쓰는 새로운 방법을 잊어버리는 것 같고, 숫자 6을 거꾸로 쓰는 방법으로 되돌아가기를 지속했다. 나쁜 점수를 준다는 위협도 효과가 없었다.

이 문제를 갈페린의 접근법에 따라 해결하고자 하면, 자동화를 방해하고, 아동이 자동화의 요점을 다시 재학습하게 하는 행동 즉 '반자동화'가 필요하다. 케이티는 숫자 6을 쓰기 전에 자신의 행동을 멈춘 다음, 단계별로 정확하게 쓰도록 학습한다. 케이티의 행동을 방해하기 위해 교사는 케이티에게 수학 문제를 연필로 쓰되 6에 오게 되면 멈추고, 파란색 펜을 사용해 바꾸어 쓰게 했다. 케이티가 그 펜을 사용할 때는 숫자 6이 정확하게 쓰여진 외적 매개체 카드를 보고, "숫자 6은 이렇게 쓰는 거야."라고 스스로 말하며, 숫자 6을 파란색 펜으로 쓰게 된다. 그 다음, 케이티는 연필로 자신의 나머지 수학 문제로 돌아와 쓰게 된다. 며칠이 지난 후, 케이티는 숫자 6을 부정확하게 쓰는 것을 쉽게 멈추게 되었다.

자연스러운 오류와 피할 수 있는 오류의 차이

비고츠키 학자들은 오류에는 여러 다른 유형이 있다고 본다. 어떤 오류는 개입이 요구되지만, 다른 오류는 자연스럽고 유익하기도 하다. 오류가 단시간 동안 일어나고 벗어나게 되면, 오류는 학습 과정의 자연스러운 부분이라고 볼 수 있다. 걸음마기 유아의 유아어 사용, 유아원 시기에 그리는 손가락과 귀가 없는 사람 그림, 유치원 시기에 쓰는 고안된 철자가 이러한 예들이다.

어떤 오류들은 아동에게 자신의 수행에 대한 피드백을 제공하게 되어 학습 과정에 유익하다. 이러한 오류를 수정함으로써, 아동은 자신의 수행력을 증진시킬 수 있다. 아동이 *bit*를 *bat*이라는 단어로 읽어서, 문장이 더 이상 이해되지 않게 되면, 오류는 아동으로 하여금 단어를 쳐다보게 하고 정확하게 읽는 시도를 하게 한다. 아동은 오류와 오류를 만든 이유에 대해 생각할 수 있게 된다. 이러한 유형의 오류는 인지적 부조화를 만들고 아동의 호기심을 촉발시키기도 한다.

반면에, 어떤 오류는 유익하지 않다. 이러한 오류는 아동이 이해하지 못하거나 교사의 피드백이나 사회적 맥락의 지원을 받은 후에도 수정할 수 없는 것처럼 보인다. 어떤 아동에게 글자를 거꾸로 쓰기와 같은 자연스러운 오류가 상당한 시간이 흐른 후에도 사라지지 않으면, 결과적으로 문제가 된다. 왼쪽에서 오른쪽 방향으로 읽기와 쓰기의 학습 후에 어떤 아동은 두 자리 혹은 세 자리 수를 뺄 필요가 있으면 이 습관을 깨는

데 어려움을 갖게 된다. 이들은 1자리의 칸 대신에 왼쪽부터 시작해 빼게 된다. 이러한 오류는 극단적인 좌절을 주며, 학습에 대한 아동의 동기 유발에 부정적 효과를 갖게 할 수 있다. 이러한 **반복된 오류**는 바꾸는 데 바로 저항이 따르게 되며, 교실에서 주요한 문제가 된다.

갈페린(Gal'perin, 1969)은 교사들이 반복된 오류를 방지하고 아동들의 오류를 수정하도록 돕는 **오류가 없는 학습**의 유익함에 대해 쓰고 있다. 처음에, 갈페린은 교사가 학습 경험을 계획할 때 학생의 과거 실수를 염두에 두도록 격려한다. 예를 들어, 만약 아동이 주황색과 빨강색을 혼동하는 것을 교사가 안다면, 교사가 이 색들을 제시하면서, 두 색이 다르다는 것을 바로 지적해야 한다. 교사가 아동의 첫 반응이 두 개념에 대한 혼동에서 비롯된다는 것을 안다면, 교사는 시작하면서 이 점을 지적한다. 이를 통해 교사는 혼동이 될 요소를 예측하게 된다.

갈페린은 교사가 아동에게 기본 개념의 핵심적 요소를 발견하도록 내버려두면 안 된다고 지적한다. 갈페린은 학교에서의 시행착오 학습은 유익하지 않다고 믿었다. 학교에서 시행착오를 위한 학습은 반복된 오류로 이끌게 되며, 아동은 교사가 어떤 결론에 도달하는지를 추측할 수가 없기 때문에 바로 좌절하게 된다.

교사가 일단 개념이나 기술의 모든 필수적인 요소를 설명하고 나면, 교사는 학습자가 이것을 습득하는 과정을 모니터해야 한다. 즉, 공유된 경험과 외적 매개체와 같은 다양한 유형의 보조를 제공하고, 혼자말의 사용을 격려해야 한다. 교사는 아동이 모든 핵심적 구성 요소를 이해하고, 개념이나 기술을 왜곡 없이 새로운 문제에 적용할 수 있다는 것을 확신해야 한다.

2학년 학생들이 보이는 전형적인 오류 가운데 하나는 대문자의 부적절한 사용이다. 오류가 없는 학습에 대한 아이디어를 이용해, 교사와 아동은 대문자가 사용되는 모든 상황의 목록을 만들어 낸다. 이 목록을 각 아동의 책상 위에 올려놓는다(외적 매개체). 아동은 혼자말과 외적 매개체를 사용해 대문자를 연습하기 위한 과제를 수행한다. 단어 목록을 읽어 내려가면서, 아동은 각 단어마다 "이것을 대문자로 써야 할까?"라고 스스로에게 묻는다. 몇 문장을 연습한 후, 아동은 짝과 자기의 결과에 대해 의논하고, 그 다음 교사는 아동의 진행 과정을 모니터하며 지나간다. 몇 주 내에, 대부분의 아동은 자기 책상에 있는 카드가 필요하지 않으며, 혼자말을 사용하지 않게 될 것이다. 어떤 아동은 조금 더 외부적 지원이 필요할 수도 있다.

갈페린에 의하면 반복된 오류가 나타날 때, 잘못 이해된 이유가 무엇인지 뒤로 돌아가서 보는 것이 필요하다. 모든 핵심적 요소가 아동에게 외현적으로 전달되었는가, 아니면 아동이 이러한 것들 중 하나를 놓쳤는가? 아동이 충분한 연습을 했는가 아니면 아동이 준비되기 이전에 독립적으로 수행하도록 격려했는가? 아동이 기술이나 개념의 모든 요소를 숙달할 수 있도록 충분한 지원을 제공했는가?

일단, 오류의 원인이 발견되면, 교사는 빠뜨린 경험을 보완하거나 아동이 정보를 재학습하도록 도와 주어야 한다. 예를 들어, 아동은 잘못된 이해를 규명하도록 도와 줄 수 있는 규칙을 놓칠 수도 있다. 경우에 따라, 아동은 놓친 규칙을 강조하거나 시각적으로 눈에 띄도록 하는, 즉 앞에 예로 제시한 것처럼, 케이티가 모든 숫자 6을 파란색 펜으로 쓰는 것과 같이 다른 색의 펜으로 강조하면서 더 연습할 필요가 있다. 다른 예는, 만약 아동이 부정확한 단어의 철자쓰기를 학습하게 되면, 적합한 규칙을 시각적으로 표상하는 것이 필요하며, 아동이 단어를 쓰면서 이 규칙을 말할 필요가 있다. 한 장의 종이에 시각적 회상물을 만들어 소지하도록 할 수도 있다. 대문자가 가장 보편적으로 사용되는 그림과 단어는 지리학적 명칭이 있는 지구 그림과 같이 이에 해당한다. 아동으로 하여금 의문이 생기는 각 단어가 종이 위에 쓰여진 목록 중 하나인지를 알아보기 위해 큰 소리로 말해 보도록 격려한다.

비계 설정에 의한 쓰기: 쓰기의 단계별 형성의 적용

비계 설정에 의한 쓰기(Bodrova & Leong, 1998, 2001, 2003, 2005)는 갈페린의 생각을 독특하게 미국에 적용한 것이다. 러시아에서는 여러 문장으로 구성된 문단을 읽는 법을 알기 전까지는 아동에게 문장이나 전체 이야기를 쓰는 것을 일반적으로 기대하지 않는 반면에, 미국의 학교에서는 아동에게 그렇게 하도록 한다. 결과적으로 많은 미국 아동은 그들이 단어 개념에 대한 완전한 이해가 되기 전에, 일지 쓰기journaling나 쓰기 워크숍Writer's Workshop과 같은 쓰기 활동에 참여하게 된다.

긁적거리거나 글자 비슷한 형태를 사용하는 것에서 벗어난 많은 아동은 단어 사이에 공간을 띄지 않는데, 이것은 실질적으로 자신이 쓴 메시지나 '단어'를 읽는 것을 불가능하게 만든다(그림 13.1 참조). 결과적으로, 이런 아동은 음소 인식, 글자 지식, 글자와 소리 대응을 연습하기 위한 쓰기 과정의 사용 기회를 놓치게 한다.

새로운 정신적 활동의 형성이 포함된 갈페린의 단계에 대한 생각은 1995년에 개발된 비계 설정을 통한 쓰기의 기초가 되었다(Bodrova & Leong, 1995). 비계 설정에 의한 쓰기 수업 동안에, 교사는 아동이 말하는 각 단어를 나타내는 줄을 그려넣게 해 아동 자신이 메시지를 계획하도록 도와 준다. 그 다음 아동은 자신이 단어를 말하는 동시에 각 줄을 지적하면서 메시지를 반복한다. 마침내 아동은 어떤 글자나 상징으로

그림 13.1 비계 설정에 의한 쓰기 기법 이전의 아동의 쓰기

각 단어를 표상하는 시도로 줄 위에 쓰게 된다(그림 13.2 참조). 첫 몇 번의 수업 시간 동안, 아동은 약간의 보조와 격려가 필요할 수도 있다. 단어의 개념에 대한 아동의 이해가 증가되면서, 아동은 혼자서 줄 그려 넣기와 각 줄 위에 단어를 쓰기가 포함된 전 과정을 수행할 수 있게 된다(그림 13.3 참조).

쓰기 출현을 위한 단계별 계획안을 고안해, 과제의 가장 결정적인 면, 즉 특정 도구에 의해 지원될 수 있는 **기본 방향**을 밝혀냈다. 쓰기의 과

그림 13.2 비계 설정에 의한 쓰기 기법 일주일 이후의 아동의 쓰기

정에는 많은 과제가 포함되어 있고, 쓰기가 출현된 아동이 많은 과제 중 하나를 실행하는 데 어려움을 겪을 수도 있지만, 쓰기 발달의 이 단계에서 가장 결정적 요인은 **단어의 개념**에 초점을 두는 것이다. 쓰기가 출현된 아동에 대한 많은 연구는 아동의 단어 개념 발달은 다른 중요한 문해 전제 능력의 학습에 중요한 영향을 미친다고 밝히고 있다. 따라서, 쓰기 활동을 위한 기본 방향은 쓰여진 메시지 안의 개별 단어의 존재에 아동의 주의를 집중시키는 것이다.

단어의 개념은 쓰기 학습에 결정적이지만, 쓰기의 초기 단계에는 아동이 단어가 무엇인지를 이해하는 데 많은 어려움을 경험하게 된다. 단

그림 13.3 비계 설정에 의한 쓰기 기법 두 달 후 아동의 독립적 쓰기

어의 개념을 알도록 비계 설정을 하기 위해 단어는 문어와 다르지만 여전히 문어의 어떤 속성을 가지고 있다는 것을 가르치기 위한 외적 매개체를 만들었다. 구어 메시지의 각 단어를 표상하기 위해 그려넣은 선이 매개체로서 사용된다는 것을 발견했다. 공간에 의해 분리된 줄은 문장 속의 개별 단어와 그 순서의 존재를 표상하게 된다. 동시에 줄 그려넣기는 어린 아동에게 단어 쓰기를 할 때와 같은 수준의 철자 지식과 소근육 운동 능력을 요구하지 않는다. 따라서 줄 그려넣기는 메시지 내에 단어 쓰기의 **물체화된 활동**을 나타낸다.

비계 설정에 의한 쓰기를 하는 동안, 격려된 **혼자말**은 적어도 세 가지 방법으로 쓰기가 시작된 아동을 돕게 된다. 첫째, 아동이 쓰면서 자신에게 말하면, 그것은 아동의 초기 메시지에서 나온 단어를 더 많이 기억하도록 도와 준다. 둘째, 아동이 줄을 그려넣으며 단어를 반복하면, 아동은 인쇄물에 대응해 일치되는 소리를 연습하게 되어 단어의 개념을 강화한다. 마지막으로, 메시지에 있는 다른 단어를 상기시키는 줄 때문에, 아동이 어떤 단어를 반복해 집중하는 시간의 수만큼 어떤 음소의 표상이 필수적으로 떠오르도록 할 수도 있다.

비계 설정에 의한 쓰기는 아동이 메시지에 기여하도록 하고, 교사가 쓴 글자에 줄을 긋고, 단어의 글자에 소리를 표상하게 하는 공유된 활동으로 시작한다. 나중에, 아동은 자기 스스로 문장을 계획할 수도 있고, 자신이 말하는 각 단어에 줄을 그어 넣을 수도 있다. 아동이 각 단어 밑에 줄을 그은 후에 되돌아가서, 단어에 대응해 일치하는 소리를 표상하는 줄 위에 글자를 써넣는다. 단어의 개념이 내면화되면, 아동은 밑줄 긋는 것을 그만두어도 되는데, 그 이유는 외부적 단서가 없어도 행동을 수행할 수 있기 때문이다. 갈페린의 방법으로 미국 초등학교 저학년 교실에 비계 설정에 의한 쓰기를 적용한 결과, 아동의 쓰기가 양적·질적으로 현저하게 증진되었음이 밝혀졌다.

유아원과 유치원 시기의 발달적 성취를 놓친 초등학교 저학년 아동 지원하기

많은 아동은 초등학교 저학년에서의 학습을 효과적으로 만드는 발달적 성취 없이 초등학교 저학년에 입학하게 된다. 하지만 초등학교 교사는 아동의 발달 격차를 메꿀 수 있는, 유아원의 주요 활동인 놀이에 아동이 참여할 수 없게 한다. 가장놀이와 학습 활동의 전이로서 규칙이 있는 게임의 역할을 강조하면서, 비고츠키 학자들(Michailenko & Korotkova, 2002; Smirnova, 1998; Simirnova & Gudareva, 2004)은 놓친 발달적 성취를 보완하기 위해 다양한 게임을 사용할 것을 주장한다.

이러한 게임은 초등학교 저학년 아동이 자기 조절, 상징적 사고, 규칙을 따르는 능력을 발달시키도록 도와 주는 여러 가지 특성을 가지고 있다. 게임에는 가장 시나리오가 있어서 아동이 역할놀이와 계획에 참여할 수 있는데 이 두 가지는 자기 조절 능력을 지원하는 가장놀이의 특성이다. 학습용 게임은 또한 아동이 개념을 내면화하고, 타인 조절(다른 아동이 정확하게 놀이하는지 보기 위한 검토)과 자기 평가에도 참여하게 한다.

교육용 게임은 유아기 교실에서 공통으로 발견되는 특징이다. 게임 활동은 유아가 놀이할 수 있도록 자유놀이 시간 혹은 흥미 영역의 한 부분으로 배치한다. 대부분의 교육용 게임은 먼저 게임으로 고안되고, 두 번째로 아동이 기술을 학습하도록 돕는 수단이 된다. 이것은 또한 아동이 다른 맥락에서 기술을 연습하도록 도와 주기 위해 계획된 방법이라기보다는 교육과정에 대한 추가 활동으로 더 많이 사용된다. 유아원과 유치원의 주요 활동과 학습 활동 간의 격차를 연결하는 것이 일차적 목적인 교육용 게임의 사용은 이 연령대 아동을 위한 비고츠키에 기초한 교육과정의 공통적 특징이다(Venger & Dyachenko, 1989). 이러한 연구자들은, 게임이 동기 유발을 증가시킬 뿐 아니라 추가적으로 도움이 필요한 아동을 보조함으로써 공유된 활동의 지원을 제공한다고 밝히고 있다. 새로운 개념과 기술의 학습을 위한 실제 비계 설정을 제공하는 게임의 잠재력은 오늘날 미국의 유아기 교실에서 완전히 개발되지는 않았다.

좀 더 효과적이고, 학습 활동으로의 전이를 도와 주기 위한 중요한 수단으로 게임을 변화시키기 위해, 교사는 다음을 염두에 두고 아동이 기존에 하는 교실의 게임을 변형시키고 새로운 게임을 고안할 수 있다.

- 연습하는 아동이 이겨야 한다.
- 게임은 자기 수정이 가능해야 한다.
- 학습 과정의 시작을 위한 게임은 아동이 그 기술에 익숙할 때 놀이하는 게임과는 달라야 한다.

연습하는 아동이 이겨야 한다

많은 교육용 게임은 카드를 가진 아동이 자신의 학습한 기술이나 개념을 연습하지 않아도 운으로 충분히 이길 수 있도록 고안되어 있다. 게임은 적절한 개념과 기술을 사용하는 아동이 이기도록 고안되어야 한다. 목표target 카드의 첫소리와 동일한 소리로 시작하는 카드의 그림을 찾아내야 하는 로또 게임이 그 예이다. 게임 규칙상 오직 한 명만이 자신이 가진 카드와 내가 일치하도록 조직되어 있다면, 오직 한 아동만이 정확한 답을 할 수 있다. 다른 아동은 목표가 되는 소리를 자신의 카드에서 확인할 수 있지만, 그러나, 많은 아동 특히 이러한 기술에 확신이 없는 아동은 교사나 다른 아동이 그들이 가지고 있는 카드를 지적해 낼 때까지 수동적으로 앉아서 기다리게 된다. 사실상, 아동은 자신의 카드를 쳐다보지 않아도 게임에서 이길 수 있다.

모든 아동이 자신의 카드에서 목표 소리를 갖도록 하되, 각 아동이 카드에 각기 다른 그림을 가지고 있도록 동일한 로또 게임을 재구성하는 것이 더 낫다. 예를 들어, 각 아동은 *t* 소리를 가진 그림을 가지고 있지만, 한 아동은 *table*(책상)의 그림, 다른 아동은 *tiger*(호랑이)의 그림, 또 다른 아동의 그림은 *turky*(칠면조)의 그림을 가지고 있게 한다. 이러한 경우, 아동은 서로 베끼지 않아도 되며, 자신의 카드에서 맞는 그림을 찾아야 한다. 모든 아동은 자신이 카드를 보기만 하면 답을 찾을 수 있다. 이 게임은 정확하게 대응되는 그림을 발견하기 위한 기술에 확신이 없는 아동에게 더 많은 동기 유발과 연습을 제공한다. 교사는 또한 각 아동이 아는 것을 모니터할 수도 있는데, 왜냐하면 아동은 모두 자신의 카드에서 답을 발견할 수 있기 때문이다. 이것은 더 효과적인데, 왜냐하면 아동이 정신적으로 게임에 참여할 가능성이 증가되기 때문이다.

게임은 자기 수정이 가능해야 한다

아동은 자신의 수행을 기준, 즉 게임에 사용된 답이 정답인지 혹은 자기 수정에 의한 답인지 검토할 수 있어야 한다. 더하기 게임에서, 아동은 차례대로 주사위를 던지고, 상수에 나온 수를 더하도록 하며, 카드는 아동의 답을 검토할 수 있게 제공된다. 답을 검토해 정답일 경우에만 앞으로 이동하게 된다. 검토할 수 있는 수단이 제공되어 모든 아동은 정답이 무엇인지 알게 된다.

게임은 아동의 기술 변화에 따라 변화되어야 한다

아동의 기술 학습에서 더 높은 단계에서 하는 게임은 지원을 줄이고, 아동 스스로 서로를 교정할 수 있도록 고안해야 한다. 게임은 또한 더 빠르고 유창한 기술을 사용하도록 고안해야 한다. 첫소리 게임에서, 아동은 목표 그림과 동일한 소리로 시작하는 사물의 그림을 확인하기 위한 시도를 한다. 처음에 아동은 자신의 속도에 맞추어 놀이하게 된다. 아동이 게임에 익숙하게 되면, 집단의 최고 속도를 이길 수 있는지 스스로 시간을 정한다. 이것은 체스 게임 이동 시간을 스스로 정하는 것과 유사하다. 이 전략은 일단 아동이 기초 기술을 숙달하게 되면 더 빠른 속도로 수행하도록 격려하는 데 사용할 수 있다. 게임은 단지 기술의 연습만이 아니라 기술의 자동화와 유창성의 발달을 지원할 수 있다.

추가 참고 문헌

Davydov, V. V. (1988). Problems of developmental teaching: The experience of theoretical and experimental psychological research. *Soviet Education*, 30, 66–79.

Gal'perin, P. Y. (1992). Organization of mental activity and the effectiveness of learning. *Journal of Russian & East European Psychology*, 30(4), 65–82.

Zuckerman, G. (2003). The learning activity in the first years of schooling: The developmental path toward reflection. In A. Kozulin, B. Gindis, V. S. Ageev, & S. M. Miller(Eds.), *Vygotsky's educational theory in cultural context*(pp. 177–199). Cambridge: Cambridge University Press.

제14장

역동적 평가: 근접 발달 지역의 적용

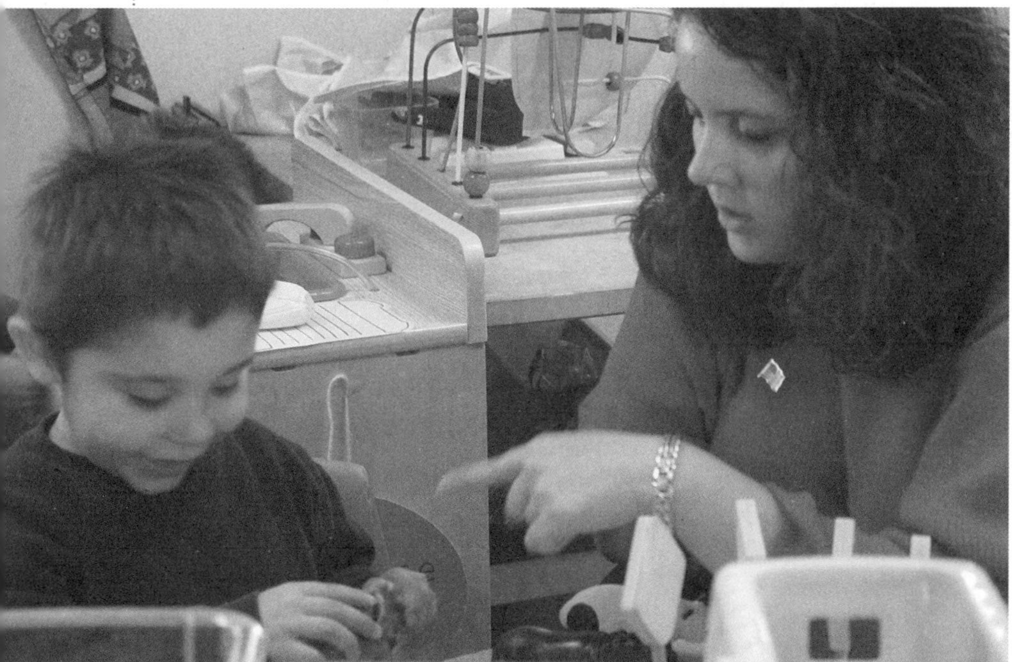

『사회의 마음*Mind in Society*』에서, 비고츠키는 측정을 바라보는 다른 방법을 제안했는데 이것은 유아가 수행한 것을 정적으로 측정하는 것에서 유아가 어떻게 학습하는가에 대해 어떤 것을 밝히는 역동적인 측정으로 옮겨가는 것이다(Vygotsky, 1978). 근접 발달 지역ZPD은 이러한 유형의 평가를 조직하는 원리이다. 초점은 학습과 발달의 역동적 측정에 두고 있으며, 여기에는 유아의 최근 성취 수준과 더 높은 수준을 달성하기 위한 유아의 잠재성 모두가 포함된다. 비고츠키 학자들에 의하면, 발달은 유아가 성숙해짐에 따라 펼쳐지는 보편적인 능력이 아니고, 유아의 능력과 지원 환경 사이에서 출현되는 기술이라고 정의한다. 그러므로, 평가는 학습이 이러한 사회적 맥락 내에서 일어난다는 것을 인정해야 하며, 유아에게 제공되는 지원과 보조의 영향력도 포함되어야 한다. 이러한 원칙에 따라, 후기 비고츠키 학파에서 교수 학습적 실험의 개념을 발달시켰는데, 이것이 최근 역동적 평가로 서방에 알려지게 되었다. 역동적 평가의 목표는 어떤 특정 유아가 현재 알고 있는 것과 추후 학습에 필요한 교수 학습 단계를 교사가 이해하도록 돕는 것이다 .

전통적 평가 대 역동적 평가

비고츠키 학자들은 전통적 평가의 패러다임(범례, paradigm)에 관한 다음의 가정이 교실에서 진행되고 있는 학습 평가 자체의 효율성을 감소시킨다고 본다(Gutheke & Wigenfeld, 1992 ; Lidz & Gindis, 2003).

• 오직 완전하게 발달된 역량, 즉 유아가 성인의 지원과 보조가 없어도 수행할 수 있는 것만을 측정해야 한다.
• 평가에 의해 밝혀진 기능 수준은 정확하게 유아의 내적 역량, 즉 유아가 현재 알고 있으며 할 수 있는 것을 반영한다.
• 평가의 목적은 유아가 미래에 어떻게 학습할 것인지를 예측하는 것 혹은 유아를 '학교 준비도' 혹은 '감각 운동 통합 문제의 표출'과 같은 범주에 따라 분류하는 것이다.

비고츠키 학자들은 완전히 발달된 역량을 검사하는 것은 근접 발달 지역의 가장 낮은 수준에 속한 정보만 제공하기 때문에 유아의 능력을 과소 평가하게 된다고 주장한다. 유아가 독립적으로 할 수 있는 것을 알아내는 것은 발달되어 가는 과정의 어떤 것을 측정한 것이 아니다. 유아가 혼자 할 수 있는 것과 지원이 있어야 할 수 있는 것 모두를 근접 발달 지역의 수준이 알려 줄 때만이 완전한 범위의 유아가 가진 능력을 변별하게 된다. 근접 발달 지역은 출현되는 경계에 있는 기술을 밝혀 준다.

서구의 심리학에서, 발달적 성취와 학습 결과는 유아가 독립적으로 할 수 있는 것과 연계되는 것이 관례이다. 이러한 사고 방식은 교육의 모든 수준에 있는 사람, 즉 학급의 유아가 시험에서 서로 돕는 것을 막는 학급의 교사로부터 아동의 개인적 성취와 관련해 연방정부와 주정부의 기준을 만든 사람들에게까지 영향을 주게 된다. 결과적으로, 모든 전통적 평가 도구는 유아와 교사나 다른 전문가인 평가 관리자 간의 상호 작용 효과를 최소화하도록 설계되어 있다.

교사는 유아의 대답에 대해 가지고 있는 생각을 어떤 식으로도 표시하지 않도록 훈련받았으며, 어떠한 방법으로도 유아를 보조하지 않도록 훈련받았다. 또한 평가 항목을 재진술하거나, 유아가 무엇을 해야 하는지를 설명해 주는 것과 같이, 결과적으로 전통적 평가 도구에 의해 수집된 모든 실질적인 정보는 오직 유아가 보조 없이 할 수 있는 것만을 반영하고 있다. 이러한 **독립적 수행**은 현재 유아의 성취 수준, 즉 유아가 혼자 할 수 있는 것의 중요한 지표를 표상하지만, 비고츠키 학자들에 의하면, 이것이 유일한 지표는 아니다.

비고츠키는 독립적 수행 수준이 발달을 완전히 설명하는 데 충분하지 않다고 주장한다. 그의 문화적·역사적 이론에 의하면, 유아 발달은 사회적 상호 작용을 통해 습득되는 문화적 도구의 숙달이 포함된다(Vygotsky, 1978). 이러한 패러다임에서, 유아가 새로운 도구에 대한 학습이 '어떻게' 가능한지는 이미 숙달된 도구를 얼마나 잘 사용할 수 있는지만큼이나 발달에 중요하다. 그러므로, 유아의 능력에 대한 모든 미묘한 차이nuance를 포착하기 위해, 비고츠키는 유아의 **수행 수준**을 평가하려면 지원을 받아 수행하는 수준에 대한 평가를 할 것을 주장한다. 지원을 받아 수행하는 수준은 환경으로부터 최대의 지원이 제공될 때 아동이 할 수 있는 것을 나타낸다. 이러한 도움에는 교사가 제공한 교수 학습적 지원이 포함되는데, 지원 범위에는 한계가 없다. 지원을 받아 수행하는 수준을 평가할 때는 과제를 성공적으로 완수하기 위해 유아에게 필요한 지원의 양을 평가함으로써 새로운 전략, 개념, 기술을 숙달하기 위한 아동의 잠재적 능력을 측정하는 것이다.

전통적 평가에 대한 반응으로는 과제를 수행하면서 유아가 생각하는 것을 밝혀낼 수가 없기 때문에, 유아의 기능 수준을 정확하게 밝히지 못할 수도 있다. 많은 표준화된 평가에 대한 비판은 유아의 대답이 유아의 진정한 이해 수준을 반영할 수가 없으며, 질문을 잘못 해석하는 것에도 영향을 받는다는 점을 지적하고 있다(McAfee & Leong, 2003). 유아는 또한 제12장과 제13장에서 논의했던 잘못된 과정을 사용해 정답에 도달할 수도 있다. 유아가 가진 내적 능력의 진정한 잠재력을 한두 가지 특정 질문에 대한 유아의 답변으로부터 추정하는 것은 위험한 일이다. 유아의 이해 수준을 더 완전하고 면밀히 조사하는 평가는 단지 몇 개의 질문에 대한 대답보다는 유아가 알고 있는 것을 더 많이 밝혀 주는 반응을 만들어 낸다.

전통적 평가의 목적은 미래의 기능을 일반적인 방식으로 예측하는 것이다. 유아가 학습할 준비가 되어 있는가? 유아가 학년 수준에 맞게 읽는가? 또래와 동등한가? 오직 좀 더 전문화된 평가만이 유아가 학습하면서 갖게 되는 특정 문제가 무엇인지에 대한 진단적 정보를 제공할 수 있다. 이러한 전문화된 평가는 협소한 범위의 정보를 제공하는데, 이 정보는 교사가 매일매일 내리는 교수적 결정에 도움을 주지 못한다. 전통적인 진단 평가는 정적인 능력, 즉 주어진 시간에 산출되는 역량의 순간적 사진snapshot을 측정하는 경향이 있다. 이러한 평가는 종종 교사가 특정 유아를 어떻게 도와 주어야 하는지에 대한 지침을 제공하지 못한다.

역동적 평가는 전형적인 평가의 대안책인데, 전형적인 평가는 완전히 발달된 역량만을 측정하며, 평가 관리자의 어떠한 부분적 개입도 평가 결과의 타당성에 즉각적으로 문제가 생긴다. 반면에 역동적 평가에서, 유아와 평가자 간의 상호 작용은 유아의 개별 수행만큼 동일한 가치 있는 정보의 원천이 된다. 역동적 평가는 전통적 평가에 통상적으로 남아 있는 '큰 그림'의 조각들을 밝혀낸다. 여기에는 유아가 지원에 의한 과제를 얼마나 잘 수행할 수 있는지, 유아가 이 지원에 의한 수행을 다른 과제나 평가로 전이할 수 있는 범위가 포함되어 있다. 더 나아가, 역동적 평가는 어떤 지원적인 개입이 유아에게 도움이 되는지에 관한 관련 정보를 제공하게 된다. 이것은 교사가 개념이나 기술을 어떻게 가르쳐야 하는지에 대한 학급의 의사 결정을 하도록 도와 준다.

역동적 평가란 무엇인가?

전형적인 역동적 평가를 할 때, 유아는 먼저 더 이상 독립적으로 과제를 완수할 수 없는 수준을 결정하기 위해 개별적인 사전 검사를 받는다. 그 다음 유아는 재검사를 받지만, 이 검사에서는 유아가 더 이상 독립적으로 수행할 것을 기대하지 않는다. 유아는 성인이 제공하는 단서, 암시, 촉진체 혹은 전략과 같은 유형의 안내와 지원을 받게 된다. 이러한 지원은 특정 자료 혹은 또래와의 상호 작용에 의해 더 높은 수준의 수행을 촉진하도록 하는 새로운 학습 환경 형태로 제시될 수 있다. 마지막으로, 유아는 동일한 기술과 개념이 사용되는 유사 과제를 통해 평가된다(Ivanova, 1976).

유아가 이미 숙달한 과제를 통한 검사와 다르게, 역동적 평가에서는 유아의 근접 발달 지역 내에 존재하지만 이미 숙달되지는 않은 것에서 평가 항목이 선정된다. 사전 검사는 유아가 이해하지 못하는 것에 노출되도록 설계되어 있다. 그 다음, 평가 과정에서는 유아가 평가될 과제를 학습하도록 기대한다. 역동적 평가에서 사용된 과제는 교육과정 가운데 교실에서 진행되는 과제 중에서 선정한다. 수준이 다른 유아에게도 동일한 검사를 제시할 수 있다. 유아가 사전 검사에서 개념을 숙달한 것으로 나타나면 더 어려운 추가 검사를 제시해, 유아가 준비된 추후 학습이 무엇인지를 평가한다.

일단 사전 검사가 실시되면 교사는 평가의 2차 단계를 시작할 수 있는데 유아에게 맞추어 특별히 조정된 촉진체, 암시, 단서를 제공한다. 이러한 지원은 교사의 지식에 기초하는데, 교사의 지식은 특정 기술이나 개념, 즉 이러한 기술과 개념의 발달적 연속성, 교수 전략의 사용, 이들 매개체, 혼자말, 공유된 지식을 어떻게 발달시키는지 그리고 초보 학습자가 보편적으로 만들어 내는 오류의 유형에 대한 지식 등이다. 개입은 신중하게 계획되고 설계되어야 하는데, 특히 개념이 복잡하면 유아가 무엇을 이해하고 이해하지 못하는지를 밝힐 수 있어야 한다. 교사는 유아의 대답에 따라 제시할 수 있는 많은 수의 지원을 계획해야 한다. 성인의 지원이 모든 유아에게 유용한 것은 아니고, 유아 고유의 이해 수준이나 오류의 유형에 따라 공명이 된다는 것을 기대할 수 있다. 평가를 진행하는 동안, 교사는 유아가 말한 것뿐 아니라 특정 촉진체와 단어에 대한 유아의 반응, 즉 어떤 것이 도움이 되고, 어떤 것이 도움이 안 되는지도 기록해야 한다. 교사는 유아가 지원이 필요하지 않다면 지원의 어떤 수준은 건너뛸 수도 있다.

평가가 완결되고 유아가 성공적으로 수행한 후에, 교사는 유아가 도움을 받으면 수행했던 것과 동일한 요소를 가진 과제를 소개하고, 유아의 수행을 관찰한다. 유아가 교육받은 전략을 통합했는가? 유아가 혼자서 수행할 수 있는가? 유아가 혼자서 수행할 수 없다면, 성공적인 학습으로 이끌 것으로 보이는 어떤 암시와 단서를 다시 소개해야 하는가?

역동적 평가에 대한 후기 비고츠키 학파의 적용

근접 발달 지역의 개념과 같이, 역동적 평가에 대한 생각은 특수 교육의 영역에 먼저 적용되었다. 이러한 유형의 평가는 특히 생산적임이 증명되었는데, 유아의 낮은 수준의 정신 기능은 그 원인이 발달적 지연인지 혹은 교육적 결핍인지를 결정하는 데 유용하다. 러시아에서 이러한 접근은 처음에는 정신 지체의 경계선적인 사례를 진단하는 데 사용되었다(Ivanova, 1976; Rogoff & Lave, 1984; Rubinshtein, 1979). 나중에, 역동적 평가가 서구에서 더 보편적이 되면서, 폭넓은 범위의 상황도 포함하도록 확대되었다. 여기에는 표준화된 진단 도구의 사용을 통해 낮은 지적 기능 혹은 학습 부진을 설명하는 신경학적 혹은 환경적 원인 간의 적합한 차이 규명을 제공하지 못한다는 것도 포함하고 있다. 포이에르슈타인과 동료들이 수행한 대부분의 연구는 이런 유형의 평가와 연관되어 있는데, 이들은 유아의 인지적 · 언어학적 역량을 증진하는 역동적 평가 방법론을 적용했다(Feuerstein, Feuerstein, & Gross, 1997 ; Tzuriel, 2001 ; Tzuriel & Feuerstein, 1992).

특수 교육의 영역 밖에서는 역동적 평가를 거의 적용하지 않고 있다. 그러나 몇 개의 연구에서, 역동적 평가는 좀 더 전통적인 정적인 평가보다 학생의 학업 진도를 더 잘 예측한다는 것을 발견했다. 명백한 점은 이러한 연구의 대부분은 읽기와 쓰기의 발달에 초점을 두고 있다는 것이다. 예를 들어, 스펙터(Spector, 1992)는 유아의 음소 인식을 평가하기 위해 역동적 평가를 사용했다. 이 연구에서, 분리된 음소로 단어를 분절하지 못하는 유아에게 일련의 단서를 제시했다. 이러한 단서에 포함된 것은 목표 단어를 천천히 발음하기, 유아에게 단어에서 첫소리를 변별하도록 요청하기, 유아에게 단어에 있는 소리의 수로 단서 주기, 엘코닌 상자를 사용해 분절하는 시범 보이기, 단어를 분절하면서 유아와 공동으로 엘코닌 상자 사용하기이다. 이 평가에서 유아가 받은 점수는 촉진체의 수prompts와 지원 수준을 반영한다. 예를 들면, 유아에게 천천히 단어 말하기는 엘코닌 상자에 토큰 칩을 유아와 함께 옮기는 것보다 성인의 도움이 덜 요구된다. 스펙터는 역동적 평가 절차를 통해 획득한 유아의 점수는 유아가 성인의 도움이 없이 검사된 전통적인 정적 평가보다 유아의 미래 읽기 진보를 더 잘 예측한다는 것을 발견했다.

아보트, 리드, 아보트와 버닝거(Abbot, Reed Abbott, & Berninger, 1997)는 추후 발달에 대한 읽기와 쓰기의 역동적 평가의 사용과 이 접근이 언어 장애를 가진 유아를 변별하는 데 유용한 정보를 제공하는지 여부를 조사했다. 길람, 페나와 밀러(Gillam, Pena, & Miller, 1999)는 역동적 평가를 유아의 내러티브와 해설적 담화 능력의 평가에 사용했다. 진디스와 카르포프(Gindis & Karpov, 2000)는 횡적 영역의 문제 해결력에 대한 역동적 평가의 사용을 제안했다. 코줄린과 가브(Kozulin & Garb, 2002)는 문맥 이해에 대한 역동적 평가를 개발했다.

역동적 평가 방법론을 적용한 대부분의 연구는 비고츠키의 주장에 일관성이 있는 결과를 제공했는데, 유아 발달에 대한 정확성과 예측성이 있는 평가를 위해 두 가지 측정, 즉 유아의 독립적 수행과 지원에 의한 수행의 측정이 필요하다는 것이다. 그러나 역동적 평가 측정을 더 발전시키고 다양한 발달 영역에서 적용하는 것은 중요한 도전인데, 그 이유는 이 접근의 본질 그 자체에 있다(Grigorenko & Sternberg, 1998).

한 가지 도전은 좀 더 전통적인 정적靜的 평가의 결과와 역동적 평가 결과의 호환성이다. 다른 도전은 지원의 유형이 검사 대상자 간뿐 아니라 검사자 간에도 유의미하게 다양할 때 그 검사 절차를 표준화하는 문제이다. 덧붙여, 불분명한 점은 역동적 평가 절차가 덧셈이나 묵음默音 글자의 철자 쓰기의 학습 방법에서와 같이 다양한 영역 특정적 과정을 측정하는 것인지 아니면 영역과는 상관없이 성인의 지원을 받아 학습할 수 있는 능력을 반영한 단일 특성을 측정하는 것인지가 분명하지 않다. 러시아 특수 교육자들은 'obuchaemost'〔*educability*〕라는 용어를 사용했는데, 이 용어는 영역 독립적 특성을 설명하기 위한 것이며, 포이에르슈타인은 **인지적 변형가능성**cognitive modifiability이라는 용어를 사용하고 있다.

이렇게 쟁점이 미해결 상태로 남아 있는 한 과정 지향 혹은 지원에 의한 검사에 대한 생각이 교육자 간에 공감을 얻게 되더라도, 교육적 검사를 위한 새로운 역동적 평가 도구의 발전은 상대적으로 느리게 이루어질 것이다. 이 새로운 인식은 특히 어린 유아에게 사용된 전통적인 평가 방법론에 대한 불만족의 증가(예컨대 Shepard, 2000 참조)와 이러한 정적 검사가 능동적 학습과 지식의 구성에 관한 교육 철학과 조화되지 않는다는 것을 인식시키기에 충분하다.

이 시점까지는 형식적 평가로서 역동적 평가의 사용에 대해 논의했다. 형식적 평가의 공통적 특징은 모든 아동에게 동일한 평가를 하는 모범안이 있으며, 사용된 촉진체와 단서는 평가 시간 전에 규정되고 모든 아동에게 동일하다는 것이다. 다시 역동적 평가로 돌아가면, 역동적 평가는 비형식적 평가로서 교사가 교실에서 사용한다. 매일의 의사결정은 유아에 대한 비형식적 정보로 만들어진다. 비형식적인 역동적 평가에서, 교사는 지원을 통해 유아의 학습이 향상하는지를 알아내기 위해 각기 다른 수준의 지원을 시도하게 된다. 평가를 위한 조건은 유아마다 혹은 매일매일 다양할 수 있다. 이 평가에서 결여된 표준화는 매일의 결정을 통해 재확인되므로 중요하지 않으며, 실제 수행은 다른 유아와 상대적이므로 중요한 쟁점이 되지 않는다.

비형식적인 역동적 평가에서, 강조점은 이 특정 시점에 유아에게 적용되는 지원의 유형을 찾는 것이다. 교사는 최선으로 작용하는 것을 알아내는 시도를 하면서 여러 접근을 시도할 수 있다. 다음의 예는 자신의 이름을 쓰는 유아의 시도와 비형식적인 역동적 평가의 사용에 기초한 교사의 비계 설정 지원이다.

교실에서의 역동적 평가의 예

유아에게 자기 이름 쓰기를 요청하는 것은 유아의 여러 문해 관련 역량을 빨리 평가하기 위해 유아원과 유치원 교사가 종종 사용하는 방법이다. 어린 유아가 변별할 수 있는 첫 글자는 유아의 이름 안에 있다. 이러한 절차에 역동적 요소를 첨가해 교사는 이러한 역량이 좀 더 정밀하게 측정되도록 하며, 개별화된 교수의 계획을 좀 더 효과적이 되도록 한다.

역동적 평가를 실행하기 위해 교사가 평가할 결정적 요소를 변별하도록 도와 주고, 후속적인 비계 설정을 위한 틀을 제공하는 발달적 순서를 만드는 것이 필요하다. 어린 유아의 이름 쓰기의 발달에 관한 몇 가지 특징적 설명이 제시될 수 있다. 일반적으로 이러한 특징적 설명은 다음의 순서로 진행된다.

- 유아는 자기 이름에서 정해진 이름의 배열을 발견할 수 있다.
- 유아는 끄적거리고 그리면서, 이러한 표시를 자신의 이름이라고 명명한다.
- 유아는 자기 이름으로 명명한 분명하게 구별되는 일련의 표시를 만든다.
- 유아는 글자와 닮은 표시를 만든다(글자와 같은 형태).
- 이름은 명확하며, 어떤 글자는 글자와 같은 형태로 흩뿌려져 있다.
- 여러 철자로 이름을 나타낸다. 이 철자들은 정확하게 이름 안에 형태로 되어 있을 수도 있으나 어떤 철자는 뒤집히고, 좌우가 바뀌어 있다.
- 이름의 모든 철자가 표상되어 있다. 대부분의 철자 형태가 정확하다. 철자가 뒤집히고 좌우가 바뀔 수도 있다.
- 이름의 모든 철자가 표상되어 있으며, 정확한 형태를 갖고 있다.

더 높은 수준의 이름 쓰기로 비계 설정하는 데 사용된 암시와 단서는 모방과 비고츠키 학파의 전략을 포함한다: 매개체(글자의 특정 요소에 주의를 돌리게 하는 예시 글자 혹은 색깔 펜의 사용,) 혼자말(W를 만드는 동작 행동을 설명하기 위해 **아래로-위로-아래로-위로**와 같은 단어 사용), 공유된 활동(교사가 유아의 손을 안내하거나, 유아에게 이름의 몇 개의 글자만을 쓰게 하기).

유치원 교실 현장의 역동적인 평가에 대한 예는 다음과 같다.

앤서니: 평가 1

교사는 앤서니에게 이름을 써보라고 한다. 앤서니는 도움 없이 다음과 같이 만들어 낸다. 이것은 수행의 독립적 수준을 나타낸다. 교사가 이것이 그의 이름인지 물어보면 "예"라고 말한다.

교사는 앤서니의 반친구 이름을 써넣은 한 묶음의 이름표를 보여 준다. 앤서니는 A로 시작하는 다른 이름이 없으면 자기 이름을 발견할 수 있다. 교사는 그가 앤서니Anthony와 아론Aaron을 혼동한다는 것을 알아챘다.

교사는 그의 앞에 이름표를 놓아두고, 글자를 써보도록 격려한다. 교사는 A를 쓰는 법의 시범을 보이는데, 그를 돕는 혼자말을 제시하기 위해 "아래로, 아래로, 옆으로"라고 말한다. 그는 반응을 하지 않는다. 교사는 그의 손을 겹쳐 잡고 글자 A의 형태가 되도록 도와 주며, 글자를 만드는 동시에 "아래로, 아래로, 옆으로"라고 말한다. 교사는 그의 손이 가는대로 내버려 두고, 앤서니는 종이 위에 A를 만들면서 "아래로, 아래로, 옆으로"라고 말한다. 다음은 교사의 지원을 받은 후 그가 스스로 만든 글자이다.

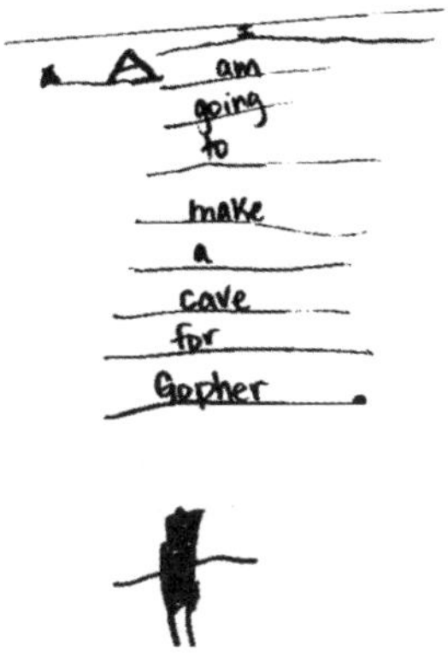

이 예에서 볼 수 있는 것은, 앤서니에게 도움을 주면 혼자서 하는 것보다 높은 수준의 쓰기를 나타낸다고 평가하게 된다. 교사의 도움에 대한 앤서니의 반응은 글자 형태를 만드는 그의 능력이 여전히 '출현의 경계'에 있지만, 필기구의 통제 능력과 지시를 따르는 능력은 교사의 시범보이기를 통해 이득을 얻을 수 있는 지점에 있다.

앤서니: 평가 2

여러 주가 지난 후, 앤서니는 스스로 자기 이름 쓰기를 시도한다. 단지 글자 몇 개가 나타나며, 이름은 뒤집어졌고, 글자는 정확하지만, 순서는 거꾸로 되어 있고, 오른쪽에서 왼쪽으로 쓰여졌다.

교사는 그가 쓰기를 시작할 곳을 지적하고, 그 장소의 아래에 점을 표시한다. 이름표에, 교사는 쓰기의 방향을 보여 주는 화살표에 점을 표시한다.

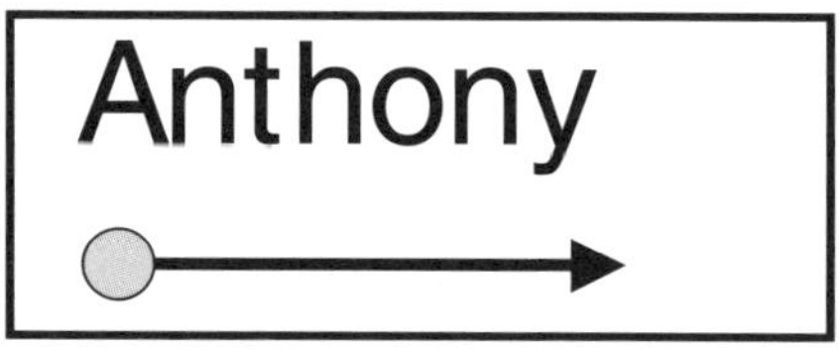

언어적으로, 교사는 "네 이름은 여기 녹색 점에서 시작해."라고 말하면서, 그가 과정을 진행하도록 한다. 교사가 이것을 한 번 하고, 그가 쓰는 것을 보면서 기다린다. 앤서니는 글자를 쓰기 시작하며, 그는 왼쪽부터 A를 쓰기 시작하는 바른 순서를 알고 있다. 그가 *n*에서 주저하자, 교사는 어떻게 써야 하는지를 그에게 말해 준다. 다음은 비계 설정 후의 앤서니의 쓰기 결과이다.

시범을 보인 경우와 그렇지 않은 경우에 쓴 앤서니의 쓰기를 비교한 후, 교사는 앤서니에게 쓰기의 방향성을 주고, 어떤 글자의 형태를 제시하는 도움이 필요하다는 것을 알게 되었다. 교사는 앤서니가 그의 이름을 쓸 때마다 이름표를 가져오기 시작한다. 다음 몇 주 동안, 교사는 종이에 그의 이름이 진행해야 할 글자의 아래에 점과 함께 줄을 표시해 확인시킨다.

앤서니: 평가 3

마지막 역동적 평가까지 몇 주가 지나갔다. 교사는 앤서니가 그의 이름을 쓴 것을 본다. 앤서니는 그의 이름에 있는 일곱 글자의 대부분이 포함되도록 학습하게 되었다. 그는 일곱 자 중 다섯 글자를 쓴다. 글자의 네 개는 정확한 형태가 되었으며, 아직 *y*는 정확하지 않다.

교사는 앤서니가 정확하게 각 글자의 형태로 만드는 것보다 그의 전체 이름 모두를 쓰는 방법이 더 중요하다고 판단했다. 교사는 이전에 앤서니에게 제시했던 이름표를 수정했으며, 사전 지원을 제거하고 그가 누락한 글자에 밑줄을 그었다.

교사는 누락된 글자를 지적해 알려 주고 앤서니가 이름을 쓸 때 기억하도록 격려했다. 다음은 이 비계 설정의 효과를 보여 주고 있다. 앤서니는 다른 글자를 썼으며, 너무 많이 쓴다.

다음, 교사는 앤서니 이름 바로 위에 이름표를 놓아두고, 그의 이름과 이름표의 글자 간의 일대일 대응이 되도록 보여 준다. 교사는 또한 허공에 그의 팔로 지적하면서 y를 조심스럽게 보도록 격려한다. 이러한 촉발체 제시 후에, 앤서니는 다음과 같이 만들었다.

몇 주가 지나고, 앤서니가 이름표 매개체를 점점 덜 필요로 하자, 교사는 카드 사용 없이 그의 이름을 쓰도록 격려한다. 이 평가 후 두 주 내에, 앤서니는 교사나 매개체로부터 어떠한 지원이 없어도 그의 이름을 쓸

수 있게 되었다.

교사의 도움은 앤서니의 개별 요구에 맞추어 제공되었다. 사용된 전략이 겹칠 수가 있지만, 교사는 앤서니와 다른 위치에서 시작하는 다른 유아에게 동일한 도움을 제공하지 않는다.

이러한 역동적 평가의 예는 한 자리에 앉아서 된 것은 아니다. 교사는 유아에게 스스로 연습하고, 제시된 지원을 흡수하는 시간을 허용했다.

역동적 평가: 교수를 위한 도구

역동적 평가는 교사에게 유아의 학습을 지원하는 법에 대한 의사를 결정하도록 도와 주는 또 다른 도구를 제공한다. 교사는 특정 유아에게 암시와 단서가 이해가 되며, 도움이 되는 것 같다는 사실을 발견하게 된다. 이러한 지원은 유아가 지원이 필요할 때마다 사용된다. 일단 유아가 특정 지원 없이 과제를 수행할 수 있게 되면, 다른 지원이 필요한지를 결정하기 위해 다른 역동적 평가를 한다. 유아가 지원 없이 수행을 잘하면 교사는 지원을 완전히 제거한다.

성인이 제공한 직접적 지원은 역동적 평가와 후속의 교수에서 사용할 수 있는 유일한 유형이 아니라는 것을 명심하는 것이 중요하다. 다른 유형의 지원은 외적 매개체, 혼자말, 혹은 쓰기뿐 아니라 유아원과 유치원 연령의 유아를 위한 가장놀이와 같은 다양한 지원적인 사회적 맥락이 포함된다. 예를 들면, 유아가 성인에게 말할 때는 두 단어 문장만을 사용하지만, 그러나 역할놀이에서 좀 더 성숙한 문법적 구조를 사용한다는 것을 아는 것은 유아의 언어 발달을 지원하는 효과적 방법을 결정하는 데 도움이 된다.

또한 기억해야 할 중요한 점은 만약 역동적 평가가 교수를 촉진하기 위해 적절히 설계되고 실행되면, 유아가 과제에 대한 완전한 숙달이 성취되기 전까지는 유아가 과제를 완벽하게 수행하기를 기대할 수 없다는 것이다. 역동적 평가 상황에서 완벽하게 수행했다는 것은 유아가 과제를 이미 숙달했다는 의미이기 때문에, 이 평가 결과 교수 학습에 대한 의미 있는 정보를 제공하지 않는다. 역동적 평가는 과제를 제시하는 상황에 대한 많은 정보를 제공한다. 이것은 유아가 독립적으로 수행하는 과제, 보통의 지원이 요구되는 더 어려운 과제, 마지막으로 최대의 지원이 제공될 때만 유아가 수행할 수 있는 가장 도전적 과제이다. 이러한 도전적 과제를 수행하게 되면, 교사에게 유아의 근접 발달 지역과 그 근접 발달 지역에 맞는 개별화된 교수 학습을 결정하는 데 도움을 준다.

마지막으로, 역동적 평가의 개념은 교사에게 부모와의 의사 소통을 하는 내안직 세제를 제공할 수 있다. 성적표나 '숙달된' 혹은 '향상이 필요한'과 같은 그에 대한 언어적 평가를 집으로 보내는 대신에, 교사는 일련의 기술에 대한 유아의 진보를 '독립적 수행', '보통의 지원에 의한 수행', 혹은 '최대의 지원에 의한 수행' 등으로 진술할 수 있다. 이러한 진술은 지시에 따르기부터 단어 문제 해결까지 폭넓은 과제에 적합하다. 그러한 언어는 학생의 성취와 취약점에 대한 강조로부터 학생이 앞으로 진전하기 위해 필요한 지원의 수준을 제공하기 위해 교실과 가정 간의 연속성의 성립까지 부모와의 대화에 재초점을 두고 있다.

추가 참고 문헌

Gindis, B. & Karpov, Y. V. (2000). Dynamic assessment of the level of internalization of elementary school children's ploblem-solving activity. In C. S. Lidz & J. G. Elliot(Eds.), *Dynamic assessment:*

Prevailing models and applications. Amsterdam, Netherlands: JAI, Elsevier Science.

Grigorenko, E. L. & Sternberg, R. J. (1988). Dynamic testing. *Psychological Bulletin*, 124, 75-111.

Lidz, C. S. & Gindis, B. (2003). Dynamic assessment of the evolving cognitive functions in children. In A. Kozulin, B. Gindis, V. S. Ageev, & S. M. Miller(Eds.), *Vygotsky's educational theory in cultural contest.* UK: Cambridge: Cambridge University Press.

Tzuriel, D. (2001). *Dynamic assessment of young children.* New York: Kluwer Academic/Plenum Publishers.

| 에필로그 |

『정신의 도구*Tools of the Mind*』의 첫 판을 출판하고 11년이 지났으며, 유아 교육에는 많은 변화가 일어났다. 비고츠키의 사상은 현재의 발달 심리와 교육심리 교과서에서는 평범한 이론이 되었으며, 현재 많은 프로그램은 혁신을 위한 기초로서 비고츠키의 사상을 원용하고 있다. 비고츠키 접근법은 지속적으로 교사에게 영감을 주고, 교사의 교수 실제에 대한 설명을 제공한다. 이것은 학생에게 교육적 대화에 능동적으로 참여하도록 격려하면서 학생의 학습과 발달을 이끄는 교사의 역할을 보는 새로운 방법을 제공한다. 비계 설정에 대한 생각은 모든 수준의 학년에 있는 교육자 사이에 가장 대중화되었는데, 근접 발달 지역의 가장 높은 수준에서 학생의 수행을 돕기 위한 전략의 설계에 대한 강조가 점점 높아지고 있다는 표시이다. 현재 미국과 외국 전역의 유아 교육 현장에서 사용되는 전략 중에 어떤 전략은 비고츠키까지 그 뿌리를 직접적으로 거슬러 올라갈 수 있다. 다른 전략은 비고츠키 학파의 전통에서 나온 좀 더 일반적인 사상에 기초한다.

비고츠키 접근법의 주요 장점의 하나는 부모와 교사가 중요한 자기 조절, 의도적인 기억, 주의 집중인 근원적인 인지 기술을 지속적으로 강조하는 것이다. 많은 교사는 이러한 기술의 변화 과정이 어떻게 학교에 다니는 유아의 전체 사고 방식에 급진적 효과를 갖게 하는지 기록한다. 유아가 자기 조절을 획득하거나 비고츠키의 용어로 '자기 자신의 행동의 주인'이 되면, 유아는 학업 과제에서 많은 진보, 사회적 기술의 향상, 학교에 대한 좀 더 긍정적인 태도를 보이기 시작한다. 더 나아가, 유아가 **정신의 도구**를 사용한 결과로 증진된 고의성과 의도성의 수준은 뇌 기능의 변화를 가져온다. 이것은 비고츠키와 루리아가 수행한 선도적 연구에 의해 발견되었으며, 현재는 신경생리학의 현대적 방법을 사용해 확인되고 있다.

유아 교육에 대한 비고츠키 접근의 또 다른 보증된 특징은 유아원과 유치원 연령 유아를 위한 주요 활동으로서 놀이의 강조이다. 놀이가 더 이상 필요하지 않고 사실상 유아의 시간 낭비라고 많은 사람이 말을 하는 이 시대에, 비고츠키는 유아 교육 과정에서 놀이의 핵심적 역할에 관한 이론적 설명을 제공하고 있다. 더 중요한 것은, 비고츠키의 접근과 그의 제자 및 동료의 연구는 유아기에 놀이의 기여가 강화되도록 교사가 도와 줄 수 있는 명백한 방법을 제공하고 있다는 것이다.

비고츠키의 연구는 교실에서의 아동 중심 접근을 유지하면서 발달을 지도하고 비계를 설정하기 위한 방법을 교사에게 제공한다. 그의 연구는 교수 과정의 중심으로서 교사의 역할을 분명하게 만들었으나, 여전히 개별화가 가능하도록 했다. 교사가 유지하기 위해 노력하는 균형잡힌 활동에 대한 어려움은 균형을 가능하게 하는 일련의 원칙을 가지고 있다.

우리는 이 책의 범위를 이 접근법에 대한 많은 관심과 1996년에 책을 출판했을 때 부딪혔던 질문으로까지 확대했다. 이 개정판을 통해 비고츠키의 사상이 더 많이 적용되고, 비고츠키와 그 제자들의 일생을 통한 작업인 여러 측면의 유아 발달에 대한 더 많은 연구와 혁신적 탐구에 박차를 가할 것을 희망한다.

| 용어 해설 |

다음에 제시되는 용어는 이 책에서 자주 언급된 것들이며, 비고츠키 이론에서는 일반적으로 사용되는 것과 다른 의미로 사용될 때가 있다.

감각 기준(sensory standard) 물의 감각적 특성을 사회적으로 정교화된 형태에 일치시킨 표상으로서, 사물의 감각적 특성 간의 좀 더 정교한 구별을 가능하게 한다. "호박색", "바다색"은 색의 감각 기준의 예이며, "감귤 같은" 혹은 "숲 같은"은 냄새의 감각 기준이다.

감각 운동 개념(sensorimotor concepts) 감각과 동작 행동에 기초하여 사물과 상호 작용을 하기 위한 특정 셰마이다.

개인간, 공유된(interpersonal, interindividual, shared) 정신의 도구를 다른 사람과 함께 쓰는 단계, 다른 사람과 정신의 도구를 공유하는 단계를 말한다.

개인 내(intrapersonal, individual, intra-mental) 정신의 도구를 내면화하여 독자적으로 사용하고 있는 단계를 말한다.

게임(games) 규칙은 분명하게 드러나고 역할은 암시적으로 드러나는 놀이의 형태를 말한다. 여섯 살에서 일곱 살 사이에 가장 전형적으로 행해지는 놀이이다.

계통 발생(ontogeny, ontogenesis) 전생애 기간을 통한 개별 인간 존재의 기원과 발달을 의미하며, 고등 정신 기능의 계통 발생은 비고츠키의 문화적 · 역사적 이론의 일부분이다.

고등 정신 기능(higher mental functions: HMF) 인간에게만 유일하게 존재하는 인지 기능으로 학습과 교수 활동을 통해 습득된다. 고등 정신 기능은 하등 정신 기능 위에 세워진 의도적이고, 매개되며, 내면화된 행동이다 고등 정신 기능은 매개된 지각mediated perception, 의도적인 주의 집중focused attention, 의도적인 기억deliberate memory, 자기 조절self-regulation, 그리고 다른 여러 가지의 초인지 과정을 포함한다.

공유된(shared) 둘 혹은 그 이상의 사람들 사이에 존재하는 것을 말한다.

공적 언어(public speech) 사회적이고 의사 소통의 기능을 가지며 다른 사람을 지향하는 언어를 말한다. 공적 언어는 소리내어 말하고, 다른 사람을 지시하거나, 의사 소통의 목적으로 사용된다.

과학적 개념(scientific concepts) 하나의 학문 영역에서 가르치는 개념으로 자체의 논리적 구조와 용어를 가지고 있다.

교육적 대화(educational dialogue) 교사는 민감하게 토론을 이끌고 유아는 정보에 대해 자신이 이해한 것을 설명하는 과정을 말한다. 소크라테스의 문답법과 유사하다.

근접 발달 지역(zone of proximal development: ZPD) 근접 발달 지역은 두 수준으로 정의된다. 근접 발달 지역의 가장 낮은 수준은 유아가 독자적으로 혼자서 수행할 수 있는 수준이고, 가장 높은 수준은 최대한의 도움을 받아 수행할 수 있는 수준이다.

내면화(internalization) 사용되는 도구가 정신의 일부가 되어 그 도구를 사용하는 것이 다른 사람에게 보이지 않을 때까지 적합화하고 학습하는 과정을 말한다.

내적 언어(inner speech) 전적으로 내적이고, 알아들을 수 없으며, 자기 지시적이지만 외적인 언어 특성의 일부를 가지고 있는 언어를 말한다. 사람들을 자신에게 이야기를 하기 위해 내적 언어를 사용하며 자기가 하는 말을 듣지만 다른 사람이 들을 정도로 크게 말하는 것은 아니다.

놀이(play) 분명한 역할과 암시적인 규칙을 포함하는 상호 작용으로 유아기 시기의 주요 활동이다.

단계별 형성(step-by-step formation) 갈페린P. Y. Gal'pein의 방법에서 제안된 용어로서, 학생의 새로운 정신적 활동의 지원을 목적으로 한 방법이다. 신체적 활동을 사용하여 외부적 지식을 내면화하는 방법을 유아에게 가르치게 된다.

도구적 활동(instrumental activity) 도구 혹은 기구로서 사용하는 사물을 의미한다.

도움(지원)을 받아 과제를 수행할 수 있는 수준(level of assisted performance) 성인이나 또래로부터 도움을 받거나 상호 작용을 통해 수행할 수 있는 수준을 말한다. 이 때 지원되는 도움은 직접적일 수도 있고 책이나 자료를 골라 주는 것처럼 간접적일 수도 있다.

독립적으로 과제를 수행할 수 있는 수준(level of independent performance) 어린이가 혼자서 도움을 받지 않고 수행할 수 있는 수준을 말하며, 근접 발달 지역에서 가장 낮은 수준을 말한다.

매개(mediation) 환경 안에 있는 특정한 행동이나 사물을 나타내기 위해 다른 사물이나 상징으로 사용하는 것을 말한다. 예를 들어 "빨갛다"라는 단어는 색깔 지각을 매개한다.

매개체(mediator) 유아와 환경의 중간에 서서 특정한 행동을 촉진시켜 주는 어떤 것을 말한다. 매개체는 어린이가 자신의 활동으로 동합시키게 될 때 정신의 도구가 된다. 매개체의 예로는 손가락에 묶은 끈, 목록, 시계의 문자판 등이 있다.

문화적 · 역사적 이론(cultural-historical theory) 학습과 발달에서 문화적인 맥락과 인간의 정신의 역사를 강조하는 비고츠키 이론에 붙여진 이름이다.

미시 발생적(microgenetic) 상대적으로 단기간에 걸친 기술이나 개념의 발달에 관한 특성이다. 후기 피아제학파는 종족 발생과 계통 발생적 연구에 미시 발생적 연구를 첨가하는 문화적 · 역사적 이론의 범위를 확대했다.

반복된 실수(repeated errors) 발달이나 학습 과정의 일부가 아닌 실수를 말한다. 학습자들은 이러한 유형의 실수를 잠깐의 실수라고 생각하지만 실제로는 고치지 못하고 계속해서 반복한다. 반복된 실수는 고치기가 매우 어렵다. 반복된 실수는 학습자가 행동을 정확하지 않게 자동화시킨 결과이다.

발달을 주도하는 주요 활동(leading activity) 유아와 사회적 환경 간의 특정한 형태의 상호 작용으로서 유아가 그 시기에 이루어야 하는 발달 과업 성취에 가장 이익을 주는 것을 말한다.

발달의 사회적 상황(social situation of development) 사회적 맥락과 유아가 그에 반응하는 방식을 말한다.

발달적 성취(developmental accomplishments) 아동의 현재 연령보다 높은 연령에서 나타나는 새로운 인지와 감정의 형성을 의미한다.

복합체(complex) 사물을 분류하기 위해 사용되는 일련의 속성으로서 아직까지 분화되지 않은 것을 말한다. 예를 들어 어린이는 '공'을 이해하기 위해 '둥글고 빨간 것'이라는 복합체를 사용할 수 있다. 복합체는 개념의 발달이 이루어지기 전에 존재하는 것이다.

분배된(distributed) 둘 혹은 그 이상의 사람들 사이에 공유共有되거나 존재하는 것을 말한다.

비계 설정(scaffolding) 학습을 위한 도움을 제공하다가 서서히 그 도움을 제거해 가는 과정을 말한다. 비계 설정이 이루어지는 동안에는 과제 그 자체는 변하지 않지만 학습자는 더 쉽게 과제를 수행할 수 있다. 학습자가 과제에 대한 책임을 더해 가면서 도움이 줄어들게 된다.

비실용적인 호기심(nonpragmatic curiosity) 가시적인 성과나 실용적인 대가를 바라지 않고 생기는 호기심을 말하는데 내적 동기와 유사하다.

비형식적 교육(informal instruction) 형식적 교육 환경이나 도제식으로 제공되는 교육을 의미한다.

사물 지향의 놀이(object-oriented play) 역할과 사회적 상호 작용이 이차적인 사물에 초점을 둔 놀이이다.

사회적 맥락(social context) 문화에 의해 직·간접적으로 영향을 받는 유아의 환경 속에 있는 모든 것을 말한다. 사회적 맥락에는 부모, 교사, 또래와 같은 사람들과 책, 비디오와 같은 물질이 포함된다.

사회적으로 매개된(socially mediated) 현재와 과거의 상호 작용으로부터 영향을 받는 것을 의미하는데, 환경과의 상호 작용은 언제나 다른 사람에 의해 매개된다.

사회적으로 공유된 인지(socially shared cognition) 기억이나 주의 집중처럼 공유되거나 둘 혹은 그 이상의 사람들 사이에 존재하는 정신의 과제를 의미한다.

상징적 기능(symbolic function) 다른 것을 나타내기 위해 사물, 행동, 단어, 그리고 사람을 사용하는 것을 말한다. 예로는 연필을 우주선으로 사용한다든지, 책을 인형 침대로 사용하는 것을 들 수 있다.

상징적 대체물(symbolic substitution) 가장놀이에서 한 사물로 다른 사물을 대신하여 사용하는 것이다.

생동감 있는 복합체(animation complex, "kompleks ozhivleviia") 미소, 몸짓, 소리내기가 포함된 친숙한 성인의 출현에 대한 아기의 복합적 반응을 의미한다.

생산적 활동(productive activities) 이야기꾸미기, 그림그리기, 블록 구성하기와 같은 가시적인 결과로 구성된 활동으로, 결과가 아니고 과정에 초점을 둔 가장놀이와는 구별이 된다.

실수 없는 학습(errorless learning) 갈페린의 단계별 형성법을 사용한 결과에 의해 학습하는 것으로, 이 방법을 사용함으로써 문제의 핵심적 속성이나 비효율적 전략의 내면화에 초점을 두는 학생의 무능력에 원인이 되는 실수를 피하도록 하는 학습이다.

언어적 사고(verbal thinking) 내적 언어보다 좀 더 정련된 형태의 사고를 말하는데, 비고츠키는 이를 '접혀진folded'이라고 명명했다. 사고가 접혀 있을 때는 여러 가지를 동시에 생각할 수 있고, 자기가 현재 생각하고 있는 것을 모두 의식하지 못할 수도 있다.

역동적 평가(dynamic assessment) 근접 발달 지역의 상한계와 하한계를 측정하는 평가 방법을 말한다.

연출가 역할하며 놀기(연출가놀이: director's play) 어린이가 가상의 놀이 친구와 놀이를 하거나 주변에 아무도 없이 장난감을 가지고 극화 활동을 하는 것을 말한다.

의도적인 기억(숙의적 기억: deliberate memory) 유아가 기억 전략과 매개체를 사용하여 의도적으로 기억할 수 있을 때, 유아는 의도적인 기억을 하는 것이다. 유아는 더 이상 외부 환경으로부터 기억 회상 장치를 필요로 하지 않으며 대신 기억을 위해 필요한 정신적 노력을 한다.

의도적인 주의 집중(focused attention) 의도적으로 주의를 집중하고 방해되는 요소들을 무시하는 능력을 말한다.

이론적 추론(theoretical reasoning) 실제적인 특정 문제 해결에 목적을 두지 않고, 핵심적 형태, 원칙, 관계를 밝히는 데 초점을 두고 추론하는 것이다. 관찰이 아니고 주로 추리에 의해 개념의 핵심적 속성에 대한 발견이 요구된다.

이중 자극(double stimulation: microgenetic method) 상징이나 범주와 같은 정신의 도구를 사용하여 무언가 새로운 것을 유아에게 가르치는 것을 연구하는 방법을 말한다. 연구자들은 유아가 무엇을 배울 수 있는가 하는 것과 도구가 어떻게 학습되었는가를 기록한다.

일상에서 얻은 개념(일상적 개념: everyday concepts) 직관과 일상 생활에서 얻은 경험에 기초한 개념을 말한다. 일상 개념은 엄밀한 정의를 가지고 있는 것도 아니고 좀 더 넓은 구조 속으로 통합될 필요도 없다.

자기 조절(self-regulation) 어린이가 자신의 행동을 조절할 수 있는 상태를 말하는 것으로 타인 조절과 반대된다. 어린이는 자신의 행동을 계획하고, 모니터하고, 평가하고 선택할 수 있다.

자동화(automatization) 개념, 기술, 전략, 행동의 수행이 매끄럽고, 초기 요소가 더 이상 분리할 수 없는 정도로 내면화되는 과정을 의미한다.

자료(화된) 행동 갈페린의 단계별 형성법의 초기 단계로서, 학생이 실제(자료화된) 사물 혹은 자료화된 표상 즉 요구되는 정신적 행동을 발달시키기 위해 셰마 혹은 그림 같은 것에 목적을 둔 신체적 행동에 참여해야 한다.

정서적 의사 소통(emotional communication) 영아와 주 양육자 사이의 정서적인 대화를 의미하며, 영아기에 이루어야 하는 발달 과업이다.

정신의 도구(mental tools) 정신 능력을 확장시켜서 기억하고, 주의를 집중하고, 문제를 해결하도록 도와 주는 내면화된 도구를 의미한다. 정신의 도구는 문화마다 다르고 다음 세대에게 가르쳐진다. 정신의 도구는 어린이들이 자신의 행동을 숙달하도록 돕는다. 정신의 도구는 예로는 언어와 매개체를 들 수 있다.

종족 발생학(phylogeny, phylogenesis) 종의 진화적 발달과 역사이며, 고등 정신 기능의 종족 발생은 비고츠키의 문화적 · 역사적 이론의 일부분이다.

증폭(확장: amplification) 도구를 사용해서 이제 막 발현하려고 하는 행동에 도움을 주는 기술이며 유아가 근접 발달 지역 내에서 성인의 도움을 받아 과제를 수행하는 것을 말한다. 증폭은 가속acceleration 혹은 유아를 너무 빨리 성장하도록 재촉pushing하는 것과 반대되는 개념이다.

지식의 적합화(appropriation of knowledge) 어린이가 특정한 정보나 지식을 내면화 혹은 학습한 단계로 어린이가 혼자서 그 지식을 사용할 수 있는 것을 말한다.

최대한으로 지원받아 수행할 수 있는 수준(maximally assisted performance) 유아가 사회적 맥락으로부터 가장 많은 도움을 받아야 수행할 수 있는 행동으로 근접 발달 지역의 가장 높은 수준을 의미한다. 이것들은 나중에 유아가 독자적으로 수행할 수 있는 행동이 된다.

타인 조절(other-regulation) 어린이가 다른 사람을 조절하거나 다른 사람에 의해 조절되는 상태를 말하는 것으로 자기 조절의 반대이다.

탐구 동기(enquiry motivation) 유아가 자신의 학습을 위해 동기가 유발되는 지적 호기심이다.

하등 정신 기능(lower mental functions) 고등 동물이나 인간에서 공통적으로 존재하는 인지 과정으로 주로 성숙에 의존하여 발달한다. 하등 정신 기능에는 감각sensations, 반응적인 주의 집중reactive attention, 자발적인 기억spontaneous memory, 감각 운동 인지sensorimotor intelligence 등이 포함된다.

학습 과제(learning task) 형식적 교육의 맥락에서 사용되는 특정 유형의 문제이다. 학생이 학습 과제의 해결에 참여하게 되면, 학생이 폭넓은 범위의 문제에 적용할 수 있는 일반적 전략을 획득하게 된다.

학습 활동(learning activity) 문화적으로 결정된 특정하고 구조적이며 형식화된 내용을 중심으로 성인이 지도하는 활동으로 초등학교 기간에 하게 되는 주요 활동이다. 학습 활동은 어린이들이 수학, 과학, 역사: 미술과 문학의 이미지; 그리고 문법의 규칙과 같은 기본적인 개념을 습득하기 시작하는 학교에서 주로 이루어지는 활동이다.

행동(활동)의 기초 지향(Orienting Basis of Action: OBA) 갈페린의 단계별 형성법의 첫 단계로, 학생이 학습 경험에 대한 이해가 가능하게 만드는 결정적 기초 혹은 핵심 원리의 규명이다.

행동 통제(control action) 학생의 학습 행동 결과를 일련의 특정 기준과 비교하기 위해 학생이 사용하는 과정이다.

형식적 교육(formal instruction) 일상적 과제를 제거한 맥락에서 사전에 규정된 방법으로 정보를 가르치는 학교 교육을 의미한다.

혼자말(private speech) 다른 사람과의 의사 소통을 염두에 두지 않고 자기 자신을 향해 하는 말로서 자기 자신을 향해 내적으로 조절되고 자기 조절의 기능을 갖는다.

| 참고 문헌 |

이 참고 문헌 목록에 있는 러시아 저자의 이름은 미국에서 여러 가지 형태로 로마자화되었다. 여기에서는 가장 흔히 쓰이는 표기법에 따랐으며, 다른 방식으로 표기되는 경우를 위해 다음을 참고하기 바란다.

보통 쓰이는 이름	다르게 표현된 이름
Luria	Lurija, Lur'ia
Elkonin	El'konin
Gal'perin	Galperin
Leont'ev	Leontjev

Abbot, S., Reed, E., Abbot, R., & Berninger, V. (1997). Year-long balanced reading/writing tutorial: A design experiment used for dynamic assessment. *Learning Disability Quarterly, 20*(3), 249–263.

Arievitch, I. M., & Stetsenko, A. (2000). The quality of cultural tools and cognitive development: Gal'perin's perspective and its implications. *Human Development, 43,* 69–92.

Atkinson, R. C., & Shiffrin, R. M. (1968). Human memory: A proposed system and its control processes. In K. W. Spence & J. T. Spence (Eds.), *Advances in the psychology of learning and motivation* (Vol. 2, pp. 90–195). New York: Academic Press.

Beilin, H. (1994). Jean Piaget's enduring contribution to developmental psychology. In R. D. Parke, P. A. Ornstein, J. J. Reiser, & C. Zahn-Waxler (Eds.), *A century of developmental psychology* (pp. 333–356). Washington, DC: American Psychological Association.

Berk, L. E. (1994). Vygotsky's theory: The importance of make-believe play. *Young Children, 50*(1), 30–39.

Berlyand, I., & Kurganov, S. (1993). *Matematika v shkole dialoga kul'tur* [Mathematics in the school "Cultural Dialog"]. Kemerovo, Russia: ALEF.

Blair, C. (2002). School readiness: Integrating cognition and emotion in a neurobiological conceptualization of children's functioning at school entry. *American Psychologist, 57*(2), 111–127.

Bodrova, E. (2003). Vygotsky and Montessori: One dream, two visions. *Montessori Life, 15*(1), 30–33.

Bodrova, E., & Leong, D. J. (1995). Scaffolding the writing process: The Vygotskian approach. *Colorado Reading Council Journal, 6,* 27–29.

Bodrova, E., & Leong, D. J. (1998). Scaffolding emergent writing in the zone of proximal development. *Literacy Teaching and Learning, 3*(2), 1–18.

Bodrova, E., & Leong, D. J. (2001). *The tools of the mind project: A case study of implementing the Vygotskian approach in American early childhood and primary classrooms.* Geneva, Switzerland: International Bureau of Education, UNESCO.

Bodrova, E., & Leong, D. J. (2003a). Chopsticks and counting chips: Do play and foundational skills need to compete for the teacher's attention in an early childhood classroom? *Young Children, 58*(3), 10–17.

Bodrova, E., & Leong, D. J. (2003b). Learning and development of preschool children from the Vygotskian perspective. In A. Kozulin, B. Gindis, V. Ageyev, & S. Miller (Eds.), *Vygotsky's educational theory in cultural context* (pp. 156–176). NY: Cambridge University Press.

Bodrova, E., & Leong, D. J. (2005). Vygotskian perspectives on teaching and learning early literacy. In D. Dickinson & S. Neuman (Eds.), *Handbook of early literacy research* (Vol. 2). New York: Guilford Publications.

Bodrova, E., Leong, D. J., Paynter, D. E., & Hensen, R. (2001). *Scaffolding literacy development in a preschool classroom.* Aurora, CO: McREL.

Bodrova, E., Leong, D. J., Paynter, D. E., & Hughes, C. (2001). *Scaffolding literacy development in a kindergarten classroom.* Aurora, CO: McREL. Communication and cognition: Vygotskian perspectives (pp. 21–34). Cambridge: Cambridge University Press.

Bogoyavlenskaya, D. B. (1983). *Intellektual'naya aktivnost kakkk problema tvorchestva* [Intellectual activity and creativity]. Rostov: Rostov University Publishers.

Bowlby, J. (1969). *Attachment and loss: Vol. I. Attachment.* New York: Basic Books.

Bretherton, I. (1992). The origins of attachment theory: John Bowlby and Mary Ainsworth. *Developmental Psychology, 28,* 759–775.

Brofman, V. (1993). Ob oposredovannom reshenii poznavatel'nykh zadach [Mediated problem solving]. *Voprosy Psychologii, 5,* 30–35.

Bronfenbrenner, U. (1997). Toward an experimental ecology of human development. *American Psychologist, 32,* 513–531.

Bruner, J. S. (1968). *Process of cognitive growth: Infancy.* Worcester, MA: Clark University Press.

Bruner, J. S. (1973). *The relevance of education.* New York: Norton.

Bruner, J. S. (1983). Vygotsky's zone of proximal development: The hidden agenda. *New Directions for Child Development, 23,* 93–97.

Bruner, J. S. (1985). Vygotsky: A historical and conceptual perspective. In J. Wertsch (Ed.), *Culture, communication and cognition: Vygotskian perspectives* (pp. 21–34). Cambridge: Cambridge University Press.

Campione, J. C., & Brown, A. L. (1990). Guided learning and transfer. In N. Fredriksen, R. Glaser, A. Lesgold, & M. Shafto (Eds.), *Diagnostic monitoring of skill and knowledge acquisition* (pp. 141–172). Hillsdale, NJ: Erlbaum.

Carlton, M. P., & Winsler, A. (1999). School readiness: The need for a paradigm shift. *School Psychology Review, 28*(3), 338.

Cazden, C. B. (1981). Performance before competence: Assistance to child discourse in the zone of proximal development. *Quarterly Newsletter of the Laboratory of Comparative Human Cognition, 3,* 5–8.

Cazden, C. B. (1993). Vygotsky, Hymes, and Bakhtin: From word to utterance to voice. In E. A. Formar, N. Minick, & C. A. Stone (Eds.), *Contexts for learning: Sociocultural dynamics in children's development* (pp. 197–212). New York: Oxford University Press.

Ceci, S. J. (1991). How much does schooling influence general intelligence and its cognitive components? A reassessment of the evidence. *Developmental Psychology, 27*(5), 703–722.

Chaiklin, S. (2003). The zone of proximal development in Vygotsky's analysis of learning and instruction. In A. Kozulin, B. Gindis, V. Ageyev, & S. Miller (Eds.), *Vygotsky's educational the-*

ory in cultural context. New York: Cambridge University Press.
Clay, M. (1993). *Reading recovery: A guidebook for teachers in training.* Portsmouth, NH: Heinemann.
Cole, M. (Ed.). (1989). *Sotsialno-istoricheskii podkhod v obuchenii* [A social-historical approach to learning]. Moscow: Pedagogika.
Cole, M. (2005). Cross-cultural and historical perspectives on the developmental consequences of education. *Human Development, 48,* 195–216.
Cole, M., & Scribner, S. (1973). Cognitive consequences of formal and informal education. *Science, 182,* 553–559.
Cole, M., & Wertsch, J. (2002). *Beyond the individual–social antimony in discussions of Piaget and Vygotsky.* Retrieved January 8, 2006, from http://www.massey.ac.nz/~alock/virtual/colevyg.htm.
Copple, C., & Bredekamp, S. (2005). *Basics of developmentally appropriate practice: An introduction for teachers of children 3–6.* Washington, DC: National Association for the Education of Young Children.
D'Ailly, Hsiao, H. (1992). Asian mathematics superiority: A search for explanations. *Educational Psychologist, 27*(2), 243–261.
Davydov, V. V. (1988). Problems of developmental teaching: The experience of theoretical and experimental psychological research. *Soviet Education, 30,* 66–79. (Original work published in 1989)
Davydov, V. V. (Ed.). (1991). *Psychological abilities of primary school children in learning mathematics: Vol. 6. Soviet studies in mathematics education* (J. Teller, Trans.). Reston, VA: National Council of Teachers of Mathematics. (Original work published in 1969)
Davydov, V. V., & Markova, A. K. (1983). A concept of educational activity for school children. *Journal of Soviet Psychology, 21*(2), 50–76. (Original work published in 1981)
Davydov, V. V., Sloboduchikov, V. I., & Tsukerman, G. A. (2003). The elementary school student as an agent of learning activity. *Journal of Russian & East European Psychology, 41*(5), 63–76.
DeVries, R. (1997). Piaget's social theory. *Educational Researcher, 26*(2), 4–16.
DeVries, R. (2000). Vygotsky, Piaget, and education: A reciprocal assimilation of theories and educational practices. *New Ideas in Psychology, 18*(2–3), 187–213.
Dyachenko, O. M. (1996). *Razvitie voobrazheniya doshkol'nika.* Moscow: PIRAO.
Edwards, C., Gandini, L., & Forman, G. (1994). *Hundred languages of children: The Reggio Emilia approach to early childhood education.* Chicago: Teachers College Press.
Elkonin, D. (1969). Some results of the study of the psychological development of preschool-age children. In M. Cole & I. Maltzman (Eds.), *A handbook of contemporary Soviet psychology.* New York: Basic Books.
Elkonin, D. (1972). Toward the problem of stages in the mental development of the child. *Soviet Psychology, 10,* 225–251.
Elkonin, D. (1977). Toward the problem of stages in the mental development of the child. In M. Cole (Ed.), *Soviet developmental psychology.* White Plains, NY: M. E. Sharpe. (Original work published in 1971)
Elkonin, D. (1978). *Psikhologija igry* [The psychology of play.] Moscow: Pedagogika.
Elkonin, D. (1989). *Izbrannye psychologicheskie trudy* [Selected psychological works]. Moscow: Pedagogika.
Elkonin, D. B. (2001a). O structure uchebnoy deyatel'nosti [On the structure of learning activity]. In *Psychicheskoe razvitie v detskikh vozrastah* [Child development across ages] (pp. 285–295). Moscow: Modek.
Elkonin, D. B. (2001b). Psychologiya obucheniya mladshego shkol'nika [Psychology of education in primary grades]. In *Psychicheskoe razvitie v detskikh vozrastah* [Child development across ages] (pp. 239–284). Moscow: Modek.
Elkonin, D. B. (2005). Chapter 1: The subject of our research: The developed form of play.

Journal of Russian & East European Psychology, 43(1), 22–48.
Elkonin, D. B. (2005). Chapter 3: Theories of play. *Journal of Russian & East European Psychology, 43*(2), 3–89.
Elkonin, D. B. (2005). The psychology of play: Preface. *Journal of Russian and East European Psychology, 43*(1), pp. 11–21. (Original work published in 1978)
Elkonin, D. B., & Venger, A. L. (Eds.). (1988). *Osobennosti psychicheskogo razvitiya detey 6–7-letnego vozrasta* [Development of 6- and 7-year-olds: Psychological characteristics]. Moscow: Pedagogika.
Erikson, E. E. (1963). *Childhood and society* (2nd ed.). New York: Norton.
Erikson, E. E. (1977). *Toys and reasons.* New York: Norton.
Ferreiro, E., & Teberosky, A. (1982). *Literacy before schooling.* Exeter, NH: Heinemann Educational Books.
Feuerstein, R., & Feuerstein, S. (1991). Mediated learning experience: A theoretical review. In R. Feuerstein, P. S. Klein, & A. J. Tannenbaum (Eds.), *Mediated learning experience (MLE): Theoretical, psychological and learning implications.* London: Freund.
Feuerstein, R., Feuerstein, R., & Gross, S. (1997). The learning potential assessment device. In D. P. Flanagan, J. L. Genshaft, & P. Harrison (Eds.), *Contemporary intellectual assessment theories, tests, and issues* (pp. 297–313). New York: Guilford Press.
Feuerstein, R., Rand, Y., & Hoffman, M. (1979). *The dynamic assessment of retarded performers: The learning potential assessment device (LPAD).* Baltimore, MD: University Park Press.
Flavell, J. (1979). Metacognition and cognitive monitoring: New area of cognitive-developmental inquiry. *American Psychologist, 34,* 906–911.
Fletcher, K. L., & Bray, N. W. (1997). Instructional and contextual effects on external memory strategy use in young children. *Journal of Experimental Child Psychology, 67*(2), 204–222.
Frankel, K., & Bates, J. (1990). Mother-toddler problem solving: Antecedents in attachment, home behavior, and temperament. *Child Development, 61,* 810–819.
Frawley, W. (1997). *Vygotsky and cognitive science: Language and the unification of the social and computational mind.* Cambridge: Harvard University Press.
Freud, A. (1966). Introduction to the technique of child analysis. In *The writings of Anna Freud* (Vol. 1, p. 3069). New York: International Universities Press. (Original work published as *Four lectures on child analysis,* 1927)
Gallimore, R., & Tharp, R. (1990). Teaching mind in society: Teaching, schooling, and literate discourse. In L. Moll (Ed.), *Vygotsky and education: Instructional implications and applications of sociohistorical psychology* (pp. 175–205). Cambridge: Cambridge University Press.
Gal'perin, P. Y. (1959). Razvitie issledovaniy po formirovaniyu umstvennykh dey'stviy [Progress in research on the formation of mental acts]. In *Psickhologicheskaya nauka v SSSR* [Psychological science in the USSR] (Vol. 1, pp. 441–469). Moscow: APN RSFSR.
Gal'perin, P. Y. (1969). Stages of development of mental acts. In M. Cole & I. Maltzman (Eds.), *A handbook of contemporary soviet psychology.* New York: Basic Books.
Gal'perin, P. Y. (1992a). Organization of mental activity and the effectiveness of learning. *Journal of Russian and East European Psychology, 30*(4), 65–82. (Original work published in 1974)
Gal'perin, P. Y. (1992b). The problem of attention. *Journal of Russian and East European Psychology, 30*(4), 65–91. (Original work published in 1976)
Garvey, C. (1986). Peer relations and the growth of communication. In E. C. Mueller & C. R. Cooper (Eds.), *Process and outcome in peer relationships* (pp. 329–344). San Diego, CA: Academic Press.
Gellatly, A. R. H. (1987). Acquisition of a concept of logical necessity. *Human Development, 30,* 32–47.
Gerber, M., & Johnson, A. (1998). *Your self-confident baby: How to encourage your child's natural abilities—from the very start.* New York: John Wiley & Sons.
Gillam, R. B., Pena, E. D., & Miller, L. (1999). Dynamic assessment of narrative and expository

discourse. *Topics in Language Disorders, 20*(1), 33–37.
Gindis, B. (2003). Remediation through education: Socio/cultural theory and children with special needs. In A. Kozulin, B. Gindis, V. S. Ageyev, & S. M. Miller (Eds.), *Vygotsky's educational theory in cultural context* (pp. 200–222). New York: Cambridge University Press.
Gindis, B. (2005). Cognitive, language, and educational issues of children adopted from overseas orphanages. *Journal of Cognitive Education and Psychology, 4*(3), 290–315.
Gindis, B., & Karpov, Y. V. (2000). Dynamic assessment of the level of internalization of elementary school children's problem-solving activity. In C. S. Lidz & J. G. Elliot (Eds.), *Dynamic assessment: Prevailing models and applications.* Amsterdam, Netherlands: JAI, Elsevier Science.
Ginsberg, H. P., & Opper, S. (1988). *Piaget's theory of intellectual development* (3rd ed.) Englewood Cliffs, NJ: Prentice Hall.
Grigorenko, E. L., & Sternberg, R. J. (1998). Dynamic testing. *Psychological Bulletin, 124,* 75–111.
Grossman K. E., & Grossman, K. (1990). The wider concept of attachment in cross-cultural research. *Human Development, 13,* 31–47.
Guthke, J., & Wigenfeld, S. (1992). The learning test concept: Origins, state of the art, and trends. In H. C. Haywood & D. Tzuriel (Eds.), *Interactive assessment.* New York: Springer-Verlag.
Horowitz, F. D. (1994). John B. Watson's legacy: Learning and environment. In R. D. Parker, P. A. Ornstein, J. J. Rieser, & C. Zahn-Waxler (Eds.), *A century of developmental psychology.* (pp. 233–252). Washington, DC: American Psychological Association.
Howes, C. (1980). Peer play scale as an index of complexity of peer interaction. *Developmental Psychology, 16,* 371–379.
Howes, C., & Matheson, C. C. (1992). Sequences in the development of competent play with peer: Social and social pretend play. *Developmental Psychology, 16,* 371–379.
Istomina, Z. M. (1977). The development of voluntary memory in preschool-age children. In L. Moll (Ed.), *Soviet developmental psychology.* New York: M. E. Sharpe.
Ivanova, A. Y. (1976). *Obuchaemost kak printsip otsenki ymstvennogo pazvitia u detei* [Educability as a diagnostic method of assessing cognitive development of children]. Moscow: MGU Press.
Ivic, I. (1994). Theories of mental development and assessing educational outcomes. In *Making education count: Developing and using international indicators* (pp. 197–218). Paris: OECD.
Jahoda, G. (1980). Theoretical and systematic approaches in mass-cultural psychology. In H. C. Triandis & W. W. Lambert (Eds.), *Handbook of cross-cultural psychology* (Vol. 1). Boston: Allyn & Bacon.
John-Steiner, V., Panofsky, C., & Blackwell, P. (1990). The development of scientific concepts and discourse. In L. C. Moll (Ed.), *Vygotsky and education: Instructional applications of sociohistorical psychology.* Cambridge, MA: Cambridge University Press.
John-Steiner, V., Panofsky, C. P., & Smith, L. W. (Eds.). (1994). *Sociocultural approaches to language and literacy: An interactionist perspective.* Cambridge: Cambridge University Press.
Johnson, D., & Johnson, R. (1994). *Learning together and alone: Cooperation, competition, and individualization* (4th ed.). Boston: Allyn & Bacon.
Karasavvidis, I. (2002). Distributed cognition and educational practice. *Journal of Interactive Learning Research Special Edition: Distributed Cognition for Learning, Vol 13*(1–2), 11–29.
Karpov, Y. V. (2005). *The neo-Vygotskian approach to child development.* New York: Cambridge University Press.
Karpov, Y. V., & Bransford, J. D. (1995). L. S. Vygotsky and the doctrine of empirical and theoretical reasoning. *Educational Psychologist, 30*(2), 61–66.
Katz, L. G., & Chard, S. C. (1989). *Engaging children's minds: The project approach.* Norwood, NJ: Ablex.
Kozulin, A. (1990). *Vygotsky's psychology: A bibliography of ideas.* Cambridge, MA: Harvard University Press.
Kozulin, A. (1999). Cognitive learning in younger and older immigrant students. *School Psychol-*

ogy International, 20(2), 177–190.
Kozulin, A., & Garb, E. (2002). Dynamic assessment of EFL text comprehension. *School Psychology International, 23*(1), 112–127.
Kozulin, A., & Presseisen, B. Z. (1995). Mediated learning experience and psychological tools: Vygotsky's and Feuerstein's perspectives in a study of student learning. *Educational Psychologist, 30*(2), 67–76.
Kravtsova, E. E. (1996). Psychologicheskiye novoobrazovaniya doshkol'nogo vozrasta [Psychological new formations during preschool age]. *Voprosy-Psikhologii, 6,* 64–76.
Kukushkina, O. I. (2002). Korrektsionnaya (special'naya) pedagogika [Corrective (special) pedagogy]. *Almanac 5.* http://www.ise.iip/almanah/5/index.html.
Laboratory of Comparative Human Cognition. (1983). Culture and cognitive development. In P. Mussen (Ed.), *Handbook of child psychology: Vol. I. History, theory, and methods.* New York: John Wiley & Sons.
Leont'ev, A. (1978). *Activity, consciousness, and personality.* Englewood Cliffs, NJ: Prentice Hall. (Original work published in 1977).
Leont'ev, A. (1994). The development of voluntary attention in the child. In R. Van der Veer & J. Valsiner (Eds.), *The Vygotsky Reader* (pp. 279–299). Oxford: Blackwell.
Leont'ev, A. N. (1931). *Razvitie pamyati: Experimental'noe issledovanie vysshikh psikhologicheskikh funktsii* [The development of memory: Experimental study of higher mental functions]. Moscow: GUPI.
Leont'ev, A. N. (1981). *Problems in the development of mind.* Moscow: Progress Publishers.
Lidz, C. S., & Gindis, B. (2003). Dynamic assessment of the evolving cognitive functions in children. In A. Kozulin, B. Gindis, V. S. Ageyev, & S. M. Miller (Eds.), *Vygotsky's educational theory in cultural context.* Cambridge, UK: Cambridge University Press.
Lisina, M. I. (1974). Vliyanie obscheniya so vzroslym na razvitie rebenka pervogo polugodiya zhizni [The influence of communication with adults on the development of children during the first six months of life]. In A. V. Zaporozhets & M. I. Lisina (Eds.), *Razvitie obscheniya u doshkolnikov* [The development of communication in preschoolers]. Moscow: Pedagogika.
Lisina, M. I., (1986). *Problemy ontogeneza obscheniya* [Problems of the ontogenesis of communication]. Moscow: Pedagogika.
Lisina, M. I. & Galiguzova, L. N. (1980). Razvitie u rebenka potrebnosti v obschenii so vzroslym i sverstnikami [The development of a child's need for communication with an adult and with peers]. In *Problemy vozrastnoj i pedagogicheskoj psikhologii.* Moscow: NIIOP APM SSSR.
Luria, A.R. (1969). Speech development and the formation of mental processes. In M. Cole & I. Maltzman (Eds), *A handbook of contemporary Soviet psychology* (pp. 121–162). New York: Basic Books.
Luria, A. R. (1973). *Working brain: An introduction to neuropsychology.* New York: Basic Books.
Luria, A. R. (1976). *Cognitive development: Its cultural and social foundations* (M. Lopez-Morillas & L. Solotaroff, Trans.). Cambridge, MA: Harvard University Press.
Luria, A. R. (1979). *The making of mind: A personal account of Soviet psychology.* (M. Cole & S. Cole, Trans.). Cambridge, MA: Harvard University Press.
Luria, A. R. (1983). The development of writing in the child. In M. Martlew (Ed.), *The psychology of written language* (pp. 237–277). New York: John Wiley & Sons.
Matusov, E., & Hayes, R. (2000). Sociocultural critique of Piaget and Vygotsky. *New Ideas in Psychology, 18,* 215–239.
McAfee, O., & Leong, D. J. (2003). *Assessing and guiding young children's development and learning* (3rd ed.). Boston: Allyn & Bacon.
McAfee, O., & Leong, D. J. (2006). *Assessing and guiding young children's development and learning* (4th ed.). Boston: Allyn & Bacon.
Meshcheryakov, A. (1979). *Awakening to life.* Moscow: Progress.

Michailenko, N. Y., & Korotkova, N. A. (2002). *Igra s pravilami v doshkol'nom vosraste* [Playing games with rules in preschool age]. Moscow: Akademicheskii Proekt.

Moll, L. C. (2001). Through the mediation of others: Vygotskian research on teaching. In V. Richardson (Ed.), *Handbook of research on teaching* (4th ed., pp. 111–129). Washington, DC: American Educational Research Association.

Montessori, M. (1912). *The Montessori method.* New York: Frederick A. Stokes Company.

Montessori, M. (1962). *Dr. Montessori's own handbook: A short guide to her ideas and materials.* New York: Schocken Books.

National Council of Teachers of Mathematics (2000). *Principles and standards for school mathematics.* Reston, VA: National Council of Teachers of Mathematics.

Newman D., Griffin P., & Cole, M. (1989). *The construction zone: Working for cognitive change in school.* Cambridge: Cambridge University Press.

Newman F., & Holzman, L. (1993). *Lev Vygotsky: Revolutionary scientist.* New York: Routledge.

Nicholls, J. G. (1978). The development of concepts of effort and ability, perception of academic attainment, and the understanding that difficult tasks require more ability. *Child Development, 49*(3) 800–814.

Novoselova, S. L. (1978). *Razvitie myshleniya v rannem vosraste* [The development of thinking in toddlers]. Moscow: Pedagogika.

Obukhova, L. (1996). *Detskaya psychologiya* [Child psychology]. Moscow: Rospedagenstvo.

Obukhova, L. (1996). Neokonchennye spory: Gal'perin i Piaget [Unfinished discussions: Gal'perin and Piaget]. *Psikhologicheskaya nauka i obrazovanie, 1.*

Ostrosky-Solis, F., Ramirez, M., & Ardila, A. (2004). Effects of culture and education on neuropsychological testing: A preliminary study with indigenous and nonindigenous population. *Applied Neuropsychology, 11*(4), 186–193.

Palincsar, A. S., Brown, A. L., & Campione, J. C. (1993). First-grade dialogues for knowledge acquisition and use. In E. A. Forman, N. Minick, & C. A. Stone (Eds.), *Contexts for learning: Sociocultural dynamics in children's development* (pp. 43–57). New York: Oxford University Press.

Palincsar, A. S., Brown, A. L., & Martin, S. M. (1987). Peer interaction in reading comprehension instruction. *Educational Psychologist, 22*(3–4), 231.

Paris, S. G., & Winograd P. (1990). How metacognition can promote academic learning and instruction. In B. F. Jones & L. Idol (Eds.), *Dimensions of thinking and cognitive instruction.* Hillsdale, NJ: Lawrence Erlbaum.

Parten, M. B. (1932). Social participation among preschool children. *Journal of Abnormal and Social Psychology, 27,* 243–269.

Perret-Clermont, A-N., Perret, J-F., & Bell, N. (1991). The social construction of meaning and cognitive activity in elementary school children. In L. B. Resnick, J. M. Levine, & S. D. Teasley (Eds.), *Perspectives on socially shared cognition.* (pp. 41–62). Washington, DC: American Psychological Association.

Piaget, J. (1926). *The language and thought of the child* (M. Gabain, Trans.). London: Routledge & Kegan Paul. (Original work published in 1923)

Piaget, J. (1951). *Play, dreams and imitation in childhood.* New York: Norton.

Piaget, J. (1952). *The origins of intelligence in children.* New York: International Universities Press. (Original work published in 1936)

Piaget, J. (1977). The stages of intellectual development in childhood and adolescence. In H. E. Gruber & J. J. Vone'che (Eds.), *The essential Piaget.* New York: Basic Books.

Piaget, J., & Inhelder, B. (1969). *The psychology of the child.* New York: Basic Books.

Pick, H. L. (1980). Perceptual and cognitive development of preschoolers in Soviet psychology. *Contemporary Educational Psychology, 5,* 140–149.

Poddyakov, N. N. (1977). *Myshlenie doshkol'nika* [Preschooler's thought]. Moscow: Pedagogika.

Pressley, M., & Harris, K. R. (In press). Cognitive strategies instruction: From basic research to classroom instruction. In P. A. Alexander & P. Winne (Eds.), *Handbook of educational psychology*. New York: MacMillan.

Rodari, G. (1996). *The grammar of fantasy: An introduction to the art of inventing stories*. New York: Teachers & Writers Collaborative.

Rogoff, B. (1986). Adult assistance of children's learning. In T. E. Raphael (Ed.), *The context of school-based literacy*. New York: Random House.

Rogoff, B. (1990). *Apprenticeship in thinking: Cognitive development in social context*. New York: Oxford University Press.

Rogoff, B. (1991). Social interaction as apprenticeship in thinking: Guided participation in spatial planning. In L. B. Resnick, J. M. Levine, & S. D. Teasley (Eds.), *Perspectives on socially shared cognition* (pp. 349–364). Washington, DC: American Psychological Association.

Rogoff, B., & Lave, J. (Eds.). (1984). *Everyday cognition: Its development in social context*. Cambridge, MA: Harvard University Press.

Rogoff, B., Malkin, C., & Gilbride, K. (1984). Interaction with babies as guidance in development. In B. Rogoff & J. V. Wertsch (Eds.), *Children's Learning in the "Zone of Proximal Development"* (pp. 31–44). San Francisco, CA: Jossey-Bass.

Rogoff, B., Topping, K., Baker-Sennett, J., & Lacasa, P. (2002). Mutual contributions of individuals, partners, and institutions: Planning to remember in Girl Scout cookie sales. *Social Development, 11*(2), 266–289.

Rogoff, B., & Wertsch, J. (Eds.). (1984). *Children's learning in the "zone of proximal development."* San Francisco: Jossey-Bass.

Rubin, K. H. (1980). Fantasy play: Its role in the development of social skills and social cognition. In K. H. Rubin (Ed.), *Children's play* (pp. 69–84). San Francisco: Jossey-Bass.

Rubinshtein, S. Y. (1979). *Psikhologia umstvenno otstalogo snkolnika* [Psychology of a mentally retarded student]. Moscow: Prosveshchenie Press.

Rubstov, V. V. (1981). The role of cooperation in the development of intelligence. *Soviet Psychology, 23*, 65–84.

Salomon, G. (Ed.). (1993). *Distributed cognitions: Psychological and educational considerations*. Cambridge: Cambridge University Press.

Sapir, E. (1921). *Language: An introduction to the study of speech*. New York: Harcourt Brace.

Saran, R., & Neisser, B. (Eds.). (2004). *Enquiring minds: Socratic dialogue in education*. Stoke-on-Trent, *England: Trentham*.

Saxe, G. B. (1991). *Culture and cognitive development: Studies in mathematical understanding*. Hillsdale, NJ: Erlbaum.

Schickendanz, J. A. (1982). The acquisition of written language in young children. In B. Spodek (Ed.), *Handbook of research in early childhood education*, (pp. 242–263). New York: Free Press.

Schickedanz, J., & Casbergue, R. M. (2003). *Writing in preschool*. Newark, DE: International Reading Association.

Scribner, S. (1977). Modes of thinking and ways of speaking: Culture and logic reconsidered. In P. N. Johnson-Laird & P. S. Wason (Eds.), *Thinking: Reading in cognitive science* (pp. 483–500). Cambridge: Cambridge University Press.

Shepard, L. A. (2000). The role of assessment in a learning culture. *Educational Researcher, 29*(7), 4–14.

Sirotkin, S. A. (1979). The transition from gesture to word. *Soviet Psychology, 17*(3), 46–59.

Slavin, R. (1994). *Practical guide to cooperative learning*. Boston: Allyn & Bacon.

Sloutsky, V. (1991). Sravnenie faktornoj struktury intellekta u semejnych detej i vospitannikov destskogo doma [Comparison of factor structure of intelligence among family-reared and orphanage-reared children]. *Vestnik Moskovskogo Universiteta, 1*, 34–41.

Smilansky, S., & Shefatya, L. (1990). *Facilitating play: A medium for promoting cognitive, socio-emotional, and academic development in young children*. Gaithersburg, MD: Psychosocial and Educational

Publications.
Smirnova, E. O. (1998). *Razvitie voli i proizvol'nosti v rannem i doshkol'nom vozraste* [Development of will and intentionality in toddlers and preschool-aged children]. Moscow: Modek.
Smirnova, E. O., & Gudareva, O. V. (2004). Igra i proizvol'nost u sovremennykh doshkol'nikov [Play and intentionality in modern preschoolers]. *Vopprosy Psychologii, 1*, 91–103.
Spector, J. E. (1992). Predicting progress in beginning reading: Dynamic assessment of phonemic awareness. *Journal of Educational Psychology, 84*, 353–363.
Spitz, R. A. (1946). Anaclitic depression. *Psychoanalytic Study of the Child, 2*, 313–342.
Stetsenko, A. (1995). The psychological function of children's drawing: A Vygotskian perspective. In C. Lange-Kuettner & G. V. Thomas (Eds.), *Drawing and looking: Theoretical approaches to pictorial representation in children.* London, England: Harvester/Wheatsheaf.
Stipek, D. (2002). *Motivation to Learn: Integrating Theory and Practice* (4th ed.). Boston, MA: Allyn & Bacon.
Teale, W. H., & Sulzby, E. (Eds.). (1986) *Emergent literacy: Writing and reading.* Norwood, NJ: Ablex.
Tharp, R. G., & Gallimore, R. (1988). *Rousing minds to life: Teaching, learning and schooling in social context.* Cambridge: Cambridge University Press.
Thomas, R. M. (2000). *Comparing theories of child development* (5th ed.). Belmont, CA: Wadsworth/ Thomson Learning.
Tronick, E. Z. (1989). Emotions and emotional communication in infants. *American Psychologist, 44*, 115–123.
Tryphon, A., & Voneche, J. J. (1996). Introduction. In A. Tryphon & J. J. Voneche (Eds.), *Piaget-Vygotsky: The social genesis of thought* (pp. 1–10). Hove, UK: Psychology Press.
Tzuriel, D. (2001). *Dynamic assessment of young children.* New York: Kluwer Academic/Plenum Publishers.
Tzuriel, D., & Feuerstein, R. (1992). Dynamic group assessment for prescriptive teaching. In H. C. Haywood & D. Tzuriel (Eds.), *Interactive assessment* (pp. 187–206). New York: Springer-Verlag.
Valsiner, J. (1988). *Developmental psychology in the Soviet Union.* Bloomington: Indiana University Press.
Valsiner, J. (1989). *Human development and culture: The social nature of personality and its study.* Lexington, MA: Lexington Books.
Van der Veer, R., & Valsiner, J. (1991). *Understanding Vygotsky: A quest for synthesis.* Oxford: Blackwell.
Venger, L. A. (1977). The emergence of perceptual actions. In M. Cole (Ed.), *Soviet developmental psychology: An anthology.* White Plains, NY: M. E. Sharpe. (Original work published in 1969)
Venger, L. A. (Ed.). (1986). *Rezvitije poznauatel'nych sposobnostey v protsesse doshkol'nogo vospitanija.* [Development of cognitive abilities through preschool education]. Moscow: Pedagogika.
Venger, L. A. (1988). The origin and development of cognitive abilities in preschool children. *International Journal of Behavioral Development, 11*(2), 147–153.
Venger, L. A. (Ed.). (1994). *Programma "Razvitije": Osnovnye polozhenija* [Curriculum "Development": Main principles]. Moscow: Novaja Shkola.
Venger, L. A. (Ed.). (1996). *Slovo i obraz v reshenii poznavatel'nykh zadach doshkol'nikami* [World and image in the preschoolers' cognitive problem solving]. Moscow: Intor.
Venger, L. A., & Dyachenko, O. M. (Eds.). (1989). *Igry i uprazhnenija po razvitiju umstvennych sposobnostej u detej doshkol'nogo vozrasta* [Games and exercises promoting the development of cognitive abilities in preschool children]. Moscow: Prosveschenije.
Vocate, D. R. (1987). *The theory of A. R. Luria: Functions of spoken language in the development of higher mental process.* Hillsdale, NJ: Erlbaum.
Vygodskaya, G. (1995). Remembering father. *Educational Psychologist, 30*(1), 57–59.
Vygodskaya, G. (1999). On Vygotsky's research and life. In S. Chaiklin, M. Hedegaard, & U. J. Jensen (Eds.), *Activity theory and social practice: Cultural historical approaches* (pp. 31–38). Oakville, CN: Aarhus University Press.

Vygotsky, L. S. (1962). *Thought and language* (E. Hanfmann & G. Vokar, Trans.) Cambridge MA: MIT Press. (Original work published in 1934)

Vygotsky, L. S. (1967). Play and its role in the mental development of the child. *Soviet Psychology, 5,* 6–18 (Original work published in 1933)

Vygotsky, L. S. (1977). Play and its role in the mental development of the child. In M. Cole (Ed.), *Soviet developmental psychology* (pp. 76–99). White Plains, NY: M. E. Sharpe. (Original work published in 1966)

Vygotsky, L. S. (1978). *Mind and Society: The development of higher mental process.* Cambridge, MA: Harvard University Press. (Original work published in 1930, 1933, 1935)

Vygotsky, L. S. (1981). The instrumental method is psychology. In J. V. Wertsch (Ed.), *The concept of activity in Soviet psychology* (pp. 134–143). Armonk, NY: M. E. Sharpe.

Vygotsky, L. S. (1987). *Thinking and speech* (Vol. 1). New York: Plenum Press.

Vygotsky, L. S. (1993). *The fundamentals of defectology (abnormal psychology and learning disabilities).* New York: Plenum Press.

Vygotsky, L. S. (1994a). The problem of the environment. In R. Van der Veer & J. Valsiner (Eds.), *The Vigotsky Reader* (pp. 338–354). Oxford: Blackwell. (Original work published in 1935)

Vygotsky, L. S. (1994b). The development of academic concepts in school-aged children. In R. Van der Veer & J. Valsiner (Eds.), *The Vygotsky Reader* (pp. 355–370). Oxford: Blackwell. (Original work published in 1935)

Vygotsky, L. S. (1997). *The history of the development of higher mental functions* (M. J. Hall, Trans., Vol. 4). New York: Plenum Press.

Vygotsky, L. S. (1998). *Child psychology* (Vol. 5). New York: Plenum Press.

Vygotsky, L. S. (1999). Tool and sign in the development of the child. In R. W. Rieber (Ed.), *The collected works of L. S. Vygotsky.* (Vol. 6, pp. 3–68). New York: Plenum Press.

Vygotsky L. S., & Luria, A. (1994). Tool and symbol in child development. In R. Van der Veer & J. Valsiner (Eds.), *The Vygotsky Reader* (pp. 99–174). Oxford: Blackwell. (Original work published in 1984)

Wadsworth, B.J. (2004). *Piaget's theory of cognitive and affective development* (5th ed.). Boston, MA: Pearson.

Wells, G. (Ed.). (1981) *Learning through interaction: The study of language development* (Vol. 1). Cambridge: Cambridge University Press.

Wells, G. (1999a). *Dialogic inquiry: Towards a sociocultural practice and theory of education.* New York: Cambridge University Press.

Wells, G. (1999b). The zone of proximal development and its implications for learning and teaching. In *Dialogic inquiry: Towards a sociocultural practice and theory of education.* New York: Cambridge University Press.

Wertsch J. (1979). From social interaction to higher psychological processes. *Human Development, 22,* 1–22.

Wertsch, J. V. (1979). The regulation of human action and the give-new organization of private speech. In G. Zivin (Ed.), *The development of self-regulation through private speech* (pp. 79–98). New York: John Wiley & Sons.

Wertsch, J. V. (1985). *Vygotsky and the social formation of mind.* Cambridge, MA: Harvard University Press.

Wertsch, J. V. (1991). *Voices of the mind: A sociocultural approach to mediated action.* Cambridge, MA: Harvard University Press.

Wertsch, J. V., & Tulviste, P. (1994). Lev Semynovich Vygotsky and contemporary developmental psychology. In R. D. Parke, P. A. Ornstein, J. J. Reiser, & C. Zahn-Waxler (Eds.), *A century of developmental psychology* (pp. 333–356). Washington, DC: American Psychological Association.

Whorf, B. L. (1956). Science and linguistics. In J. B. Carrol (Ed.), *Language, thought and reality: Selected writings of Benjamin Lee Whorf* (pp. 207–219). Cambridge, MA: MIT Press.

Wood, D., Bruner, J. S., & Ross, G. (1976). The role of tutoring in problem solving. *Journal of Child Psychology and Psychiatry, 17*, 89–100.

Zaporozhets, A. (1986). *Izbrannye psickologicheskie trudy* [Selected works]. Moscow: Pedagogika.

Zaporozhets, A. (2002). Thought and activity in children. *Journal of Russian & East European Psychology, 40*(4), 18–29.

Zaporozhets, A., & Lisina, M. (Eds.). (1979). *Razvitie obscheniya u doshkolnikov* [The development of communication in preschoolers]. Moscow: Pedagogika.

Zaporozhets, A., & Markova, T. A. (1983). Principles of preschool pedagogy: The psychological foundations of preschool education. *Soviet Education, 25*(3), 71–90.

Zaporozhets, A., & Neverovich, Y. Z. (Eds.). (1986). *Razvitije social'nykh emotsij u detej doshkol'nogo vozrasta: psychologicheskije issledovanija* [Development of social emotions in preschool children: Psychological studies]. Moscow: Pedagogika.

Zaporozhets, A. V. (1977). Some of the psychological problems of sensory training in early childhood and the preschool period. In M. Cole & I. Maltzman (Eds.), *A handbook of contemporary Soviet psychology*. New York: Basic Books. (Original published in 1959)

Zaporozhets, A. V. (1978). *Printzip razvitiya v psichologii* [Principle of development in psychology]. Moscow: Pedagogika.

Zimmerman, B. J., & Risenberg, R. (1997). Self-regulatory dimensions of academic learning and motivation. In GD Phye (Ed.), *Handbook of academic learning: Construction of knowledge* (pp. 105–125). Mahwah, NJ: Erlbaum.

Zivin, G. (Ed.) (1979). *The development of self-regulation through private speech.* New York: John Wiley & Sons.

Zuckerman, G. (2003). The learning activity in the first years of schooling: The developmental path toward reflection. In A. Kozulin, B. Gindis, V. S. Ageev, & S. M. Miller (Eds.), *Vygotsky's educational theory in cultural context* (pp. 177–199). Cambridge: Cambridge University Press.

| 찾아보기 |

[인명]

[용어]